ASSESSM
SENSITIVITY

语义相对论
评价相对性
相对真值概念及其应用

[美] 约翰·麦克法兰 / **著**

刘龙根　李金彩 / **译**

RELATIVE TRUTH AND
ITS APPLICATIONS

外语教学与研究出版社
FOREIGN LANGUAGE TEACHING AND RESEARCH PRESS
北京 BEIJING

京权图字：01-2015-8394

© John MacFarlane 2014
Assessment Sensitivity: Relative Truth and Its Applications, First Edition was originally published
in English in 2014. This translation is published by arrangement with Oxford University Press.

图书在版编目 (CIP) 数据

语义相对论：评价相对性：相对真值概念及其应用 ／（美）麦克法兰（MacFarlane, J.）
著；刘龙根，李金彩译. — 北京：外语教学与研究出版社，2015.11（2017.4 重印）
ISBN 978-7-5135-6888-3

I．①语… II．①麦… ②刘… ③李… III．①语义学－研究 IV．①H03

中国版本图书馆 CIP 数据核字 (2015) 第 292911 号

出 版 人　蔡剑峰
责任编辑　赵东岳
封面设计　彩奇风
出版发行　外语教学与研究出版社
社　　址　北京市西三环北路 19 号（100089）
网　　址　http://www.fltrp.com
印　　刷　北京九州迅驰传媒文化有限公司
开　　本　730×980 1/16
印　　张　20
版　　次　2015 年 12 月第 1 版 2017 年 4 月第 3 次印刷
书　　号　ISBN 978-7-5135-6888-3
定　　价　62.90 元

购书咨询：（010）88819926　电子邮箱：club@fltrp.com
外研书店：https://waiyants.tmall.com
凡印刷、装订质量问题，请联系我社印制部
联系电话：（010）61207896　电子邮箱：zhijian@fltrp.com
凡侵权、盗版书籍线索，请联系我社法律事务部
举报电话：（010）88817519　电子邮箱：banquan@fltrp.com
法律顾问：立方律师事务所　刘旭东律师
　　　　　中咨律师事务所　殷　斌律师
物料号：268880001

前　言

　　我们如何能理解真值是相对的这一思想？我们如何能运用这一思想对我们思想与话语的构成成分做出传统分析所无法做出的令人满意的阐释？本书旨在探讨这些问题。尽管论述真值相对论的文献汗牛充栋，可以追溯到柏拉图的《泰阿泰德篇》，但是，这些（正面与负面的）文献往往集中于驳斥这种信条，或者对这些驳斥予以反驳，所付出的代价是未能对真值相对论是什么样的学说做出清晰阐述。本书首先将阐明真值相对论观点，然后运用这一观点解决哲学家和语义学家所关心的若干问题。主要目的在于将相对论解决办法应用于我们所面临的这些问题，从而可以将相对论解决办法同非相对论解决办法做出比较，并基于其优点做出抉择。相对较少的篇幅将用于讨论针对相对论融贯性提出的一般性质疑。这些质疑在很大程度上将随着相对论观点清晰的阐述而消除。

　　当我研究生毕业时，我决不会设想我的第一本书会是为相对真值做出辩护。我曾假定，声称自己是真值相对论者是使自己与那些对科学的客观性持后现代主义怀疑论者为伍；物理学家艾伦·索卡尔在其为《社会文本》撰写的恶作剧文章中对这种后现代主义怀疑论进行了嘲讽（Sokal 1996b；Sokal 1996a）。我那时认为，真值相对论不可救药地混乱不清，根本经不起一驳，无疑是缺乏知识品位的象征。持这种看法的并非我一人：我没有听说哪一位杰出的分析哲学家阐释过真值相对论，更无人对之足够认真对待以至能花一些篇幅加以论述。

　　怎么回事呢？我并没有改变我的看法：存在一个客观世界，或者我们能够运用科学方法逐渐了解世界。我依然认为，大多数关于相对真值的讨论完全混乱不清。但是，我业已相信，真值相对论可以在哲学中清晰表征，乃至为顽固的科学实在论者所理解；而且它是理解我们并非完全客观的思想与话语成分的理想工具。

我自己开始踏上相对论之路，并非出于通常对口味与道德性的关注，而主要是受贝尔纳普与格林（Belnap and Green 1994）的启发而对于未来偶然性陈述之语义表征的反思。到了 2002 年 6 月，我推断，关于未来偶然性陈述的贝尔纳普 / 格林式路径之自然背景是这样一个框架，在这个框架中真值既相对于使用语境又相对于评价语境。我在瑞典伦德的 ECAP IV 上介绍了这一基本思想。在那次会上，我遇上了一位同路人：马克斯·科尔贝尔。他当时刚完成了《无客观性的真值》（2002）。到了 2002 年 8 月末，我撰写了手稿《真值相对性的三个等级》。那部手稿是本书的萌芽。（尽管这篇文章从未发表，对未来偶然事件的独立论述作为麦克法兰 2003 发表。）

这时，哲学文献中充满了关于各种形式的语境论的讨论；我可以看到，我在《三个等级》那篇文章中应用于未来偶然事件、适应与评价相对论的相对真值框架也适用于这些领域。2003 年夏，我研究了其中两方面的应用——应用于知识归赋句与认识模态，并在斯坦福、犹他和耶鲁的演讲中予以介绍。（这些内容作为麦克法兰 2005a 和麦克法兰 2011a 发表。）与杰夫·金（Jeff King）和贾森·斯坦利（Jason Stanley）的对话激发我进一步思考如何可能在命题（而非句子）框架中开展相对论语义分析。结果就产生了我在亚里士多德学会发表的论文《理解相对真值》（MacFarlane 2005c）。

其他人一直沿着类似的路线独立地开展研究。安迪·伊根（Andy Egan）、约翰·霍索恩（John Hawthorne）和布赖恩·韦特森（Brian Weatherson）提出了他们自己关于认识模态动词的相对论阐释（Egan, Hawthorne and Weatherson 2005）。马克·理查德关注对知识归赋与适应的应用（Richard 2004）。语言学家彼得·莱瑟森（Peter Lasersohn）最初独立于所发表的哲学文献，撰写了颇具影响的论文，通过对卡普兰指示语语义分析方法加以改造，为对个人口味谓词做出相对论阐释进行论辩。莱瑟森的阐释酷似我在《三个等级》中的路径（Lasersohn 2005）。2005 年 9 月，LOGOS 在巴塞罗那主办了一次相对论语义学大会，参加人数众多。

继续使我的研究区别于他人研究的是*评价语境*的概念。其他人的举措是将命题真值相对于除世界之外的参数，诸如评判者、视角或者口味标准。但是，我在麦克法兰（2005c）提出，仅此不足以使一种真值观点在最深刻的哲学意义上成为相对论观点。我论述道，有趣的区分是在这样两种观点之间：允许真值随评价语境变化的观点与不允许这种变化的观点。我接下来的一组文章（2007a、2009、2008）更加详尽地阐述了这一点，具体论述了"非指示性语境论"的观点同名符其实的"相对论"观点之间的区别。"非指示性语境论"将命题真值相对于非标准参数，却并不假定评价敏感性。

2007 年春季，我旁听了同事尼科·科洛德内（Niko Kolodny）关于理由与理性的研讨班，这促成了持续而富有成效的合作。尼科帮助我将我的语义学思想同实践推理研究文献中的重要争鸣联系起来。我们合作的文章（Kolodny and MacFarlane 2010）将相对论思想应用到道义模态词与直陈条件句的语义分析。

这是一项宏大的工程，包含许多相互关联的部分。期刊论文尚不是介绍这一学说的理想媒介。不包括应用部分，那些基本思想显得抽象无果；但是，没有基本思想，应用则无法得到充分阐释。再者，仅仅为了阐释一个难以处理的结构而对自己的语义理论框架做出重大更改是不理性的。所以，重要的是看到所提出的理论框架具有许多系统地相互关联的应用之处。因此，我一直考虑撰写一本专著统一地论述理论基础及其应用。尽管本书利用了先前发表的论文中的内容，除了几处之外我重新撰写了全部内容，剔除了不融贯之处，改进了部分解释，对文献中出现的批驳做出了回应。

现在，分析哲学家对相对论的态度较之我开始这个研究项目时他们所持的态度要开放得多。我起初的目的只是要将相对论观点提出来作为真正的选择。最初斥责相对论观点不相融贯的那些人中许多已经转而将之看作只不过是经验性地错误的观点。我要感谢这些人的陪伴，并且希望这本书仍然恰逢其时。

J. M.

于伯克利

鸣 谢

　　承蒙伯克利人文研究基金与 ACLS/ 安德鲁 W．梅隆青年教师研究基金资助，我于 2003-2004 年休假时开始撰写本书。2008 年秋又获得一个学期的休假，再次得到伯克利人文研究基金的资助，使我能够在书稿撰写中取得很大的进展。

　　本书中的许多思想曾先发表在期刊论文中。第 3-5 章基于麦克法兰（2003）、麦克法兰（2005c）、麦克法兰（2009）、麦克法兰（2008）和麦克法兰（2011b）。第 6 章源于麦克法兰（2007a）。第 9 章利用了麦克法兰（2003）和麦克法兰（2008）中的材料。第 8 章基于麦克法兰（2005a）、麦克法兰（2005b）、麦克法兰（2009）和麦克法兰（2007a）。第 10-11 章源于麦克法兰（2011a）和科洛德内与麦克法兰（2010）。承蒙亚里士多德学会编辑许可，第 5 章的部分段落从麦克法兰（2005c）中一字不差地摘抄过来。同样感谢牛津大学出版社允许我在第 5、9、10 章中分别使用来自麦克法兰（2011b）、麦克法兰（2008）与麦克法兰（2011a）的素材。

　　在我的思想的发展过程中，（2005 年春和 2008 年春）伯克利两次研究生研讨班上的学生，尤其是迈克尔·卡伊（Michael Caie）、斯坦利·陈（Stanley Chen）、法布里齐奥·卡里亚尼（Fabrizio Cariani）、肯尼·伊斯瓦伦（Kenny Easwaran）、迈克尔·列佩尔（Michael Rieppel）、斯基普·施马尔（Skip Schmall）给予了我以极大的帮助。作为我的研究助理，乔·卡尔博夫斯基（Joe Karbowski）在 2004 年，迈克尔·列佩尔（Michael Rieppel）在 2009 年，伊恩·本恩（Ian Boon）和苏菲·当德莱特（Sophie Dandelet）在 2012 年，都做出了出色的工作。基于本书前 6 章内容，在下列专题研讨会上的报告使我受益匪浅：2009 年 3 月在巴塞罗纳为 LOGOS 小组所做；2010 年 6 月在博洛尼亚为 Cogito 小组所做；2010 年 10 月在巴黎让·尼科研究所（Institut Jean Nicod）所做。这些研讨会能够举办，我要感谢曼纽尔·加尔恰 - 卡平特罗（Manuel Garcia-Carpintero）、保罗·莱奥纳尔迪（Paolo Leonardi）和弗朗索瓦·雷卡纳蒂（Francois Recanati）。

2012 年 3 月，我有幸作为惠特尼 J. 奥茨研究员（Whitney J. Oates Fellow）在普林斯顿人文理事会做了三场讲座，宣讲了本书中的部分内容。我衷心感谢普林斯顿人文理事会，感谢出席讲座的哲学家参与热烈的讨论。

我还从在下述地方的讲座上听众的提问中获益：伯克利、布里斯托尔、布宜诺斯艾利斯、芝加哥、康涅狄格、戴维斯、都柏林、广州、哈佛、欧文、拉斯维加斯、伦敦、洛杉矶、麻省理工、墨西哥市、密歇根、明尼阿波利斯、纽约、奥斯陆、牛津、巴黎、匹兹堡、波特兰、普罗维登斯、普林斯顿、里弗赛德、拉特格斯、圣迭戈、圣巴巴拉、圣克鲁斯、旧金山、圣安德鲁斯、斯坦福、多伦多、图森、犹他和耶鲁。我也从与许多哲学家和语言学家（面对面或通过电子邮件）的对话中得到了帮助，他们包括：肯特·巴赫（Kent Bach）、克里斯·巴克（Chris Barker）、努埃尔·贝尔纳普（Nuel Belnap）、马修·本顿（Matthew Benton）、安德烈亚·比安基（Andrea Bianchi）、保罗·博戈西昂（Paul Boghossian）、约翰·坎贝尔（John Campbell）、约瑟夫·坎普（Joseph Camp）、理查德·迪茨（Richard Dietz）、奇安·多尔（Cian Dorr）、安迪·伊根（Andy Egan）、艾丽丝·艾因霍伊泽（Iris Einheuser）、迪利亚·格拉夫·法拉（Delia Graff Fara）、哈蒂·菲尔德（Hartry Field）、布兰登·菲特尔森（Branden Fitelson）、基特·菲内（Kit Fine）、曼纽尔·加尔恰 - 卡平特罗（Manuel Garcia-Carpintero）、汉纳·金斯伯格（Hannah Ginsborg）、戴维·亨特（David Hunter）、彼德·汉克斯（Peter Hanks）、本杰·赫利（Benj Hellie）、德克·金德曼（Dirk Kindermann）、马克斯·科尔贝尔（Max Kolbel）、杰夫·金（Jeff King）、彼德·莱瑟森（Peter Lasersohn）、以利亚·米尔格拉姆（Elijah Millgram）、弗里德里克·莫尔特曼（Friederike Moltmann）、塞巴斯蒂安·莫鲁奇（Sebastiano Moruzzi）、托马斯·马勒（Thomas Muller）、斯蒂芬·尼尔（Stephen Neale）、拉姆·内塔（Ram Neta）、伊娃·皮卡尔迪（Eva Picardi）、斯特凡诺·普雷德利（Stefano Predelli）、格雷厄姆·普里斯特（Graham Priest）、弗朗索瓦·雷卡纳蒂（Francois Recanati）、托拜厄斯·罗森费尔特（Tobias Rosenfeldt）（及其柏林洪堡大学研究生研讨班）、斯文·罗森克兰茨（Sven Rosenkrantz）、丹尼尔·洛佩斯德萨（Daniel Lopez de Sa）、乔纳森·谢弗（Jonathan Schaffer）、莱昂内尔·夏皮罗（Lionel Shapiro）、马克·施罗德（Mark Schroeder）、巴里·史密斯（Barry Smith）、贾森·斯坦利（Jason Stanley）、伊西多拉·斯托扬诺维奇（Isidora Stojanovic）、佐尔坦·亨德勒·索博（Zoltan Gendler Szabo）、肯·泰勒（Ken Taylor）、保罗·特勒（Paul Teller）、乔治·沃尔普（Giorgio Volpe）、李·沃尔特斯（Lee Walters）、亚采克·瓦韦（Jacek Wawer）、布赖恩·韦特森（Brian Weatherson）、玛特·韦纳（Matt Weiner）、达·韦斯特斯托尔（Dag Westerstahl）、克里斯潘·赖特（Crispin Wright）、赛特·亚尔钦（Seth Yalcin）和阿伦·齐默尔曼（Aaron Zimmerman）。

整个过程中，我的编辑彼德·莫切洛夫（Peter Momtchiloff）不厌其烦地给我鼓励与建议。我还感谢牛津大学出版社的两位匿名审稿人，他们为本书上一稿提供了有益的反馈。

我非常感谢我的启蒙老师，包括鲍勃·布兰多姆（Bob Brando）、努埃尔·贝尔纳普（Nuel Belnap）以及乔·坎普（Joe Camp）。他们播撒了发展成为这一手稿的种子，这本书稿他们可能看作异域杂草。

本书的写作耗费了很多时间。倘若不是因为我的妻子科琳·博伊尔与爱女克莱尔，书稿可能会早些完成；正是妻子与女儿使得"真实世界"如同思想的世界一样鼓舞人心。

目　录

第一编　理论基础

第二编 应用

第 1 章
相对论初品

    你咬了一口鲜苹果。这正是你特别喜欢的那种酸苹果，已经熟透了。"味道真美！"你一刻也不迟疑地说。可是你说这话是什么意思呢？关于那个苹果你究竟说了些什么？

    我发现人们往往给出三种答案中的一种：

    客观论。我说的是苹果具有客观的性质，即味美的性质，这种性质我通过感知可以察觉。这种性质与其他人在使用"味美的"这个词时所赋予的性质相同。苹果是否具有这种性质是一个简单的事实，不依赖于言者视角。

    语境论。我说的是那个苹果让我以某种方式感知，或者是对我的口味，或者适合我所认同的群体的口味。"味美的"这个词是语境敏感性的。因此，我使用这个词表达了我所喜欢或适合我的口味的性质，而你使用这同一个词则表达了不同的性质，即让你喜欢或合你口味的性质。

    表达论。我并未就苹果做出任何断言。我只是表达了对其味道的喜欢——我本来也可以不说话而通过微笑着舔嘴唇表达这个意思。这与我说我喜欢苹果的味道是不同的。

    我认为，上述这些答案每一个都有正确的地方：每个答案都揭示了关于"味美的"用法上的某个方面。但是，每个答案也都有其错误之处。看来这三个答案都包含部分事实；我们只需要将之综合成一种观点，这一种观点具有这些答案的所有优点，却不包含其不足。本书的任务就是要提供这样一个观点，不仅为解开"味美的"难题，而且阐释我们关于下述问题的思想与讨论，即

人们知道什么、未来将发生什么事情、可能出现什么情况，以及我们应当做
什么。

我们在从兔穴中摆脱出来之前，需要身陷其中。那么，我们就从考察对
"味美的"意义问题通常的回答中存在哪些不如人意之处入手。

1.1 客观论

正像我们在此理解的那样，客观论是如下的观点：

(a) "味美的"就某些事物而言为真，就其他事物而言为假；

(b) 在一个具体的使用场合，"味美的"对于某个事物成真或成伪，这并
不取决于讲话者、评价者或其他任何人的独特口味。

按照客观论，"味美的"同我们用以描述世界的其他谓词十分相似——
"红色的"、"每年落叶的"、"酸性的"。这些词用以表征客体，并不依赖于同讲
话者（或其他突显个体）的关系。

像上面这样理解，客观论同味美是相对于人而定义的观点是相容的。例
如，客观论者可能认为，成为味美的就是具有在正常的品尝条件下使人的舌头
感到适宜的味道。根据这个观点，味美可能是一种纯粹客观的性质，尽管也许
对于非人并不那么重要。[1] 或者，客观论者可能认为"味美的"，正如某一种群
S 的某个成员使用时那样，表达在正常的品尝条件下使 S 之正常成员的舌头感
到适宜的性质。依据这种观点，"味美的"外延将是语境敏感的，但仍然独立
于个体独特的口味。[2] 允许"味美的"以所有等级形容词都是语境敏感性的那
种熟悉方式依赖于语境，这也会是符合客观论的。某物究竟要多红、多高或多
平才能算作"红色的"、"高的"或"平的"看来是根据语境而定的。客观论者
可以允许算作"味美的"的阈值是语境敏感的，只要潜在关系"比……更味美"
的确定独立于任何个人的主观口味。

假如你愿意，就把客观论理解为这样的观点，即"味美的"的客观性不比
"红色的"差。某物需要多红才能算作绝对地"红色的"，答案可能因语境的变
化而变化。实际上，该物的哪些部分需要呈红色、以什么色调呈红色才能将之
算作"红色的"，这可能因语境不同而不同：红葡萄柚色的消防车可能无法认
为是红色的。此外，根据许多哲学家的观点，若不参照人类，红色则无法定

---

[1] 假如这个观点正确，那么猩猩也许能够学会"味美的"的意思，但这个词在猩猩生活中的作用
同在人类生活中不会是一样的。

[2] 关于客观论的相似概念，参见沃尔海姆（Wollheim 1980：232）。

义；红色是以某些方式影响人的视觉感官的倾向性特质。所有这些都是与这里讨论的广义客观论相容的。可能与客观论不相容的观点是"红色"的外延随讲话者感知系统的个性变化而变化。然而，广泛的一致看法是，事实并不这样。尽管某位色盲者可能倾向于使用"红色的"这个词来描述某些青水果，但这不会诱惑我们说，正像那个色盲者所使用的，"红色的"*真实地*描述了那些青水果。那位色盲者只不过弄错了——说了假话。"红色的"的意思并不是"倾向于在*我*身上引起视觉上的某些感觉"。

尽管我知道一些人就"味美的"持客观论观点，但大多数人似乎对之畏缩不前。他们认为，关于某物是否是"味美的"，正如同某物是否为红色的、每年落叶的或酸性的那样，并不存在"客观事实"。我提出，潜在于这种直觉之下的是一种认识，即假如"味美的"像"红色的"那样表达事物的客观性质，那么，我们确定将哪些事物叫作"味美的"的普通办法根本就是不恰当的。

这是些什么样的方法呢？先大致地说，我们如果觉得某个食物的味道可口，就将其称作"味美的"，如果味道不好就说"味不美的"。这还需要加以一些限定。我们并不认为我们有理由把某物说成"味美的"，仅仅因为我们刚吃过*神秘果*（*Synsepalumdulcificum*，一种浆果，能够增加所感觉到的食物的甜味，可以达到使柠檬尝起来是甜味的程度）而觉得这种东西可口；也没有理由将之说成"味不美的"，只是因为我们刚刷过牙或患了感冒而觉得这东西味道不好。大概这是由于我们认为，在这些条件下品尝食物不能使我们准确了解食物的味道。因此，我们的规则必须限于我们了解食物具有什么味道的情形。

事实上，看来需要第一手知识。假设某个我们信赖的食物批评家写道，炸响尾蛇的味道就像炸鸡的味道。我们也许认为这为我们提供了关于炸响尾蛇的（证明性）知识，但是即使我们喜欢炸鸡的味道，并由此而说炸响尾蛇是"味美的"也会是怪诞的。因此，"味美的"看来具有证据的方面，这个方面的揭示可以通过将规则限于我们对某种食物的味道直接了解的情形。[3]

将这些限定考虑在内，我们就得到以下的规则：

TP. 如果你直接了解某物的味道，仅当你觉得其味道是可口的时，把它称作"味美的"；仅当你觉得其味道不可口时，把它称作"味不美的"。

倘若你怀疑 *TP* 能够指导我们对"味美的"的使用，考虑一下说出下面的话会多么怪诞：

3　这一证据的方面并非为"味美的"所特有，似乎影响所有审美评价谓词（Wollheim 1980：233）。

（1）我说不准浓咖啡是不是味美的，但不喜欢它的味道。

（2）我从来忍受不了榴梿的味道。它可能味美吧？

（3）我喜欢橙汁不喜欢蕃茄汁。可是谁知道呢？也许蕃茄汁更味美。

这些话听起来怪诞。在每个例子中，确定的情感反应与不情愿做出味美的判断之间存在很强的张力。但是，拒斥 TP 就是允许诸如上述这样的陈述是站得住脚的。

的确，不清楚能否改变我们使用"味美的"的方式，致使（1）-（3）变得自然，而又不完全失去其意义与目的。我们将事物划分成味美的或者不味美的，以引导我们的味觉考虑。我们吃我们认为是味美的东西，因为我们期望这些东西我们觉得可口。相反，我们避免吃我们不知道味道是否可口的东西，因为这些东西也许会让我们觉得味道不好。而这些解释预设了某种类似于 TP 的规则。

就其本身而言，TP 并非与关于"味美的"之强式客观论不相一致。假如我们所有的人都（在正常条件下）喜欢相同的食物，那么，将这种喜欢看作对这些食物某些共有客观性质的自然标志就不会是没有道理的。可是事实上，不同的人感觉可口的食物存在着巨大差异。极合印度人口味、调味很浓的腌菜也许令因纽特人作呕，而因纽特人喜欢的生鲸脂早餐可能让印度人恶心。我们也不需要在不同的文化间寻找例子：就连以同样方式抚养大的兄弟姐妹也可能感到不同的食物合乎口味。我们都清楚地意识到这些事实。因此，假若我们将"味美的"理解为表达了一种客观性质，那么对于这个词的使用，我们就必须认为 TP 是一条极不可靠的原则。

客观论者或许会回答道，我们每个人都相信自己喜好食物的倾向对味美的性质敏感，即使他人的不然。我们都认为抽彩赢了，获得了品出客观美味的味感。这可能说明为什么我们面对口味上普遍而显见的分歧依然坚持 TP。但是，这样说可能会将一种非反思性的沙文主义归于每个有能力使用语言的人。我们有什么根据认为自己味觉上的满意比其他人的更好地相关于味美的性质呢？

将"味美的"与像"红色的"这种颜色词和像"咸的"这种非评价性的表示味道的词进行比较是有用的。在判断何为红色或咸的时，我们并不能达成普遍的一致。可是当出现分歧时，我们并不冒失地坚持自己的看法而不加犹豫。其他人述说看见红色，而你看到的是绿色，或者其他人感觉咸而你感觉一点不咸，这样的事实会使你对自己关于颜色或味道的判断不那么确信。这使你猜疑那个灯光真有趣，或者你病了，或者受了药的影响，或者（就像对色盲者而言）你的感知能力有缺陷。不经进一步调查而坚持你自己的判断是正确的，其他人的判断是错误的，这会是十分鲁莽而没有道理的。[4]但是，当涉及关于某物是否"味美的"时，却不存在类似的迟疑。为什么讲话者在一种情形中会显得是沙文主义的，而在另一种情形中则不然？[5]

在此，客观论者也许能提供一些解释。心理学家表明，在某方面能力水平低的人明显地高估自己的能力（Kruger and Dunning 1999）。在一项研究中，要求学生做一项标准英语语法测试，并让他们估计自己在参加这项测试的学生中的百分位次。得分在最低百分位组的学生估计自己平均在第 60 个百分位。在他们知道自己的答案与其他同学的答案存在差异之后，他们依然过高估计自己，情况甚至变得更糟（1126-1127）。研究者对此做出了解释，他们假定"做出正确判断的能力所基于的知识同样也是辨识正确判断的能力所基于的知识"（1122）。有趣的是，这项研究之前的形式是让被试判断不同笑话的可笑程度。研究者在分析了类似于上面描述的结果之后推测"……也许是由于个性地、以适宜于自己口味与感觉而定义幽默，导致我们观察到的误判的出现——不是由于缺乏能力者往往不能发现自己的不足"（Kruger and Dunning 1999：1124）。同样的结果可以在数学这种典型的客观领域获得，这个事实引人注目。

于是，在涉及口味时，我们也许都是沙文主义的，因为我们在辨识某物何时味美时都是很不擅长的。我们缺乏能力使我们对自己的判断过于自信，即使在与同伴出现分歧时依然如此。但问题依然在于，为什么不擅长识别颜色的人——色盲者——并不表现出类似的过分自信。不过这也许是因为惯常受到的负面反馈，甚至帮助那些能力不强的人校正自己的准确性（Kruger and Dunning 1999：1131），而人们极少由于关于味美的判断责备他人。

然而，客观论所提供的一揽子方案——以全部归于无线索而使全部归于沙文主义的做法不那么令人反感——是难以接受的。首先，我们大多数人在味美判断上都是极为靠不住的这一观点难以接受。我想，通过接触可口的食物、听到爸爸妈妈说"好吃（tasty 味美的）！"我们都学会了味美的概念。很难相信通过这个过程掌握的概念表达了一种我们无法确切鉴别的模糊性质。我们的词语如何获得客观论者所说的它们具有的意义呢？

其次，难以理解为什么对分歧事实以及我们各自关于"味美的"训练的相

---

4 关于感知判断的这一点，甚至连不接受下列普遍主张的人也接受：我们应当对我们认识同伴深思熟虑的观点像对我们自己的观点一样重视（Kelly 2010：150-151）。

5 当然，正像某人可能色盲那样，某人也可能是味盲，不能区分普通人可以区分的滋味。例如，一个可以品出苦味却辨别不出咸味的人，也许不会把食物称作"味美的"，因为她不知道它们真正的味道。然而，这不是在关于某样食物是不是"味美的"之分歧中通常发生的情况。

似性的反思不会或至少使我们中的一些人不那么沙文主义。如果客观论是正确的，那么，我们应当期待能找到一些人，像（1）-（3）所示的那样暂停对哪种食物是"味美的"做出判断。但是，我们没有发现这样的人。而且，如果我们发现了，我想我们会质疑这些人使用"味美的"的能力。

最后，即使我们期望自己的口味经过了更好的训练，我们也似乎按照 *TP* 使用"味美的"。山姆从小到大只吃过食杂店的香红苹果。他听了一门苹果品味课程。在为期四周的课程中，学生们将品尝来自全国各地的珍品苹果。老师让山姆确信，课程结束时他对苹果的口味将会彻底改变。第一天，老师给山姆四个苹果试验，问他哪个味道最好。他会耸耸肩膀说不知道吗？那就怪了。更有可能的是，他会根据现在的口味自信地做出回答。但是，如果我们通过假定他认为他的口味已经反映了客观的味美性质来对他的自信做出解释，那么，他听这门课程的动机是什么？

1.2 语境论

如果不假定沙文主义，我们可能怎样解释为什么讲话者认为喜欢某物的味道就是将之说成是"味美的"的充分理由呢？一种自然的解释是，正像在由讲话者 *S* 使用时那样，"味美的"只对于那些东西是成真的，这些东西的味道 *S* 喜欢。

按照语境论的一种可能的形式，"味美的"尽管表面上是一价的，实际上表达了一种带有两个主目位的关系：一个主目位提供给食物，另一个提供给味道或者也许是体验者。有时，正像在下列情形中，另一个主目位得以显化。比如，当我们说蒂姆的宽面条儿法蒂玛觉得味道鲜美，但大多数人并不这样认为。但如果这个主目位没有显性地填充或限量，就由语境赋值。

这种语境论将"味美的"的作用看作类似于"local"（当地的）、"ready"（准备好了）与"tall"（高的）。同一家酒吧对伯克利而言是当地的，而对圣选戈则不是。艾丽丝可能准备好了跑一英里，却没有准备好去钓鱼或参加考试。山姆对一个研究生而言可能是（个儿）高的，但对于一名运动员来说却不是。当人们简单地说一家酒吧是"当地的"、艾丽丝"准备好了"或者山姆（个儿）

高，他们旨在表述其中一种更加确定的性质。[6]

"味美的"是在同样意义上语境敏感性的吗？[7] 说出"这个味美"的话语是否一般地理解为断言所指的食物讲话者感觉味道可口的？假若赞成这种假设，也许应当注意的是，"味美的"像"当地的"与"准备好了"一样，可以出现在显性地相对化的形式中。我可以将某个食物表征为"对青少年而言味美的"或者"对我来说味美的"。根据那种在所表达的关系中假定额外的主目位的语境论观点，这些形式容易解释。相形之下，正如莱瑟森（2005：656）所指出的那样，很难看出客观论如何能够解释这些显性地相对化形式。至于典型的客观性谓项，如"五英尺高"，不存在类似的显性地相对化形式；我们不说某人"对于我五英尺高"，或者"对于青少年而言五英尺高"。[8] 假如我们将显性地相对化形式理解为表示存在一种为口味或品味者提供的一个额外主目位，那么，到达下面这个结论就只剩下一小步，即，当没有显性地提供的主目时，主目就由语境提供。

然而，关于"味美的"的语境论面临两个严重问题：无法阐释我们关于意见一致与意见分歧的直觉；无法说明讲话者在其口味改变之后，为何愿意收回先前使用"味美的"做出的断言。

1.2.1 意见一致与意见分歧

假如我的陈述——一个食物"味美"——其正确性取决于这个食物在我感觉如何，而你的陈述——同一个食物"味不美"——其正确性取决于这个食物在你感觉如何，那么，我们俩的陈述是相容的；我们在做出陈述时并没有分歧。

6　我想就此而言是不会有什么争议的，尽管就如何解释"当地的"、"准备好了"或者"高的"的"裸式"用法则争议颇多。（例如，参见 Stanley 2007、Cappelen and Lepore 2005 以及 Preyer and Peter 2007 中的一些文章。）有些作者认为，在逻辑式中这些词同变项相关联，这些变项若不受量词约束或未经显性赋值，则由语境赋值。一些作者认为，这种补全或充实无需任何句法的触发。还有一些作者认为，这些词表达简单的非关系性性质，但是言语行为完整的交际内容比起句法形式的最小的"正式"内容更加丰富、更加确定。在此，我们将不需要梳理这些关于语义内容的问题。所有这些作者的共识是，在说出"艾丽丝准备好了 X"时，讲话者断言她为某（件）事 X 准备好了。至少在这个意义上，诸如"准备好了"这样的语词显然是语境敏感的。

7　正如我们业已观察到的那样，"味美的"可能在其他方面具有语境敏感性。"味美的"是一个等级形容词，所以人们预期它至少相关于门槛标准是语境敏感性的：在味美的量表上多高某物才能算作"味美的"（参见 Glanzberg 2007：8-9；取材于 Kennedy 2007）。然而，这种语境变化并不有助于理解 TP，并不要求假定针对口味标准或体验者的语境敏感性。

8　一个色盲者可以说"这些袜子在我看来是红色的"，但是在此"在我"是针对"看"而不是针对"红色的"。倘若他说"这些袜子对我而言是红色的"，如果他的意思不是袜子在他看来是红色的，我们就会对他的意思不知所云。

但是，看起来我们*确实*存在分歧——即使我们意识到分歧的根源是我们不同的口味。下面的对话听上去太别扭了：

（4）A：这味道真美，是吗？

B：# 我同意，但我感觉这味道不好。

而下面的对话听起来就没有问题：

（5）A：这味道真美，是吗？

B：我不觉得——不过也许你觉得味道美。

在此我们确实看到"味美的"与典型的语境敏感性词语之间的明显差异。假如安倍说萨拉最喜欢的酒吧是一家当地的酒吧（意指在安克雷奇当地），而山姆说她最喜欢的酒吧不是一家当地的酒吧（意指萨万娜当地），两人之间并不存在真正的分歧。下面这个对话很正常：

（6）安倍：萨拉最喜欢的酒吧是一家当地的酒吧。

山姆：我同意，但那对我来说并不是当地的。

而下面这个对话听上去就糟糕了，除非我们认为山姆误解了安倍：

（7）安倍：萨拉最喜欢的酒吧是一家当地的酒吧。

山姆：# 我不同意——尽管对你来说那酒吧是当地的。

语境论者也许拒不接受这种直觉，即当我说食物"味美的"而你说"不味美"时，我们的意见真正有分歧。毕竟，我们不是说"口味无可争辩"吗？因此，重新考察一些理由以认为在这些情形中确实存在分歧，并且考虑重新解释这些素材的一些方法，这样做是值得的。

首先，使用分歧的明显标志是很自然的，诸如"不"、"我不同意"、"你弄错了"，或者"那不对"。如果双方只是断言什么对*他们*味美可口，这些回应就会是不恰当的：

（8）A：甘草味美。[9]

B：不 / 我不同意 / 你弄错了 / 那不对，甘草味不美。

（9）A：甘草我感觉味美。

B：# 不 / 我不同意 / 你弄错了 / 那不对，甘草我感觉味不美。

9　注意：就像"狗长四条腿"和"鲨鱼袭击游泳者"一样，这个句子表达全称性陈述。全称性陈述的真值条件没有得到很好的理解（关于这一问题的导论，参见莱斯利 2012）。例如，"鲨鱼袭击游泳者"看来为真，"狗长三条腿"为假，尽管袭击游泳者的鲨鱼的比例要小于长三条腿的狗的比例。故此，卡珀朗与霍索恩（2009）指出，对于完全依靠使用全称性陈述的例子驳斥语境论观点，我们应当持谨慎态度。尽管谨慎当然是需要的，但我认为我将在本章中论述的使用型式对于全称性与非全称性"味美的"陈述都成立。我看无望以所了解的全称陈述的特征解释这些型式。对这里使用的全称陈述怀有忧虑的读者可以将其替换为"这根甘草味美"。

面对这样的论辩，语境论者有时指出像"不"、"你弄错了"、"那不对"可以针对除了断言内容以外的东西。例如，可以针对转述引语的内容或态度：

(10) A：萨欣说你有一台车。

　　　B：不／那不对。我没有车。

还可能针对断言的预设：

(11) A：你妻子很漂亮。

　　　B：不／你弄错了。我们没有结婚。

格赖斯（1989: 64-65）论述道，分歧标记语还可以针对从断言内容中"因数析出"共有假设的结果。他列举了下面这个很能说明问题的例子：

(12) A：或者是威尔逊或者是希思将成为下任首相。

　　　B：我不同意，下任首相要么是威尔逊要么是索普。

在此，尽管两个析取句是相容的，但依然存在分歧。格赖斯的解释是，"所达成的共识是威尔逊出任首相的可能性很大"（65）。所以，不为接受的只是希思是一个强劲的竞争者这一点。

但是，很难看出，这些模式中有哪个能够适用于语境论关于"味美的"的解释方案。再者，例（8）与（10）-（11）的显著差异在于，例（8）中断言的命题在回应句中明确地被否定了。因此，真正对应的是下面这样的：

(10') A：萨欣说你有一台车。

　　　 B：不／那不对。他没有说我有一台车。

(11') A：你妻子很漂亮。

　　　 B：不／你弄错了。她不很漂亮。

这里的"不"、"你弄错了"与"那不对"显然针对整个断言命题。[10]

语境论者可能试图声称，分歧的标志表达对所使用*词语*的态度，而不针对所表达的命题。这样，例（8）中的"不"的意思就会是："不，我不会用那个句子表达断言。"而"那不对"就会意为"正像我现在所使用的那样，那个句子将表达成假的内容。"[11]但是，在缺乏佐证"不"与"那不对"在其他语境中这些不同用法的素材时，这看来只不过像是一种诡辩。此外，语境论者不得不坚持认为，在这种争论中"不"、"那不对"*始终*作非标准的理解。否则，在

10　例（12）更加棘手。在此看来反对者可以说："我不同意，情况并不是威尔逊或者希思将成为下任首相"，但只要是对"希思"加些强调。需要特殊强调这个事实表明，这是一种元语言否定（1989：第6章）。否定无法结合到析取句中这个事实也表明这一点："# 我不同意，既非威尔逊也非希思将成为下任首相"（Horn 1989: §6.4.1）。

11　我没有在文献中看到这种论述，但在对话中听到过。克勒贝尔（2002: 39）感到这种论调值得批判。

下面这则对话中就应当有一种理解，即 B 并不自相矛盾：

(13) A：苹果味美。

B：那不对。但苹果味美。

语境论者需要说明，为什么不存在这样的理解。

还要注意，即使在用明确指向所表达命题的词语替代指示代词"那"时，这种现象依然存在。在例（8）中，B 或许可以不说"那不对"，而或许可以（带点学究味地）说"你所表达的命题不对"或"你所断言的命题成假"。在此，非标准的理解显然受到阻止。

除了明确的分歧标记语之外，表明我们认为自己就味美性质同他人存在分歧的第二点是，我们有时就这些事情*争辩*："球芽甘蓝，味美？吃起来像草！你也会说草味美吗？难道其苦味没有完全盖过其他味道？"其他人声称什么东西对*他们的*口味时，我们通常并不与之争辩。因此，我们争辩什么是"味美的"这一事实就反驳了语境论的分析。

语境论者可以选择说，我们倾向于争论关于口味的断言，并且感知在做出这种陈述时相互意见分歧，这只不过是一种幻觉。但是，如果语境论者愿意将这种程度的系统性失误归于讲话者，那么就不清楚还存在什么理由要选择语境论而不选择简单的客观论。毕竟，客观论缺乏魅力之处正在于它迫使我们将系统失误归于讲话者。的确，看来语境论者将不得不像客观论者那样把同一种沙文主义，*加上客观论并没有归赋的语义失误*归于讲话者。为了说明我们为什么认为自己在关于口味的断言上存在不同意见，语境论者将不得不认为我们对这些陈述的语义内容持有初步的客观论主张。但是，倘若我们如是认识这些陈述，那么面对各种各样反应的充分的证据，在情感反应的基础上我们断言事物味美的习惯，必须藉由我们在讨论客观论中所发现的同一种令人反感的非反思性沙文主义来解释。

或者，语境论者可能接受存在意见分歧的事实，并尝试通过以下方式解释意见分歧，即认为体验者（或口味）的主目位由一个包含讲话者及其听众的群体（或一个他们在某种程度上共有的口味标准）来填充，而不是由讲话者自己（或者她自己独特的口味）来填充。如果在例（8）中，A 在断言甘草对整个群体而言味不美——对 A、B 以及会话的相关参与者——那么我们可以直接将 B 理解为反对 A 所说的。B 知道甘草对*他*而言味不美，而这就成为他不同意甘草对整个群体味美这一断言的充分理由。

这一解释的问题在于未能遵循 TP。如果关于"什么是味美的"的断言通常都是关于什么对于一个群体是味美的之断言，那么就不清楚为什么发现食物对某人自己的口味应该是断言这种食物"味美"的充分依据。诚然，可能存在一些情形，在这些情形中某人有充足的理由认为其他人的口味与自己的口味较为相似。但是，由于通常情况并非如此，我们应该预料存在许多 TP 并不适用、而且句子（1）-（3）听起来很自然的情形。我认为不存在这样的情形。即使当我知道跟我交谈的一些人不喜欢橙汁的味道，若我否定橙汁（我非常喜欢）味美、或者对橙汁是否味美表示怀疑，那将会很怪异。

而且，如果我们以这种方式解释例（8）中的意见分歧，我们应该预料当 A 发现 B 不喜欢甘草时立即收回前言。因为根据这种观点，A 断言了群体中每个人都喜欢甘草的味道，而 B 表明他不喜欢甘草的味道。但是，即使 A 知道 B 不喜欢甘草的味道之后还坚持认为甘草"味美"也不足为奇。事实上，关于什么是味美的之意见分歧经常采取这种形式。[12]

语境论的一个富有魅力的特征乃是有望证实 TP。但是现在，似乎证实 TP 要求额外的主目位唯我地填充，而解释意见分歧要求额外的主目位集体地填充。如果"味美的"的一些用法由 TP 支配，但不是意见分歧的对象，而其他用法是意见分歧的对象，但却不由 TP 支配，则语境论者就不会面临什么问题。因为，理论上讲，"味美的"不同使用方法可以通过不同的语境填充。问题在于，正是那些似乎由 TP 支配的"味美的"*相同的*用法看来成为意见分歧合理的对象，而语境论却不能解释这一点。

我们在此一直聚焦于分歧，可是关于*意见一致*也可以做出类似的阐释。假设山姆和萨尔两人都喜欢葡萄干的味道。两人都可能说：

（14）葡萄干味美，

我们自然地会转述他们的话，说他们看法一致：

（15）萨尔和山姆一致认为葡萄干味美。

基于语境论的分析，（15）必须理解为

（15a）萨尔和山姆一致认为葡萄干对萨尔来说是味美的，或者

（15b）萨尔和山姆一致认为葡萄干对山姆来说是味美的，或者

（15c）萨尔和山姆一致认为葡萄干对山姆与萨尔两人来说是味美的。

但是，可以很容易地设计一种情形，在这个情形中（15）看来成真，而

12　类似的反对意见，参见莱瑟森（2005：651-652）。注意，同样的反对意见适用于以下观点，即存在一个讲话者试图通过适应（在刘易斯 1979b 的意义上）来改变的共有口味标准。当就什么是"味美的"存在持续、清晰的意见分歧时，这些观点预测双方都应当明白尚未建立共有的标准，从而使所有对"味美的"的述谓没有真值。在那种情况下，坚持做出关于什么是"味美的"断言是不理智的。相关讨论请参见莱瑟森（2005: 659–662）、德萨（2008: 302–303）以及森德尔（2011: §§3.5, 4）。

(15a-c) 无一成真。只要假设山姆和萨尔都喜欢葡萄干的味道，但没有一个人认为对方也喜欢。看来他们意见一致的并不是关于葡萄干对某个人或某些人味美，而是关于葡萄干是否味美——不同之处正在于此。

1.2.2 收回前言

假若我们的口味改变了，从而我们曾经感到可口的食物现在觉得味道不好了，那么，我们可能会说，之前说那种食物"味美的"是弄错了。我小的时候，曾对妈妈说，"炸鱼排真好吃"。现在品尝的味道多了，我想我那时的感觉错了；我对炸鱼排的滋味看法改变了。因此，假如有人说："可是多年前你说过炸鱼排味美"，我会收回先前的陈述。我不会说："炸鱼排当时味美，但现在不再好吃了"。这样说言下之意可能会是炸鱼排的味道改变了。我也不会说："当时我说炸鱼排味美，我的意思只是那时炸鱼排让我觉得味美。"我当时不是这个意思。那时，我把自己看作是同声称炸鱼排不好吃的成年人意见不同的。

语境论者不容易说明我为什么会收回先前的断言。基于语境论的阐释，我那时通过说出"炸鱼排味美"所表达的内容，同我现在说出"炸鱼排味不美"所表达的内容是完全相容的。因此不需要收回前言。实际上，这似乎同下面的对话一样别扭：

(16) 山姆：[在凤凰城] 你可以在本地任何一家五金店买到沼泽冷却器。

山姆：[第二天在波士顿] 这周围没有卖沼泽冷却器。

简：但是你说过你可以在本地任何一家五金店买到！

山姆：我收回那句话。

语境论者也许试图通过选择一种主观性不那么强的语境论形式，对收回前言做出解释——例如，通过将口味断言理解为关于什么东西会使适当地理想化的施事者感到可口的断言。[13] 假如在说炸鱼排味美时，我是在预言炸鱼排会让我受过更多训练的味觉喜欢，那么，我就应当依据我受过更多训练的味觉所向我表明的而收回前言。

可是，在把食物称作"味美的"时，我们真的是在断言这个食物使我们中的理想化施事者如何感觉吗？考虑一下在第 1.1 节讲述的山姆以及苹果品尝课程的故事。第一天，教师给山姆四个苹果试验，问他哪个味道最好。倘若真是要求他说出哪个苹果会最合他未来经过训练的味觉，难道他不会耸耸肩膀回答说不知道？然而，我们似乎不是那样使用"味美的"这个词的。尽管山姆相信

---

13 关于理想化策略，参见伊根（Egan 2010）。

一个月后他的口味可能大不相同，他也会确信地做出回答。

于是，像客观论一样，语境论无法揭示什么是"味美的"这种词的特点。当然，语境论也有看似正确之处：它信奉 *TP* 中阐述的思想，即使用"味美的"恰当标准是人们自己的情感反应。但是，语境论要做到这一点，其代价只能是使关于什么是"味美的"的意见分歧与收回前言变得难以理解。

1.3 表达论

鉴于客观论与语境论都无法阐释我们使用"味美的"之事实，就自然会对两者都认为是理所当然的东西提出质疑：在使用"味美的"时，我们做出真正的断言，对事态表明立场。考虑一下 A. J. 艾耶尔关于道德词汇所说的话：

> 在命题中出现一个道德符号不能使命题的事实性内容增加任何东西。因此，假若我对某人说"你偷钱的行为是错误的"，我并没有比如果我只是说"你偷了那笔钱"陈述任何更多的东西。加上说这个行为是错误的，我并没有就此做出进一步的陈述。我只不过表明了我在道德上不赞成这样做。这就仿佛我以一种惊恐奇特的语调说出"你偷了那笔钱"，或者加上一些特殊的惊叹号写出这句话。（Ayer 1959：107）

将艾耶尔的思想应用于"味美的"，就获得了我将称之为*经典表达论*的东西：即在说出"这东西味美"时，讲话者并不做出断言，而只是表达他对一种食物的喜欢。

至关重要的是区分表达某人对某个食物的喜欢与*断言*某人喜欢该食物。当某人饱餐一顿后高兴地咂着嘴巴时，他做的是前一件事，而非后一件事。而当某人带着不加掩饰而尽责的疲惫表情告诉主人他喜欢她的烹饪时，他做的是后一件事而或许不是前一件事。[14]

根据经典表达论，在说出"那东西味美"时讲话者并非意味那种食物对于

---

14 根据某些言语行为理论家的观点，断言是信念的表达（有关讨论，参见 MacFarlane 2011b）。对断言持这种观点的表达论者仍然可以在断言与"非认知"态度（诸如愿望与偏好）之间划一条原则性界线。然而，她在说出什么是表达一种态度时必须谨慎行事。正如杰克逊和佩蒂特（Jackson and Pettit 1998）指出的那样，人们也许自然地将"那很好"看作不只表达讲话者的赞许，而且表达了她的信念，即她具有这种态度。没有这个态度，她就不会说出这句话。表达论者需要以某种方式阐释"表达一种态度"，即要区分赞许这个一阶态度与关于这个态度的二阶信念。

某人（或者更大的群体）来说味美，这一点与客观论相同，而与语境论相反。但是，那是因为不同于客观论者，表达论者认为讲话者并未断言任何内容。对于表达论者而言，正如说"见鬼"是对失望的言语表达一样，说"那东西味美"不过是咂嘴巴的一种言语表达方式。这样，表达论者就规避了客观论者所面临的关键问题：解释我们何以坚持做出我们只能认为是极端易错的断言（除非我们是沙文主义者）。（除了偶尔犯礼节性错误）表达对于某种食物的喜欢是不会出错的。

1.3.1 意见分歧与收回前言

不过，客观论者或许有理由要问，对于我们使用"味美的"时产生的明显分歧，表达论者是否能比语境论者做出更加合理的解释。艾耶尔自己注意到表达论仅仅在一种相对较弱的意义上论证了意见分歧：

> 另一个人也许在他可能对偷盗没有像我具有的相同感情这一意义上，不同意我说偷盗是错的。他可能因为我的道德情感跟我争吵。但是，严格说来，他不能反驳我。这是因为在说某种行为是正确的或者是错误的，我并不是在做事实性陈述，甚至都不是在做关于我自己心理状态的陈述。我只是在表达某些道德情感。表面上反驳我的那个人只是表达他的道德情感。（Ayer 1959：107）

尽管艾耶尔本人推断，对美学词汇的表达论阐释隐含"不可能就美学中的价值问题进行争论"（1959：113），但史蒂文森提出（1963：第1章），表达论者所接受的那种态度分歧足以使这种争论易于理解。假设莉齐喜欢山姆，而萨尔不喜欢他。莉齐和萨尔可能试图诱使对方接受自己对山姆的态度。他们可能正像我们争论一个命题的真值时所做的那样，提供论据与反论据。在这个实例中，争论并不涉及关于山姆的任何具体事实这一点不能妨碍其具有争论的形式。

即使这是捍卫表达论的成功策略，也不能给我们提供清晰的理由以偏爱表达论而非语境论，因为语境论也可以诉诸态度分歧（Jackson and Pettit 1998：251；Dreier 1999：569）。然而，有充分的理由认为，涉及"味美的"分歧超出了纯粹的态度分歧。一则，说出下面的话来表达关于什么是"味美的"的不同意见看来是恰当的："那不对"或者"你错了"。[15] 即使萨尔与莉齐对山姆的态度不一致，她们也不会以下面的话来表达分歧：

(17) 莉齐：我喜欢山姆！

萨尔：# 你错了，我不喜欢他。

再则，仅仅态度上的分歧不会导致收回前言。经过体验而相信泥炭威士忌味美，某人可能说：

(18) 去年我说这种酒味道不好，可是，这句话我收回。我错了。

断言可以收回，但是收回表达的态度却没有多少道理。设想一下一个淫荡的老头在发现看着的是他的一个雇员时企图"收回"其色迷迷的目光。[16]

这样，并不清楚表达论在阐释关于口味分歧上能比语境论技高一筹。另一方面，表达论面临几个难题，而语境论却能避免。这些问题我们将在本章剩余部分探讨。

1.3.2 语力与语义内容

弗雷格教会我们通过将言语行为分解成两个成分——*语力与语义内容*——对之加以分析。例如，考虑一下汤姆的断言，山里有新下的雪糁。汤姆说的话的内容——他所断言的东西——是山里有新下的雪糁。其语力则是一个断言。他也许可以断言山里有黑冰；那样的话，他的言语行为就会有相同的语力，而内容不同。或他可以问山里是否有新下的雪糁；这时，他的言语行为就会有不同的语力，而内容相同。同样的区分也适用于心理状态。纳闷山里是否有新下的雪糁同希望山里有新下的雪糁共有一个内容，而语力不同；相信山里有新下的雪糁同相信山里有黑冰共有一种语力，但内容不同。

语力/内容分析方法使语言研究与思维研究更加系统。我们研究的一部分可以针对思想与言语行为可能具有的内容，另一部分针对可能的语力。将两者结合，我们就能够以其中任何可能的内容与可能的语力，阐释行为的意谓。

经典表达论在语力/内容分析适用的领域中放弃这种方法。经典表达论否认存在表征食物味美的命题。（假若存在这样的命题，"那味美"的任务大概就是断言这种命题，我们就不需要另外讨论表达态度。）表达论不是让"那味美"之话语的意谓从归赋味美的命题之断言语力与内容的分别阐释中浮现，而是通

---

15 这是施罗德（Schroeder 2008:17）区分表达论存在的"浅表的"分歧问题与"深刻的"问题之方式。"浅表的"问题可以诉诸态度分歧应对。

16 好几个人反对道，人们可以收回道歉，道歉看来是表达一种态度。我同意人们可以收回道歉，但那只是表明，做出道歉不只是简单地表达悔悟。毕竟人们不道歉也能表达悔悟。

过说明这些话语的作用直接解释其意谓。这至少是由四个方面的原因来说明是有问题的。

非陈述句 第一个原因是，"味美的"不仅出现在像"那个味美"这样的陈述句中，而且出现在疑问句、祈使句与祈愿句中：

(19) 那个味美吗？

(20) 把那做得味美点！

(21) 但愿那个味美！

这些句子中没有哪个是用于表达讲话者对所指食物的喜欢的。所以，我们即使接受表达论对"那个味美"的意义的阐释，也无法对十分相似的非陈述语句的意义做出解释。

相反，根据真值条件的方法，我们只需要对"那个味美"（在语境中）表达的命题内容做出阐释，我们对疑问句、祈使句与祈愿句语力的现存的阐释将与之结合，以便对这些句子的意义提供阐释。[17]

心理态度 其二，除了*说*"那个味美"外，我们还可以*思考*。人们可以相信某个食物味美、假定它味美、琢磨它是否味美、希望它味美。在这样做时，人们并没有表达态度，因为人们根本不需要表达任何东西。人们可能只是自己思考。因此，经典表达论的阐释不能以任何显现的方式扩展为对这些态度的阐释。但是，它的确排除了那种以区分内容与态度力量拟作的惯常阐释，因为经典表达论否认存在所需要的那种内容（即命题*那个是味美的*）。

强硬的表达论者做出的反应会硬着头皮坚持，否认存在相信某个食物是味美的或琢磨某个食物是否味美的真正态度。这种强硬的回应必须配以对下述问题的表达论解释，即，当我们说出下面这样的话时在做什么：

(22) 他相信甘草是味美的。

(23) 他但愿甘草是味美的。

可以假定，这些句子用于将喜欢甘草的态度归于主语，（不那么可能地）将但愿他喜欢甘草的态度归赋于他。

命题回指 第三个问题是，使用相关于"味美的"用法的命题回指是很自然的：

---

17 这一理论的经典现代版本可以在约翰·塞尔关于言语行为理论的著作中找到（Searle 1969, 1979）。塞尔的理论可能需要做出一些微调以阐释这些现象——现在大部分语言学家将疑问句的内容看作某种不是命题的东西，例如汉布林（Hamblin 1973）、卡尔图宁（Karttunen 1977）、赫鲁嫩代克和斯托克霍夫（Groenendijk and Stokhof 1997）——但是几乎所有进行系统语义分析的人都接受某种形式的语力 / 内容之分。

（24）这条鱼味美！

（25）a. 是的，真是这样。

b. 不，那不是真的。

c. 山姆也这样说。

d. 那正是萨拉保证的。

在（25a）-（25d）中使用的"那"（that）极其自然地理解为回指（24）所表达的命题。但是，经典表达论由于否认（24）确实表达命题，就无法以这种方式对之做出解释。尚不清楚经典表达论如何能够解释这些例子。大概（25a）将理解为表达同意第一个讲话者的态度，而（25b）则表达了不同意的态度。但是，表达同意与不同意应当采用这种形式——命题回指出现在表层——的事实需要做出解释。无疑，最简单的假设是在这些实例中确实存在命题回指。

需要理解诸如以下这种简单的推理使得表达论的问题更加凸显：

（26）山姆认为这鱼味美。

萨利也那样认为。

所以，存在某种东西山姆和萨利都那样认为。

如果第二个前提中的"那"（that）指称第一个前提中由"这鱼味美"表达的命题，就很容易明白，为什么这个推理是有效的，就很容易明白为什么这个推理是有效的。经典表达论需要做出别样的解释。

内嵌 经典表达论遇到的一个更加普遍的问题是，如何将其对某物述谓"味美的"独立句子之阐释扩展到包含"味美的"*任意*语句，包括例如：

（27）如果那味美，他就会吃的。

（28）这东西味道会好的，否则厨师就把钱退还给你。

（29）那可能味美。

（30）罐里没有味美的饼干。

所有这些句子都将"味美的"用作谓词，但是这些句子中没有任何*称作*"味美的"东西。经典表达论者所作的是为人们在把某物称作"味美的"时的行为提供阐释。但是，这个阐释无法扩展到（27）-（30）中"味美的"的用法。在这些句子中，不存在任何称作"味美的"东西；在这些句子中，讲话者不一定表达对任何东西的喜欢。

吉奇（Geach 1960）有力地阐述了这一点。他指责表达论者忽视弗雷格所做的*对 a 述谓 F* 与 *对 a 断言 F* 之间的区分：

> 为了使一个句子的使用可以算作将某物称作"*P*"，在这个句子中"*P*"
> 对该物述谓，就必须断言地使用这个句子；这与述谓是完全不同的东西，
> 因为正如我们所述，即使在作为另一个句子中的小句而非断言地使用的
> 句子中，"*P*"可能仍然述谓某物。因此，把什么叫作"*P*"必须以对某
> 物述谓"*P*"来解释，而不是反其道而行之。（Geach 1960：223; 并参见
> Geach 1965; Searle 1962; 以及 Searle 1969：6.2）

正如吉奇所述，通过声称仅作表语性用法的"味美的"与断言性用法意义不同，表达论者无法应对这个质疑，因为那样，演绎推理的简单实例就会有含糊不清之嫌：

（31）如果那是味美的 _(表语性的)，他就会吃的。

　　　那是味美的 _(断言性的)。

　　　因此，他会吃的。

吉奇认为，解决办法是认识到两次出现的"那是味美的"有着共同的*内容*（相同的真值条件），尽管只有第一次出现的是带有断言语力说出的。但是，这个解决办法却不能为表达论者获得，因为表达论者认为"那是味美的"不具有内容或真值条件。

过去五十年里，表达论者匠心独运试图对吉奇的质疑做出回应。[18] 但是所有这些困难都将烟消云散，假如我们将"那是味美的"看作表达了一个内容、具有真值条件。那样，我们*不付出任何代价*就能理解包含"味美的"的非陈述句、理解可能使用"味美的"所转述的各种心理态度、理解命题性回指。我们可以诉诸关于析取、否定、条件句、时态、情态动词、限量词以及其他组合形式的现存的真值条件阐释，以理解"味美的"对它出现其中的句子之意义所做出的贡献。

表达论有一点是正确的：开展真值条件语义学分析的标准范式缺乏充分阐释"味美的"的资源。但是，我将论证，解决办法不是放弃整个真值条件语义学，而是将之拓宽。

18　例如，参见黑尔（Hare 1970）、布莱克本（Blackburn 1984, 1988）、吉伯德（Gibbard 1990, 2003）、普赖斯（Price 1994）、霍里奇（Horwich 2005）、施罗德（Schroeder 2008）与理查德（Richard 2008）。我们将在第 7.3 节更加仔细地考察其中一些内容。

1.4 相对论路径

至此，我们的讨论表明，一个关于"味美的"之意义的令人满意的理论阐释需要考虑以下因素：

1. *普遍性*。我们的理论需要阐明"味美的"对其可能出现其中的所有句子的语义贡献，而非仅限于简单句。
2. *断言条件*。我们的理论需要说明为什么通过亲身体验了解某物味道的讲话者有根据将之称作味美的，仅当其味道对他来说是可口的（*TP*）。
3. *收回前言条件*。我们的理论需要对以下现象作出解释，即为什么如果某物原有的味道按照讲话者*现在的*口味不可口，即使按照讲话者做出断言时的口味是可口的，讲话者也会收回（而不是坚持）先前做出的某物味美的断言。
4. *意见分歧*。即使当双方都对某物的味道有着亲身体验、知道该食物的味道对他们中的一方可口而对另一方不可口时，关于某物是否味美可能存在真正的分歧。我们的理论应当解释为何会存在这种分歧。
5. *态度表达*。我们的理论应当解释为什么在把某物称作味美的时，人们表达了对其味道的喜欢。

我们看到，关于"味美的"，上述三种标准观点各自都只能满足部分而非全部要求。表达论者不能解释*意见分歧*、*收回前言条件*以及*普遍性*问题。[19] 客观论者难以处理*断言条件*与态度表达。语境论者可能面临两难的选择，这取决于他们如何为"味美的"的特定使用确定体验者或口味的语境参数。语境论者如果——以某个个人或者个性口味——狭窄地设置语境参数，就可以满足*断言条件*与态度表达，但是将难以解释*意见分歧*与*收回前言*。语境论者假如——以某一群体或共有的口味——宽泛地设置语境参数，就能更好地阐释*意见分歧*与*收回前言*，却不能满足*断言条件*或态度表达。

在这个阶段，认为我们尚未穷尽所有的选择，这是很自然的。在考虑可供语境论做出的选择时，我们隐含地假定，"味美的"具体某次出现，在某个特定语境中使用，具有其绝对的外延。如此一来，就不可能同时满足*断言条件*和*收回前言条件*，因为两者看来对其外延施加了互不相容的限制条件：根据断言条件"味美的"外延须由讲话者在做出断言时的口味决定，而收回前言条件

19　至少经典表达论者面临这些问题。在第7.3节与第10.6节中，我们将凭借相对论者会使用的组合语义学分析方法来考察表达论者是否能满足普遍性要求，以及这种表达论与相对论之间存在什么实质性差异。

则要求其外延由讲话者在考虑收回前言时的口味决定。相反，假如我们说为某次出现的"味美的"赋予外延不仅需要确定关于*使用*这个词的语境的事实，而且需要确定关于对"味美的"做出*评价*的语境之事实，情况会如何呢？那样，我们也许可以说，一次出现的"那是味美的"，由某个特定的讲话者相对于某个特定的食物使用，从其使用语境中评价为真，而从之后的语境中评价为假（也许在这个语境中讲话者的口味变了）。这就会为做出如下描述留有余地："这是味美的"的断言条件依据做出断言时讲话者的口味确定，而收回先前的断言"这是味美的"的条件则依据讲话者当*下的*口味确定，即使这个口味同她做出断言时的口味不同。

这样的举措可能会使我们满足头三个因素的要求，也为满足另外两个因素提供了良好前景。这样一个观点不可能将关于口味的断言看作等同于关于某人觉得什么东西可口的断言：尽管断言条件相同，但是收回前言条件不同。然而，关于口味的断言也许可以说成表达某人喜欢某个食物，因为在施行一个仅当某人喜欢该食物时才有根据实施的言语行为中，某人就使他人有理由认为这个人喜欢该食物。在这个意义上，就表达了对这个食物的喜欢。因此，可能这就满足了第五个因素——*态度表达*的要求。另外，我们也许可以说，争论某个食物是否味美的双方确实存在分歧，这个意思是说，双方都占据某个视角，从这个视角看，对方的断言不为真。这样，第四个因素——*意见分歧*可能得到满足。

因此，通过放松我们隐含假设的限制——即味美性质归赋的出现使其真值由关于使用语境的事实决定，而让其真值也依赖于对之做出评价的语境，我们就能满足所有需要考虑的因素，对"味美的"做出的阐释既保存了每个标准阐释中看来正确的成分，同时又避免了其局限性。基于这个观点，"味美的"就会是一个*评价敏感性谓词*。

的确，描绘得不错——可是，谈论相对于评价语境的真值有*道理*吗？回答这个问题是本书第一编的主要任务。真值相对论在分析哲学家中名声不佳。这部分地是因为相对论没有很好地表述，部分地是因为一种普遍的看法，认为相对论受到某些颠覆性的质疑。在第 2 章里，我将讨论真值相对论通常遭受的质疑。我们将会看到，这些质疑远非颠覆性的，尽管它们的确提出了一些有价值的问题，任何相对论观点必须予以回答。

接下去的三章旨在足够清晰地阐述真值相对论立场，以回答所有这些以及更多的问题。在第 3 章，我提出真值相对论应当理解为真值是*评价敏感性的*观点。评价敏感性通过与普通的语境敏感性（或者我所称的*使用敏感性*）类比而理解。正像使用一般的语境敏感性语句其真值依赖于使用这些句子的语境特征那样，所以，使用评价敏感性语句的真值就依赖于对这些语句做出评价的语境之特征。基于戴维·刘易斯和戴维·卡普兰的思想，我创立了一个阐释评价敏感性的理论框架。

在第 4 章，我阐明命题如何适应于这个框架。我将评价敏感性思想从句子扩展到了命题。这就使我们能够在真值相对论（包含对评价敏感性的坚持）与非指示性语境论（不接受评价敏感性）之间做出重要的区别；并且表明，对于在此阐述的真值相对论而言，将命题真值理解为相关于除了可能世界（也许还有时间）之外的参数既无必要也不充分。

我在第 5 章探讨剩余的实质性哲学问题：谈论真值相对于评价语境意味着什么？我通过说明在对语言使用更加广泛的阐释中评价相对性真值之作用，而探讨这个问题。第 3-5 章中的理论结合起来使我们看到在断言评价敏感命题与非评价敏感命题之间的实际差异，从而告诉我们在相对论阐释与非相对论阐释之间做出判决时究竟应该寻找什么。我认为，这足以"理解相对真值"，规避对其可理解性的先验异议。

第 6 章集中讨论分歧概念，这一概念在相对论者、语境论者与客观论者之间的争鸣中起着核心作用。我区分几种或几个层面的分歧，并且表明这些观点之间争论的问题如何可以简约为关于在所讨论的领域中存在哪种分歧的问题。

第 3-6 章中的理论框架一旦建构之后，我们的任何思想与讨论是否最好从相对论语义学角度来理解，这就大体上成为一个实践问题了。在本书的第二编里，我通过五个案例研究为肯定的回答做出论辩。

第 7 章又回到我们开头提出的关于"味美的"之意义的问题，提出一种相对论语义分析，保存了客观论、语境论与经典表达论的正确成分，同时避免这些理论所面临的问题。所阐述的观点与阿兰·吉伯德提出的精致形式的表达论有某些相似之处，因此，我将用一些篇幅探讨这种表达论观点，并且阐明这种观点同本书提倡的那种观点有何不同。

在第 8 章里，我探讨关于知识归赋的相对论阐释如何可能在语境论阐释与恒定论阐释之间走一条中间道路。

在第 9 章里，我论述指向未来的话语需要一种相对论的阐释，才能使这样的话语与未来的客观开放性相容。

在第 10 章，我就认识情态陈述采用相对论阐释而非经典语境论与表达论阐释做出论辩；这种陈述诸如：*乔可能在波士顿*。

最后，在第 11 章，我论述对像*山姆应当*（*ought to*）*示意让开过来的车停下*这样的道义情态陈述做出相对论处理，可以避免需要在"ought"的客观性用法与主观性用法之间做出尚有争议的区分，这种区分在伦理学文献中常见。

第 3-6 章告诉我们，评价敏感性话语与非评价敏感性话语之间的实际差异是什么；第 7-11 章提供理由认为，我们的有些思想与话语是评价敏感性的。不过，人们也许仍然要问*为什么*是这样。下面的情形如何会是合乎理性的？即讲话者做出某个断言，却又预期未来某个时刻不得不收回这个断言，因为那时他占据一个视角，相对于该视角原先的断言是错误的。我们为什么会发展出这样的做法使我们在收回前言时不受指责？在第 12 章，我勾勒一个尝试性的答案：鉴于我们在使用这些表达式时的目的，鉴于某些关于工程限制机制的假设，将这些表达式理解为评价敏感性的更妥。假如这些考虑正确，就证明了评价敏感性的合理性，并且对评价敏感性的存在做出了一种目的论解释。

第一编

理论基础

第 2 章
通常的质疑

分析哲学家的一致看法是，真值相对论是不融贯的，或者至多是混乱不堪的。下面所选的是一些具有代表性的看法：

(整个) 相对论是不融贯的，这在哲学家中是老生常谈。毕竟，在持有一种观点的同时又认为没有观点比任何其他观点更有道理或更加正确，这难道不是明显的自相矛盾吗？ (Putnam 1981: 119)

"相对论的"这个标签普遍地看作是贬义的，没有几个哲学家愿意明确地为相对论辩护 (Swoyer 1982: 84)。

哲学界所曾思考过的所有概念选择，无一像相对论概念受到那么多的嘲笑与讥讽 (Margolis 1991: xiv)。

相对论甚至比乍看起来还要愚蠢。确实，假如相对论不如此流行，也就根本不值得讨论。即使这样流行，也不值得长时间讨论 (Whyte 1993:112)。

分析哲学家当代的一致看法是，相对论不仅是错误的，而且是一种十分混乱的立场，不值得认真对待 (Bennigson 1999:211)。

即使常被分析哲学家看作真值相对论者的里查德·罗蒂 (Boghossian 2006)，也拒斥这一学说：

无疑，真值在下述意义上是一个绝对的概念："对我成真而对你成假"、"在我的文化中成真而在你的文化中不能成真"都是怪诞而毫无意义的说法。"那时成真，但是现在不能为真"也是一样。我们经常说"对于这个目的是好的，但针对那个目的就不好"、"在这个场景中正确，但在那个场景中不正确"，而将真值相对于目的或场景看来就毫无意义、自相矛盾（Rorty 1998: 2）。

我认为，这个一致看法是错误的。在后续篇幅中，我将论述，可以对一种形式的真值相对论从哲学上做出清晰的解读；正确地加以理解，这种相对论观点既融贯又一致；我们需要这种相对论，以便很好地理解我们关于未来的思想与话语、关于什么是味美的、人们知道什么、可能会是什么情况以及关于我们应当做什么。

要达到我们的目标需要大量的概念宣扬。本书的大部分篇幅将服务于这项建设性任务。不过，我们首先来看一下哲学家提出了什么理由拒不接受相对论，以便为一种可以辩护的真值相对论建立充分性标准。

2.1 自我驳斥

对于真值相对论最著名的指控是相对论自我驳斥。这种指控针对一种很强式的普遍相对论：即所有真值都只是相对的，什么都不是绝对地为真的这一观点。以其最简单形式出现，所谓的自我驳斥呈现为一种两难。假如普遍相对论说相对论对大家都为真，那么，她承认至少存在一种非相对的真，这就与其普遍相对论观点相抵牾。另一方面，假如她承认相对论对某人不为真（或者同样地承认绝对论对某人为真）那么……

那么什么？通常认为，相对论不是对所有人成真这一观点并不存在真正的矛盾。柏拉图的苏格拉底有时被理解为在《泰阿泰德篇》中他归于普罗塔哥拉的相对论立场中发现一个真正的矛盾。但是果真如此的话，他的论证在最后阶段省略了关键的修饰语"对于某某某"就是欺骗性的。[1] 黑尔斯（1997a）指出普遍相对论是自我驳斥的，如果我们假定：

1　参见伯恩亚特（Burnyeat 1976b:174-175），该作者为了这一指控引用了格罗特（Grote）、朗西曼（Runciman）、塞尔（Sayre），以及弗拉斯托斯（Vlastos）。伯恩亚特试图独创性地在文中寻找更加微妙的论据，但是法恩（Fine 1983）大概是正确的，认为柏拉图像塞克斯特斯（Sextus）以及所有其他古代评论家（参见 Burnyeat 1976a）那样，将普罗泰戈拉看作是主观论者而不是相对论者。主观论认为，一切表现如此的事物（绝对地）为真。主观论只是那样一种观点，这种观点会需要那种关于暂时相对于人的现象客体之激进赫拉克利特形而上学，这在对话第一部分归于了普罗泰戈拉。主观论观点受到苏格拉底论证的有力驳斥，但这种论证作为对于相对论的回应则是软弱无力的。

（1）如果 p 绝对地成真（对某人成真）是相对地成真的，那么，p 绝对地成真。[2]

但是，不清楚为何普遍相对论者会接受（1）。[3] 因此，大多数评论者将相对论两难境地的第二难理解为某种并非完全不一致的东西。

2.1.1 语用不一致性？

尽管"我不在断言任何东西"这句话并非不一致，但却不能正确地断言。我们也许可以说，这句话是*语用地自我驳斥的*。人们经常提出，普遍相对论者的观点也以某种类似的方式自我驳斥。例如，约翰·帕斯莫尔（John Passmore）说道：

> 即使我们可以在一定程度上理解将 p 描述为"对于 x 成真"……普罗塔哥拉然是在断言" p 对于 x 成真"、" p 对于 y 不能成真"；他把这些命题看作是成真的。这不仅对于 x 必须成真，而且对于每个人" p 对于 x 成真"都必须成真，因为这正是断言"人是万物的尺度"中所包含的题中之义。
>
> 对普罗塔哥拉的根本批评现在可以表述如下：要参与对话，他就必须断言某物正是这种情况。（Passmore 1961: 67）

帕斯莫尔的观点是，断言某个内容即是将之表达成为真，这不仅是对自己而言，而是对所有人而言——绝对地为真。因此，尽管相对论的观点蕴含着这个断言不是绝对地为真，但是在做出这个断言时，相对论者将之表述为绝对地为真。正是断言这个观点的行为预设了其错误的性质，在这个意义上该断言在语用上是自我驳斥的。正像迈尔斯·伯恩亚特（Myles Burnyeat）对这一点所述的那样："再多地运用相对化的修饰语也不能使普罗塔哥拉摆脱对绝对真值的承诺，绝对真值同断言的行为结合在一起"（Burnyeat 1976b: 195）。

但是，相对论者为什么要承认断言是"对绝对真值的承诺"？相对论者为什么不能说在断言 p 时讲话者是将 p 作为*相对地*为真而提出——也许作为从

---

[2]　这类似于模态逻辑的 S5 公理：如果 p 是必然的是可能的，那么，p 就是必然的。

[3]　关于这个批评，参见邵根吉（Shogenji 1997），并参见黑尔斯（1997b）做出的回应。本尼格森（Bennigson 1999）为普遍相对论的一致性做出辩护。他描述了一种模式，在这种模式中，相对真值是在某种框架中可以获及的真值，绝对真值是在所有可获及框架中的真值，绝对论者的框架是从相对论者的框架可以获及的框架，而相对论者的框架是不能从绝对论者的框架获及的。这就等于拒绝了黑尔斯类似 S5 的前提，因为 S5 公理要求可获及性具有传递性。

讲话者自己的视角为真呢？[4] 无疑，这些问题难以回答。我们尚不清楚，将 p 作为相对某人自己的视角为真而提出意味着什么，如果这不同于将 p 作为相对某人自己的视角为真是绝对为真而提出的话。因此，相对论者还有研究工作要做。但肯定并非显然，这是一项不可能完成的工作。

2.1.2 表述的倒退？

的确，许多采用自我驳斥论的人承认，必须采取一种更加巧妙的形式（Burnyeat 1976b: 192-193; Putnam 1981: 120-121; Vallicella 1984: 462-463; Lockie 2003: 331; Boghossian 2006: 54）。他们认为，真正的问题在于，相对论者在表述其立场中面临一种倒退。假如相对论者说：

（2）我只是提出我的观点对于我而言成真

反对者可以问这个断言是否作为绝对地为真而提出。相对论者的回答如果是肯定的，那么就承认至少存在一种绝对真值，从而遭到驳斥。假如她做出否定的回答：

（3）我只是提出（2）*对我而言成真*，

那么，这一程序可以重复，并且可以无限止地进行下去。这被认为意味着相对论立场的灭亡。正如帕特南解释道：

> 一个完全的相对论者必须说明 *X* 是否相对于 *P* 成真本身是相对的。正如柏拉图所论述的那样，在这一点上我们甚至对该立场究竟是什么意思也开始把握不定了（Putnam 1981: 121）。

可是，相对论者愿意将其*所有*断言——甚至像（2）那样的元理论断言——说成是她只是提出这些断言对于她自己成真，或者相对于她自己的框架或视角成真；这到底存在什么问题呢？

伯恩亚特（1976b: 193）提出，如果重复第（2）到（3）的步骤，我们就会被导向命题的复杂性，问题就在于这种复杂性：

> 正像苏格拉底反复说的那样，普罗塔哥拉是个聪明的家伙，但他并

4　参见科尔贝尔（2002: 123）："相对论者也许承认，断言某内容确实构成某种承诺，诸如下述义务：假若有此要求时为所做出的断言陈理由、受到质疑时为所做出的断言做出辩护、当无法为受到质疑的断言辩护时收回断言。但相对论者会否认，对所断言内容的绝对真值之承诺包含在由断言构成的承诺之中。"

没有聪明到可以理解无限复杂的命题，并且判定为真。因此，相对论的前缀语"对普罗塔哥拉成真的是……"不像绝对的前缀语，只允许有限的重复。

但是，难以看出这种异议怎么能够切中要害。如果就 k 阶段是否作为绝对地真还是相对地真提出了一个可理解的问题，相对论者只需要从倒退的 k 阶段移到 $k + 1$ 阶段。但是当然，这个问题是可以理解的当且仅当可能的答案是能够理解的；这些答案具有同样的复杂性。因此，假如 $k + 1$ 阶段因其复杂性而无法理解，那么，要求相对论者提出 $k + 1$ 阶段的问题同样如此。因此，我们可以满足于 k 阶段（参见 Bennigson 1999: 224-226）。

博戈西昂（Boghossian 2006: 56）做出了略微不同的诊断。按照博戈西昂的观点，相对论者认为：

> 假如我们的事实性判断要有可能成真的话，我们必须不将
> "p"
> 的话语理解成表达了断言
> P
> 相反，应当理解为表达了
> *按照一种理论 T 我们接受 p。*（52）

但是当然，相对论者若认为关于理论表达的内容（从而大概关于心灵内容）存在绝对客观事实，任何其他东西则不然，那将会是很奇怪的。因此，关于理论内容的断言也必须仅仅作为关于理论内容的断言，这样倒退就接踵而至：

> 其结果是事实相对论者信奉这样的观点，即唯一存在的事实是具有下述形式的无限性事实：
> 按照我们接受的理论，存在一种我们接受的理论，按照后面这一理论，存在一种我们接受的理论……存在过恐龙。
> 但是，若提出，为了使我们的话语有任何可能成真，我们以这些话语所意谓的必定是我们既不能表达又不能理解的无限命题，那倒是十分荒唐的。（56）

这确实荒唐。但是，博戈西昂关于相对论信奉这一点的论述依赖于对相对论立

场的倾向性表征。博戈西昂所描绘的相对论者将说出"雪是白色的"的讲话者理解为断言按照其世界理论雪是白色的。[5]但是，相对论者不一定、也不应当认为，把 p 表述为对某人自己成真就是做出断言 p *对他自己成真*。使用"对某人自己"的目的不是表征断言的*内容*，而是表征相对论者在做出断言时*做*了什么：提出断言内容*对于她自己成真*。

2.1.3 信念与可能出错

在帕特南（1981）看来，无限倒退论不可能有多少份量（120）。但是他认为，柏拉图的观点模糊地指向他在维特根斯坦的论述中发现的一个论点：

> 这个论点是，相对论者最终无法理解作为正确的与认为他是正确的两者之间的区别；那就意味着最后在断言或思考与发出声音（或产生心理意象）这两个方面之间不存在差异。但这就意味着（根据这个观点）我根本不是一个思考者，而只是一头动物。持有这样一个观点就等于一种精神自杀。（122）

但是，这个观点只在反对极端主观相对论时有效——极端主观相对论者认为"p 对于 X 成真"与"X 相信 p"等值。如果 X 就什么对于 X 为真可能出错——如果对于 X 而言 p 对于 X 成真可能为假，尽管 X 相信 p——那么看来，在 X 是正确的同 X 相信自己是正确的之间确实存在区别。

尽管帕特南论述的范围很窄，所以不能对真值相对论者构成什么挑战，但是他的论述提醒我们，那些相对论者必须解答的关于断言的问题同样适用于信念。根据相对论，我可以相信 p 即使我认为 p 对于你为假。相信 p 并不等同于认为 p 绝对为真。那么，我相信 p 与我相信 p 对我而言成真有什么区别？这里最好存在差异，否则我们就面临博格西昂的倒退。但是，尚不清楚这种差异可能是什么。

---

5 博戈西昂仿照吉尔伯特·哈曼（Gilbert Harman 1975）版本的道德相对论建构了他的真值相对论。哈曼的相对论实质上是关于道德评价词汇的语境论形式。正如科尔贝尔（2002：119）所说："可以证明任何普遍相对论者都不会接受哈曼的观点，即相对性始终是逻辑式与空主目位的问题。这是因为，假如他们接受这一观点，任何谓词都会具有无限数量的主目位。……因此，就作为相对于某种参数某个 x 是否是 F 涉及什么这个问题，普遍相对论者必定持有一种不同的观点。"另参见赖特（Wright 2008）。

2.1.4 局部相对论可以免遭"自我驳斥"质疑？

相对论对自我驳斥论的一种常见的反应是，指出自我驳斥论只针对激进的*普遍*相对论；依据这种相对论，没有任何东西绝对地成真——甚至是相对论观点本身（Nozick 2001: 15; MacFarlane 2005c: 338 注 19）。自我驳斥论似乎对*局部*相对论不适用。根据*局部*相对论的观点，只有某些断言——例如，口味断言——具有相对真值。局部相对论者可以径直说，她提出论点绝对地为真，从而掌控了前述的两难之一，而普遍相对论者却做不到这一点。例如，在说口味断言只相对于判断者或口味标准成真是绝对地为真的时，并不存在不一致性或者语用不融贯性，因为这一断言本身被认为不是口味断言。

然而，即使局部相对论者不是自我驳斥的，他们若太自鸣得意则也是错误的。自我驳斥论为普遍相对论者提出的真正问题——解释我们如何可能理解断言，假如不是作为绝对地成真而提出一个内容——对于局部相对论者同样迫切。局部相对论者也许可以说，存在两种断言——提出作为绝对地成真与提出作为相对地成真——相对论论点本身是以第一种方式断言的。但是，仍然需要对第二种断言做出某种阐释。一种更具有吸引力的方法可能是对断言做出统一的阐释，而不假定断言内容是作为绝对地成真提出的。这样，相对论者就可以说，相对论的论点是在与（比方说）口味断言完全相同的意义上得到断言的。

尽管所有针对普遍相对论的"自我驳斥"论无一是有力的，但是它们也确实提出了任何相对论者（无论普遍相对论者还是局部相对论者）都必须回答的问题。假如不是将之作为绝对地成真而提出，那究竟什么是断言某个内容？什么是相信某个人们不将之当作绝对地成真的内容？这些问题很重要，但反对者并没有提供原则性的理由使人认为相对论者不能令人满意地回答这些问题。我们将在第 5 章讨论这些问题。

2.2 意见分歧

对真值相对论一个相关质疑涉及出现分歧的可能性。在其未发表的手稿《逻辑》中，弗雷格写道：

> ……假如某个内容只对认为它成真的人为真，那么，不同人的观点之间就不会存在矛盾。因此，为了一致，任何持有这个观点的人就根本无权反驳对立的观点，他必须解释下列原则：*切勿争执*。他将不可能在通常意义上断言任何内容，即使他的话语具有断言的形式，他的话语

只能具有感叹句的性质——表达心理状态或心理过程。在他的心理状态或心理过程与另外一个人的心理状态或心理过程之间不可能存在矛盾。（Frege 1979: 233）

莫尔特曼（Moltmann 2010: 213）在更加当代的背景下表明了这种担忧：

> 假如一个讲话者说出巧克力味美，那么，因为知道这个句子相对于真值的语义，这个讲话者应当知道其指向真值的态度或行为只相对于他自己的语境成真。从他的观点看，不需要考虑他说的话的内容还针对听话者的语境。当然，讲话者可能知道，听话者将在自己的语境中评价这句话。但是，他为什么要为此费神？为什么这会导致可能的分歧？而听话者由于对所说出的语句之相对论语义内容的了解，也应当知道这一点。因此，这种情况为什么会导致分歧的产生仍然是个谜。这种情况同下面的情形似乎完全无法区分，即讲话者表达或者支持他自己的主观看法而不以任何方式针对听话者的评价参数，亦即由诸如我认为巧克力味美这样的态度转述表明的情形。

正如我们在第 1 章中提出的那样，真值相对论使理解如何会存在口味分歧成为可能吗？或者相对论使之成为不可能的，就像弗雷格与莫尔特曼论述的那样？为了更加清晰地认识这一点，我们需要追问意见分歧究竟是什么，我们需要理解确切地在何种意义上，就其真值是视角性的内容可能存在分歧。我们将在我们澄清真值相对论的内涵后，在第 6 章回头探讨这个问题。

2.3 相对真值的载体是什么？

相对论的观点必定是*某个内容*的真值是相对的：但那是什么内容？牛顿-史密斯（1981: 35）认为，相对论者无法做出恰当的回答。其原因在于，某个*句子*在一个社会群体中或者理论 Ψ 中可能成真，而在另一群体或理论 Θ 中可能成假，这个观点没什么价值，因为句子在 Ψ 与 Θ 中可能具有不同的意义。没有人否认具有不同意义的句子可以具有不同的真值。于是，一个有意义的相对论必须"不只聚焦于句子，而且聚焦于句子表达了什么"——*命题*。但是，

单个命题可能在 Ψ 中成真而在 Θ 中成假这个观点是不融贯的：[6]

> 设 p 为句子"S_1"在 Ψ、句子"S_2"在 Θ 表达的命题。可能出现 p 在 Ψ 中为真而在 Θ 中成假的情况吗？不可能！这是因为句子"S_1"与"S_2"表达相同命题的必要条件是这两个句子具有相同的真值条件。规定某个句子的真值条件就是规定什么能使之成真、规定什么能使之成假。假如事实上"S_1"与"S_2"的真值不同，两个句子的真值条件必然不同。如果其真值条件不同，两个句子就表达了不同的内容——它们表明不同的条件是成立的——因而就不会表达同一个命题。因此，我们如果聚焦于命题，就不会发现这样一个命题，它由句子"S_1"在 Θ 中、由句子"S_2"在 Ψ 中表达，却在一种情形下成真而在另一种情形下成假。[7]
> （Newton-Smith 1981: 35）

这个论证表面上具有某种合理性，这可能导致一些相对论者将其立场表述为关于*话语*或者（作行为理解的）*断言*而非命题的观点。我认为，这是误入歧途（我将在第 3 章论述这一点）。这也是不必要的，因为这个论证未能区分"真值条件"与"在 Θ 中"之不同涵义——但是，必须等到我们自己做出了这些区分（§4.9）之后才能予以恰当地探讨。

2.4 等值图式

人们有时提出，真值相对论与

等值图式 *命题 φ 成真当且仅当 φ。*

不相容。

在他生后发表的论文《真值的性质》（2001）中，弗兰克·拉姆齐（Frank Ramsey）批评一些哲学家，他们"对真值做出定义，根据这样的定义，地球可以为圆的，而地球是圆的却不为真"（441）。他具体指出："……按照威廉·詹姆斯（William James）的观点，实用主义者可能认为，莎士比亚的剧本是由培根创作的以及另外某个人的观点即莎士比亚创作了这些剧本，两者'对

6　类似的论述，还可参见胡塞尔（Husserl 2001: 79）、牛顿 - 史密斯（1982: 107-108）、索耶尔（Swoyer 1982: 105）、伯克（Burke 1979: 204）、史蒂文森（Stevenson 1988: 282-283）。有关批评性讨论，参见怀特（White 1986: 332）、黑尔斯（1997a: 39）以及科尔贝尔（2002: 119-122）。

7　牛顿 - 史密斯看来出于疏忽在此将"Θ"与"Ψ"弄颠倒了。

他而言'都可能完全成真"（445-5 注 12, 引用 James 1909: 274 = James 1978: 313）。

尽管等值图式隐含于说谎者悖论中，可能需要在某方面加以限定或限制。但是普遍认为，等值图式对于我们使用真值谓词具有根本的作用。这一点可以直觉地阐述：例如，说狗吠成真，同时又否认狗吠，或者，说狗吠，同时否认狗吠成真，就会不相融贯。但是，等值图式也可基于逻辑上或者表达上的理由论证。英语及其他自然语言不允许限量化进入句子位置：由等值图式中 'φ' 占据的语法位置。因此，我们不能对比利说出下面的话所断言的所有内容表示同意：

（4）就所有 P，如果比利断言 P，P。

如果比利断言某个内容，那么就这个内容。[8]

自然语言通过使用对事物的普通限量，提供一种方法模拟进入句子位置限量，以克服表达力上的局限：

（5）对于所有命题 x，如果比利断言 x，x 成真

如果比利断言某个内容，这就成真。

但是假如（5）要发挥（4）所要发挥的作用，我们必须能够从（5）和（6）达到（7）：

（6）比利断言雪是白色的。

（7）雪是白色的。

为此，我们所需要的正是一例等值图式：

（8）命题雪是白色的成真当且仅当雪是白色的。

因此，等值图式强调真值谓词基本的表达功能。

尽管有些真值相对论者承认，他们的观点同等值图式是不相容的（Nozick 2001: 41），还有待相对论者提高相对化（二价）真值谓词的理论效用，同时认识到日常话语中使用的真值谓词是一价谓词，而对于这种谓词等值图式是成立的（参见 Unwin 1987: 304-305; Kölbel 2008b）。根据这种观点，如果

8　一些哲学家声称，英语的*确*包含命题限量词语；（4）表达为"如果比利断言某内容，这为真"，其中的短语"这为真"所起的作用相当于一个可约束的"代句子"，而不是一个由独立地具有意义的成分"这"、"为"、"真"构成的句子（Grover et al. 1992; Grover 1979）。我认为，这个观点将难以理解像"如果比利断言某内容，这既为真又有充分依据"这样的句子。库内（Kunne 2003: §6.2.1）提出，我们也许可以不使用真值谓词将（4）表达为"无论事情可以说成什么样的，如果比利断言事情是那样的，那么事情就是那样的"，这里"事情是那样的"起着一个代句子的作用。如果这个说法正确，那么，需要真值谓词以弥补表达上的局限性这一观点就受到削弱。但是，下面并无任何东西依赖于这一主张；我们所真正需要的是，（5）能够起到（4）所要起的作用，而非它是能起这个作用的唯一的句子。

(9) 甘草味美

相对于某些视角成真，相对其他视角成假，那么

(10) 甘草味美这个命题成真。

也是这样。持这种观点的相对论者可以坚持等值图式，将其实例看作相对于每个视角均成真。

然而，就一价真值谓词如何同二价真值谓词相关联，以及为什么后一种谓词值得叫作真值谓词，这种策略提出了严重问题。假设我们使用"真"表达符合等值图式的一价性质，使用"对 x 成真"表达相对论者的关系性质。那么，正像福克斯（Fox 1994: 73）所指出的那样，要么等值图式就"对于 x 成真"而言是成立的，无论 x 的值是什么，要么等值图式对之不能成立。如果成立，亦即，如果

(11) ∀x（命题 φ 对于 x 成真当且仅当 φ）

是一个有效图式，那么，相对化于 x 看起来就是一个空转的轮子。但倘若不是，"关于真值需要相对化的论证中的最有力者则不可能带入无需相对化的论证中"。

因此，对于相对论者至关重要的是，对其真值相对化概念与我们日常话语中使用的一价谓词的关系做出充分的阐释。我们将在第 4.8 节回到这个问题。

2.5 这为何意？

也许对真值相对论最严重的担忧是，不清楚把一个命题称作"对萨尔成真"或者"相对于萨尔的口味成真"*是什么意思*。

问题不在于"对于 x 成真"在非哲学英语中没有这种用法。这经常用以确定在哪个领域中某个概括成立。例如：

(12) 尽管通向高级行政机关、军事机构与学术机构的大门已经向其他社团有业绩的成员敞开，但这对*穆斯林*并未成真。（Shissler 2003: 153）

是用来说明下面的概括性结论：

(13) 通向高级行政机关、军事机构与学术机构的大门已经向他们的社团有业绩的成员敞开。

对于非穆斯林成立，而对穆斯林不成立。这绝非任何有意义的"相对真

值"。⁹关于这一现象，下面有更多的例子：

（14）众所周知，某些作为被试的人对该气体特别具有抵抗力，我经常发现这*对狗也是成真的*。（Jackson 1917: 70）

（15）"莫扎特、贝多芬或肖邦使用的钢琴同现代音乐厅里看到的庞大而响亮的黑色乐器完全不同，"莫罗尼说道，"这*同样对小提琴也是成真的*"（Maclay 2001）。

（16）试图从另一个人身上获得她所需要的满足而使自己的需要服从于那个人的需要不仅是徒劳的，而且即使试图这样做也在使她毁灭。她对自己的洞见进行概括得出结论，*对她成真的东西对所有人成真*（Fellman 2008: 62）。

"对……成真"看来还具有我们或许可称之为*意向性*的用法：将某内容称作"对 x 成真"有时只是说 x 认为它成真，或者这是"依 x 看成真"。这里的作用是由"对……"而非"成真"发挥的，因为以类似的方式我们可以说：

（17）对（神创论者）萨拉而言，那化石有不到 5000 年的历史。

（18）对（色盲者）约翰而言，那些袜子颜色相同。

（19）对于（富于想象力的孩子）埃尔罗伊而言，蚁冢是空间站。

使用"对……成真"并不能为相对论者提供帮助。这正如迈兰和克劳斯（Meiland and Krausz）所述：

> 假如说一个信念对琼斯成真的意思只是琼斯持有那个信念，那么，琼斯持有的所有信念对于琼斯都会成真。但是，相对论者不接受这样的相对真值概念；相对论者比这更加严格地对待相对真值概念。"相对真值"是真值的一种形式；"相对真值"这个表达不是那种与真值的普通概念无甚关系的东西之名称。正像我们关于真值的普通概念允许人们持有成假的信念，相对真值概念同样必须允许个人拥有对其本人成假的信念。假如一个人不可能持有对自己来说是成假的信念的话，那么，相对真值的概念就是多余的了……（Meiland and Krausz 1982: 4; 参见 Fox 1994: 70-71; Vallicella 1984: 454; Swoyer 1982: 94）

因此，相对论者不能声称是在阐释一个已经在自然言语中使用的关系性真值话

9　例（12）中指示代词"这"指代的不是紧邻其前的命题，(*) *通向高级行政机关、军事机构与学术机构的大门已经向其他（非穆斯林）社团有业绩的成员敞开*，而是指代从其中抽象出来的一种性质。这种抽象一定是由谓词"对穆斯林成真"触发的，因为如果我们用（比如）"普遍认识到"将之替代，"这"就指 (*) 表达的命题。

语。相对论者假如使用相对化的真值谓词，就必须解释这样的谓词是什么意思。而且相对论者必须以这样的方式做出解释，即阐明为什么正在解释的相对化谓词是相对化*真值*谓词，而非完全就是别的什么东西。我认为，这是对真值相对论的*主要*挑战，对于回应这个挑战现有的文献所取得的进展最小。

现存的回应通常从一种传统的"真值论"入手：符合论、语用论或认识论。（紧缩论对相对论者提供不了帮助。根据紧缩论，关于真值除了等值图式外再无任何别的可说了；而等值图式实质上只涉及一价真值谓词。）然后，这些回应试图表明，这些理论一经正确理解就会导向真值是一种相对性质的思想。这一点也许在真值语用论中最容易看到。正如詹姆斯所说，倘若真值"只是我们思想方式中的权宜之计"（James 1978: 106），那么，真值相对论正是那种合理的观点，即对于一个人的思想是权宜之计的不一定对另一个人也是权宜之计。[10] 詹姆斯看来接受这一观点："……在对人类生活中'真值'所指表的东西所做的任何具体阐释中，这个词只能相对于某个特定的思考者使用"（James 1978: 313）。

真值认识论把理想化探询者群体有理由相信的东西称作成真的。真值认识论同样清楚表达了真值可能是相对性的思想。本尼格森（1999: 213）以这种方式论证其相对论：

> 从将真值作为对合理的可接受性做出某种理想化的认识论阐释入手：成真的句子是公正的探究者在理想条件下或在某种理想化的"探究限度"上会赞同的那些句子。相对论者只是补充道，不同探究者社团从关于什么是合理的、值得注意的、解释性的等不同组假设入手，可能接近不同的限度。因此，根据恰当的认识真值观，相互矛盾的结论可能对不同的社团成真。

即使我们（看似相当不合理地）假定，理想化探究者的两个社团达致同样的观察结果与实验结果，真值的认识观也趋向于相对论。大多数哲学家放弃了卡尔纳普的思想，即，*证据 e 证实命题 p* 这个关系可以用形式逻辑表达。某个特定的命题是否得到某组给定信息佐证，以及在多大程度上佐证，都取决于关

10　这看来有多大的合理性，依赖于究竟人们如何阐明这个语用口号。詹姆斯本人并未限制可能涉及的权宜之计的类型（他说道"几乎任何方式的权宜之计"），他承认，口味的独特性可能发挥作用："科学中的真理是为我们提供最大可能的满足的东西，包括口味；但是，既同过去的真值一致又同新的事实一致，始终是最为迫切的要求"（104）。

于探究背景的事实——对古德曼（Goodman 1979）指的是谓词的相对"地位确立"，而对贝叶斯（Bayesian）指的是先前可能的结果与背景语料。[11]假如理想化探究者的两个社团在这些因素上不同，那么，即使他们接下来拥有了所有相同的观察结果、展开了所有相同的实验，也可能在"研究结束"时在所论证的思想上出现差异。

以这些方式理解相对真值的问题在于，语用真值论与认识真值论看来并不是太合理。诚然，假设存在那种即使是理想化的探究者也不可能懂得的真实情况与假设存在不会是权宜之计而相信的真实性，两者之间是融贯的。[12]再者，语用论与认识论可能佐证一种弥散的*普遍*相对论，不是那种有针对性的局部相对论；这种局部相对论我们可能用以解释某些类型的话语。

于是，毫不意外，一些相对论者试图在符合论的框架中阐述自己的理论。杰克·迈兰（Jack Meiland）提出，"φ对于琼斯成真"意谓"φ对于琼斯符合实际"。针对明显的质疑——"对于琼斯符合实际"是什么意思？——迈兰的回答如下：

> 尽管这个问题在相对论者难以做出任何有用的回答的意义上是棘手的，然而，在这一点上相对论者的境遇并不比绝对论者更糟……相对论并不应该由于不能解释那些绝对论者以其自己的立场也无法做出阐释的东西而受到指责（Meiland 1977: 580）。

迈兰强调下面这点是正确的，即，在阐释真值中，不应当对相对论提出比绝对论更高的标准。他正确地指出，"对于琼斯符合实际"并不比"符合实际"好理解（假设没有对*此*做更多的阐释）。然而，说成真就是"符合事实"最多只是提供了阐释真值的图式。这本身并不提供任何启迪。说对于琼斯成真即对于琼斯符合事实同样提供不了任何启迪。

尽管迈兰的具体阐释并无启发性，但我认为他采取的策略却很有希望：考察最好的非真值相对论阐释，以类似的方式、使用类似的材料阐释相对真值。我们将在第 5 章回到这项工作。

11　参见菲特尔森（Fitelson 2005）中所做的出色综述。
12　参见库内（2003 第 7 章）中的深入讨论。

2.6 结语

经过更加缜密的考察，对真值相对论的通常质疑无一看似颠覆性的论辩。不过，这些质疑指向真正的问题，相对论者必须做出回答。相对论者需要一种命题理论，允许命题"只是相对地成真"。相对论者需要解释人们在断言命题中做了什么，如果他们不是将命题作为绝对地成真而提出。相对论者需要解释关于相对地成真的命题之分歧如何可能。相对论者需要解释普通一价真值谓词是如何与其相对化真值谓词相联系的。相对论者需要就其相对化的"对……成真"或"在……成真"意味什么做出进一步论述。

下面四章旨在充分阐明相对论立场，以回答所有这些以及更多的其他问题。

第 3 章
评价敏感性

论述真值相对论的文献大多或者关注使真值相对化的理据，或者涉及对真值相对论融贯性的质疑。相比之下几乎没有什么研究关注准确表述如何才是真值相对论者。本章的目的旨在准确阐述哪几种观点算作真值相对论形式。正如迈兰（1977：568）正确地指出：

> 或许真值是相对的，或许并非如此。但是，我认为，除非我们首先确定"相对真值"，否则就不能判断真值是否是相对的。

下面提供的真值相对论表征将把其他人不会算作相对论的某些观点看作相对论的，而把其他人会算作相对论的一些观点不看作相对论的。这项工作不是对"相对真值"的意义提供一个总的阐释，就像这个短语用于哲学话语中那样。这个短语以许多种方式使用。也不是要坚持，这个短语仅有一种合理的或有用的意谓。这个表征是作为关于哲学讨论中"相对真值"（在鲁道夫·卡尔纳普意义上）的阐释。假如在我阐释之后，一些读者宁愿以某种其他方式继续使用"相对真值"这个短语，那并没什么问题。只要清楚地掌握了我想附于这个短语的概念——评价敏感性，就并没有多少东西依赖于这些字眼。

3.1 相对论表征

有人可能认为，作为真值相对论者只不过是将真值相对于某个参数而已。但事情并不那样简单。真值的许多相对化现象完全是惯常性的。

3.1.1 句子

如果脱离具体的使用语境独自地加以考虑，下面这个句子：

(1) 我去过中国。

无法说是成真成假。这句话可用于言说带有这两种真值中任何一种的内容。为了某些目的，我们也许觉得相对于可能的*使用语境*将真值赋予（1）是有用的。语境决定"我"（讲话者）的外延以及参照时间（使用的时间）。这种使真值相对化的方法在戴维·卡普兰关于指示语的开创性研究中为大家熟悉（Kaplan 1989）。但是，没有人会在任何有趣的哲学意义上说卡普兰是一位"真值相对论者"。这种相对化只是反映了一个对大家都很显见的事实——即一般而言，句子表达成真或成假的内容依赖于使用句子的背景。

句子真值其他惯常的相对化现象具有方法上的动因。考虑一下像为下面这样的限量句提供系统性真值条件的问题：

(2) 对于所有整数 x，存在一个整数 y 从而 $x+y=0$。

假如我们以通常的方式理解这个句子，将之看作是"对于所有整数 x"与下面这个开放性句子结合的结果：

(3) 存在一个整数 y 从而 $x+y=0$，

那么，组合语义学应当将（2）的真值条件定义为（3）的真值条件的函数。但（3）是一个开放性句子；不存在使（3）绝对地成真的"条件"，只存在对于 x 某个值成真的条件。塔斯基解决这个问题的办法是递归性地规定*在对变项赋值中的真值*而非绝对的真值。(Tarski 1935; Tarski 1983)。[1] 因此，例如，管辖全称量词的小句看似如下：

(4) ⌜$\forall \alpha \, \varphi$⌝在赋值 a 中成真，当且仅当对于在赋值于 α 中最多地不同于 a 的每次赋值 a' 中，φ 在 a' 中成真。

注意，在某次赋值中，甚至真值函项联结词的小句也必须以某次赋值的真值呈现：

---

[1] 塔斯基将其赋值编码为真值的不定系列，因而谈论"某个系列中的真值"。不过，选择使用系列而非函项只是一个方法上的决定。

(5)「¬φ」在赋值 a 中成真当且仅当 $φ$ 在 a 中不成真。

因为这些联结词可以在开放公式中运作，这正像下面的情形：

(6) $\forall χ ¬ (χ < 0)$

因此，真值被相对化于对所有公式的赋值。但是，没有人会因此而将塔斯基称为"真值相对论者"。

这些真值相对化为什么在哲学上没有问题？就对于赋值的相对化而言，答案是显然的：这种相对化只是一种技术手段，并不是某种我们需要独立于它在对绝对真值系统化中的作用而加以理解的东西。最终，我们看重的是真值，而非某次赋值中的真值。因此，我们对于任意公式某次赋值中的真值之递归性定义之所以感兴趣，只是因为绝对的真值可以通过某次赋值中的真值定义：

(7) 如果 $φ$ 是一个句子，那么 $φ$ 成真，当且仅当 $φ$ 在每次赋值中成真。[2]

因为在某次赋值中的真值所起的作用纯粹是技术上的，我们可以使用不同的术语而不在重要的方面改变理论。例如，我们也许可以定义一个评价函项 v，将句子／赋值对子映射在 0 或 1 上，而不谈论"在某次赋值中的真值"：

$$(4') \ υ \ (\lceil \forall α \, φ \rceil, a) = \begin{cases} 1 & \textit{如果对于每次所赋予 } α \textit{ 的值} \\ & \textit{最多地不同于 } a \textit{ 的赋值 } a', \\ & υ (φ, a') = 1 \\ \textit{否则}, & 0 \end{cases}$$

$$(5') \ υ \ (\lceil ¬ φ \rceil, a) = \begin{cases} 1 & \textit{如果 } υ (φ, a) = 0 \\ \textit{否则}, & 0 \end{cases}$$

于是，最后：

(7') 如果 $φ$ 是一个句子，那么 $φ$ 成真当且仅当对于每次赋值 a，$υ (φ, a) = 1$。

$υ$ 的递归定义与一次赋值中的真值的递归定义发挥完全相同的作用。于是，谈论相对于赋值的真值与以下观点是融贯的，即在有趣的哲学意义上而言真值是绝对的。

相对于使用语境的真值如何阐释？人们也许可以试试与此类似的策略，提出我们谈论句子在语境中的真值，只是作为对*话语*——说出或者使用句子

---

2 同等地，"在*某次*赋值"或者甚至"在赋值 a_0"，因为一个句子——一个没有自由变项的公式——在每次赋值中将具有相同的真值。

的具体行为——绝对真值系统化的技术手段。[3]我们如果假设对于每个句子都存在一个该句子出现其中的独特语境，就可以用语境中的句子真值定义话语真值，具体如下：

(8) 一句话语 *u* 成真，当且仅当话语 *u* 所说出的句子在 *u* 出现的语境中成真。

根据这一定义，话语真值是"绝对的"。

3.1.2 话语

这表明，我们也许可以将真值相对论表征为*话语真值*是相对的观点：说出（一个陈述句的）同一个话语相对于 *X* 可以成真，相对于 *Y* 可以成假。我认为，这大体上是正确的。[4]但是，作为对真值相对论的表征，还有若干理由认为这是不能令人满意的。

首先，在话语*行为*而不是在所说出的东西（句子）的意义上，谈论话语成真成假从语言学角度看十分怪异。一般而言，我们将行为表征为正确的或不正确的，而不表征为真或假。可能有人提出，尽管"真"与"假"不用于所有行为类型，但确实适用于某些言语行为。然而，"那个言语行为成真"或者"他在断言那个句子中所做的成真"听上去很怪。这表明，当我们说"他的断言成假"或者"那是一句成真的话语"时，我们用"断言"与"话语"指称断言的内容，而不是断言的行为（Strawson 1950：130; Bar-Hillel 1973：304）。

这本身可能不是在理论语境中拒斥谈论话语真值的一个有力的理由。唐纳德·戴维森承认将话语行为表征为真的怪异性，说道："除了言语适切性之外，没有理由不把在使句子成真的条件下说出一个句子的话语称作成真的话语"（Davidson 1990：310）。

但是，即使我们忽略言语不适切性，讨论话语也似乎不是十分重要的。如果说出句子的话语具有真值，这或许是藉由它们表达具有真值的命题。因此，

3　有时认为，尽管句子类型的真值是相对于语境的，而句子*例型*——具体的声音或声波——的真值是绝对的。但是，即使是一个句子*例型*在不同的使用场合也会具有不同的真值。当我离开办公室匆忙办件事，我在门上贴张便条写着"我一会儿就回来"。这个句子例型所表达的有时成真，有时成假。相关讨论，参见珀西瓦尔（Percival 1994：204-205）、佩里（Perry 2001：37-39）。

　　类似的问题能够对理解为行为的话语提出吗？齐默曼（Zimmerman 2007：315-316）举了一个例子。在这个例子中，一次说出"He got plastered"（他满是灰泥）这些词语旨在表达两种意思，描述某人的伙伴在他喝醉后将其身上涂上灰泥。齐默曼认为，这表明单个话语通过不同的理解可以有不同的真值。但是，如果说出的是一个句子类型，而不是一个字符类型，那么在齐默曼的实例中，就有算作两个不同话语行为的单个说话行为，分别涉及"He got plastered₁""He got plastered₂"两个句子。

4　在麦克法兰（2003），我把相对论者表征为不接受话语真值绝对性的人。

声称话语的真值是相对的立刻引起关于命题真值的问题。假设吉姆通过在语境 c 中说出句子 S 断言 p，再假设他的话语相对于 X 成真而相对于 Y 成假。这个相对性可以归结为 p 之真值的相对性吗？如果可以这样归结的话，这种相对性是什么？为什么真值相对论不能直接以之做出表征呢？如若不然，表达其真值并不相对于 X 与 Y 的命题的话语如何能只有相对于 X 与 Y 才能具有真值呢？[5]

再者，正如戴维·卡普兰所指出的那样，"话语"的概念不适用于语义学：

> *区分话语与语境中的句子很重要。话语概念源于言语行为理论，而语境中的句子概念来自语义学。说出话语需要时间，同时（即，在同一个语境中）无法说出不同句子的话语。但是，为了设计指示词语的一种逻辑，看来最自然的是能够对前提与结论全部都在同一个语境中评价。因此，φ 在 c 与 𝔄 中成真的思想并不要求说出 φ。尤其是，c_A 不需要在 c_W 的 c_T 说出 φ。*（Kaplan 1989：563）

假如只能在言语行为理论中判定某一观点是否能够算作一种形式的真值相对论，这会是匪夷所思的。人们可能预料在相对论与非相对论观点之间存在着*语义学上的差异*。

最后，(8) 所依赖的假设——每句话语都出现在一个独特的语境——并不为所有人接受。譬如，许多人认为一句话语是一个具体的事件，每个具体事件可能属于许多可能世界，一个语境决定一个独特的可能世界。但是，基于这些假设，一句话语并不决定一个独特的语境，因此不能以 (8) 那样的方式为其赋予一个绝对真值 (de Sa 2009)。我们不会将每个持有这种形而上学观点的人称作真值相对论者，也不会更加糟糕地否认他们可以理解作为一个真值相对论者是什么样的。

3.1.3 命题

所有这些都表明，相对论学说不应当表征为关于断言*行为*之成真性的观点，而应当表征为关于断言*内容*的观点。遵循传统我将这种内容称作*命题*。[6] 命题通常被认为是"真值的基本载体"。这就意味着具有真值的其他东西（句子、信念、断言，等等）藉由与具有这些真值的命题结成恰当的关系而具有真

5　*留给读者的练习*：读完第 4 章后回到这些问题上。
6　关于为命题在理论上的有用性所做的某些辩护以及命题不能等同于句子意义的观点，参见卡特赖特（Cartwright 1962）。

值。于是，可以自然地认为，假如所有这些其他东西只是相对地具有真值，正是因为命题只是相对地具有真值。

因此，马克斯·科尔贝尔将"非正统的"真值相对论表征为"某种命题（或内容）的真值可能是相对的"这种观点（Kölbel 2002：119）。不过，按照这条标准，几乎所有在形式语义学中使用命题的人都会算作非正统的相对论者。因为正统的做法是，将命题的真值相对于可能世界——在有些框架中相对于世界与时间。[7] 例如，"渡渡鸟在 2004 年灭绝了"这个命题在现实世界成真。但还存在着可能世界，相对于这些可能世界，这同一个命题成假。当然，这点相对论不能在我们试图揭示的意义上构成"关于真值的相对论"。那点相对论可能藉由同客观性不足毫无关系的因素提出，而且同具体断言可被赋予绝对真值的观点完全相容。我们只需要加上，某个断言 p 绝对地成真（成假），仅当 p 在现实世界中成真（或成假）。

面对这个事实，大多数试图在命题层面表征真值相对论的作者诉诸进一步区分。他们认为，将命题真值相对于可能世界，只是记录命题的真值取决于事态这个事实的一种形式方法。正是将命题真值相对于*超乎*世界的其他因素，使某人成为真值相对论者（Nozick 2001：19；Stanley 2005b：137；Zimmerman 2007：316；Kölbel 2008a：4）。

这一表征存在问题。首先，它将*时间论*——除了可能世界，命题还相对于时间而具有真值——表征为一种真值相对论。这看来将相对论与非相对论观点之间的界线划错了地方。反对将命题真值相对于可能世界算作"真值相对论"的所有理由都适用于将命题真值相对于时间。

其一，这么做会将几位正统的思想家归入真值相对论者之列。普赖尔（Prior 1957，2003）与卡普兰（1989：502-509）将命题看作相对于（世界与）时间而具有真值。[8]

其二，时间论者与永恒论者之间的争鸣针对关于转述两个人"相信同一个

7　例如，参见斯坦尔纳克（Stalnaker 1987）、克里普克（1972）、刘易斯（1986）以及卡普兰（1989）。
8　卡普兰谈论"内容"，而非"命题"，并且指出他的内容概念籍由这种时间相对性偏离"命题的传统概念"（503 注 28；参见 546）。然而，他明确地将陈述句的内容视作说出该陈述句之话语的"所言"，并强调"一个句子在特定语境中的内容是传统地称作命题的东西"（500）。而且，他对将其内容称作"命题"所持的保留态度并不是多么实质性的，因为认为命题永恒地具有真值的"传统"事实上并不久远。命题真值相对于时间这个观点在古代、中世纪与现代都很普遍；只是到了 20 世纪才开始出现式微（对这一历史所做的颇具启发性的阐述，参见 Prior 1957：附录 A）。由于卡普兰为他的内容概念赋予了传统地由命题发挥的作用，我将其关于陈述句之内容的观点视作关于命题的观点。

内容"的普通做法、针对涉及时态、语义值这样的技术性问题。[9]这些争鸣似乎并没有针对关于相对真值传统论争所涉及的任何问题。

其三，而且最为重要的是，两种相对化都与话语真值的绝对性一致。正像永恒论会说，断言 p 绝对地成真，假如 p 在断言出现的真实世界成真；时间论者也会说，断言 p 绝对地成真，如果 p 在断言出现的真实世界与时间成真。对涉及具体话语真值的所有问题，时间论者与永恒论者意见一致；他们会把所有这种问题看作具有"绝对的"答案。假如永恒论者对话语真值绝对性的承诺是使其不能算作真值相对论者的缘由，那么，时间论者也不能算作真值相对论者。

在此，是否接受时间论并不重要。问题在于，时间论立场——即使它是错误的或误导的——是否应当算作一种形式的真值相对论。我在论述的是，不存在恰当的理由将时间论算作相对论，而这种理由却不会同样适用于永恒论。

人们或许尝试提出，某人是真值相对论者，如果他将命题真值相对化于除世界与时间之外的东西。可是这一下表征开始显得没有原则了。世界与时间是仅有的无害参数吗？下面这个建议怎么样？这个建议卡普兰也曾考虑过，即支持像*下雨了*这种"地点不明确的"命题相对于世界、时间与地点才具有真值（Kaplan 1989：504）。这种方案同将命题真值相对化于时间的方案在类型上看来并无不同。同样，也许有理由支持时间不明确的命题而非地点不明确的命题。但是这里的问题在于，某人坚持地点不明确的命题是否就使他成为真值相对论者。如果是这样，为什么？我们根据什么普遍原则确定，将真值相对化于某个参数 X 是否会使某人成为真值相对论者？[10]

将关于区分命题真值的"无害"参数与"可疑"参数的无原则性之担忧搁置一旁，前文所列出的相对论表征存在一个更加严重的问题。这个问题是，人们可以描述使话语真值相对化的观点，而根本不支持任何命题真值的非标准参数。使用时间论者带有时态（相对于时间）的命题，我们可以举一个简单的例子。像卡普兰这样的理性时间论者会说，断言一个带有时态的命题仅在这个命题在说出的世界与时间成真的情况下成真。因此，假如在下午 2 点我断言苏格拉底坐着，那么，只有在我断言的命题——*苏格拉底坐着*——在下午 2 点成真的情况下，我的断言成真。但是，假如不采取这样一个理性的观点，则可能

---

9 有关讨论，参见理查德（Richard 1980，1982，2003）、萨蒙（Salmon 1986，2003）、金（King 2003），尤其参见卡普兰（1989：503 注 28）。

10 诺齐克（Nozick 2001：307 注 7）承认（并感到遗憾）他没有原则性的基础，以区分"无害因素与构成相对论的因素；与无害因素的相对性并不构成相对论"。

说这样一个断言没有绝对的真值，而只有相对于时间的真值：在时间 t_1 评价时，只有在 p 在（说出的世界中与）t_1 成真的情况下，在时间 t_0 断言 p 成真。[11] 根据这个观点，对之前断言的成真性或正确性做出评价是通过考查在当下时刻这个断言的内容是否成真完成的。例如，这就意味着如果现在是下午 3 点，苏格拉底正站着，我们应当否认在下午 2 点我们正确地断言苏格拉底正坐着——即使他事实上在下午 2 点时正坐着。当然，这样一种观点会是很愚蠢的。但是问题是，这种观点是否应当算作一种形式的真值相对论。显然应当算，因为这种观点否认断言行为具有绝对的真值。尽管如此，这个观点没有将命题真值相对化于任何"非标准"参数。所以，相对化于非标准参数不是真值相对论所必需的。（这一点在第 9 章中将更加有力地论证；在那一章，我们将考察一种并非无意义的相对论观点，这种观点除了可能世界之外，不将命题真值相对于任何东西。）

在第 4 章里，我将论述将命题真值相对化于非标准参数对真值相对论而言也是*不够*的。正如我们将看到的那样，使某人成为相对论者的不是将真值与之相对化的那种参数，而是看他如何使用这些参数。

3.2 评价敏感性

我将提出，使某人成为真值相对论者的是坚持某些句子或者命题的*评价敏感性*。于是，这一节的基本任务是说明什么是评价敏感性。为简明起见，我将在只利用句子（与开放公式）而不基于命题的语义框架中进行探究，这个语义框架源于刘易斯（Lewis 1980）。然后，在第 4 章，我们将看到评价敏感性在类似卡普兰（Kaplan 1989）的语义框架中是什么样的，这个语义框架使用命题概念。

3.2.1 使用语境中的真值

正像刘易斯（Lewis 1980）所构想的那样，语言 L 的语义理论的目标是为 L 中的任意的句子规定在使用语境中的真值。[12] 这就是说，给定 L 的任何句子

---

11 这实质上是埃文斯（Evans 1985：347）批判的观点（6），以断言真值代替"正确性"。

12 尽管刘易斯首先谈及为特定语言 L，比如，英语，规定"在 L 中成真"，他注意到对于非数学语言真值将依赖于"语词所出现的情景特征"，因此目标概念变成"在一个语境中英语的真值"。"如果在一个给定的语境中说出一个给定的句子，为完成它们的第一项工作以决定是否能够获得英语的真值，句子的语义值必须提供有关真值对语境的依赖性的信息"（Lewis 1998: 31）。在下文中，我们将略去限制语"在 L 中"。如果我们把句子看作字符串就需要限制语，这样同一个句子可能在 L_1 中成真，而在 L_2 中不成真。但是，如果我们将句子看作本质上是一种语言的句子，我们可以省略"在 L 中"，而只是在由 L 的句子组成的有限域中定义"真"。关于这种路径，参见尼尔（Neale 2001：25）。

S，语义理论必须告诉我们语境必须是什么样的，以便使说出 *S* 的话语在那个语境中表达成真的内容。例如，针对英语的语义理论将告诉我们：

(9) 我 6 英尺高。

在某个语境中成真，假如在该语境中的说话者在这个语境之时间与世界中身高为 6 英尺。这个语义理论将告诉我们：

(10) 雪是白色的，草是青色的。

在某个语境中成真，仅当在该语境的时间与世界中雪是白色的、草是青色的。如此等等，不一而足。简而言之，语义理论为我们提供该语言中所有句子的"真值条件"。

我们将把语境看作使用句子的可能场合（Kaplan 1989：494）。[13] 形式地表达，我们也许可以用一系列参数（施事者、世界、时间、地点，等等）或者"集中的可能世界"（带有指定时间与地点作为"中心"的世界）模仿语境。我们将假定，无论如何表征语境，语境都决定一个独特的施事者、世界、时间、地点。所说的语境中的"施事者"，我指的是句子的使用者或可能的使用者。（"讲话者"不具足够的普遍性，因为我们可能还想探讨施事者不说话的语境。）[14]

为什么语境中的真值是语义理论的目标概念？这是因为语境中的真值具有直接的语用相关性。我们说话时，在正常情形下，我们设法使用在我们的语境中成真的句子，并且期待其他人同样这么做：

> 我们用语言所做的最重要的事情是传递信息。我们传递信息的方式如下。假定（1）你不知道 *A* 或者 *B* 或者……；（2）我的确知道；（3）我想让你知道；（4）没有外在原因过度限制我选择用词；（5）我们两个都知道条件（1）-（5）成立。那么，我会讲实话，你会相信我，从而你会分有我的知识。我会找些话说，我说的话其成真性依赖是 *A* 还是 *B* 还是……，并且我认为我的话成真。我会说这个话，而你会听到我说的话。你相信我愿意并且能够告诉你真话，于是你就能够推理是 *A* 还是 *B* 还是……（Lewis 1998：22；参见 Lewis 1983：§III）

13　这是语境的客观概念。对比斯坦尔纳克（1978），他把语境看作一组命题，这组命题被想当然地接受为会话中的共识。

14　即使在说出句子时，使用语境中的时间与地点也可能与讲话的时间与地点分离。我也许可以这样开始讲述一个故事："那是 1976 年，那时福特还是总统"。或者可以在自动应答机上留言，开始说"我现在不在这儿"。基于类似这样的实例，普雷迪利（Predelli 2005：第 2 章）论述道，我们应当放弃通常的假设，即语境中的施事者存在于语境中的世界与时间，并且在语境中的时间处于语境中的地点（Lewis 1980：28-29，Kaplan 1989：512 注 37）。

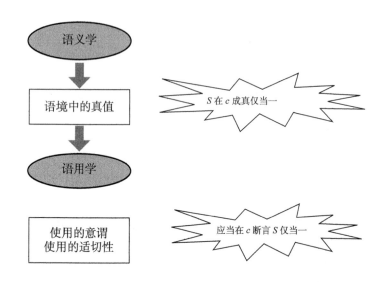

图 3.1 语义学与语用学

因此，我们假如要*使用*句子、理解他人使用的句子，需要了解的重要语义事实是使句子在语境中成真的条件。[15] 在语境中的真值是语义学与广义上的语用学——语言使用研究——的接触点。

于是，作为出发点，我们也许可以将意义研究看作包括两个部分：*语义学*告诉我们句子在语境中的成真条件；给定语境中这些句子的成真条件，*语用学*告诉我们关于这些句子的使用的某些内容（参见图 3.1）。[16]（按照刘易斯）语用学可能采取的一种简单形式是，规定使用句子 S 施行 $\hat{O}$ 类型的言语行为的规范或常规。但是，这种阐释可能更适合断言，而非其他言语行为类型，即使对于断言而言也可能不予接受。我们将不预设语用学采取某种特定的形式；至关重要的是，语用学将语义理论的成果与句子的使用联系起来。

3.2.2 指号与语境中的真值

陈述某个句子在语境中成真的条件是十分简单的事情。但是，某种语言的语义理论需要编码该语言中*所有*句子的真值条件。由于自然语言（与大多数

---

15 *反对意见*：人们可以知道在*每个*语境中"$2 + 2 = 4$"成真，而不需要知道如何使用。*回应*：知道"$2 + 2 = 4$"在每个语境中成真并非等于知道在某个语境中使之成真的*条件*。要知道这一点，人们必须知道这个句子在某个语境的世界中成真，当且仅当 2 与 2 之和为 4。也许是，这个条件由每个语境满足，但是，认识这一点所需的那点额外的数学知识并不是条件本身的一部分。

16 "语用学"这个术语经常用于狭义，指含义理论。或许可以使用"言语行为理论"而不用"语用学"。

人工语言）允许形成任意复杂的句子，因而会存在无限多的句子。显然，我们无法将这些句子连同真值条件一起*罗列*出来。我们需要某种方法，从句子的结构描述*推演*出真值条件。

对于某些简单的语言，我们可以通过直接递归操作做到这一点。假设我们的语言只包含两个原子句"我是快乐的"与"草是绿色的"，加上一个一元联结词"不是这样的情形……"和一个二元联结词"与"。这样，我们就可以为带有下列小句的所有句子规定真值条件：

（11）"我是快乐的"在 c 中成真当且仅当 c 的施事者在 c 的世界上是快乐的。

（12）"草是绿色的"在 c 中成真当且仅当草在 c 的世界上是绿色的。

（13）「不是这样的情形 φ」在 c 中成真当且仅当 φ 在 c 中不成真。

（14）「φ 与 ψ」在 c 中成真当且仅当 φ 在 c 中成真、ψ 在 c 中成真。

同样的方法适用于任何包含有限数量原子句与真值函项性联结词的语言。但是，它不适用于带有限量词或非真值函项性算子的语言。我们已经看到这种方法为何不适用于限量词：限量句是从开放公式中构造出来的，这些句子在语境中没有真值（上文 3.1.1）。为了理解它为何对非真值函项性算子不起作用，假设为我们的语言增加一个一元算子"情形始终是……"。可以试验一下：

（15）「情形始终是 φ」在 c 中成真当且仅当情形始终是 φ 在 c 中成真。

但这并没有为我们提供想要得到的东西，因为"在 c 中成真"是一个不受时间限制的谓项。语境包括一个时间与一个世态，因此，如果 φ 在 c 中成真，那么，它在 c 中就会过去一直成真，而且将来也始终成真。例如，如果 c 是出现在周一的一个语境，那么，情形始终会是"这是周一"在 c 中成真。但是，"情形始终是这是周一"（或者更通俗一点地说，"这始终是周一"）在 c 中不成真。因此，（15）不可能正确。

一个自然的想法可能是相对于所有之*前*的语境评价内嵌的句子：

（16）「情形始终是 φ」在 c 中成真，当且仅当对于每个在之前时间出现的、最多地不同于语境 c 的语境 c'，φ 在 c' 成真。

但这由于两方面的原因也是行不通的。第一个问题是，假如 φ 包含像"现在"或者"昨天"这样的时间敏感性指示语，当我们相对于时间转变的语境评价 φ 时其外延就会变化。这就会错误地表征真值条件："现在"与"昨天"在内嵌于"情形始终是……"中时不应当改变它们的外延……"（Kamp 1971）。[17] 因

---

[17] 卡普兰（Kaplan 1989：510-512）进一步论述道，自然语言不包含任何转变语境的算子，就像根据（16）的语义分析"情形始终是……"所作的那样。这种观点得到广泛接受，尽管施伦克尔（Schlenker 2003）对之提出了质疑。

此例如，（16）会将"情形始终是昨天是 3 月 15 日"评判为成假的，即使这句话是在 3 月 16 日说出的。

第二个问题是，假如只考虑*仅*在语境的时间上不同于 c——在语境的施事者与世界上与 c 一致——的语境，我们就不会是在考虑 c 的时间之前的*所有*时间。因为语境中的施事者（讲话者）必须*存在*于语境的时间与世界中，我们将不考虑任何先于在 c 的世界上 c 的讲话者出生的时间。根本不*可能*存在语境 c'，从而 c' 的施事者 = c 的施事者、c' 的世界 = c 的世界、c' 的时间早于在 c 的世界上 c 的施事者出生的时间。不过当然，"情形始终是……"必须对该语境的时间之前所有的时间限量。刘易斯对这个问题做出了言简意赅的概括：

> 除非我们的语法将所有看似转变性的实例统统解释掉，否则我们就需要知道当语境的一个特征转变了而其他特征保持不变时，成分小句的真值会出现什么情况。可是，语境特征并不独立地变化。没有哪两个语境只在一个特征上不同。假如仅仅转变一个特征，转变的结果根本不是一个语境。（Lewis 1998：29；参见 Kaplan 1989：509）[18]

刘易斯提出，解决的办法是将真值不仅相对于语境，而且相对于*指号*："语境的一揽子特征以这样的方式结合起来，从而这些特征*可以*独立地变化"：

> 指号是各种语境特征的 n-元组；把这些特征称作指号的*并列项*。我们不要求某个指号的并列项应当全都是某一个语境的特征。例如，一个指号在其并列项中可能包括一个讲话者、他出生前的一个时间、一个他从未生活过的世界。任何恰当的东西的 n-元组是一个指号。因此，尽管我们永远无法通过仅仅转变一个特征而从一个语境到达另一个语境，但是我们始终可以通过仅仅转变一个并列项而从一个指号到达另一个指号。（Lewis 1998：29-30）

我们可以不把算子"情形始终是……"看作转变语境，也不相对于先前的语境

18　刘易斯似乎可能夸大其辞了。难道两个语境不能只在语境时间上不同吗？当然，语境的施事者及世界可能相同。但是，正如刘易斯所指出的那样，存在着"无数的其他（语）特征"，这些特征在理论上也许具有语义重要性；例如，语境中的温度、语境中会话地突显的物体，等等。无论怎样，反对（16）的论证并不依赖于这个强硬主张，即没有两个语境仅在语境时间上不同。

来评价内嵌小句，而将该算子理解为转变指号中的时间并列项，这个并列项可以完全独立于语境时间而变化。假如我们的指号包括时间与世界，那么，我们就得到以下的语义条款：

　　(17) ⌜情形始终是 ϕ⌝ 在 c，$<w, t>$ 中成真，当且仅当对每个时间 $t' \leq t$，
　　　　 ϕ 在 c，$<w, t'>$ 成真。

这个定义避免了我们在（15）与（16）中看到的问题，但又引起了新的担忧。我们现在是在语境与指号中定义真值，其中的指号包括一个可以独立于语境时间发生转变的时间并列项。[19] 不过最终，我们所关注的是语境中的真值，因为正是这个概念，而非语境中真值与并列项的人为序列之技术性概念，具有直接的语用相关性。我们如何能将语境中的真值与指号的定义转变为语境中的真值的定义？

　　在刘易斯的框架中办法很简单。我们假定，指号的并列项作为"语境特征"。因此，语境决定独特的指号，即*语境指号*；语境指号的并列项针对相应的语境特征（或*由其初始化*）。[20] 在我们的例子中，语境 c 的指号将是 $\langle w_c, t_c \rangle$，其中的 w_c 是 c 的世界、t_c 是 c 的时间。然后，我们就可以定义语境中的真值如下：

　　　　我们说句子 s 在语境 c 中成真，当且仅当 s 在语境 c 与 c 的指号中
　　　　成真。（Lewis 1998：31）

因此，尽管我们无法直接定义语境中的真值，却可以通过递归地定义在语境与指号中的真值、继尔以这种更加技术性的概念定义语境中的真值，从而间接地加以定义。我在麦克法兰 2003 第 5 节中，将在语境与指号中的真值的定义称作*语义学本身*，而将以此做出的语境中真值的定义称作*后语义学*。我在下文中有时将使用这些术语。这样的区别使我们获得了关于意义理论构件稍微复杂的描绘（参见图 3.2）。

19　*评价点*这个术语有时用于指这个一揽子的语境与指号。

20　"初始化"这个术语源于贝尔纳普等（Belnap et al. 2001：48-49）。在计算机编程中，变项以初始值"初始化"；然后，初始值经其他操作转变。

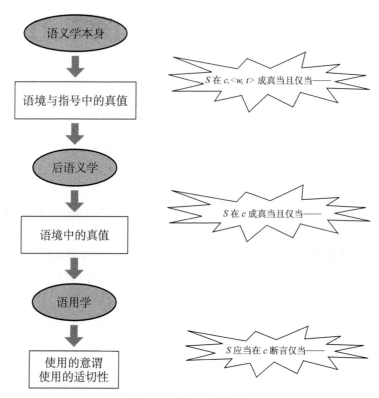

图 3.2 意义理论构件

　　尽管刘易斯要求指号的每个并列项是一个"语境特征"，但是这个要求可以放松。十分重要的是，我们有某种方式从在语境与指号中的真值达致语境中的真值。刘易斯的要求为我们提供了一个特别直接的方法完成这一步，因为他的要求确保使用语境为指号的某个并列项提供一个初始值；亦即，就任何一个并列项 X，我们始终可以谈论"语境的 X"。但是，这一要求不能解释可转变的并列项。例如，看一下为由限量词转变的变项赋值。赋值不是语境特征；语境决定地点、时间、世界以及其他许多东西，但不是对变项赋值（参见 Kaplan 1989：592-593；Belnap et al. 2001：150-151）。[21]

　　鉴于语境并不使赋值参数初始化，我们如何在语境中的真值的定义中消除针对赋值的相对化？通过对所有赋值限量（7）。对于任何不是"语境特征"

21　虽然刘易斯在（Lewis 1980）中只字未提赋值或限量词，但在刘易斯（1970b）中确实讨论了指号并列项赋值。也许刘易斯（1980）可能通过将真值相对于语境、指号与赋值对限量语言进行语义阐述。但是，除了在此讨论的要求之外，没有很好的理由不把赋值算作指号的一个并列项。赋值的理据同指号的其他并列项的理据完全相同：转变现象的妥当处理。

的指号并列项，我们同样可以这样做。例如，倘若我们认为，可能世界也许会重叠与偏离，因而某个可能的使用语境会选出一组相互重叠的世界，而不是单个世界，[22] 那么，我们可以沿着以下路线，在我们的后语义学中对这些世界加以限量：

> （18）某个句子 S 在语境 c 中成真，当且仅当对于所有指号 $\langle w, t_c, a \rangle$，$S$ 在 c，$\langle w, t_c, a \rangle$ 中成真；其中 w 代表在 c 中重叠的世界之一、t_c 代表 c 的时间、a 代表任何赋值。

于是，只要我们仍然可以通过在语境与指号中的真值定义某个语境中的真值，放松刘易斯关于指号是语境*特征*的要求是有道理的。这样做还能使我们可以把赋值看作指号的一个并列项。

我们来做一盘点。我们至此讨论的对真值的两种相对化，没有一种使我们参与到关于"相对真值"的任何哲学论争之中。相对化于语境是必要的，因为依赖于语境，同一个句子可以用于做出成真或成假的断言。作为在语境中使真值系统化的技术手段，相对化于指号是需要的。既然指号除了在定义语境中的真值发挥作用外，理论上没有其他作用，所以，假定指号的一个并列项的唯一理据是存在着使之转变的算子；相反，反对假定指号的某个并列项的唯一理由是不存在这种算子。关于真值与现实的一般性考虑在此不具相关性。[23] 因此，从哲学的观点看，即使对像精确标准或美学标准这样"不寻常的"指号并列项也不应当怀疑。这些只不过是将语境中的真值系统化的技术手段，将基于语言学理据得到（或得不到）证明。譬如，假若"严格说来"最好理解为转变精确标准的句子算子，我们就需要一个精确标准并列项；倘若不这样理解，就不需要。无论怎样，这种争论并非哲学特有的争论。

3.2.3 评价语境

现在我要提出，假如我们将真值不只相对于使用语境与指号，而且相对于*评价语境*，那么，就跨越了真值绝对论与真值相对论之间有哲学旨趣的界线。

我们已经乐意接受"使用语境"的概念，将之理解为可能在其中使用句子的情景。因此，我们应当能够很好地理解"评价语境"的概念——对句子的使用可能做出*评价*的语境。关于评价语境不应该存在任何争议：假如会对句子使

---

22 关于理据，参见下面第 9 章中关于未来偶然性的语义分析中对世界的处理。

23 事实上，正如我们已经对赋值的一个特殊情形所指出的那样，我们也许可以放弃谈论语境与指号中的真值，而讨论从句子、语境、指号三元一组到 {0,1} 的函数，然后用这个函数直接定义语境中的真值。

用做出评价，那么当然，我们就可以讨论出现这些评价的语境。

从刘易斯的框架达致相对论方案可以得到描绘的框架，我们只需要在类似于使用语境的语义分析中赋予评价语境一个角色。于是，我们的目标概念——具有直接的语用相关性的概念——将不是"在 c 中使用成真"，而是"在 c_1 中使用并在 c_2 中评价成真"（参见图 3.3）。（这个双重相对化的真值谓项*如何*具有语用相关性，我们将在下文第 5 章中回到这个问题。）

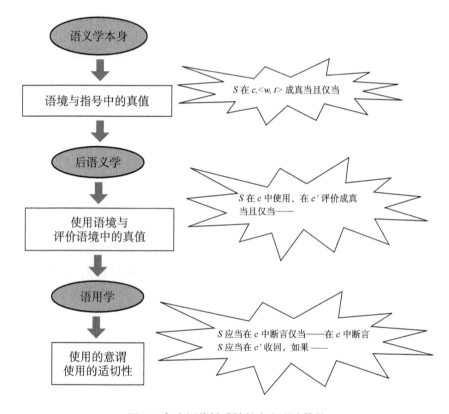

图 3.3 包含评价敏感性的意义理论构件

从本体论上说，使用语境与评价语境可以认为是同一种东西。譬如，两者也许可以模仿作集中可能世界（带有指定的时间、施事者或地点的可能世界）。修饰语"使用的"与"评价的"区别语境在语义学中可以扮演的角色。我们可以把语境看作*使用*句子的可能情景，或者看作对使用句子*作出评价*的可能情景。在前一种情形下，语境的施事者是使用句子的人——即讲话者，如果是通过说话使用——而在后一种情形下，语境的施事者是句子使用的评价者。

句子的特定使用可以从无限多的可能语境中评价。因此，我们尽管可以就这样使用谈论"（该）使用语境"，但却不可能以同样方式谈论"（该）评价语境"。只有当我们心中不仅有一个具体的使用，而且有一个具体的评价，使用定冠词才是恰当的。重要的是，关于使用语境的事实，包括讲话者意向，不以任何方式确定评价语境；不存在任何"正确的"语境，藉以评价某个具体的言语行为。[24]

评价语境如何可能进入表达式的语义结构中呢？就如使用语境一样进入。一般而言，使用语境的特征以两种方式同语义相关：某个特征可以*局部*相关，在语义学本身发挥作用——亦即在递归性的小句中对某个具体的语言结构起作用——或者某个特征可能*整体*地相关，在后语义学中发挥作用——以在语境与指号中的真值定义语境中的真值。譬如，在卡普兰对指示语的语义阐释中（Kaplan 1989），因其在算子*现在的*小句所起的作用，使用语境的时间（t_c）是局部地相关的：

(19)　「*现在 φ*」在 c，$\langle w, t, a \rangle$ 成真，当且仅当 φ 在 c，$\langle w, t_c, a \rangle$ 中成真（545，标注有改变）

并且通过其在定义语境中的真值的作用整体地相关：

(20)　某个句子 S 在语境 c 成真，当且仅当对于每次赋值 a，S 在 c，$\langle w_c, t_c, a \rangle$ 中成真。（546，经过简化并且标注有改变）

有些语境特征只是局部相关（例如，出现在对"我"所列的语义小句中的语境的施事者）。理论上讲，一个特征也许只会是整体地相关（因为语境中的世界会出现在一种不包含现实性算子的语言中）。[25]

评价语境特征还可能局部地或整体地同语义相关。假设在英语中增加一个词"noy"（现时），其作用类似于"now"（现在），只是有一点不同，即"now"将评价时间转变为使用语境的时间，而"noy"将评价时间转变为评

24　这将在此建议的方案与文献中将语境分成两种的方案区别开来。普雷迪利（1998）提出，比如，在讲话录音中，在应答机上录下"我现在不在这儿"，讲话者可能心里想到"理解语境"，相对于这个语境，对有些语境敏感性表达式（"这儿"、"现在"）而不是其他表达式（"我"）作出评价。施伦克尔（2004）提出区分"话语语境"（制约对时态与人称的理解）与"思想语境"（制约对其他指示语的理解），以便理解自由间接话语（"明天周一，周一，又一个上学周开始了！"）与历史现在时（"五十八年前的今天，1944 年元月 22 日，正当美国就要进攻欧洲时，德国人袭击了维科斯"）。相比之下，我的评价语境概念同讲话者（或作者）的意向毫无关系，不由使用语境以任何方式（甚至"有意地"）确定。

25　正如卡普兰（Kaplan 1989：595）所说："可能看来，对于一种没有指示语、没有需要参数的表达式的模态语言，使用语境的概念没有作用。这种看法是不正确的。在每种模式中真值意指每个模式的'指定'世界上的真值。这个'指定的'世界是评价真值的世界，起着现实世界的作用"。

价语境的时间。[26] 若要为包含"noy"的语言进行语义分析,我们就需要相对于(使用与评价)这一对语境与一个指号,递归地定义真值。比较算子"*Now*"与"*Noy*"的递归性条款:

(21)「*现在* ϕ」在 c_1, c_2, $\langle w, t, a \rangle$ 成真当且仅当 ϕ 在 c_1, c_2, $\langle w, t_{c_1}, a \rangle$ 成真。

(22)「*现时* ϕ」在 c_1, c_2, $\langle w, t, a \rangle$ 成真当且仅当 ϕ 在 c_1, c_2, $\langle w, t_{c_2}, a \rangle$ 成真。

由于评价语境的时间直接出现在 *Noy* 的语义条款中,这一时间是局部相关的。

应当承认,"noy"是一个很不中用的词——难以给它派上用场。但是可以看出它如何与"now"不同。例如假设,吉姆在 t_1 饿了,而在 t_2 不饿。"吉姆现在饿了"这句话在 t_1 成真,无论是在 t_1 还是在 t_2 评价。其真值仅仅取决于在说这个句子时(t_1)吉姆是否饿了。相反,在 t_1 说出"吉姆 noy 饿了"这句话,在 t_1 评价将成真,而在 t_2 评价则成假。其真值取决于在评价这句话时吉姆是否饿了。

举一个整体地相关的评价语境特征的例子,假定我们用下面这条取代(18):

(23)一个句子 S 在语境 c_1 中使用、并在(之后的)语境 c_2 中评价成真,当且仅当对于所有指号 $\langle w, t_{c_1}, a \rangle$,S 在 c_1, $\langle w, t_{c_1}, a \rangle$ 中成真;其中 w 是在 c_2 中重叠的世界之一、t_{c_1} 是 c_1 的时间、a 是任何的赋值。[27]

这个定义利用使用语境告诉我们着眼于哪个时间,它利用评价语境告诉我们着眼于哪些*世界*(参见第9.8.1节)。即使该语言不包含任何其语义小句参照评价语境的表达式,但是,评价语境通过在后语义学中的作用仍然具有语义相关性——以在语境与指号中的真值定义在语境中的真值。

在使用语境与评价语境两者可能都具有语义相关性的框架中,语境敏感性体现在两个方面:

26　卡普兰(1989: 491 注 12)转述说,唐纳伦(Donnellan)提出了某种表面上类似的东西:"倘若在我们说出话与听到话通常间隔很长时间(比如,声音传播得非常非常慢),那么,我们的语言中就可能包含两种形式的'现在':一个指说话时间,另一个指听到话的时间"。唐纳伦第二个形式的"现在"与"noy"不一样。听到话与评价不是一回事。假如某人在第一次听到话后过了一些时间重新评价一个断言,评价时间不同,但听到话的时间相同。

27　在此我们用在使用语境与指号中的真值定义使用语境与评价语境中的真值。或许有人会问,我们为什么不以使用语境与*评价语境*和指号的真值来定义。回答是,除非语言中包含了像"noy"这种对评价语境特征*局部地*敏感的表达式,否则就无此必要。现在这个定义强调了评价语境只是*整体地*相关的事实;评价语境*不可能*是局部地相关的,因为针对单个表达式的递归性小句只看到使用语境与指号。

使用敏感的。*某个表达式为使用敏感的，假如其外延（相对于使用语境与评价语境）取决于使用语境的特征*。

评价敏感的。*某个表达式为评价敏感的，假如其外延（相对于使用语境与评价语境）取决于评价语境特征*。

注意，根据这个定义每个依条件而定的句子都算作使用敏感的句子，因为其真值取决于使用语境的世界。[28] 这样，将使用敏感性与评价敏感性的概念参数化，以指明表达式外延所依赖的语境特征的做法是有益的。我们会说：

F- 使用敏感的。*某个表达式为 F- 使用敏感的，如果其外延（相对于使用语境与评价语境）取决于使用语境的 F（特征）*。

F- 评价敏感的。*某个表达式是 F- 评价敏感的，如果其外延（相对于使用语境与评价语境）取决于评价语境的 F（特征）*。[29]

因此，例如，"2008 年 10 月 22 日美国股市跳水了"是世界 - 使用敏感的但不是时间 - 使用敏感的，而"吉姆 noy 坐着"则是时间 - 评价敏感的。

3.3 真值相对论作为评价敏感性

通过使用这些概念，就能在我们一直孜孜以求的严格而具有重要哲学价值的意义上阐明怎样才能成为真值相对论者。

真值相对论。*要成为真值相对论者，就是认为含有评价敏感性表达式的语言至少在概念上是可能的*。

这是一种也许可以基于非经验的、哲学上的理由接受或拒斥的立场。这种立场所要求的是能够理解表达式的外延*是怎么样*依赖于评价语境之特征的。相反，英语中的真值相对论至少一定程度上是一个经验性的论题。

英语中的真值相对论。*要成为关于英语（或其他某种自然语言）中真值的相对论者，就是要认为英语的某些表达式是评价敏感的*。

持有下述观点是融贯的，即尽管我们可以理解某个表达式怎样才会是评价敏感的，但评价敏感性表达式在自然语言中不存在。

真值相对论的这一表征非常自然地同（在上文第 3.1.2 中探讨的）真值相

---

28 当戴维·刘易斯说"依条件而定的性质是一种指示性"（Lewis 1998：25）时，他正是要表达这个意思。关于进一步的讨论，参见麦克法兰 2009：§3。

29 注意，这些定义中的"取决于"具有因果 / 解释性语力。为了表明 *S* 的真值取决于特征 *F*，仅仅发现两个语境相关于 *F* 而不同、且相对于这两个语境 *S* 具有不同的真值，这是不够的。这是因为，真值上的不同可能源于这两个语境之间的其他差异。正如我们所指出的那样，一般不可能找到这样一对语境，在某方面 *F* 不同，却不也在许多其他方面不同。

对论者是关于话语或（理解成行为的）断言真值的相对论者这个观点相契合。即使句子的某个话语确定一个独特的相关使用语境——话语出现的语境——但不确定一个独特的相关评价语境。因此，说出评价敏感性句子的话语（如果可能赋值的话）只有相对于评价语境才能赋予真值。然而，我们以评价敏感性对真值相对论做出的表征避免了谈论话语真值遇到的所有缺点。这一表征避免了将真值谓词用于*行为*这个在语言学中显得奇怪的做法。这是一个纯粹的语义表征，而不是一个需要语用学概念或言语行为理论概念的表征。而且，这一表征无需依赖关于话语或语境之形而上学的颇具争议的假设。

最为重要的是，这个表征清楚地区分了句子真值可能相对于某个特征 F 的三种方式：

① 句子真值可能随指号并列项 F 而变化。

② 句子可能是 F- 使用敏感的。

③ 句子可能是 F- 评价敏感的。

一些例子可能有助于具体体现这些不同之处。为具体起见，假定我们在使用一种带有时间算子的框架，从而指号同时包括时间与世界。这样，

（24）苏格拉底坐着

是时间 - 使用 - 敏感的，而非时间 - 评价 - 敏感的。其真值随指号的时间并列项而变化。

（25）苏格拉底现在坐着

是时间 - 使用 - 敏感的，而非时间 - 评价 - 敏感的，其真值不随指号的时间并列项变化。这是因为"现在"迫使评价在使用语境的时间做出。

（26）苏格拉底 noy 坐着

是时间 - 评价 - 敏感的，而非时间 - 使用 - 敏感的，其真值不随指号的时间并列项变化。最后，

（27）每个现在坐着的人坐着

既不是使用敏感的也不是评价敏感的，因为它在每个使用语境与评价语境都成真。然而，其真值对指号的时间敏感，这可以通过将之内嵌于转变这个时间的算子之下看到：

（28）明年会是这样的情形，每个现在坐着的人坐着。

正像这些例子表明的那样，使某种立场成为"严格地相对论的"不是真值相对化于之的那*种*东西，而是真值相对化于之的*方式*。例（24）-（28）都包含某种相对化，将真值相对于时间，但只有（26）是"严格地相对论"的。

为了更加清晰地理解这一点，设想一种语言含有审美词汇（"美丽的"、

"丑陋的")与一个句子算子"根据任何审美标准"。先不要纠结"根据任何审美标准"在英语中是否最好看作句子算子；径直规定我们所处理的语言包含带有这个意义的句子算子。算子需要指号的并列项加以转变，因此，在指号中我们需要一个"审美标准"并列项。诸如"那张画很美"这样一个句子在某个语境与指号中是否成真部分地取决于指号中的审美标准并列项。"根据任何审美标准"这个算子可以作如下处理：

(29) ⌜*根据任何审美标准 φ*⌝ 在 c，$\langle w, s \rangle$ 中成真，当且仅当对于所有审美标准 s'，φ 在 c，$\langle w, s' \rangle$ 中成真。

做到这一步，我们就信奉某种严格的真值相对论了吗？显然没有。这是因为我们也许可以按照如下方式定义语境中的真值：

绝对论后语义学。*句子 S 在语境 c 中成真，当且仅当 S 在 c，$\langle w_c, s_G \rangle$ 成真；其中，w_c 是 c 的世界，s_G 是上帝的审美标准。*

基于这种语义学，审美句子的真值对讲话者或评价者的审美标准就会完全是不敏感的。相对化于指号中的审美标准仅仅具有技术上的作用，使包含"*根据任何审美标准*"算子的句子之真值条件系统化。

此外，我们也许可以将语境中的真值定义如下：

语境论后语义学：*句子 S 在语境 c 中成真，当且仅当 S 在 c，$\langle w_c, s_G \rangle$ 中成真；其中，w_c 是 c 的世界，s_c 是语境 c 的施事者的审美标准。*

根据这种语义学，审美句子的真值将取决于讲话者的审美标准，但将完全独立于评价者的标准。审美句子的话语可以赋予绝对真值。

只有当我们为评价语境赋予语义上重要的角色，才跨越了相对真值的门槛儿：

相对论后语义学。*句子 S 在语境 c_1 中使用、在语境 c_2 中评价成真，当且仅当 S 在 c_1，$\langle w_{c_1}, s_{c_2} \rangle$ 中成真；其中 w_{c_1} 是 c_1 的世界、s_{c_2} 是 c_2 中施事者的审美标准。*

这一语义学不允许我们将绝对真值赋予"那张画很美"的话语。这种语义理论认为，审美句子只能相对于评价者的审美标准赋予真值。正是只有在这一点上——接受了评价敏感性时——我们才进入到关于真值的*哲学*论题之中。

在*绝对论后语义学*中将真值相对化于审美标准只是一种技术手段，这就像将真值相对化于赋值一样。如果能够证明这样做是合理的，那么，这只有通过在语境中定义真值这项工作的技术要求论证。假如得到这样的论证，就无需进一步的论辩。之于*语境论后语义学*中讲话者审美标准的真值相对性，同包含"这儿"的句子的真值相对于讲话者位置的特性相同。如果得以论证，这是通过正常情况下支持假定语境敏感性的种种因素论证的；如果以那种方式得到论证，就不会提出未曾由"这儿"等表达式提出的哲学问题。但是，通过在*相对论后语义学*中将真值相对化于评价者的审美标准，我们发现了某种真正新颖的东西——某种需要哲学澄清与证明的东西。我们将在第 5 章转向这项任务。

3.4 逻辑概念概括

在指示语的逻辑中（Kaplan 1989：522-523），逻辑真值与结论被定义为在每个语境中的真值与真值保存：[30]

逻辑真值。*句子 S 逻辑地成真，当且仅当对所有语境 c，S 在 c 成真。*

逻辑结论。*句子 S 是一组句子 Γ 的逻辑结论，当且仅当对所有语境 c，如果 Γ 的每个成员在 c 成真，那么 S 在 c 成真。*

逻辑等值。*两个句子 S 和 T 逻辑地等值，当且仅当对于每个语境 c，S 在 c 成真当且仅当 T 在 c 成真。*

卡普兰强调将这些概念与通过对评价点——语境／指号对——而非语境限量而定义的概念加以区分的重要性：[31]

逻辑必然性。*公式 φ 是逻辑上必须的，当且仅当对于每个评价点（语境与指号）e，φ 在 e 上成真。*

逻辑蕴含。*公式 φ 由一组公式 Γ 逻辑地蕴含，当且仅当对于每个评价点 e，如果 Γ 的每个公式在 e 成真，那么 φ 在 e 成真。*

严格等值。*两个公式 φ 和 ψ 严格地等值，当且仅当对于每个评价点 e，φ 在 e 成真当且仅当 ψ 在 e 成真。*

在许多熟悉的语义框架中，一个句子逻辑地成真，当且仅当这个句子是逻辑必然的；一个句子是一组句子的逻辑结论，当且仅当这个句子由这组句子逻辑地蕴含。但是，正如卡普兰表明的那样，在包含某些语境敏感性表达式的

30　普兰的定义包括对*结构*的额外限量，这些结构规定一组可能的语境、一组指号、一组个人以及对语言中的非逻辑表达式的一个解释。例如，逻辑真值是在每个可能的语境中每个结构的真值。假如我们想避免使类似"如果某物是水，它就是 H2O"这样的句子成为逻辑上成真的东西，就需要对结构加以限量。为表述简单起见，而且因为结构的处理并不由于增加了评价语境而受到影响，我在此使对结构的限量处于隐含状态。注意，在以后的各章中，我将把兴趣表达式（"味美的"、"知道"、时间修饰语、认识情态动词与道义情态动词以及直陈条件句）当作逻辑表达式，对这些逻辑表达式的解读不随结构的变化而变化。

31　关于需要这两个不同概念的论述，参见托马森（1970：273）、卡普兰（1989：548-550）以及贝尔纳普等人（2001：236-237）。注意，尽管逻辑真值与逻辑结论只为句子规定，但是，逻辑必然性与逻辑蕴含为所有公式规定，无论这些公式是开放性的还是封闭性的。

语言中，这些概念相分离了。某个句子可能逻辑地成真，却不是逻辑上必然的；或者某个句子可能是一组句子的逻辑结论，却并不由这组句子逻辑地蕴含。譬如，在卡普兰的指示语逻辑中，

(30) *实际上现在 P*

是 (31) 的逻辑结论：

(31) *P*

即使 (30) 不由 (31) 逻辑地蕴含，而且

(32) *我现在在此*

逻辑地成真——因为不存在这个句子成假的使用语境——即使这不是逻辑地必然的。

假如真值不仅相对于使用语境，而且还相对于评价语境，我们如何概括这些概念？逻辑必然性与逻辑蕴含可以保持原样，但是，存在两种方法可能对逻辑真值与逻辑结论做出概括。首先，我们也许可以分别限量使用语境与评价语境：

绝对逻辑真值。*一个句子 S 绝对逻辑地成真，当且仅当对于所有语境 c_1, c_2, S 在 c_1 中使用、在 c_2 中评价成真。*

绝对逻辑结论。*一个句子 S 是一组句子 Γ 的绝对逻辑结论，当且仅当对于所有语境 c_1, c_2, 如果 Γ 中的每个句子在 c_1 中使用、在 c_2 中评价成真。*

绝对逻辑等值。*两个句子 S 和 T 绝对地逻辑等值，当且仅当对于所有语境 c_1, c_2, S 在 c_1 中使用、在 c_2 中评价成真；当且仅当 T 在 c_1 中使用、在 c_2 中评价成真。*

或者，我们可以局限于使用语境与评价语境相同的情形：

对角逻辑真值。*一个句子 S 对角地逻辑成真，当且仅当对于所有语境 c, S 在 c 中使用、在 c 中评价成真。*

对角逻辑结论。*一个句子 S 是一组句子 Γ 的对角逻辑结论，当且仅当对于所有语境 c, 如果 Γ 中的每个句子在 c 中使用、在 c 中评价成真，那么 S 在 c 中使用、在 c 中评价成真。*

对角逻辑等值。*两个句子 S 和 T 对角地逻辑等值，当且仅当对于每个语境 c, S 在 c 中使用、在 c 中评价成真，当且仅当 T 在 c 中使用、在 c 中评价成真。*

正像不需要在逻辑真值与逻辑必然性之间做出选择那样，也不需要在这两个概念之间做出选择。这两个概念都有各自的用途。绝对逻辑真值是一个人们可以确信成真的句子，即使人们不知道关于句子使用的语境或者句子评价的

语境这些相关细节。然而，当考虑是否断言或相信某个内容时，人们将注意力集中于在自己当下的语境中使用与评价时这个内容的真值。为了这些目的，对角逻辑真值与对角逻辑结论是重要特性。

对这些概念加以区分，我们的论述就更加清晰。我们在本书第二编将看到一些实例；不过打点伏笔，相对论者将能够说：

（33）如果这让我觉得味美，它就是味美的

是对角地逻辑成真的，但却不是一个绝对逻辑真值。（亦即，如果评价语境与使用语境不同，它只能成假。）在一个不支持评价敏感性、因而不区分对角有效性与绝对有效性的语义框架中，这种差异是分不开的；我们认识到（33）具有一种特殊的逻辑性质，这就会把我们引向一种未经雕琢的语境论。这种语境论会使

（34）这东西味美

与

（35）这东西我觉得味美。

逻辑地等值。

第 4 章
命题

在第 3.2 节，我们为句子及其他语言表达式定义了评价敏感性。但是，我们断言和相信的是命题，而非句子；句子成真成假是因为所表达的命题成真成假。因此，任何认同句子评价敏感性的人面临关于命题的一系列问题。评价敏感性句子表达命题吗？我们必须将之理解为相对于不同的评价语境表达不同的命题吗？假如不是这样，我们必须如何描述这些句子表达的命题？说一个命题是评价敏感性的是什么意思？本章旨在回答这些问题。

4.1 什么是命题?

我将以我认为是其历史上最为核心的意义使用"命题"这个术语。按照我的理解，命题是断言与信念的内容，是我们在日常话语中称作"真"或"假"的东西。看以下这个对话：

安妮：总统应该从阿富汗撤军。

比尔：真是那样。

辛西娅：弗朗索瓦也那样认为。

比尔与辛西娅说的话中的"that"（那样）并不指称安妮的心理状态或者她用以表达这一状态的句子，而是指称安妮所相信的内容（Cartwright 1962）。安妮所相信的——她的信念内容——是*总统应该从阿富汗撤军*这个命题。按照这样的理解，命题既不是心理实体，也不是句子的意义；命题是用以表征言语行为或心理状态的客体，酷似我们使用数字表征重量或者长度（Churchland 1979：105；Stalnaker 1987：8）。

我将这个核心概念当作共同的出发点，也许可以藉此为关于命题性质的其他看法做出辩护。例如，命题是否具有类语言结构；命题是否由客体与性质构成；命题是否是陈述句的意义；命题是否是"真值的基本载体"；命题是否具有可能世界内涵；命题是否是"信息内容"。我把所有这些进一步的看法当作关于命题的实质性观点，而不是定义性规定的问题。[1]

在下面的论述中，只要我不被迫表明立场，我将努力就所有关于命题性质的问题保持中立。因此，特别是就以下问题我将保持中立：命题是否是有结构的；命题是否是（以弗雷格的说法）在概念上个体化还是（以罗素的腔调）客体性地个体化的。我还将在命题是否是组合语义学中句子的语义值这个问题上保持中立。即使人们像刘易斯（Lewis 1980：§§9-12）那样认为，命题在语义理论中不起核心作用，也可能会在其他方面需要命题概念。例如，在心智哲学、言语行为理论，或者在关于态度转述、真值归赋语义学中发挥作用。

4.2 内容相对论

让我们从一个假定评价敏感性句子的例子入手：

（1）甘草味美。

假设我们说，这个句子在某个语境 c 使用、在另一个语境 c' 评价，其真值取决于评价者在 c' 的口味——这样如果尤姆喜欢甘草的味道，尤克讨厌甘草的味道，（1）在尤姆使用、由尤姆评价成真，而由尤姆使用、由尤克评价成假。

现在假定在语境 c_0 中，尤姆说出（1），意在做出一个断言。假定评价敏感语义学正确，那么尤姆将正确地认为自己说出了一个（在 c_0 中使用）成真的句子，而尤克将正确地认为尤姆说出了一个（在 c_0 中使用）成假的句子。尤姆并没有说反话或者使用比喻性语言，因此双方都知道假如（1）（在 c_0 中使用）成真，那么，尤姆断言的命题成真；如果（1）（在 c_0 中使用）成假，那么，她断言的命题则成假。因此，尤姆将正确地认为自己断言了一个成真的命题，而尤克会正确地认为尤姆断言了一个成假的命题。

---

[1] 人们可以选择以不同方式使用"命题"这个词——比如，将命题定义为一组可能世界。相对于这样一个定义，命题是信念内容的主张就会是一个实质性的主张。因此，刘易斯（Lewis 1979a）将命题看作本质上是成组的可能世界，他推断信念内容不是命题，而是*性质*，性质相对于世界、时间、施事者而具有真值；而我则将他的论述看作表明了命题的某种本质。这些语言上的论争没有什么实质性的影响。

有两种方法使这个假设相融贯。第一种方法是，阐明不仅句子真值而且命题真值可以在不同的评价语境中变化这个观点。将这种观点称作*真值相对论*。根据真值相对论，关于某个用于具体语境的命题是否成真不存在绝对的事实；从一个语境中评价可能成真，而在另一个语境中评价可能成假。

第二种方法是不接受这样一个观点，即尤姆正确地认为自己所断言的命题与尤克正确地认为尤姆所断言的是同一个命题。根据*内容相对论*，[2] 关于某个断言或信念的命题内容不存在绝对的事实。就手头的例子而言，我们也许可以说，从尤姆的语境评价，尤姆所断言的命题是*甘草合乎尤姆的口味*；而从尤克的语境评价，尤姆断言的命题是*甘草合尤克的口味*。

第二种方法也许看起来更经济，因为这似乎不需要我们对命题做任何新的说明。关于断言哪个命题的相对论与这些命题的真值的绝对性相一致。但是，事实上，若不同时接受真值相对论，也就难以理解内容相对论。假设尤姆说道：

(2) 我断言甘草对我的口味。[3]

按照内容相对论者的观点，尤姆应当认为自己在说出（2）中断言了某种成真的东西，而尤克应当认为尤姆断言了某种成假的东西。因此，在主张尤姆在说出（2）时断言了哪个命题是一个评价相对的问题与主张尤姆断言的命题本身是评价敏感性的这两者之间，我们再次面临一种选择。选择后者就是接受真值相对论。但是前一种主张是难以理解的选择。从尤克的语境中评价，我们能说（2）表达了什么命题呢？当然，说"我的口味"由尤姆使用、尤克评价时，指的是尤克的口味，这是不合情理的。那根本不是"my"（我的）这个词在英语中的作用方式。于是看来，我们唯有理解了真值相对论，才能理解内容相对论。

另外，内容相对论似乎错误地理解了这个现象。假如尤克声称尤姆断言甘草很对尤克的口味，尤姆会直接予以否认，而且一般情况下这个否认会被认为是具有权威性的。（当对讲话者断言的内容存有怀疑时，我们要求他们澄清；若不担心缺乏诚意，我们就会相信他们说的话。）为了佐证自己的断言，尤姆也许可以指出她做出断言的依据是*她*觉得甘草的味道鲜美；而且她意识到她的口味与尤克的口味差异迥然。因此，尤姆断言甘草的味道合乎尤克的口味就会

2　这个术语源于伊根、霍索恩与韦特森（2005）。注意麦克法兰（2005c）使用"表达相对论"指这个内容，用"命题相对论"指伊根等人所称的"真值相对论"。现在我倾向于使用他们的术语。关于一个类似的区分，参见珀西瓦尔（1994：192-193）。

3　或者：我断言一个命题成真，当且仅当甘草很对我的口味。

毫无理性。[4]

人们假如将这种内容相对论与一种更加合理的多元论相混淆，就可能很容易看不到这种内容相对论是多么荒唐激进。那种多元论的观点是，人们可以通过单个话语行为断言许多不同的命题。一名指挥操练的海军陆战队的中士可能对集合的 100 名新兵说：

(3) 假如你们的母亲知道我将让你们经历的痛苦，她就决不会让你当兵了。

这句话中的"you"（你）肯定是单数，因为新兵的母亲不同。但是中士是对所有新兵讲话，因此，我们必须将他理解为断言了一百个命题，一个命题针对一个新兵。卡珀朗（2008b）将这些情形描述为内容相对论的例子，但这些不是（参见 Egan 2009：270，277 注 26）。每个新兵可以同意中士断言了 100 个命题，可以同意这些命题是什么。这些命题中只有一个是"针对"任一新兵的，但这些命题都被断言，中士对所有这些命题都得负责。因此，这些情形不能为我们提供理由，将断言内容相对于评价语境；它们并不引起我们在上文涉及尤姆与尤克时所看到的问题。

卡珀朗（2008a）提出，内容相对论隐含于我们转述他人断言时的做法中。假设安德鲁说道：

(4) 大约晚上 11 点，我穿上白衬衫、蓝西服、黑袜子和棕色的布鲁玛妮皮鞋，然后上了一辆等候在那里的豪华轿车，开上交通拥挤的道路往机场驶去。到了机场，正好赶上飞往芝加哥的午夜航班。

依赖于语境，我们也许可以用各种不同的非等值的方式转述他的陈述，例如：

(5) 安德鲁说他穿上一件白衬衫。

(6) 安德鲁说他大约晚上 11 点穿好衣服、去机场，乘坐午夜航班去了芝加哥。

(7) 安德鲁说他穿上一双相当高档的皮鞋后去了机场。

我们不仅可以设想所有这些转述都会使用的语境，而且可以设想一些语境，在这样的语境中，至少某些转述会受到质疑。（"等等，他真的说他穿上*相当高档的皮鞋*了吗？他有更高档的皮鞋，不会把布鲁玛妮当成高档皮鞋的。"）假如我们把这些转述看作是对安德鲁陈述的内容所作的完整准确的描述，那么，转述

4　韦特森（2009：343-344）承认类似这样一个质疑的力量，但论辩道，关于直陈条件句的内容相对论因其特征的特殊性，可以规避这个质疑。

真值中的语境可变性就会隐含内容相对论。[5]

不过，更加可能的是，转述中的变化反映了我们转述实践中的不严格。我们只转述话语中同眼下所关注事物相关的部分，我们描述这部分内容的方式清楚表明这种相关性。这样，我们对话语的转述同报告其他任何别的事情并没有什么不同：例如，在描述天气时，我们用整数表示气温，省略很多细节。不过，在受到质疑时，我们不加犹豫地从不严格的描述退回到更加严格的描述。例如，假如安德鲁反对道：

(8) 我没有把那双鞋说成高档的——那是你添油加醋。

那么，我们就会情愿地收回 (7)，退回到说，他说他穿上布鲁玛妮皮鞋。这表明，这里涉及的现象是不严谨现象，而非相对论针对的现象。

内容相对论一经与多元论及不严谨现象加以区分之后，我们就能看到这种观点是相当怪诞的。于是，假如信奉评价敏感性不需要内容相关论，那就好了。在本章的剩余部分，我们将探究如何才能理解真值相对论，即评价敏感性句子表达的命题本身即为评价敏感性的这个观点。

4.3 语境与境况

我们将从一个源于卡普兰（Kaplan 1989）的关于命题真值相当标准的描述入手，探究一下假如我们要合理地将命题解释为评价敏感的，需要做出什么改变。根据卡普兰的观点，内容只有相对于*评价境况*才具有外延：

> 用［"境况"］我意谓实际的与非事实性的两种情景，相关于这些情景才能恰当地寻求某个合乎语法的表达式之外延。境况通常包括世界的可能状态或历史、时间，并且也许还包括其他特征。（Kaplan 1989：502）

例如，在卡普兰看来，"人"这个词的内容是作为人的性质。唯有相对于世界与时间的一种可能状态，探究"人"的外延——具有作为人的性质的一组客体——才是有意义的。（在侏罗纪时期之初，这个词不适用于任何对象；现在则适用于几十亿客体。）同样，唯有相对于世界与时间的一个可能状态，探

5　卡珀朗的话是这样说的："假如讲话者说的话同对其说的话成真的间接转述密切联系（怎么可能不是呢？）并且假如后者在不同的理解语境之间变化，那么，讲话者所言说的内容也在不同的理解语境之间变化"。他并没有正式采纳对"强式内容相对论"的这一论证，但看来接受这一论证的前提。

究"至少存在一个人"这个句子的外延——亦即,其真值——是有意义的。因此,卡普兰认为这个句子的内容——这个句子表达的命题[6]——只有相对于世界与时间才具有真值。这样,境况至少包括一个世界和一个时间。[7]

在上面所引的那段文章中,卡普兰提出,除了世界与时间,我们可能需要境况的其他并列项——比如,地点。其他哲学家则分辩,境况甚至都不应包括时间,而且应当把内容理解为包括与其外延相关的时间确定 (Richard 1980; King 2003)。我们将很快探讨关于境况并列项的这种问题如何才能解决,但在此我想集中讨论的论题是境况中的真值如何同使用语境中的真值相联系。

像刘易斯那样,卡普兰为句子定义使用语境中的真值。依据卡普兰的观点,一个句子在某个语境中成真,假如其内容在"语境的境况"中成真:

> 如果 c 是一个语境,那么 [一个句子] φ 在 c 中的出现成真,当且仅当 φ 在这个语境中表达的内容,相关于语境中的境况评价时成真。
> (Kaplan 1989: 522; 参见第 547 页上的形式化表述)

卡普兰有权谈论"语境的境况",因为他的评价境况包括一个世界与一个时间,且他认为使用语境决定独特的世界与时间。但是,为了具有充分的普遍性,我们不应当假定语境始终会甄别一个独特的评价境况。例如,在含有重叠世界或历史的框架中,一句可能的话语会由多个相互重叠的世界所包含,因此,将不存在独特的"使用语境中的世界"。有鉴于此,我倾向于谈论"与语境相容的所有评价境况",而不谈论"语境中的境况"。因此:

(9) 一个句子 S 在语境 c 中成真,当且仅当 S 在 c 中表达的命题在所有与 c 相容的评价境况中成真。[8]

或者更具普遍性地:

(10) 一个表达式 E 在语境 c 中具有外延 x,当且仅当 E 在与 c 相容的每个评价境况中都具有外延 x。

6　参见本书第 3 章注释 8。

7　尽管名称表面上相似,评价境况与评价语境不应当混为一谈。按照第 3 章的术语,评价境况很像指号,而不那么像评价语境。在卡普兰的系统中,内容相对于评价境况而具有真值,但不存在评价敏感性:每个句子在使用语境中具有绝对真值。在卡普兰式系统中,语境与境况起着根本不同的作用;评价语境尽管与使用语境不同,却起着类似语境的作用。我们将在下文第 4.7 节中更加清楚地看到,评价境况之间的真值变化是如何与评价语境之间的真值变化相联系的。

8　卡普兰在一个脚注中提出,"境况作为语境的一个方面";"对于定义真值看来是必须的"(Kaplan 1989: 511 注 35)。这里提供的定义表明并非如此。

每种语义理论必须详细阐明"相容性"的所指。在卡普兰的系统中，一个境况 $\langle w, t \rangle$ 将与语境 c 相容，仅当 w 是 c 的世界、t 是 c 的时间。

尽管卡普兰仅仅为*句子*定义了语境中的真值，这个定义可以自然地扩展到命题（与一般的内容）：

(11) 一个命题 p 在使用语境 c 中成真，当且仅当 p 在与 c 相容的所有评价境况中成真。

(12) 一个内容 k 在使用语境 c 中具有外延 x，当且仅当在每个与 c 相容的评价境况中 k 的外延是 x。

现在，我们可以重新表述我们关于语境中句子真值（更加普遍地，语境中表达式的外延）的定义如下：

(13) 一个句子 S 在语境 c 中成真，当且仅当 S 表达的命题在 c 中成真。

(14) 一个表达式 E 在语境 c 中具有外延 x，当且仅当 E 在 c 中的内容具有外延 x。

谈论命题在使用语境中成真可能看起来有些奇怪，因为命题并不是以使用句子的方式"使用"的。[9]但是，上述定义足以阐明这个概念。我们可以相对于*句子*可能得到使用的语境，探究命题的真值。[10]在扩展的意义上，我们可以将断言或信念看作所断言的或所相信的命题的"使用"。在我们将语义学与断言理论相联系时，拥有关于命题相对于语境的真值概念是有用的，因为所断言的是命题而不是句子。

4.4 两种语境敏感性

从（9）和（13）看应当清楚，使用语境在定义语境中的真值中发挥两种不同的作用。一方面，由于一个句子在不同的语境中会表达不同的命题，因此，使用语境起着*决定内容*的作用。另一方面，使用语境起着*决定境况的作用*，选择与在语境中句子出现时的真值相关的评价境况。[11]

---

9 担心的不是我们根本不能使用抽象的东西。我可能使用紧致性定理证明存在非标准算术模型，或使用特定的乐句演奏橘子花开特曲。但是，声称在演奏橘子花开特曲时我在使用橘子花开特曲将是怪异的；同样，声称在断言 p 时我在使用命题 p，也是怪异的。命题是*我所断言的*，而不是我用来断言的某个东西。因此，谈论"行为语境"而非"使用语境"也许更加合适。但是，我选择坚持使用较为熟悉的术语，因为这不会带来任何实质性的影响。

10 即使就句子而言，谈论 S 在语境 c 中成真并不等于承诺 S 在 c 中的实际*使用*或*说出*。参见卡普兰（Kaplan 1989：522）。

11 关于这一点，参见贝尔纳普、佩洛夫与徐（2001：148-149）、麦克法兰（2005c：326-327）、莱瑟森（2005：663）。

这就意味着表达式可能以两种不同的方式成为语境敏感性的。表达式的外延可能依赖于语境的一个特征，因为那个特征起着决定内容的作用，或者因为那个特征起着决定境况的作用。理解这一点就是要理解使用敏感性与使用指示性相分离。

使用敏感性的。*一个表达式（或内容）是使用敏感性的，当且仅当其外延（相对于使用语境与评价语境）取决于使用语境的特征。*

使用指示性的。*一个表达式是使用指示性的，当且仅当这个表达式在不同的使用语境中表达不同的内容。*[12]

F- **使用敏感性的**。*一个表达式（或内容）是 F- 使用敏感性的，当且仅当其外延（相对于使用语境与评价语境）取决于使用语境的 F。*

F- **使用指示性的**。*一个表达式是 F- 使用指示性的，当且仅当这个表达式在语境中所表达的内容取决于该语境的 F。*

"我不止 5 英尺高"是使用指示性的；这句话在不同的使用语境中表达不同的命题。（确切地说，这句话是*施事者*使用指示性的，因为它所表达的内容取决于语境中的施事者；根据某些观点，它也是*时间*使用指示性的。）它也是使用敏感性的；这句话在不同的使用语境中具有不同的真值。但是，一个句子可以是使用指示性的而不是使用敏感性的；甚至可能是 *F-* 使用指示性的而不是 *F-* 使用敏感性的。下面这个句子

（15）如果现在在下雨，那就是在下雨。

在每个使用语境中成真（因而不是使用敏感性的）。但是，因为句子中包含指示性表达式"现在"，所以是（时间 -）使用指示性的。这个基本观点从卡普兰（Kaplan 1989）中为大家所知。卡普兰论述道，某些包含指示语的句子，像"我现在在此"，可以逻辑地成真，或者说在每个使用语境中成真。

不那么为大家所知的是，相反的观点同样成立。一个句子可以是使用敏感性的，但却不是使用指示性的；一个句子可以是 *F-* 使用敏感性的，但却不是 *F-* 使用指示性的。这就是说，其真值可以依赖于使用语境特征，即使句子的内容不依赖于这个特征。考虑一下类似下面这种偶然性句子：

（16）巴拉克·奥巴马 2009 年 1 月 20 日就职。

句子（16）不是指示性的；这个句子在各个使用语境中表达同一个命题。但是

12　由使用*指示性*所定义的"指示性的"涵义是相当宽泛的。这种涵义不区分不同的机制，根据这些机制一个表达式也许可以在不同的语境中表达不同的内容。有时"指示性"用于狭义，只包含这些机制中的某些机制（Stanley 2000：411）。如果你愿意，就把使用*指示性*定义的涵义称作"广义指示性"。

它在使用语境中的真值取决于语境世界，因而是（世界）- 使用敏感性的。用于奥巴马在大选中失败的世界，这个句子成假。这不是因为这个句子在这些语境中表达了不同的内容，而是因为这个句子恒定地表达的内容在这些世界中成假。[13]

再举另外一个例子。假定（同卡普兰 1989 及其他*时间论者*一样）我们认为，句子内容相对于世界与时间而具有真值。那么，我们就会自然地将下面这个句子

（17）苏格拉底坐着。

看作在每个使用语境中表达了一个时间不确定的命题——是一个相对于某些评价时间成真，而相对于其他时间成假的命题。因为我们将（17）看作在每个语境中表达了同一个命题，所以不会把它当作指示性的。但是，我们仍会将之理解为使用敏感性的，因为我们将使用这个句子的真值看作依赖于使用语境的时间。（9）表明这如何是可能的：时间论者只需要说，评价境况 $\langle w, t \rangle$ 与语境 c 相容，仅当 w 是 c 的世界、t 是 c 的时间，时态句的真值将取决于使用语境的时间，即使句子内容并不取决于使用语境的时间。[14]

因此，对时间论者而言，（17）将是使用敏感性的（具体地说是*时间 - 使用敏感性的*），而不是使用指示性的。时间论者与永恒论者可以一致认为时态句是使用敏感性的——事实上，就相对于每个使用语境这种句子具有什么真值的问题，他们可以达成一致意见——而就这种使用敏感性导致句子内容对语境的依赖性还是产生于内容本身的使用敏感性这个问题看法上存在分歧。[15]

4.5 境况并列项

在考虑命题为*评价敏感性的*意味着什么之前，让我们先回到第 4.3 节搁置的那个问题：评价境况的并列项是什么？有些哲学家将境况看作可能世界，但正如我们所看到的那样，卡普兰本人采取一种更加宽容的观点：根据他的观

13　比较一下我们已经在上文第 3.2.3 节提到过的戴维·刘易斯的话："偶然性是一种指示性"（1998:25）。刘易斯使用"指示性"意指我们这里通过"使用敏感性"意谓的东西。

14　同珀西瓦尔 (1989: 193-195) 比较一下，他为时间论辩护，驳斥梅勒 (Mellor 1981) 的质疑，即假如时态句每次都表达同一个命题，那么这个句子所有的实际出现都应当具有相同的真值，无论句子出现在什么语境之中。

15　尽管许多哲学家以我定义"使用指示性的"方式定义"语境敏感性的"（Cappelen and Lepore 2005：146；Stanley 2005b：16；Soames 2002：245），但是在我看来，使用敏感性与使用指示性两者都是语境敏感性形式。无论怎样，时间论者若否认（17）是语境敏感性的，那将是怪异的。

点，境况不仅包括可能世界，而且包括时间以及"也许还有其他特征"。

> 在我看来，应当接受什么种类的内涵算子很大程度上是一个语言工程的问题。这个问题是，我们直觉的看作可能境况的东西中哪些特征可以充分定义并分离出来。假如我们想要分离出地点，并将之看作可能境况的一个特征，我们可以引入地点算子："往北 2 英里的情形是"，等等……然而，要使这种算子有意义，我们必须拥有地点不确定的内容。也就是，必须能够恰当地问，所言说的东西在巴基斯坦是否会成真。（例如，"下雨了"不仅在时间与模态上不确定，而且在地点上也是不确定的。）（Kaplan 1989：504）

这种宽容可以推至什么程度？例如，可以将"味美的"的内容看作只有相对于世界、时间与口味才具有外延——从而它不仅在时间与模态上不确定，而且*在口味上也不确定*？人们可以认为*明天很可能下雨*这个命题只有相对于一个世界、时间、地点、信息状态才能具有真值吗？这样的方案必须以其在使用内容概念的理论（诸如命题态度心理学与言语行为理论）网络中的效用加以论证。可是，是否存在任何原则性论据径直将它们从一开始就拒之门外呢？

在这一节，我探讨两个颇具影响的论点。这两个论点如若令人信服，会对境况并列项构成严重制约。我将论证，这两个论点无一使我们有理由不将内容真值相对于除可能世界之外的参数。

4.5.1 算子论

卡普兰本人将关于境况包括哪些并列项的问题看作与关于语言包含什么*句子算子*的问题十分紧密地联系在一起（Kaplan 1989：502，504）。这一点在他对时间作为并列项的讨论中非常明确。按照时态逻辑的传统，卡普兰把时态当作内涵算子，将"乔将烤一个蛋糕"分析为"将：乔烤一个蛋糕"。他将这些理解为作用于内容的算子（502）；也就是，作为从内容到内容的函数。从语义上看，时间算子转变评价时间："将：乔烤一个蛋糕"在 t 成真，仅当"乔烤一个蛋糕"的内容在晚于 t 的某个时间 t' 成真。正如卡普兰所述，唯有当这些算子所用于的内容相对于时间具有真值时，这种算子才有意义：

> 如果所言被认为包括对具体时间或者世态或者其他东西的指称，那么，询问所言在另一时间、另一世态等等中是否会成真就是多此一举

的。时间算子用于永恒句（其内容包括具体评价时间的句子）是多余的。
（Kaplan 1989：503）

将所有这些综合起来，我们为将内容真值相对化于时间获得了如下论证：

卡普兰对算子的论证。

K1 我们语言中的时态最好理解为句子算子。

K2 句子算子对句子内容发挥作用。

K3 在语义上，时间算子转变评价时间；时间算子除非对某种在不同时间真值上发生变化的东西发挥作用，否则就是多余的。

K4 ∴句子内容在不同时间其真值可能不同。

卡普兰的论证建立在 K1 与 K2 这两个颇具争议的前提上。有些永恒论者通过拒斥 K1 拒斥这个论证，他们分辩道自然语言中的时态作为算子得不到最佳理解（King 2003）。其他人拒不接受 K2，提出句子的组合语义值——句子算子对之发挥作用的东西——不一定与信念与断言的内容相同（Lewis 1980；Richard 1980；Salmon 1986）。[16]

人们无论怎样理解 K1 与 K2，重要的是要认识到，卡普兰的论证仅仅旨在为时间不确定的内容提供一个充分条件，而非必要条件。假如这个论证令人信服，这就表明时间转变算子需要境况的一个时间并列项，而非境况的一个时间并列项需要一个时间转变算子。若要确立相反的论证，就需要额外的前提，即，除了算子而外任何其他东西都无法成为支持境况并列项的理据。这样一个前提将难以佐证，因为还有很多其他因素影响内容的性质。仅举两例：刘易斯（1979a）论述道，我们需要暂时为中性的内容，假如我们要理解诸如一个名叫林根斯的健忘症患者在图书馆里，如何可能知道林根斯什么时候迷了路，而不知道*他*什么时候迷了路。雷卡纳蒂（2007）则提出，如果我们想理解片断性记忆，就需要这样的内容。这些论述独立于涉及算子的争论，（如果令人信服）可能成为论证境况并列项的理据，即使并不存在转变这些并列项的算子。[17]

---

16 当然，任何把句子的语义值看作是非命题性的人还需要另外一步，鉴别某个句子在语境中可能断言的命题。但是，这个步骤是显而易见的：我们可以通过使用语境的时间充实时间不确定的句子语义值而获得一个命题。

17 斯坦利（2005b：150）引用刘易斯（Lewis 1980）做了论述："……评价境况要素与使用语境要素之间的区别恰恰在于正是前一种要素可以由句子算子转变"。但是，刘易斯所讨论的是指号，而不是评价境况；事实上，他论文的一个主要观点是，在组合语义学中不需要把"内容"当作不确定的语义值。我所建议的是，那些可以决定性地反对将并列项包括在刘易斯的指号中的因素，不一定能够解决关于评价境况的类似争论。

有人也许会分辩，假如*存在*境况的一个时间并列项，语言中就会有算子转变这个并列项；因此，缺少这样一个算子就证明，不存在这种并列项。但是，为什么接受这个论证的前提？一般而言，语言没有表达上的真空看来并不为真。正统的做法是将内容的真值相对化于可能世界。但是，正如黑曾（Hazen 1976）指出的那样，有许多种作用于可能世界内容的算子在自然语言中并不存在——那些算子对内容在多少个世界中成真敏感。我们的自然语言不包含这些算子会令我们感到意外吗？我们应当将此作为反对我们关于信念内容之理论的证据吗？这都远不是清楚的。

假设我们在研究一种原始语言的讲话者。这种语言尚未包含模态算子、非事实性条件句，或者其他转变世界的表达式。我们会将这些讲话者缺乏模态词汇看作阻碍他们表达我们所表达的同样命题——比如，雪是*白色的*这样的命题？[18] 我们会说，在他们掌握模态词汇之后，他们*所有*信念的内容改变了，变得相对于世界而成真成假，而在此之前却不是？从心智哲学家或者言语行为论者的视角看，这个想法似乎是怪诞的。虽然命题理论的有些压力可能来自语义学，但是没有理由认为所有压力都源于语义学。

综上所述，关于句子算子的考虑是否同关于境况并列项的问题相关，这个问题并不清楚，因为人们也许可以不接受卡普兰关于句子的语义值是命题这个观点。而且即使这些考虑具有相关性，它们并非唯一相关的考虑因素。这样，表明不存在合理的选项作为"口味转变"算子，这本身并不足以排除口味作为境况并列项的可能性。[19]

4.5.2 不完整性

反对时间不确定、地点不确定、口味不确定内容的另一种常见说法是，这些内容是"不完整的"，因而不适于作为断言与信念的内容。那些提出这个异议的人有时参考下面引自弗雷格未发表的论文《逻辑》中的一段话：

> 作为思想无时性的一个反例，假如某人想要引用比如"日尔曼帝国

---

18 正如塞拉斯（Sellars 1948）所论述的那样，这也许是我们掌握诸如雪和*白色*的这些概念的一个条件，即我们对包含这些概念的主观性推论敏感。但是，说我们需要能够使这些推论在模态词汇中显化，则又进了一步。

19 卡普兰告诉我（个人交流），尽管他愿意将时间与地点当作境况的方面，但他自己会把口味和认识标准排在界外。因为它们太具主观性与"视角性"，所以不能作为"我们直觉地看作可能境况之特征"。鉴于卡普兰将关于境况的问题与语言中包含的算子相联系，这个限制相当于先验地假定没有语言会包含诸如"根据任何口味标准"这样一个算子。

居民总数是 52,000,000"这句话，我应当回应道：这个句子根本不是思想的完整表达式，因为缺少确定的时间。倘若我们补上这样一个确定的时间，例如"欧洲中部时间 1897 年元月 1 日"，那么，这个思想或者成真，在成真的情形下，这始终或更确切地说无时地成真；或者这个思想成假，在那种情形下，它不加限定地成假。（Frege 1979：135）

弗雷格这里的"思想"实质上意指陈述句的涵义，他也将之看作命题态度的内容——我们称作"命题"的东西。因此，人们也许期望这段话能够为时间不确定命题的现代反对者提供支持与安慰。但是，事实并非如此。

我们引用的这段话所源于的那个段落从讨论命题本身是抽象不变的还是具体可变的这个问题入手：

> 鉴于观点（在这个词的心理学意义上）没有确定的边界，但不断地变化，就像变幻不定的普罗秋斯，呈现出不同的形式；而思想始终保持同样。思想在本质上是无时间性和无空间性的。

在我们引用的这段话之后，弗雷格回到命题（思想）是否变化的主题。但这个论题同我们关心的论题——命题的真值是否相对于时间——不相干。时间论者完全可以同意弗雷格的看法，即命题是抽象无时的客体，这与关于命题的真值随评价时间而变化的观点是完全相容的。（那些基于乐谱认为贝多芬的热情奏鸣曲是不变的抽象客体的人，无需否认奏鸣曲中的一些音符出现在其他音符之前；那些认为数学函数是不变的抽象客体的人，无需否认从时间到整数的函数可以在不同时间具有不同的真值。）

弗雷格是否只不过混淆了无时性的两种不同涵义？这两种涵义我们也许可以分别称作*非相对性*与*不变性*。假如把他理解为*假定命题（思想）内在地具有真值*，那么就可以使弗雷格免遭对他关于混淆两种涵义的指控。据此就可以推论，唯有当思想在其内在特征上经历了时间的变化，思想才可能在不同时间具有不同的真值。[20] 对于假定思想内在地具有真值，一个可理解的理据或许可以从弗雷格关于涵义决定指称、从而思想决定真值（弗雷格把真值看作句子的所指）这一总的观点中提取。基于对"决定"的一种强式理解，这意味着思想内在地具有真值：人们不可能持有真值不同的相同思想。

然而，假若这是读解这段话的正确方法，那么，就不能用于佐证一种观

20　感谢乔治·沃尔普（Giorgio Volpe）和我进行了富有帮助的讨论。

点，藉此观点命题真值相对于世界，而不相对于时间。基于强式的理解，弗雷格关于涵义决定指称的论点在排除对世界的相对性的同样程度上排除了对于时间的相对性。因此，要么这段文章包含某种混乱，要么对那些试图区分针对世界的相对性与针对时间及其他参数的相对性的人并无任何帮助。[21]

有人也许试图以下述方式表达对"不完整性"担忧。命题应当是信念和其他命题态度的内容。但是，我们假如以不能确定什么与信念的准确性相关的方式规定某人信念的内容，就没有给出完整的内容。因此，例如，倘若我们不知道山姆关于气温是摄氏 0° 的信念的准确性取决于伦敦星期二的气温还是巴黎星期三的气温，那么对山姆所相信的内容尚未得到完整的了解。同样，我们假如不知道尤克关于甘草味美之信念的准确性取决于甘草如何影响尤克还是如何影响尤姆，那么，我们尚不知道尤克究竟相信什么。地点不确定、时间不确定或者口味不确定的内容只能不完整地决定某个态度的准确条件，所以不能成为态度的完整内容。

但是，这一思路太牵强了。当然，*任何依条件而定的信念其准确性都取决于相信者所处世界的特征*——使用语境的世界。即使我们以确定的时间、地点的方式规定山姆信念的内容——*2005 年 2 月 22 日中午当地时间在埃菲尔铁塔底部气温是摄氏 0°*——仍然没有确定他的信念的准确性取决于巴黎在世界 w_1 还是巴黎在世界 w_2 的气温。要知道这一点，我们就必须不仅知道山姆所相信的东西——其信念的内容——而且须知道在什么语境，尤其是在什么世界，出现的这个信念。

人们也许会通过将使用语境的世界带入山姆的思想*内容*之中以对这些考虑做出回应，从而在这个世界上，他所认为的是 2005 年 2 月 22 日中午当地时间在埃菲尔铁塔底部气温是摄氏 0°。不过直觉地看，即使世界大不相同，山姆也可能有过带有完全相同内容的思想。除非在极特殊境况中，我们使思想内容个体化的普通方法并不支持将使用语境的世界作为内容的一部分。此外，将语境世界纳入山姆的思想内容会使这一内容成为关于这个可能世界必然成真的东西，而不是关于巴黎天气偶然成真的东西。这样，我们不应当说，山姆的思想是*关于*使用语境的世界的。他的思想不*关涉*任何具体世界。承认这个思想依赖于语境世界才能获得正确性这个事实，我们可以采用约翰·佩里的术语说该

---

21 当然，我们可以通过将弗雷格的决定论理解为是说，一个涵义与一个*可能世界*一起决定一个所指对象，而使之与世界相对性相容。但是，时间论者亦可以类似地将之理解为，一个涵义与一个*可能世界*和一个*时间*一起决定一个所指对象。或许有理由在这些表述之间做出选择，但是，指称对象由涵义决定这个思想本身并不倾向哪一种选择。

思想*涉及*语境世界（Perry 1986）。我们将说，信念状态的断言*关涉 X*，假如信念状态正确与否取决于 X 的状况怎样；并且说这个断言*关涉 X*，假如在一个任意评价境况中其内容的真值取决于 X 的状况怎样。

人们也许可以分辩说，针对世界的相对性具有特殊性，不像针对时间的相对性那样隐含不完整性，因为始终存在一个突显的世界——现实世界——这个世界本身在评价断言的准确性时至关重要。这个想法是，命题真值针对世界的相对性总是可以通过联系现实世界而消除；就时间与地点来说，则不存在独特的"默认值"，因此，其相对性更加彻底（Evans 1985：351）。然而，事实上，假如人们接受关于现实性的指示观（Lewis 1970a），世界与时间的对比就富有启发性。按照指示观，"现实世界"指的是使用语境的世界。因此，当讲话者在世界 w 谈论"现实地"发生了什么，她是在谈论在 w 发生的事情，而不是指在*我们*称作"现实的"世界上发生的事情。"现实地"因此是与"现在"类似的模态词，现实世界并不在比现在时间更加深刻的意义上突显：这是我们所在的世界。

有时认为，现实性的这种概念仅对模态实在论者有意义，而对模态代用论者则没有意义。模态实在论者将可能世界看作具体的世界，就同我们的世界一样；而模态代用论者则将可能世界当作其他事态的抽象表征。但是，现实性这种概念对那些将可能世界当作语境的某些方面的任何人都有意义。[22] 可以认为，我们需要对"现实地"持指示观，以理解非事实性话语。我说过"实际上在下雨"，而且我说话时实际上天在下雨，因此我说的话为真。但是，假如我说这话时天不在下雨，我就会说了假话——即使事实上，现实地正在下雨。这种非事实性的断言的语境真值取决于做出这一断言的世界的真实情况，而不取决于*我们*称为"现实的"世界的情况。

"不完整性"的质疑也许部分地基于对我们在日常话语中使用的真值谓词是一价谓词这个事实的考虑。我们不把断言表征为"在 w 中成真"或者"在 w 中在 t 时在 s 状态下成真"，而表征为（绝对地）"成真"。但是，这并不表明命题真值不是相对于参数的，就像我们通常说"下午 3 点"而不说"太平洋夏季时间下午 3 点"这个事实并不表明一天的时间不相对于时区那样。（在第4.8 节，我们将回头恰当地论述一价谓词"成真的"。）

我们一经接受命题真值之于世界的相对性，就接受了一种"不完整性"。我们业已接受了这样的观点，即在评价内容的准确性时，断言或者信念的内容

---

22 斯坦尔纳克（Stalnaker 1987：47-49）是接受这一点的仿制论者的一例。

及其语境两者都必须考虑在内。问题只是*哪些*语境的*哪些特征*必须予以考虑以及怎样考虑。这个问题是下面两节的论题。

4.6 非指示语境论

上一节的结论是针对包括诸如口味或者审美标准作为评价境况的并列项，不存在原则性的反对意见。但是，这样地将命题真值相对化于口味或审美标准，并不必然使某人成为第 3 章意义上的真值相对论者。说命题相对于除世界与时间之外的参数而具有真值并不是说命题是评价敏感性的。

例如，即使我们认为，命题相对于世界与审美标准而具有真值。我们不需要说诸如*"蒙娜丽莎很美丽"*这样的句子是评价敏感性的，因为就时间论而言，我们可以将使用语境看作决定两个参数的值。我们可以说，一个句子仅当其在 c 所表达的命题相对于 c 及其在 c 中相关的审美标准成真时才能在使用语境 c 中成真。（按照（11）的表述，这等于说，仅当 w 是 c 的世界、s 是在 c 中相关的审美标准时，一个境况 $\langle w, s \rangle$ 才与使用语境 c 相容。）

所得出的立场可能会像语境论所采取的路径，将关于什么是"美丽的"的句子之真值看作取决于讲话者的口味。但是，与语境论的通常形式不同，这种立场不会将这种句子的*内容*理解为取决于讲话者的口味。因为根据这样一种观点，这种句子是审美 - 标准 - 使用 - 敏感性的，而非审美 - 标准 - 使用 - 指示性的，所以，这个观点被恰当地表征为*非指示语境论*，而不是表征为相对论。[23] 然而，其他人用"相对论"这个术语指称这一立场，[24] 我也不想过于陷入术语之争中。需要理解的重要之点是，刚才描述的立场可能会与语境论的标准形式具有许多共同之处。当然，这种立场会就审美断言的内容与普通语境论看法相左。但是，它会与普通语境论就句子真值的每个问题意见一致；像标准语境论

---

23 更加充分的、结合例子的讨论，参见麦克法兰（2009）。

24 雷卡纳蒂（Recanati 2008, 2007）的"温和相对论"更加接近于非指示语境论而不是我所称的"相对论"。其他一些自称为真值相对论者的人将命题真值相对于除了世界与时间之外的特征，但却不明确信奉评价敏感性，从而难以判定他们是我说的意义上的相对论者还是非指示语境论者（Kobel 2002；Richard 2004；Richard 2008；Egan, Hawthorne and Weatherson 2005；Egan 2007）。莱瑟森（2005）没有明确将真值相对于评价语境，因此可能他的观点看来是非指示语境论的。然而，那会是误导性的。对于莱瑟森而言，"使用语境"并不是句子可能得以使用的可能的具体情景，而是一系列抽象的参数。莱瑟森认为，在理解"这是味美的"这句话时，如何确定这些参数取决于两种特征：一种是具体言语情景的特征，这种特征帮助决定"这"的所指以及有关的世界与时间；另一种是具体评价情景的特征，这种特征决定语境中的"评判者"。所以，具体使用情景与具体评价情景两者都发挥作用，尽管两种特征之间的区别并没有显性地标示出来。

那样，这种立场会为命题的每次使用赋予一个绝对的真值。它将继续呆在那条真正有意义的界线——使用敏感性与评价敏感性之间的界线——安全的一边。

于是，即使当我们在谈论命题真值时，不仅命题真值相对于*什么*——世界、时间、口味、标准——至关重要，而且*如何*相对于这些参数同样举足轻重。因此，遗憾的是，最近许多对于语义学中"相对论"学说的批评把真值相对论表征为将命题真值相对化于除了可能世界之外的某种东西。[25] 应当承认，这种相对化引出了一些有趣的论题。但是假如我的观点正确，这些论题同评价敏感性问题是不相干的。命题真值之于除了世界之外的东西的相对性对于评价敏感性既无必要也不充分。之所以说是不充分的，这是因为它与非指示语境论是相容的，而非指示语境论并不支持评价敏感性。而且它也是不必要的，因为正像我们将在第9章中所看到的那样，人们可以描述一种观点，基于这一观点，就连标准的可能世界命题也是评价敏感性的。

4.7 真值相对论

回忆一下我们在第4.3节关于内容在境况中的真值（外延）与其在语境中的真值（外延）之间的关系说过的话：

(11) 一个命题 p 在使用语境 c 中成真，当且仅当 p 在与 c 相容的所有评价境况中成真。

(12) 一个内容 k 在使用语境 c 中具有外延 x，当且仅当 k 在每个与 c 相容的评价境况中 k 的外延是 x。

为了将评价敏感性内容考虑在内，我们需要像下面这样对这些定义做出修订：

(18) 命题 p 在 c_1 中使用、在 c_2 中评价成真，当且仅当在与 $\langle c_1, c_2 \rangle$ 相容的所有评价境况中 p 成真。

(19) 内容 k 在 c_1 中使用、在 c_2 中评价具有外延 x，当且仅当在每个与 $\langle c_1, c_2 \rangle$ 相容的评价境况中 k 的外延是 x。

现在"相容性"的关系在境况与一对语境——一个使用语境与一个评价语境——之间确立。因此，例如，关于审美词汇的相对论者假若认为评价境况是世界/审美标准对，就可能说：

(20) 境况 $\langle w, s \rangle$ 与 $\langle c_1, c_2 \rangle$ 相容，当且仅当 w 是 c_1 的世界、s 是在 c_2 中相关的审美标准。

---

25 例如，参见齐默尔曼（2007：316）、斯坦利（2005b：137）、格兰茨贝格（Glanzberg 2007：2）、卡珀朗和霍索恩（2009）。

根据这一阐释，命题的使用不能绝对地赋予真值，而只能相对于评价语境赋予真值。假如我们评价泰德昨天的断言"*蒙娜丽莎美丽*"，对于这句话的真值至关重要的不是泰德的审美标准，而是我们自己的标准。因此，我们说泰德的话成真，假如按照我们的标准蒙娜丽莎是美丽的。

重要的是，在（18）中将命题真值形式地相对化于评价语境本身并不能使某人信奉评价敏感性。例如，关于审美谓词的非指示语境论者可以用下面的定义取代（20）：

(21) 境况 $\langle w, s \rangle$ 与 $\langle c_1, c_2 \rangle$ 相容，当且仅当 w 是 c_1 的世界、s 是在 c_1 中相关的审美标准。

按照这个观点，审美命题就不是评价敏感性的，因为相对于使用语境与评价语境的命题真值就会完全由使用语境决定。这个观点就是一种形式的非指示语境论，而不是相对论。

注意，相对论的观点与非指示语境论的观点会一致认为，命题相对于世界与审美标准而具有真值。然而，它们关于这些命题的看法会不同，因为关于口味参数如何同语境联系看法不同。非指示语境论者会认为，假如断言的内容在使用语境中的世界与相关审美标准上成真，该断言就是正确的。相反，相对论者可能说，断言是否只相对于评价语境才成真这个问题是有答案的，确定相关审美标准的是评价语境，而非使用语境。

假如人们想要一个句子真值的概念（或者更加普遍地，适用于所有类型表达式的外延概念），这个概念可以用内容真值明确地定义：

(22) 一个句子 S 在 c_1 中使用、在 c_2 中评价成真，当且仅当 S 在 c_1 中所表达的命题（在 c_2 中评价）在 c_1 中使用、在 c_2 中评价成真。

(23) 一个表达式 E 在 c_1 中使用、在 c_2 中评价具有外延 x，当且仅当 E 在 c_1 中的内容（在 c_2 中评价）在 c_1 使用、在 c_2 中评价具有外延 x。

因此，相对论者可以接受传统的观点，即命题是真值的基本载体。这个意思是说，句子（相对于使用语境与评价语境）之所以具有真值，是因为句子表达的命题（同样相对于使用语境与评价语境）具有真值。

从（22）可以看到，句子可能以两种不同方式为评价敏感性的。其一，句子可能因为是*评价指示性的*而是评价敏感性的。

评价指示性的。一个表达式是评价指示性的，当且仅当这个表达式相对于不同的评价语境表达不同内容。

***F*- 评价指示性的**。一个表达式是 *F*- 评价指示性的，当且仅当这个表达式表达的内容在 c 中评价取决于 c 的 *F*。

我们已经使用"内容相对论"这个术语描述主张评价指示性的观点（上文第 4.2 节）。但是，正像一个句子可以是 F- 使用敏感性的而不是 F- 使用指示性的那样，一个句子也可以是 F- 评价敏感性的而不是 F- 评价指示性的。句子可以通过表达本身是 F- 评价敏感性的命题而成为这样：

评价敏感性的（内容）。*某个内容是评价敏感性的，如果其外延在 c_1 中使用、在 c_2 中评价取决于 c_2 的特征。*[26]

F- 评价敏感性的（内容）。*某个内容是 F- 评价敏感性的，如果其外延在 c_1 中使用、在 c_2 中评价取决于 c_2 的 F。*

关于什么味美之相对论的可能形式会是这种样式。根据这样一种观点，即我们称之为*真值相对论*的观点，"甘草味美"这个句子相对于每个使用语境与评价语境表达同一个命题，但是，这个命题——甘草味美的命题——本身是（口味 -）评价敏感性的，因为（相对于评价语境）其真值取决于评价者的口味。

在第 4.5.2 节，我们引入了（源于佩里的）在断言或信念关于某个特征 X 与这个断言或信念*涉及* X 之间的区分。这个区分对于对比永恒论与时间论以及更加普遍地对比指示语境论与非指示形式的语境论会有帮助。因此，永恒论者认为，带有时态的断言*关于*一个特定的时间，而时间论者坚持这种断言不是关于特定时间的（因为其内容在时间上是不确定的），但是可能*涉及*某个特定的时间。同样，关于"味美的"的指示语境论者可能认为，"那是味美的"的断言（部分地）*关涉*讲话者的口味，而非指示语境论者会说，这样的断言并不是关于任何特定口味的（因为其内容是口味不确定的），但却*涉及*讲话者的口味，因为断言的正确性恰恰取决于此。然而，根据关于"味美的"相对论的观点，"那是味美的"的断言甚至都不*涉及*特定的口味，因为这样的断言是从不同的视角、按照许多不同的口味，对其正确性做出恰当的评价的。在这个意义上，相对论观点比这两种语境论观点都更加彻底地拒斥主观论。

4.8 一价"成真的"与等值图式

这里探究的相对论是这样一种观点，即真值条件语义学的研究结果应当为真值提出一个相对于使用语境与评价语境的定义。拒不接受相对论就会为我们只需要相对于使用语境的真值这一通常的观点辩护。但是，无论我们采取哪个观点，语义学中所使用的相对于语境的真值谓词是一个专门术语。这个术语

---

[26] 回忆一下，命题的外延——句子的内容——是真值。因此，命题是评价敏感性的，假如其真值在 c_1 中使用、在 c_2 中评价取决于 c_2 的特征。

部分地从对其语用相关性的阐释中获得意义（例如，在刘易斯的理论中，在 c 中的讲话者试图断言在 c 中成真的内容，并且相信其他人也会这样做）。这不是一个日常话语中使用的普通的真值谓词———一个用于命题、受等值图式支配的一价谓词。

　　等值图式。*命题 Φ 成真 / 当且仅当 Φ。*

相对论者（或非指示语境论者）可以将一价谓词"成真的"仅当作对象语言——她为之提供一种语义理论的语言——中的另一个谓词。对其自然的语义描述如下：[27]

　　一价"成真的"之语义描述。*"成真的"在每个使用语境中表达相同的性质——成真的性质。在某个评价语境 e 中成真的外延是在 e 中成真的那组命题。*对"成真的"做出这样的阐释之后，等值图式的每个实例在每个评价境况中都将成真，从而在每个使用语境与评价语境中也成真。[28]（注意，假如语言能够表达任何评价敏感性命题，那么"成真的"也会是评价敏感性的；这是因为假如 p 是评价敏感性的，p 成真这个命题必定也是评价敏感性的。这表明认为真值相对论只不过是关于"成真的"一种普通的语境论语义观错在什么地方。依照这样一个观点，"成真的"会是使用敏感性的，而非评价敏感性的。）

　　正如我们在第 2.4 节中所看到的，有些哲学家认为等值图式与真值相对论不相容。既然相对论者可以充分论证等值图式，这一疑虑可以打消。但是，*有一个合理的担心并不牵强*。假定我们双重相对化的真值谓词不是我们日常话语中使用的普通（一价）真值谓词，而只是一个专门术语，我们就需要对这个谓词是如何同我们的语言和交际理论的其他部分相联系的做出某种解释，以便使我们看到择取相对论语义理论、反对非相对论语义观的实践意义。不过我想强调，这也是非相对论者面临的重任——是在真值条件语义理论中使用"在语境中成真"的任何人都面临的重任。（这点至少可以追溯到达米特 1959。）我们将在第 5 章再次讨论这个问题。

4.9 牛顿 – 史密斯的论证

　　现在，我们可以再来讨论牛顿 - 史密斯对相对真值的质疑（第 2.3 节）。

27　当然，这个语义描述对语义悖论没有提供解决办法。在这个意义上说，它是一个素朴的语义描述。我假定，也许是鲁莽地，这些悖论引起的问题同我们在此考虑的问题不相干，可以分开处理。

28　要理解这一点，注意不管我们选择什么境况 e，在 e 中双条件句的左右两侧都将具有同样的真值。我在此假定，"命题 Φ"严格地指一个命题。

下面是尽我所能重述的论证：

N1. 假设像相对论者所认为的那样，存在句子 S_1 和 S_2、命题 p 以及语境 ψ 和 Θ，从而。

(a) S_1 在 ψ 中成真，

(b) S_2 在 Θ 不能成真。

(c) p 由 S_1 在 ψ 中、由 S_2 在 Θ 中表达。

N2. 如果 S_1 与 S_2 表达相同的命题，那么就具有相同的的真值条件。（前提）

N3. 因此，S_1 与 S_2 具有相同的真值条件。（根据 N2、N1c）

N4. 如果 S_1 与 S_2 具有不同的真值，那么，就具有不同的真值条件。（前提）

N5. S_1 与 S_2 具有不同的真值。（根据 N1a 和 N1b）

N6. 因此，S_1 与 S_2 具有不同的真值条件。（根据 N4、N5）

N7. 这与 N3 矛盾。因此，通过反证法，N1 的几条不能全部成真。

如果要使得出 N3 的步骤成为有效的，我们必须将 N2 理解为：

N2.* 如果 S_1 在 ψ 中表达的命题与 S_2 在 Θ 中表达的命题为同一命题，那么 S_1 与 S_2 具有相同的真值条件。

如果要使得出 N5 的步骤成为有效的，我们必须将 N4 理解为：

N4.* 如果 S_1 在 ψ 中的真值与 S_2 在 Θ 中的真值不同，那么 S_1 与 S_2 具有不同的真值条件。

这些变化给我们提供了有效的论证。但是这个论证站得住脚吗？

首先，考虑一下 N2*。一般而言，句子只相对于语境而具有真值，因此，句子真值条件唯一合理的概念是为了使句子成真一个*语境*（一组语境）必须满足的条件。在"真值条件"的这个意义上，句子"现在我在这里"与"那时他在那里"具有不同真值条件，但是尽管如此前一个句子在一个语境中表达的命题可能同后一个句子在另一个语境中表达的命题相同。因此，甚至许多非相对论者都会拒绝接受 N2*。

人们可能把牛顿 - 史密斯宽容地理解为不是谈论一个句子类型的真值条件，而是论述句子出现在语境中的真值条件，这种真值条件也许可以认同于内涵：一个由评价境况到真值的函数。

N2†. 如果 S_1 在 ψ 中表达的命题与 S_2 在 Θ 中表达的命题相同，那么 S_1 在 ψ 中的内涵与 S_2 在 Θ 中的内涵相同。

根据这一解读，该前提就会成真，因为在语境中表达相同命题的句子的两次使用将具有相同的内涵。

我们在探究 N4* 是否成真之前，需要确定"在 ψ 中"与"在 Θ 中"意谓什么。不清楚牛顿 - 史密斯构想的是之于使用语境的相对性还是之于评价语境的相对性，所以让我们来考虑这两种可能性。我们将把论述"真值条件"理解为论述句子出现在语境中的内涵，因为那是使 N2 看似合理的唯一理解。

如果"在 ψ"的意思是"在 ψ 中使用"，于是我们得出：

N4†. 如果 S_1 在 ψ 中使用所具有的真值与 S_2 在 Θ 中使用所具有的真值不同，那么 S_1 在 ψ 中的内涵与 S_2 在 Θ 中的内涵不同。

但是，这个结论因为忽略了语境决定境况的作用（参考第 4.4 节），所以不应当接受。[29] 倘若与 ψ 相容的境况不同于与 Θ 相容的境况，S_1 和 S_2 就可能在 ψ 与 Θ 中具有相同的内涵，而具有不同的真值。

例如，如果 S_1 和 S_2 都表达带有时态的命题*苏格拉底正坐着*，且苏格拉底在 ψ 的时间坐着，但在 È 的时间并非坐着，那么 S_1 将在 ψ 成真，而 S_2 在 Θ 成假。当然，牛顿 - 史密斯可能拒斥时间论，但是他没有给出独立的理由说明时间论是不融贯的。甚至永恒论者也可以通过使 ψ 与 Θ 出现在不同的可能世界而找出 N4† 的反例。

另一方面，如果"在 ψ"的意思是"在 ψ 评价"，那么我们得到：

N4‡. 如果 S_1 在 ψ 中使用、在 ψ 评价的真值与 S_2 在 Θ 中使用、在 Θ 评价的真值不同，则 S_1 在 ψ 与 S_2 在 Θ 中具有不同的内涵。

如同 N4†，这一结论也忽略了语境（这里的语境是指使用语境与评价语境）决定境况的作用，因此，并不比 N† 合理多少。

牛顿 - 史密斯的论证例示了论述相对真值的很多文献中一种令人深感遗憾的普遍倾向。诸如"在……成真"与"对……成真"以及"真值条件"等术语被广泛使用，但对语义学中使用的各种真值相对化毫无意识。正如我们所见，恰当地陈述相对论立场需要加点小心，而对相对真值总体上加以反驳需要同样地小心。

29　在这个方面，牛顿 - 史密斯的论证同语境论的"语境转变论证"具有一些共同之处：相关讨论参见麦克法兰（2007b）。

第 5 章
理解相对真值

在第 3、4 章，我论述了真值相对论最好理解为坚持某些句子或命题的评价敏感性。可是，我们真正明白这究竟为何意吗？为了理解一个句子或命题怎样才是评价敏感性的，我们必须理解"在 c_1 中使用、从 c_2 评价成真"意味着什么。尚不清楚我们是否理解。这是因为并不清楚真值的概念是否*包容*针对评价者的相对化。迈兰（1977）把这个问题非常清晰地陈述为一个两难的问题。假如出现在"对 X 成真的"中的"成真的"只是一个非相对性的普通真值谓词，那么，就不清楚"对于 X"增加了什么东西。[1]另一方面，假如出现在"对于 X 成真"中的"成真的"类似于"cattle"中的"cat"——作为词形的一部分，而非语义的一部分——那么，相对论者就需要解释"对于 X 成真"意谓什么、这与日常理解的真值有何关系。迈兰自己的解决办法——把"对于 X 成真"解释为"对于 X 与实际相符"——只不过将问题往后推了一层。绝对论者可以说：我对"与实际相符"的理解没有为增加"对于 X"留有余地，因此，所提出的解释与所要解释的东西一样难以琢磨。

我认为，这是相对论者面临的最困难的问题。评价敏感性真的可以理解吗？我们对评价敏感性真值概念有充分的把握从而足以理解具体领域——如个人口味谓词或未来偶然事件句子——中的相对论方案是什么样的吗？我们是否充分理解相对论方案与非相对论方案在实践上的差异，从而能够指出什么证据

---

1 正如在上节中指出的那样，"对于 X 成真"可以用以规定某个概括域或者指出"根据 X 的视角"事态怎样，但是这两种用法无一揭示了真值相对论者旨在揭示的东西。

可以视作支持哪种方案?

5.1 一个策略

相对论者通常试图通过提供一个明确突显评价相对性的真值定义,以应对这种质疑。假如真值是理想化的证明,那么,正如我们在第2.5节中阐述的那样,也许可以合理地将之看作是相对于评价者的,因为带有不同信念、倾向或先前可能性的理想推理者可能将同样一组理想的证据看作佐证了不同的结论。同样,假如将真值语用地定义为适合相信的东西,那么,这可能也是相对于评价者的,因为不同的东西适合于不同的评价者相信。但是,尽管对真值所做的这些认识论与语用学定义揭示了"相对真值"的"相对"方面,但我认为这些定义没有揭示其"真值"方面。像戴维森(Davidson 1997)那样,我怀疑真值概念可以由更加原初的概念定义而提供有用的启迪。

当然,相对论语义学家可以对"在c_1中使用、从c_2中评价成真"做出一个形式的定义,这个定义确定其对具体一类句子与语境的外延。但是,这样一个定义不能对质疑做出回应,其原因迈克尔·达米特在他的经典论文《真》(*Truth*)(Dummett 1959)中业已阐明。假如在提供一个塔斯基真值定义中,我们的目的是要通过表明表达式如何对包含它们的句子的成真条件做出贡献,以解释表达式的意义,那么,我们就必须掌握超乎塔斯基真值定义向我们表明的内容之外的真值概念。"在L中成真"的递归性定义不能同时解释L中表达式的意义与"在L中成真"的意义。我们唯有对"在L中成真"的意义具有某种先行的把握,成真条件的派赋才能为我们提供某种关于句子及小于句子的表达式的意义之信息。

达米特通过讨论赢得游戏——比如,国际象棋——的概念来例示他的观点。下面是"赢得国际象棋"的一种定义:

(1) 怀特赢了棋,仅当眼下棋盘上棋子的布局通过一系列合乎下棋规则的步骤实现,怀特和布莱克交替走棋,布莱克的王棋被将死。

    a. 布莱克的王棋被将死,当且仅当布莱克的王棋被将死、布莱克没有合乎下棋规则的走法能使其王棋不被将死。

    b. 布莱克的王棋被将死,当且仅当怀特的棋子可以吃掉布莱克的王棋,如果该怀特走棋。

    c. 走一步棋是合乎规则的,当且仅当……

某个懂得这个定义的人就会知道怀特什么时候赢得了一盘棋。但是,倘若她仅了解这一点，就会失去赢得这一概念很重要的方面：即赢是人们玩游戏中通常的目的。[2] 人们可以设想一个火星人懂得什么样的棋局为"赢"，但他或许认为下棋的目的不是为了达到"赢"的棋局。这个火星人会有一个外延上正确的赢得一盘棋的定义，但却没有掌握这个概念。[3]

同样，达米特提出，具有对某种语言在外延上正确的塔斯基真值定义、但却不了解表征句子成真之意义的人，就不会掌握真值的概念。再假设一个火星人具有关于某种语言在使用语境中之真值的正确定义，但认为讲话者通常试图*避免*说出成真的句子，而且这些讲话者以为别人也这样做。这个火星人对句子成真条件的了解不能使他使用这些句子言说任何东西，也无法理解其他人的用法。

达米特将这个基本观点概括如下：

> 假如可能通过真值概念解释意义概念，假如表达式的意义被看作这样一条原则，该原则支配这个表达式对决定包含它的句子之成真条件的贡献，那么，就一定可能就真值概念说出比在哪种条件下适用于给定句子更多的东西。既然意义最终彻底地取决于使用，给定句子的成真条件，剩下所需要的就是表征句子使用的一致的方法。（Dummett 1978：xxi）[4]

这种"给定句子的成真条件，表征句子使用的一致的方法"将是对各种施事语力（例如，断言语力）的一种阐释，我们在说出句子时带有语力："对应于每一种不同的语力将是从句子涵义派生出的句子使用一种不同的一致型式，而句子的涵义被认为由句子的成真条件决定"（Dummett 1981：361）。因此，"假如要对真值概念做出解释，必须加之于语言句子的成真条件的是对做出断言的语言活动的描述……"（Dummett 1978：20）。尽管达米特承认，这是一项"极其复杂"的任务，作为这样一种理论可能采取的形式的一个例子，他确实建议，断言话语由这种规约支配，即人们应当只说成真的句子。[5]（假如他考虑到语

2　这并不意味着，当某人为了使对手感觉良好而有意认输时，他不是真正地在下棋。即使在那种情况下，这个人也显得自己怀有要赢的意向（Dummett 1981：301）。

3　有人也许会反对道：难道不是至少可以设想有一天我们都会开始玩游戏而输掉？达米特可能会说我们实际上是在设想一种情景，在这个情景中（a）我们改变了所有这些游戏中算作赢的东西，从而以前算作输的现在都算作赢；（b）我们开始使用"输"这个词意谓"赢"曾经意谓的东西。参见达米特（1981：320）。

4　类似的观点，参见威金斯（Wiggins 1980）和戴维森（1990：300）。

5　达米特（1981：302）；比较上文第3.2.1节讨论过的刘易斯（1983：§III）和刘易斯（1980：§2）。

境敏感性语言，他也许会说："只说在话语语境中使用时成真的句子"。）这肯定可以合理地作为来自火星的观察者需要掌握的那种知识，以便使用其对英语句子成真条件的正确规定，同英语讲话者进行交流。

我们很快将更加详细地讨论这个具体建议，但是，现在有两个基本要点值得指出。其一，达米特提供了阐释"真"的一个例子，这一阐释并不以定义的形式出现，达米特并没有给"真"下定义，而是建议通过描述它在更广泛的语言使用理论中的作用——尤其是，同断言的言语行为的联系——对其加以说明。正如戴维森（Davidson 1997）所指出的那样，大多数具有哲学旨趣的概念不能以更加简单的术语定义，但是依然可以通过阐述这些概念同其他概念的理论联系加以说明。

其二，假如达米特的观点正确，那么，不止相对论者必须对其真值谓词做出阐释。绝对论者同样需要做出这种阐释——至少当她要在语义学中使用这种谓词时必须这样做。[6] 所以，尽管珀西瓦尔（1994：208）在谈到真值相对论时完全正确地指出"在对这种学说对话语评价的影响缺乏清晰的阐述时，这一理论是空洞而无价值的……，"但是，对于在提供意义理论中任何使用真值概念的做法都同样可以这样说。这个任务对于非相对论者而言可能更加容易完成，但是双方的任务是相同的。

以上两点为真值相对论者指出了一种策略。从阐释断言语力开始，这种阐释是非相对论者能够接受的。这样一种阐释将通过把"在 c 中成真"同断言的性质相联系而对其加以说明。然后，再通过为评价语境找到其在解释断言语力的过程中所起的自然作用而扩展到对"当在 c_1 中使用、从 c_2 评价时成真"的阐释。假如这个策略是成功的，相对论者就能够对绝对论者说："你如果能够理解你的绝对真值谓词，就应当也能够理解我的相对真值谓词，并且明白为什么这样的谓词应当称作*真值谓词*"。

5.2 真值规则

达米特将真值与游戏的类比表明，真值与断言的联系是目的性的：在做出

---

6 *语义紧缩论者*认为，除了在语义上行机制中的作用——由塔斯基真值定义（为某种语言）确定的作用——之外，真值概念再无其他用场。达米特的论述如果正确，就表明语义紧缩论者不应当使用真值定义提供表达式的意义。大多数紧缩论者接受了这个论述，因而支持对意义的推论性阐释，而不赞成真值条件论解释（Brandom 1994; Field 1994; Horwich 1998）。关于一个不同的观点，参见威廉姆斯（Williams 1999）；关于最近为这一论述的辩护，参见帕特森（Patterson 2005）。

断言时，人们将自己表征为旨在说出成真的东西。无疑，这一看法具有某种正确的成分，但并未给出*真值*的区别性特征。因为，在做出断言时，人们还会将自己表征为旨在说出具有充分证据的内容，以及断言与会话目的相关的内容。达米特自己强调，认为仅仅被告知真值是断言的目的就能掌握真值概念是荒唐的（Dummett 1978：20）。

获及根本思想的一个更加可行的办法是对断言做出规范性阐释。我们可以不说断言旨在表达成真的内容，而说断言在构成上受真值规则支配。

真值规则。*在语境 c 中，断言 p 仅当 p 在 c 中成真。*

说真值规则对断言*具有构成性作用*就是说不受制于这条规则的任何东西都不能算作断言。对于这个方法至关重要的是，区分规定断言步骤的"构成性规则"与其他类型的规范。对于其他游戏步骤而言，我们也可以做出这种区分。例如，国际象棋规则规定，如果王棋被将死，就不能以车护王棋；这条规则部分地构成以车护王棋的走法。不受这条规则制约的走法就不会以车护王棋。[7] 既然以车护王棋只不过是国际象棋中的一步走法，可以通过说明以车护王棋的所有构成规则以表明什么是以车护王棋：以车护王棋是受制于这些规则的走法。同样，按照这种思想，为了对断言做出阐释，阐明断言的构成规则就足矣。

当然，还存在其他规范支配断言——例如，礼貌、证据、谨慎、相关等规范。在考虑断言的内容时，这些规范有时可以使真值规则无效。但是，人们可以认识到这些规范，同时仍然将真值规则看作构成断言的唯一规范。鉴于断言由真值规则支配，而且鉴于关于我们参与会话的兴趣与目的的其他事实，人们可以解释为什么断言还受到这些其他规范的支配。断言未经证实或不相干的东西违背了会话合作原则，但不违反必须受其支配才能算作断言的规范。这正像在下国际象棋中以车护王棋过迟就违背了这一棋法的规范，但却不违反必须受其支配才能算作以车护王棋的规范一样。

---

7 这与说不遵守这条规则的走法就不是以车护王棋是不同的。一步走法可能受制于一条规则，或者是遵守这条规则，或者是违背这条规则。某人可能错误地以车护王棋。假如你想否认这一点，那就考虑一下网球中的发球。显然，你可以发球，可以违背发球的规则，尽管受制于这些规则是使你的动作成为发球的东西，而不仅仅是挥动一下球拍而已。

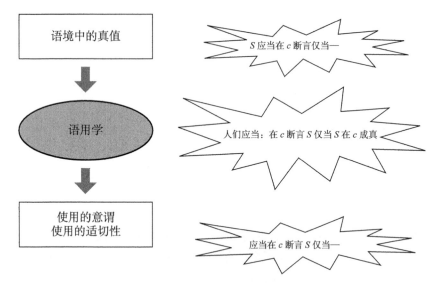

图 5.1 语义学与语用学

　　真值规则是语义学 - 语用学衔接原则（图 5.1）。它将语义学理论——这一理论的结果是对语言中任意句子及其表达的命题在语境中之真值的定义——与这些句子与命题的使用规范联系起来。我们不需要或者将真值或者将断言看得比另一个更加根本；衔接原则有助于说明两者。[8]

5.3 相对论与真值规则

　　假定我们从真值规则开始，然后，作为我们阐释"在语境 c 中（使用时）成真"的基本方法，将真值规则同句子*使用*相联系。（那些依然觉得知识规则更显合理的人将在第 5.6 节看到有关的讨论。）采取第 5.1 节中制订的策略，我们来探究一下，对"在 c 中使用时成真"的阐释能否以一种自然的方式扩展到对"当在 c_1 中使用、从 c_2 中评价成真"的阐释。我们如何能够使用一个同时相对于使用语境与评价语境的真值谓词以重述真值规则？

　　看来有三种基本方法处理额外的评价语境参数。首先，我们可以*将规范本身相对于评价语境*：

　　相对化真值规则。*相对于语境 c_2，允许某个讲话者在 c_1 断言 p，仅当 p 在 c_1 中使用、从 c_2 评价成真。*

8　比较我们在上文第 3.2.1 节关于刘易斯（Lewis）的讨论。

（在此，我们以一种道义原则而非一个祈使句陈述这条规则；这样后面讨论将会简单一些。）根据这个观点，对于"什么是支配断言的规范？"这个问题不存在绝对的答案，而只能做出一个相对于视角的回答。其次，我们可以*对评价语境加以限量*：

限量化真值规则。*允许某个讲话者在 c_1 断言 p，仅当 p 在 c_1 中使用、从一些语境／所有语境／大多数语境评价成真。*

最后，我们可以*给予一个评价语境以特殊待遇*。唯一的自然选择是断言者在做出断言时占据的语境：[9]

自反真值规则。*允许某个讲话者在 c_1 断言 p，仅当 p 在 c_1 中使用、从 c_1 评价成真。*

然而，这些方法没有一个提供了我们所寻找的东西：对双重地相对化谓词"当在 c_1 中使用、从 c_2 中评价成真"实践地把握。相对化真值规则只不过用一种神秘的相对化解释另一种神秘的相对化。断言从一个评价语境中受一条构成规则支配，而从另一个语境中又受另一条构成规则支配，这究竟什么意思？我们很容易理解其内容参照语境的游戏规则——例如，"如果你在角场，这样做；否则，那样做"——而这里所设想的是规则的构成是相对于语境的事情。提醒说美国与澳大利亚的橄榄球规则不同也没什么帮助；显然，这是两种不同的运动，"美国橄榄球"和"澳大利亚规则的橄榄球"。任何具体一场运动将受制于其中一种规则。与相对化真值规则做一类比，我们需要设想在一场电视转播的比赛中一次传球从美国评判是合乎规则的，而从澳大利亚评判却是不合规则的。我们能够理解这一点，假如我们能够理解这一断言究竟什么意思，即*那次特定的传球合乎规则从一个语境评价成真，而从另一个语境评价却不能成真*。但这正是我们希望相对化真值规则要帮助说明的。相对化真值规则预设了而并没有提供对评价相对真值的理解。

　　限量化真值规则的几种方案至少是易于理解的，但却不能为相对论的目的服务。断言某种在某个评价语境中成真的内容非常容易；而如果我们要获得*每个*评价语境的真值，所产生的规范就会阻止断言任何评价敏感性的东西。或许可以通过对大多数评价语境加以限量，但是对于大多数规则的诉求在此似乎是随意的。也不清楚"大多数"在这个语境中意谓什么，假如正像看起来很可

9　在有些情形下，给予讲话者心中的另一个语境以特殊考虑也是有道理的，但是，这种语境常常不是唯一的一个，因为讲话者会意欲使其断言可以从许多不同的语境评价。无论怎样，下文中对自反真值规则的异议同样适用于将相关的评价语境确定为讲话者心中的语境这种方案。

能的那样，存在无限多种可能的评价语境。[10]

自反真值规则看来是最有希望的。特殊对待断言者在断言时所处的语境、将之作为相对于它断言者只能断言成真内容的语境，这是有道理的。[11]但是，这个方案不能帮助我们理解相对真值，因为它使评价语境不能发挥任何重要作用。给定一个假定评价敏感性的语义理论 T，只要遵循自反真值规则，我们可以构建一种相反的理论 T^*，该理论并不假定评价敏感性，但就断言的正确性得出完全相同的结论：

T^* 的结构。*对于所有句子 S 以及语境 c_1、c_2：S 在 c_1 使用、从 c_2 评价成真 $_{T^*}$，当且仅当 S 在 c_1 中使用、从 c_2 评价成真 $_T$。*

从上述结构显然可见，关于什么时候一个句子（以及派生的内容）在给定的语境中使用、从给定的语境评价成真，T^* 始终与 T 一致。因此，鉴于自反真值规则，上述两种理论即使就句子是否为评价敏感性的意见不同，但关于断言什么、何时断言的预测它们的看法将是一致的。除非我们可以就其重要性做出更多阐释，否则真值之于评价语境的相对性就会沦为一个空转的轮子。

通过一个具体的例子就很容易明白这一点。假定我们接受自反真值规则，将之作为我们关于使用语境与评价语境中的真值如何同语言使用之性质相联系的基本阐释。我们现在来比较两种理论 R 与 C。这两种理论在语义学本身（在上文第 3.2.2 节中的意义上）并无不同。两种理论都相对于语境与包括世界和口味的指号定义真值，两种理论都包含针对谓词"味美的"的下列条款：

(2)"味美的"在 c_1、$\langle w, g \rangle$ 中的外延是一组这样的东西，其味道在 w 由口味 g 评价很好。

另外，两种理论都认为"味美的"始终表达一种性质，即味美的性质，其内涵是从世界／口味对到真值的函数。两种理论的差异只是在后语义学中。R 将在使用语境与评价语境中的真值定义如下（参见第 4.7 节）：

(3) 命题 p 在 c_1 中使用、从 c_2 评价成真，当且仅当 p 在 $\langle w_{c_1}, g_{c_2} \rangle$ 成真；其中 w_{c_1} 是 c_1 的世界、g_{c_2} 是 c_2 中施事者的口味。

按照理论 R，"味美的"是评价敏感性的。C 将使用语境与评价语境中的真值定义如下（参见第 4.6 节）：

(4) 命题 p 在 c_1 中使用、从 c_2 评价成真，当且仅当 p 在 $\langle w_{c_1}, g_{c_1} \rangle$ 成真；其中 w_{c_1} 是 c_1 的世界、g_{c_1} 是 c_1 中施事者的口味。

10　三个方案也都会面临下文讨论的知识规则所遇到的难题——正像对所有以某种具体方式与使用语境相联系的评价语境加以限量的方案会面临这个问题一样。

11　参见科尔贝尔（2002：125）、伊根等人（2005：153）。

根据理论 C，"味美的"是使用敏感性的，但不是评价敏感性的。

我们想看看相对论 R 与非指示语境论 C 之间在实践上的某种差异。但是，就自反真值规则向我们所表明的那样，这两种理论具有完全相同的规范性结论。两种理论都预测唯有当施事者感觉某食物味道好时，他们才会断言该食物味美。这对相对论者来说是个问题。问题不在于这个预言看似不合理，或者是相对论会不接受。问题是如果自反真值规则是我们把语义理论同关于语言使用的事实（在这个实例中的规范性事实）联系起来的唯一一接点，那么，相对论者并没有解释相对论者的理论与非相对论者的理论之间的实质性差异。

假设存在三种语境：c_1、c_2、c_3。所有这三个语境施事者相同，但出现在不同的时间（t_1, t_2, t_3）。施事者在 t_1 和 t_2 喜欢甘草，而在 t_3 不喜欢。设 p 为"甘草味美"这个命题。[12] 我们可以通过考察在使用语境与评价语境每种可能的结合中赋予 p 的真值，比较这两种理论（参见表 5.1 与 5.2）。

表 5.1 R（相对论） 　　　　　　　　　表 5.2 C（语境论）

		评价						评价		
		c_1	c_2	c_3				c_1	c_2	c_3
使用	c_1	T	T	F		使用	c_1	T	T	T
	c_2	T	T	F			c_2	T	T	T
	c_3	T	T	F			c_3	F	F	F

注意，按照自反真值规则，表中对断言适切性至关重要的格子是对角上带阴影的格子（那里评价语境与使用语境相同）。既然 R 与 C 就这些格子一致，自反真值规则对于区分它们不起作用。它们是"在规范上等值"的理论。因此，反相对论者可以对相对论者说：

> 你称之为"在 c 中使用、从 c 评价成真"并认同为断言规范的东西，是我称之为"在 c 中使用成真"的东西。无论怎样，它们在规范性与经验性意义上是相同的。但是，当 $c_1 \neq c_2$ 时，你并未对"在 c_1 中使用、从 c_2 评价成真"是什么意思做出任何解释。假如你做出了解释，我们就

---

12 假如你想这样做的话，你可以加上"在 $t_1…t_3$ 的整个过程中，我们将假定在这整个一段时间内，甘草的味道没有发生变化。

会看到"在对角上"巧合的部分（当 C 与 R 重合时）相对论学说与非指示语境论学说之间在关于语言使用之结论上的差异。

有人也许提出异议，即使 R 与 C 之间的差异不表现为断言 p 的规范上的差异，它也表现为用以断言 p 的特定断言是"成真的"这种规范上的差异。人们也许期望相对论与非指示语境论学说至少在这一点上看法相左。可是，结果证明两者并不存在这种分歧。回忆一下上文第 4.8 节中为"成真的"所做的自然的语义阐释：

一价"成真的"之语义描述。"成真的"在每个使用语境中表达相同的性质——成真的性质。在某个评价境况 e 中"成真的"外延是在 e 中成真的那组命题。

假定杰克在 c_1 中断言 p（甘草是味美的这个命题），我们从 c_3 评价他的断言。正如我们业已看到的那样，关于在 c_1 中使用、从 c_3 评价 p 是否成真，R 与 C 看法不相一致。但是，关于由（5）在 c_3 中表达的命题——称之为 $T(p)$——在 c_3 中使用并评价是否成真，它们并不存在意见分歧。

（5）杰克在 t_1 说的话成真。[13]

这是因为基于这两种阐释，（5）在 c_3 中使用与评价将成真，仅当 $T(p)$ 在 $\langle w_{c_3}, g_{c_3} \rangle$ 成真；其中 w_{c_3} 是 c_3 的世界、g_{c_3} 是在 c_3 中施事者的口味。给定我们对一价"成真的"语义描述，$T(p)$ 在 $\langle w_{c_3}, g_{c_3} \rangle$ 成真，仅当 p 在 $\langle w_{c_3}, g_{c_3} \rangle$ 成真。既然 R 和 C 一致认为 p 在 $\langle w_{c_3}, g_{c_3} \rangle$ 成假，两种理论就会一致认为 $T(p)$ 在 c_3 中使用与评价成假。而且给定自反真值规则，这两种理论会一致同意杰克所说的话无法在 c_3 中正确"成真"地说出。

就算这两种理论会就评价者是否能在 c_3 中正确地把杰克的*话语*（在"行为"的意义上）称作"成真的"做出不同的预测。但是，正如在第 3.1.2 节中所指出的那样，日常使用中的一价谓词"成真的"是命题而非话语的谓词。也许我们能够将话语真值理解为一个专业性概念，指出在 c_1 中的话语（从 c 评价）成真，仅当说出的句子在 c_1 中使用、从 c_2 评价成真。但是，正因为话语真值是一语义学专业性概念，我们不应当期望能够通过考察两种理论关于将话语表征为真的句子使用做出的预见，以在这两种理论（R 与 C）之间做出裁定。接受 R 的理论家将把"成真的"以一种方式用于话语，而那些赞同 C 的理论家将以另一种方式用于话语，而普通讲话者根本不会把"成真的"用于话

---

13 或者"曾经成真"。因为我们在用永恒论者的命题操作，这种命题的真值不随时间变化，所以就不存在多大差异。

语。假如我们所研究的语言不包含"成真的"作为话语的一个谓词，那会出现什么情况？那样我们会失去对相对于评价的真值派赋之重要意义的把握吗？

于是，我们必须断定，假如自反真值规则是我们将真值条件语义学理论与语言使用性质相联系所拥有的一切，我们就无法理解评价相对性真值。这一点可以扩展：假如仅有一条原则支配何时能够正确做出断言（无论这是真值规则、知识规则，或者任何类似的规则），我们就无法在假定评价敏感性的语义理论与那些不做此假定的理论之间看出任何实际差异，因为在做出断言的情景中，使用语境与评价语境重合。类似的考虑因素将排除通过将真值说成信念规范而非断言规范以解释相对真值之重要意义的可能性。一些哲学家据此推断相对真值理论是不融贯的。[14]

5.4 收回前言

我想做出一个不那么悲观的诊断。基本思想是，R 与 C 之间的语用差异体现在*收回断言*的规范而非*做出*断言的规范上。R 预测在 c_1 中的断言 p 应当由断言者在 c_3 中收回，而 C 预言这个断言不需要收回。因此，自反真值规则与其说是错误的，不如说是不完整的。它需要由关于收回断言的构成性规范补充：

收回前言规则。*在语境 c_2 中的施事者应当收回在 c_1 中做出的（未收回的）断言 p，如果 p 在 c_1 中使用、从 c_2 评价不能成真。*

所谓"收回前言"，我指的是在说出"我把那话收回"时实施的言语行为。[15] 收回的对象是另一个言语行为，可能是断言、发问、命令、提议或另一类型的言语行为。收回某个言语行为其作用在于"消除"原来的言语行为引起的规范性变化。因此例如，在收回提问时，就使受话者摆脱了回答这个问题的义务；在收回提议时，取消了所做出的允诺。同样，在收回断言时，就否认了原来断言中做出的断言性承诺。加上其他种种事实，这就意味着断言者不再有义务回应对断言的质疑（因为实际上他已经做出让步），而其他人也不再能够依赖于其权威性确保断言准确。（当然，假如其他人在知道该断言已经收回之前相信其断言，断言者仍然可能被对断言的成真性负有道义上的责任。）

注意，收回前言规则将收回断言置于某些条件之下，而自反真值规则在

14　除了埃文斯（Evans 1985），参见在珀西瓦尔（Percival 1994）与坎贝尔（Campbell 1997：165-166）中有细微差别的讨论。

15　明确地收回断言相对很少，因为通常假定在承认原来的断言不准确时就隐含着收回这个断言。但是，这个假定可以证明是不成立的。例如，我也许可以说："我知道我所说的几乎肯定是假的，但是我坚持这一说法，不予收回。"

某些条件下*禁止*做出断言。这理应如此。断言时错误出在不该做的做了（断言不能成真的内容），而收回断言时的错误则出在该做的没有做（没有收回某个不成真的内容）。收回自己仍然认为成真的断言并无任何内在的错误之处——讲话者可能不想让其他人在这件事情上依赖于他的话，或者他可能不想承担起为该断言做出辩护的义务——这样做并不像断言某种讲话者认为不能成真的内容那样是"不真诚的"。[16]

由于收回前言总是收回某个具体的言语行为，所以始终存在*两个*相关的语境：收回行为本身出现的语境与原来的言语行为出现的语境。通过利用这个事实，收回规则赋予评价语境以一种规范性角色。假如所断言的命题在原来断言的语境使用、从考虑收回的语境评价不能成真，就要求实施收回行为。

将自反真值规则与收回前言规则结合起来，我们就能看到两种语义理论在实践中的差异：一种理论（像 R 那样）假定评价敏感性；另一种理论（像 C 那样）不做这种假定。举一个例子有助于表明如何做到这一点。设 c_1 为集中于十岁的乔伊的语境，他喜欢鱼排。按照 R 与 C，炸鱼排美味这个命题在 c_1 中使用与评价成真。因此，自反真值规则告诉我们允许乔伊断言鱼排味美。让我们假设他做出这个断言。再考虑另一个集中于十年以后的乔伊的语境 c_2，这时他作为一个二十岁的成人，他已经不再喜欢鱼排的味道。在此，R 与 C 出现了分歧。按照 R，鱼排美味这个命题在 c_1 中使用、从 c_2 评价成假。所以根据收回前言规则，这样就要求乔伊收回前面的断言。相反，按照 C，鱼排美味这个命题在 c_1 中使用、从 c_2 评价成真，乔伊不需要收回前面的断言。[17] C 与 R 的实质差异在于两者关于乔伊收回之前断言的义务所隐含的东西。

正如我们从这个例子中看到的那样，自反真值规则与收回前言规则的结合使得在 c_1 断言 p 的讲话者可能被迫在后来的语境 c_2 中收回这一断言，尽管她在 c_1 可以做出该断言。（如果 p 在 c_1 中使用与评价时成真，而在 c_1 中使用、在 c_2 中评价时成假，就会出现这种情况。）这可能看起来很奇怪。珀西瓦尔（1994：209）问道："我如何能够既认为给定 A 他通过所使用的语言而成功地

16　言语行为论的研究文献中极少有明确阐释收回前言的，其中有一个研究并未涉及这一点。巴赫与哈尼什（Bach and Harnish 1979：43）说道，"在说出 e 时，S 收回断言 P，假若 S 表达：i. 他同之前表示的相反，不再相信 P；ii. 意在 H [听话者] 不要相信 P。"

17　注意，C 假如是一种非指示性语境理论，就将预言乔伊应当认为*他之前的断言*——鱼排味美——成假（参见第 4.8 节）。不过，在非指示性语境论者看来，这并不是乔伊收回断言的充分理由。唯有当乔伊根据当时的口味标准将其之前的断言看作是成假的断言时，他才具有这样的理由。假若这看起来很奇怪，那么就同时间论者做一比较，时间论者能够融贯地认为之前的一个断言*现在是正午*的内容成假，而并不必须收回断言。只有当她做出这一断言时其内容成假，她才不得不收回该断言。

追寻了目标，又认为我完全有权迫使他收回前言呢？”

在此，重要的是要牢记，收回断言（或其他言语行为）并不等于承认做出这一断言是错误的。假设某人的全部证据都有力地表明，杰克大叔要来吃午饭，依据这个有力的证据你断言杰克大叔会来的。过了一会儿，萨莉婶婶来电话说，杰克大叔腿骨折了。这就使他不大可能来了，所以你收回断言。然而，你当初做出断言是完全有道理的，不会因做出这一断言受到批评。收回断言不是承认错误。

相对论者所允许的情形很相似，只不过后来的语境与之前的语境之间的差异不（只）是做出断言所具有的*证据*上的差异，而且是断言*成真性*的差异。也许这有点离奇，但其离奇性不可能在于讲话者可能被迫收回他完全有权做出的断言，因为我们在涉及认识的实例中同样看到这一现象。

5.5 拒绝接受

一种不同的路径可能是在下述规范制约下，对*拒绝接受*另一个断言的言语行为予以支持。

拒绝接受规则。*在语境 c_2 中的施事者可以拒绝接受在 c_1 中做出的断言 p，如果 p 在 c_1 中使用、从 c_2 中评价不能成真*。
像收回前言那样，拒绝接受所针对的是某个言语行为，而不是针对其内容。所拒绝的并非*萨曼莎昨天断言的内容*，而是萨曼莎昨天做出断言的行为。

收回前言可以看作拒绝接受断言的一个特例：收回前言就是拒绝接受之前做出的断言。不过即使这样地理解收回前言，拒绝接受规则也不隐含收回前言规则，因为前者提供了*可以*做出拒绝接受的充分条件，而后者则给出了*被迫收回前言*的充分条件。因此，拒绝接受规则应当看作对收回规则的补充，而不应视为取而代之。

我们通过表明相对论与非指示语境论如何就乔伊是否被迫收回之前的断言*鱼排是味美的*做出不同的预言，我们区分了针对"味美的"所做的相对论阐释与非指示性语境论阐释。我们假如增加一条拒绝接受规则，就可以用一种人际间的差异补充个人内心的差异。相对论阐释将预言，乔伊可能拒绝接受萨曼莎的断言*鱼排味美*，因为他现在不喜欢鱼排，而非指示性语境论阐释不会这样预言。[18]

---

18 非指示语境论者将会预测乔伊应该认为萨曼莎所断言的内容是错误的——但是根据非指示语境论，这并不是拒绝接受她的断言的根据。参考本章注释17。

这一路径我尽管不反对，但在本书中却没有采用。[19] 实施收回前言的行为，要比实施拒绝接受断言的行为更加明显。我认为，收回前言的规范是我们理解相对论与各种形式的语境论之间的差异所需要的一切。正如我们将在第 6.6 节中看到的那样，甚至连人际间的分歧关系也可以通过断言与收回前言的规范理解。

5.6 相对论与知识规则

蒂莫西·威廉森（1996；2000：第 11 章）提出了断言并非由真值规则构成性地支配，而是受制于知识规则的观点。

知识规则。*在一个语境 c 中，断言 p 仅当你知道在 c 中 p。*
威廉森提出了三个主要论点，但没有一个论证令人信服。[20]

其一，他声称存在着其他言语行为，诸如推测，这些言语行为受一种真值规则支配，所以我们不能将断言定义为独特的言语行为类型 V，其构成规则是"Vp 仅当 p 成真"。但这远不是清楚的。假如推测由一条真值规则支配，那么，做出缺乏有力理由认为成真的推测就可能是不负责的——这确实是不负责的。也许威廉森受到这个事实的左右，即若推测的内容业已表明不能成真时就必须收回这样的推测。但这必然意味着人们必须仅当推测的内容成真时才能*做出*推测吗？

其二，威廉森分辩道，真值规则无法解释我们为什么不能就一张随机挑选的彩票断言它不会中奖。这里的假设是，尽管我们不*知道*这张彩票不能中奖，它极其可能*真地*不会中奖。因此，我们有很好的证据断言这张彩票不会中奖，我们将满足真值规则。那么为何做出这个断言会是错误的呢？知识规则的支持者很容易回答这个问题，因为我们所掌握的仅有的统计证据说那张彩票不会中奖，这对于知识而言是不充分的。

但是，真值规则的支持者诉诸威廉森自己应当能够接受的一条原则，也能够回答这个问题：

(6) 人们不应当仅仅根据某张彩票是许许多多彩票中的一张、这许多彩票中仅有一张会中奖这个理由，认为这张彩票不会中奖。

这也可以从威廉森接受的另一条原则推导得出，即信念的知识规范，加上下述这个似乎合理的断言，即只要某张彩票有一定的可能性会中奖，无论这个可能性多小，我们就无法*知道*这张彩票不会中奖。然而，单独地看，原则（6）似

19　我在麦克法兰（2007a：§5.2）中对质疑他人的断言预设了一种类似于上文（13）的准许性规范。
20　这一论点和部分论据源自昂格尔（Unger 1975：第 Ⅵ 章）

乎合理。例如，人们也许可以通过指出以下这一点对之加以佐证，即在一场公平的抽彩中购买一张彩票似乎并非没有理性，但是购买一张自己相信不会中奖的彩票却的确看来是没有理性的。

鉴于（6），参与公正抽彩活动的施事者不应当认为，她的彩票不会中奖，而只相信她的彩票中奖的几率不高。据此，她不应当相信，假如她断言她的彩票不会中奖，她就满足了真值规则。不能就此推论，她不应当断言她的彩票不会中奖，而只是意味着她不应当认为这个断言是允许的。但是，这个较弱的结论足以说明这样的直觉，即基于她掌握的证据，断言那张彩票不会中奖存在某种错误。

威廉森关于知识规则的第三个论点是，这一规则可以解释为什么可以通过问"你怎么知道？"来对断言提出质疑，而真值规则却不能解释这一现象。回答说"我没有说过我*知道*"看来是不恰当的。这表明在断言某个内容时，人们表明自己知道这个内容（Unger 1975：263-264）。与此相关，断言以下形式的命题似乎从来都是不合适的：

（7）*P*，但我不知道 *P*。

（Unger 1975：258-260）。假如断言受知识规则支配，这一点也得到了很好的解释。

然而，与针对信念的知识规范结合，真值规则也可以解释这些内容。倘若某人不应该相信自己不知道的东西，那么"你怎么知道？"就是一种质疑断言者有资格相信该断言满足真值规则的方法。在断言（7）的后一合取项时，讲话者承认她或者不相信第一个合取项，或者违反规则地相信这个合取项。在任何一种情形下，断言都是不适切的。

因此，威廉森对真值规则的反驳似乎不具说服力。但是，即使那些接受威廉森论点的人也可以"理解相对真值"，因为如同真值规则一样，知识规则可以扩充从而为评价相对性留有余地。

这看来出人意料。人们有时认为，知识的事实性排除了相对论。这种想法大致如下：如果能够知道 *p*，那么 *p* 必定是事实，从而必然绝对成真。因此，可以知道的任何东西都不可能是评价敏感性的。于是，知识规则就隐含没有任何评价敏感性的东西可以允许断言。这样一种理论肯定不能对解释相对真值提供帮助。

但是，刚才探讨的思路是错误的。我们可以从知识的事实性推断，如果 ϕ 是评价敏感性的，那么，"「α 知道 ϕ」"、谓词"知道"（因为当我们变换评价语境时，其外延随之变化）也都是评价敏感性的。因此，上面的论证依赖于

"知道"不是评价敏感性的这一隐性前提。但是，在旨在排除评价敏感的可能性之论证中做出这一假设是成问题的。[21]

这样，让我们考虑"知道"是评价敏感的这一可能性。如果我们这样考虑，那么，知识规则就需要用非评价敏感性语言重述。按照自反真值规则的形式，一种合理的表述是：

自反知识规则。 *允许施事者（在语境 c）断言 p，仅当她（在 t_c）知道的命题 p 在 c 中使用和评价时成真。*

同收回前言规则一起，自反知识规则使我们在实践中清楚地把握相对论与非指示性语境论的差异，从而使我们能够理解相对真值。

在下文，我们将自反真值规则与收回前言规则作为联系语义理论与语言使用的基本规范。然而，青睐知识规则而非真值规则的读者，可以径直用自反知识规则取代自反真值规则，并且对相应的论证做出调整以使其一致。

5.7 相信相对真值

我们力图通过理解*断言*评价相对性内容与非评价相对性内容之间的实际差异来理解什么是真值相对性。有人可能会问：为什么这样聚焦于断言？为什么不通过设法理解什么是*相信*评价敏感性内容来理解相对真值呢？广言之，我们为什么要聚焦于评价敏感性对言语行为而非心理态度的重要意义？

问题不在于我们不能理解带有评价敏感性内容的信念。我们一旦理解了什么是断言评价敏感性命题，坚持将这些命题作为其内容的信念就不存在任何障碍。相反，问题在于，我们无法通过理解什么是相信评价敏感性内容来理解评价敏感性。直白地说：我们假若只是持有信念者，而不同样还是做出断言者，那么，就无法认识评价敏感性与非评价敏感性语义理论之间的任何实际差别。

原因很简单：根本没有与*收回*信念相对应的东西。回忆一下，我们仅仅通过考虑收回前言的规范（或者收回前方的承诺）就可以理解评价敏感性理论与非评价敏感性理论之间的区分，这两种理论在命题的内容上达成一致。[22] 收回前言是理解评价敏感性的关键，因为在收回前言中始终存在两个重要的语境：考虑收回前言的语境与做出要考虑收回之断言的语境。这就使评价语境与使用语境在收回断言之规范中都有其发挥的作用。

21　也许存在独立的论据证明"知道"不可能是评价敏感性的。我不了解有任何这样的论据。*关于*"知道"的评价敏感性的论述，参见麦克法兰（2005a）以及本书后面第 8 章。

22　亦即，其真值相对于评价境况。

　　为什么就信念而言没有任何类似收回断言的东西？难道就不能像收回断言那样放弃信念吗？在此，牢记断言与信念之间的形而上学差异是很重要的。断言是一种*行动*，从而也是一个*事件*，而信念不是行动或事件，而是施事者能够在一段时间里处于的一种*状态*。信念的*开端*可能是一个事件，但信念本身则不是。当某人放弃信念 p 时，他就从相信 p 的状态过渡到不相信 p 的状态，但这个过渡并不指向任何过去的具体事件。相反，收回断言总是收回过去某个具体的言语行为。[23]

　　还有另外一种方法来理解这一点。假设在 t_0 我们对吉姆提出关于番茄的问题，他断言番茄是蔬菜。接着，在之后某个时间 t_1，我们再次问他——也许因为他开始怀疑之前的理由——他不愿意断言番茄是蔬菜了。这种拒绝断言番茄是蔬菜的做法本身并不是收回他之前的断言番茄是蔬菜。吉姆*也*可以收回之前的断言，表示他不再承诺断言的成真性。但是，如果他这样做，那将是一种不同的行为。假如他想保持融贯，这是一个他应当实施的行为。但他可能无法实施这个行为。于是，我们可以区分不再愿意断言*番茄是蔬菜*与收回之前的断言*番茄是蔬菜*。不过，就信念而言，我们不能做出类似的区分。我们当然可以设想吉姆在 t_0 相信番茄是蔬菜，然后，由于有了新的证据，在 t_1 不再相信番茄是蔬菜了。但是，没有进一步的后指行为他需要实施，以保持融贯。不再相信是他需要做出的一切；他无需以某种方式"取消"他之前的信念。

　　考虑一下这个类比。两个男子阿尔贝托与贝尔纳多正绕着一个意大利花园走着。阿尔贝托捧着一堆挂着旗帜的杆子。他隔一会儿就停下来，把杆子插入地里，在旗帜上写道："韦厄拉是世界上最可爱的女人"。贝尔纳多也爱慕着韦厄拉，但他没有将旗帜插入地里，而只是举着旗帜，上面写着"韦厄拉是世界上最可爱的女人"。走到花园一半时，阿尔贝托和贝尔纳多两人都看见了辛西亚，并且都迷上了她。阿尔贝托开始往地里插旗帜，上面写着"辛西亚是世界上最可爱的女人"，贝尔纳多重刷了他的旗帜，写上同样的话。这时，阿尔贝托不得不往回走去收起所有上面写着韦厄拉是世界上最可爱的女人的旗帜。贝尔纳多则不面临这样的任务；他只需要更换旗帜就足够了。

　　正是在收回断言的规范中我们找到了评价语境概念的独立角色。因此，假如对于信念而言不存在任何类似收回断言的东西，那么就不清楚我们如何能

23　如果我们支持判断作为心理行为，那么我们也许可以尝试谈论收回这样的行为。这或许就有可能不借助断言概念而理解评价敏感性。然而，在我看来，既不清楚是否存在判断的心理行为，也不清楚是否存在与收回这种行为相对应的任何东西。我们应当谨慎从事，以免对思想与话语做出过度的类比。

够仅仅通过考察其关于人们何时应当相信有关命题的预言，以区分相对论与非指示性语境论。问题并不像有时所假定的是因为相对论者不能将信念理解为"旨在获得成真性"或者不能理解信念规范。说信念旨在获得成真性是说，假如信念的命题内容在语境 c 中使用与评价成真，那么，语境 c 中的这个信念就成功地实现了目标。[24] 把成真性说成是信念的规范，就是说在语境 c 中应当只相信在语境 c 中使用与评价为真的命题（参见 Kolbel 2002：32, 91）。[25] 相反，问题与我们在第 5.3 节中讨论的涉及断言的问题完全相同：这些说法不足以区分相对论的观点与非指示性语境论的观点；因为非指示性语境论做出完全相同的规范性预言。那儿提出的解决办法是引入收回断言的规范，但是对于信念而言却不能采用这个解决办法。

使相对真值成为可以理解的是下述两种语境之间的潜在不同：即做出断言的语境与回应对该断言的质疑并考虑收回断言的语境。因此，即便评价敏感性命题可以相信、判断、怀疑、假设，等等，但假如我们不同时做出断言，那么，理论上也就不需要相对真值的概念。

5.8 结语

在第 2.1 节，我们得出结论，自我反驳质疑的坚实核心对相对论者构成了挑战。相对论者不能将断言 p 理解为将 p 看作绝对地成真而提出。可是，什么是将 p 成真地提出，却又只是相对地成真？

在这一章中，我们试图通过表明，评价敏感性内容的断言如何可能在对断言的几种不同阐释的语境中加以理解，直接回应这一挑战。给定其中一种阐释，我们就可以准确阐述断言评价敏感性内容与断言非评价敏感性内容之间的实际差异是什么。

值得强调，这些阐释在下述意义上是*保守的*：假如所有内容都是非评价敏感性的，那么这些内容在规范预测上都会符合藉由产生的正统阐释。这些阐释考虑到了评价敏感性，因而比正统阐释更具开放性；但它们就语言中是否*存在*

---

24 当然，信念并不字面地以任何东西"为其目标"。关于这一隐喻的尝试性阐释，参见韦莱曼（Velleman 2000）与韦奇伍德（Wedgwood 2002）。

25 齐默尔曼（2007: 337）论述道，力图相信真实性的理性施事者不会脑袋清醒地"相信既相对地成真又相对地成假的命题"。但是，例如，某个施事者相信渡渡鸟已经绝迹肯定完全是有道理的，即使这个命题在某些评价境况（世界）中成真，而在其他评价境况中成假。同样，时间论者认为，相信在下雨是合理的，即使这个（带有时态的）命题在有些时候成真而在其他时候成假。重要的是，有关的命题是否相对于信念持有者当下所处的语境而成真。

评价敏感性的问题并没有定论。因此，这些阐释提供了相对论者与非相对论者都能接受的框架——一个中立的框架，告诉我们在支持或反对某种相对论时应当求证什么。

至此，那种常见而缺乏根据的观点，即关于真值的相对论是自我反驳或不融贯的，应当休矣；而应当追问相对论是否得到（总体上为语言的）证据的支持。

第 6 章
分歧

　　语境论的致命弱点是*无法阐释分歧现象*这个问题。假如尤姆说出"那个味美"时断言该食物对她来说味道不错；而尤克在说出"那个味道不好"时断言该食物对他来说味道不好；那么，他们的断言是相容的，为何他们要把自己看成在意见上存在分歧是莫名其妙的。更加精制的语境论试图通过把"味美的"看作表达对语境中相关的*群体*或对经过恰当地理想化了的讲话者来说味道好的以对分歧做出阐释。但是，正如我们在第 1.2 节中看到的那样，这样的做法面临一种两难的困境。假如使这个群体限定在可考量的小范围内，并使理想化适度，那么，总可能发现无法解释的明显的分歧情形。但是，倘若我们将群体（或理想化）充分扩大，以包含所有明显的分歧现象，我们就不再能够理解讲话者从一开始就如何可能认为自己处于恰当的境地以做出相关的断言。与语境论观点相对比，相对论观点的基本卖点是旨在揭示口味断言的主观性，而同时又能对分歧现象做出阐释。

　　但是，这一看法需要进一步加以考察。有些批评家指责真值相对论者根本不能对分歧做出阐释。因此，弗雷格赞成对口味谓词做出语境论的阐释，[1] 他在其未发表的文稿《逻辑》中写道：

　　　　假如什么东西只对认为它为真的人才成真，那么不同人的观点之间

---

[1] "关于像'这朵玫瑰真美丽'这种包含口味判断的句子，讲话者的身份对于有关感觉很重要，尽管'我'这个词并没有出现在句子中"（Frege 1979：235）。

就不会存在矛盾。所以，为了保持一致，任何持这种观点的人都根本无权反驳对立的观点，他必须坚持这条原则：*切勿争论*。

关于真值的相对论能够使理解如何会存在口味分歧成为可能的吗？还是像弗雷格所述，这种相对论会使之成为不可能的？[2] 为了更加清楚地认识这一点，我们需要考察究竟何为分歧。我们需要关于分歧的一种阐释，能够阐明分歧如何对区分语境论与相对论的关于真值与内容的问题产生影响。

然而，很容易提出错误的问题。假如我们问"什么是真正的分歧？"而不是问"存在什么类型的分歧？"，所提出的问题对语境论者与相对论者就都是不公平的。之所以说对语境论者不公平，是因为即使存在某些类型的分歧语境论阐释不能揭示，但可能存在其他类型的分歧语境论确实可以阐释。之所以说对相对论者不公平，是因为提出这样的问题似乎显得相对论者需要论证的分歧同客观论所阐释的是完全相同的分歧。即使那些支持相对论的人也可能觉得关于口味的分歧尽管是真正的分歧，但同关于地球年龄的分歧并不完全属于同一类分歧。

于是，我们将采取的策略是鉴别分歧的几种类型，而不是论证什么是"真正的"分歧。这样，就可以针对每个我们感兴趣的对话，看看哪一种分歧在对话中出现了，并且探究哪些意义理论预见这种分歧以便在候选的意义理论中做出抉择。

6.1 澄清阐释对象

卡珀朗与霍索恩（2009：60-61）指出，"同意"既有状态的意义又有活动的意义。"不同意"（存在分歧）同样如此。我们在表征两个人存在分歧时，我们有时意谓他们*意见上出现分歧*——参与一种活动——而有时只是意谓他们*存在分歧*，这是一种状态。

人们即使相互不认识也可能*存在分歧*。就死人的尸体应当火化还是土葬，古希腊人和古印第安人存在分歧，甚至在希罗多德与其他旅行者让他们了解这一分歧之前这种分歧就存在。两个人是否存在分歧是依据其一阶态度确定的，而不是根据其相互之间的态度。

相反，他们是否*出现分歧*仅仅取决于相互之间的态度与向对方采取的行

2　参见莫尔特曼（Moltman 2010：213）大意如此的论述。

动。两个人可能对有关的所有问题意见一致，但是，如果由于某种误解他们以为各自的看法不同，或者由于其中一人故意唱反调，这两人仍然会出现分歧。"如果就所讨论的内容都意见一致，你为什么还不同意我呢？"这个问题是完全可以理解的。

我们在此主要关注存在分歧的状态，而非出现分歧的活动。看来很可能，对活动意义的任何阐释都要提到状态意义：出现分歧需要认为自己处在分歧中。果真如此，那么，状态意义就更加基础。

我们旨在阐释的那种关系的逻辑式是什么？我们也许可以将下述关系作为阐释的对象：

（1）x 与 y 存在分歧。

但是，这个概念没有足够的区分度。没有人就*所有事情*同意任何人，因此，这是一种所有人与其他所有人所处的关系。我们需要一种方法表达，尤姆与尤克在某个具体方面意见不一致。所以，我们也许可以将下述关系作为阐释对象：

（2）x 与 y 就是否 p 存在分歧。

但是这个阐释对象并不适用于我们将要考察的所有类型的分歧。有些类型的分歧包含态度，但不涉及命题内容。在其他情形中，是否存在分歧不仅取决于相关态度的内容，而且取决于内容出现的语境。因此，一个更加普遍的对象是：

（3）x 与 y 存在分歧藉由 y 在语境 c 中做 φ 这件事。

其中的 φ 可以由描述态度的动词短语替代——例如，*相信玛丽聪明*，或者不*喜欢葡萄果冻的味道*。既然语境包括语境中的施事者，所以我们不提及 y：

（4）x 与在语境 c 中做 φ 这件事存在分歧。

在这种意义上，分歧是某人同语境中可能出现的言语行为或态度之间的关系。

我们将考察阐释这种关系的一些不同方法；我认为，所有这些情形都是真正的分歧类型。给定某个人与在语境中的态度或言语行为之间这样一种关系，在恰当的特殊情形下，我们大概就可以定义一个人与一个人之间、一个人与一个人以及一个命题之间的关系。因此，聚焦于这种看来有点人为的关系，我们并没有任何损失。

6.2 非共同有效性

在某种意义上，我与某人的态度存在分歧，假如我无法融贯地采取同样的态度（带有相同内容与力量的态度[3]）而又不改变自己的主意——亦即，不放弃我目前所持的某些态度。[4] 换句话说，我同那些与我目前的态度不能*共同有效*的态度存在分歧。[5]

分歧的许多范例（除了在其他意义上的分歧）都是非共同有效性的实例。例如，假设乔治相信，所有银行家都是富有的，而萨利认为维恩是个贫穷的银行家。那么，萨利的信念与乔治的看法为非共同有效的，因为乔治不能融贯地转而相信萨利相信的东西——维恩是个贫穷的银行家——而不放弃他的现有的看法，即所有银行家都是富有的。

在被问到什么是分歧时，我猜想很多哲学家的第一个回答会是我们也许可称之为分歧简单观的东西。

分歧简单观。*与某人的看法 p 存在分歧即持有这样一些信念，其内容结合起来与 p 不相容。*[6]

由简单观所揭示的分歧概念可以看作非共同有效性的一个特例，其中的态度局限于完整信念的态度。但是，当用于其他类型的态度时，非共同有效性就会产生关于分歧的有趣概念。

第 4 频道的气象员内德有七成把握明天将下雨，第 5 频道的特德则有八

3　参见第 1.3.2 节。

4　法布里齐奥·卡里亚尼和杰拉尔·德马什（FabrizioCariani and Gerald Marsh）独立地指出，假如我（也许对不相干的事物）已经抱有不相融贯的信念，那么，这一定义就把我算作同所有态度存在分歧，因为事实上对于所有态度来说，我如果不放弃我目前的一些态度，就不可能接受那些态度而保持融贯。我们如果有一个"更加不融贯"的概念，也许能够解决这个问题，因为那样我就可以说，采取那个态度会使我更加不融贯。卡里亚尼还指出，假如我眼下认为我对加利福尼亚没有任何信念，那么，这个定义就把我算作同任何对加利福尼亚抱有某种信念的人存在分歧，因为如果我开始对加利福尼亚抱有任何信念的话，这就会同我现存的高阶信念相抵牾。直觉地看，这是错误的。也许通过把"不融贯"狭义地理解为不相一致，进而排除穆尔悖论情形中的那种不融贯现象，就可以解决这个问题。最终，我并不那么担心这种反例，因为我在下文中部分的观点是，许多信念非共同有效性的实例看来并不像直觉上的分歧实例。

5　这个概念可以从态度扩展到断言：假如我要融贯地做出与某人相同的断言（即具有同样内容的断言）就必须改变自己的想法或者收回自己一个或几个断言，那么，我就同那人的断言存在分歧。这种扩展也许在下列情形中是有用的，即，双方故意唱反调或者以其他某种方式言不由衷。假如律师甲说"我的委托人是无辜的"，而律师乙说"不对，他有罪"，那么，他们就做出了非共同有效性断言，其中任何哪个人同时做出这两个断言都会是不融贯的。但是，他们可能并不具有非共同有效性的信念，因为两人可能都认为该委托人有罪。这样，就在断言中存在分歧，而在信念中并不存在分歧。

6　当然，假如内容更加粗略地个体化——例如，以成组的可能世界或罗素命题的形式出现——就需要做出更多的阐述。我们也许不想说，汉穆拉比因为相信磷是看不见的，所以就与萨穆拉比关于长庚星是看得见的这一信念存在分歧。一个解决办法是采取一种内容概念与一种相容性概念，据此，*长庚星是看得见的*与*磷看不见的*两个命题相容。另一个解决办法是，不仅要求信念相容，而且要求无需进一步的经验性探究就可能知道两者的情况就是这样。

成把握明天要下雨。内德要接受特德的态度就需要改变自己的看法，这样就出现了一个非共同有效性的情形，即使奈德与泰德都认为很可能要下雨。这属于一种分歧，尽管当人们考虑分歧时这种情形并不是他们所首先想到的。无神论者与不可知论者之间的分歧也属于这种类型。

或者考虑一下下面的情形（Huvenes 2012：171 注 7）：

（5）皮埃尔：该假设是错误的。

　　　玛丽：我不同意，我们需要进一步试验。

在此，玛丽看来同皮埃尔有分歧，即使皮埃尔说的话同她的想法并没什么不相容之处。（她也许认为皮埃尔的断言更可能成真。）我们可以通过非共同有效性理解这种分歧。皮埃尔在断言该假设是错误的时，表达了在很大程度相信该假设是错误的。这一信念与玛丽的态度不能同时成立，玛丽持有较小程度上的信念，尚待进一步试验的检验。

还可能存在非信念态度的非共同有效性现象，诸如愿望、喜欢或者偏爱。假设简喜欢鲍伯，而萨拉不喜欢他。在某种完全合理的意义上，简与萨拉存在分歧，即使她持有关于鲍伯所有相同的信念。她并不是就任何 p、关于是否 p 同萨拉存在分歧，而是关于鲍伯她与萨拉存在分歧，因为萨拉对鲍伯的态度与她的态度不相一致。在这种情形下，如果她采取了萨拉的态度，结果产生的不融贯就不会是不一致，而是一种实际的不融贯：即当某人既喜欢又不喜欢同一个对象时所出现的不融贯现象。在同样意义上，两个小孩也许就甘草出现分歧，一个想吃，另一个不愿意吃。并不一定存在任何他们俩看法不同的命题，从而对甘草存在分歧。只要他们对甘草抱有不同的态度就足矣。

因此，非共同有效性是一种分歧。然而，正如我们将看到的那样，这不是我们可以理解的唯一的一种分歧。这不是相对论者在将其立场同语境论加以区别时，应当集中关注的那种分歧。[7]

6.3 排除共同满足

简与萨拉对鲍伯的不同态度真的算得上分歧吗？说她们在对鲍伯的态度上存在分歧的确看起来是很自然的。但是，这并不那么有说服力。我们也许认

---

[7] 科尔贝尔（2004b：305）在为一种真值相对论进行辩护时说，假如一方在不改变主意的情况下不能理性地接受另一方说的话，那么，双方就存在分歧。如果正像看来很自然的那样，我们把"接受另一方说的话"理解为"转而相信另一方说的话"，那么，这就等于信念的非共同有效性。我们在下文将看到，存在某些语境论的立场在这种意义上理解分歧，但是这些立场不足以阐释相对论旨在揭示的那种更加严格意义上的分歧。

为，分歧是一种冲突或者争端。同某人有分歧不只是抱有不同的态度，而是处于一种矛盾的状态，只能由一方或双方改变主意才能解决。仅仅实际的非共同有效性并不总能出现这种状况。假如简宁愿跟鲍伯在一起而不跟任何其他人在一起，鲍伯宁愿跟简在一起而不跟任何其他人在一起，那么，他们的态度并不实际地共同成立，但却远远不是分歧，他们看来处于和谐的幸福状态。

于是，我们也许想像 C. L. 史蒂文森那样，以某种不同的方式考虑态度上的分歧：

> 假如甲先生对某事持赞成的态度，而乙先生对之持不完全赞成或不赞成的态度，*任何一方都不满足于让对方的态度保持不变*，那么就会出现这种情况。（Stevenson 1963：1，增加了强调）

如果我们试图阐释"状态"意义上的分歧，这种分歧并不认为取决于双方针对另一方的态度，那么，这并不能完全奏效。但是史蒂文森后来对"态度上的分歧"重新加以表征，这种表征方式更加适用于我们的目的：

> "分歧"的两种涵义之间的差异实质如下：第一种涵义涉及两个信念的对立，这两个信念不能都成真；第二种涵义涉及两种态度的对立，这两种态度不能都得到满足。（2）

基于这种阐释，我同某人的态度存在分歧，如果满足了他的态度，就不能满足我的态度。就将分歧的这一涵义称作*排除共同满足*。

两种态度是否都能成立，仅仅取决于其语力与内容。但是，两种态度是否都能满足则还取决于所处的语境（例如，取决于谁在什么时间具有这些态度）。结果，排除共同满足与非共同有效性可能相互分离。

下面举一个例子。桌上有一个纸杯蛋糕，阿尔文和梅尔文两人都想吃。他俩都有一种愿望，其内容就是*吃那个蛋糕*。他们的愿望具有相同的语力与内容，因而共同有效。但是显然，他们两人的愿望无法得到共同的满足；纸杯蛋糕只能由他们中的一个人吃。

梅格和佩格也都在看着那个蛋糕。梅格只想吃蛋糕上的糖霜。佩格只想吃蛋糕部分。两人的愿望内容不同，不能共同有效。（只想吃糖霜与只想吃蛋糕部分实际上是不融贯的。）然而，极其容易使这两个愿望都得到满足。

我在此假定了某种愿望内容观。愿望自然地用不定式补足语归赋：某人就

某个 φ，愿望做 φ。[8] 这样，我认为，愿望的内容是由这种补足语表达的东西：大概是一种性质，或者也许是一个集中命题（这个命题相对于一个世界、时间、一个施事者等作为"中心"而具有真值）。

相反，如果我们说在第一个例子中，阿尔文的愿望的内容是*阿尔文吃那个蛋糕*，梅尔文的愿望的内容是*梅尔文吃那个蛋糕*，那么，这个例子就不再能够把共同有效性与排除共同满足区分开来，因为两种态度不可能共同有效。同样，假如我们说，在第二个例子中，梅格的愿望的内容是*梅格只吃糖霜*，佩格的愿望的内容是*佩格只吃蛋糕部分*，那么，这两种态度是可以共同有效的。因此，假如人们坚持认为，所有愿望的内容都非集中性命题，实践中的非共同有效性与排除共同满足之间的区分就会变得纯粹是概念上的了，至少在'想要做'的情形中是如此。（很不清楚，这种策略如何扩展用于诸如宁要*简做伴而不要其他任何人做伴*这样的态度。）

这里并不是要解决关于愿望内容的争论。但是，这一争论不能成为拒绝区分实际的非共同有效性与排除共同满足的理由。即使结果证明，这两个概念必然是相等同的，从而两者的区分只是概念上的，那也不会表明这种区分是毫无意义的。

6.4 排除共同准确性

上一节中阐述的观点可以从实践扩展到信念。正如我们所见，愿望是否得到满足不仅取决于其内容，而且取决于语境（例如，取决于谁什么时候怀有这一愿望）。同样，一个信念是否准确不仅取决于其内容，而且取决于其所处的语境。

假如我们坚持把集中命题作为信念的内容，这一点就很容易理解。还记得，集中命题即相对于一个世界与"中心"而具有真值的命题（"中心"即在世界中突出的视角，通常由某个时间、地点或个体代表）。因此例如，存在一个集中命题*我在吃三明治*，这个命题在某个世界／时间／个体 $\langle w, t, i \rangle$ 的三元组合成真，仅当 i 在时间 t 和世界 w 正吃三明治。不少哲学家出于不同目的提出，我们应当扩大命题态度的心理学范围，以允许将信念及其他以集中命题作

---

8 我们也可以说某人的愿望是得到一个客体——一块饼干、一项奖励、一个结果、一个人。我假定这些愿望的赋予应当以通过不定式补足语表达的愿望赋予来理解。想要一块饼干是想要吃这块饼干或者拥有这块饼干。

为内容的态度包括在内。[9]

那么，假设安迪相信*我在吃三明治*这个集中命题，而戴维相信与之对立的命题，即*我不在吃三明治*这个集中命题。显然，他们相信的命题在信念上不是共同有效的。安迪若不放弃自己的信念就不能接受戴维的信念。但即便如此，他们两人的信念可能都是准确的。究其原因，如果（语境中的施事者）安迪在（语境中的时间）吃三明治，安迪的信念就是准确的；如果戴维不在吃三明治，戴维的信念就是准确的；如果安迪而非戴维在吃三明治，那么这两个信念就都准确。

那种情形正是，两种非共同有效的信念都是准确的。也很容易假设一种情形，其中共同有效的信念使彼此不准确。假定下午2点安迪相信*我在吃三明治*这个集中命题，而下午3点戴维相信*没有人1小时前正在吃三明治*这个集中命题。显然，安迪信念的准确性排除了戴维信念的准确性，反之亦然。然而，他们所相信的东西在信念上是共同有效的：戴维可以融贯地相信*我在吃三明治*这个集中命题，而无需不再相信*1小时前没有人在吃三明治*；而安迪可以融贯地相信*没有人1小时前正在吃三明治*，而无需不再相信*我在吃三明治*。

我们尽管可以承认，信念非共同有效性是一种分歧，但现在可以看到，这并不能提供所有我们想从分歧这个概念中得到的东西。这是因为至少在一种我们十分在乎的分歧意义上，当两个人因抱有某些信念而存在分歧时，这些信念不可能都准确。假如两人存在分歧，他们不可能都对。同样，假如他们意见一致，就不可能一个人的信念准确而另一个人的信念不准确。

于是，我们有了另外一种分歧。在这种意义上，同某人的态度有分歧即为抱有一种态度，其准确性将排除那人态度的准确性。[10]

我不打算试图更加精确地阐明我说的"排除"为何意；相反，我将依赖于直觉把握。尽管为"*A*的准确性排除*B*的准确性"提供一种模态分析——也许将其分析为"如果*A*准确，*B*不可能准确——乍看起来具有诱惑力，但却不能奏效。究其原因，每当*B*不可能准确时，那么，真实情况就会是假如*A*准确，*B*就不可能准确。但是，在这种情况下，说*A*的准确性*排除了 B*的准确性就会是错误的。尽管很难用其他术语说明究竟何为排除，但我认为，我们对这个概念有一个尚说得过去的把握（否则对于那些我们很容易为各种模态阐释构造

9　刘易斯（1979a）首创了这种方法，而他将信念阐释为性质的自我归赋，但这很大程度上看来只是术语上的差异。参见本书第4章注释1。

10　注意，无神论与不可知论之间的分歧不能这样地加以理解。即使无神论者正确，那也不能使不可知论者不持这种信念成为不准确的。

的反例就不会那么有信心了)。[11]

我非正式地使用了"准确"这个词，但可以确切地看到，它是怎样同真值的各种相对化概念相联系的，这些概念我们在前面第 3-5 章进行了探讨。态度或言语行为具有内容，这个内容可以恰当地判定为成真或成假。但是，同一个内容相对于一个评价境况可能成真，而相对于另一个评价境况可能成假。说某个态度或言语行为准确，大致是说，相对于起作用的境况这个态度或言语行为成真。就带有集中内容的态度而言，这个境况包括世界、时间、语境中的施事者。因此，尽管我现在将戴维昨天相信的内容——*我在吃三明治*这个集中命题——看作成假，我把戴维昨天的信念看作在当时是准确的，因为其内容针对境况的三要素：真实世界，昨天，戴维。在这种情形下，说一个信念或断言准确，是说其内容相对于这个语境成真。更加普遍地说，允许评价敏感性。

准确性。*出现在语境 c_1 的态度或言语行为由语境 c_2 评价是准确的，仅当其内容在 c_1 使用、从 c_2 评价成真。*

当我们考虑自己是否断言或相信什么时，成真性与准确性的区别并不太重要。这是因为在那种情形中，可以正确地判定断言或信念是准确的，仅当判定其内容（在第 4.8 节的一价意义上）成真是正确的。但是，当我们考虑他人的态度与言语行为或者考虑我们自己先前的态度与言语行为时，这个区别就至关重要了。过去的断言如果准确——相对于做出断言的语境而成真——就无需收回。相反，如果断言不准确就应当收回，即使其内容我们现在看作成真的。

在将信念非共同有效性与排除共同准确性两者区别开来的过程中，我诉诸了像集中命题这样的非标准内容。因此，某些坚持一种稳定的常规非集中无时态命题的人可能质疑区分这两种分歧的必要性。针对这样一个问题，我会如前所述的那样回应：即使这个区分只是概念上的，认识到这一区别看来没有坏处。而且，意识不到这一区别会致使从关于分歧的前提到关于命题的结论之论证含糊不清。譬如，卡珀朗与霍索恩（2009：96–98）做出大体如下的论证：[12]

(a) 假如存在一个命题一方相信而另一方面不相信，那么双方存在分歧。

(b) 假设时态命题可以是信念的内容。

(c) 那么就应当据此推断，假如两天前比尔相信*波士顿在下雨*这个时态命

---

11 虽然为排除下一个定义很难，但是正像李·沃尔特斯（Lee Walters）向我建议的那样，可以通过其形式特性着手阐释这个概念。排除具有反自反性（A 不能排除本身）、对称性（如果 A 排除 B，B 排除 A）、单调性（如果 A 排除 B，那么，A 与 C 结合排除 B）。此外，A 是否排除 B 看来取决于 A 与 B 的主题是什么。因此，为了追寻更加精准的阐释，人们也许可以求助于主题理论（例如，Lewis 1988）。

12 我修改了论述以使其针对分歧而非一致。

题、詹尼特两周前不相信这个时态命题，他们就存在分歧。

（d）但是这种形式的态度并不构成分歧。

（e）因此，通过归谬证法，时态命题不能作为信念的内容。

我们一旦区分了作为信念非共同有效性的分歧与作为排除共同准确性的分歧，就可以看到这种论证反对时间论是无力的。假如时态命题*可以*成为信念的内容，那么，只有在第一种意义上理解"分歧"时，前提（a）才能成真，而只有在第二个意义上理解"分歧"时，（d）才成真。

可以认为，即使我们仅仅支持恒定命题，这种命题相对于可能世界而具有真值，也可以看到需要区分信念非共同有效性与排除共同准确性。考虑一下在这个世界（我们称作"现实的"世界）上的简与另一个可能世界上的琼。简相信火星有两颗卫星，而琼相信火星只有一颗卫星。这两个信念都准确，因为在琼的世界上火星的确只有一颗卫星。简同琼的这一信念存在分歧吗？

从某种角度看，是存在分歧的。简若不放弃自己的信念就不能接受琼可能抱有的态度。但从另一角度看，又不存在分歧。借用佩里（Perry 1986）的某些术语，我们也许可以说，尽管两个信念都不是关于任何特定世界，简的信念同我们的世界相关，而琼的信念则涉及她的世界，两个信念都准确。[13]至少在"分歧"的一个重要意义上，两个都准确的信念不能说是存在分歧的。这里的情况类似于不同人在不同时间所相信的集中命题的情况。

也许有人会担心，这里的论证依赖于"实在论"关于世界的说法——这种说法或许使可能境况之间的关系显得过分地像是不同时间之间的关系。但是，我们也许不需要各种世界的媒介。我们可以直接询问，琼相信她所实际相信的东西，是否与在所设想的反事实境况中琼可能处于的信念状态存在分歧。注意，问题不是简是否与琼可能会相信的东西存在分歧。[14]那个问题涉及琼与内容及语力之间的关系，但是除非语境也发挥作用，否则准确性的问题无法解决。于是，问题是简是否同琼也许抱有的语境中反事实的态度存在分歧——一种她承认给定其语境可能会是准确的态度。

在我看来，（至少在分歧的一种正面意义上）答案应当是否定的。不过我承认，难以对这一情形持有稳定的直觉，因此，我不想过于看重这一论证。

13　参见前面第 4.5.2 节。

14　我在麦克法兰 2007a 中做了这样的错误表述，卡珀朗与霍索恩（2009：2，§17）正确地指出了这一点。

6.5 排除共同自反准确性

还需要进一步做出一种区别。不过，为了提供其理据，我们需要再来看一下客观论、非指示性语境论以及相对论在阐释口味命题上的不同。

与标准的（指示性）语境论不同，所有这三种理论阐释都乐于接受带有*甘草味美*——不是*对尤姆*，或*我们*，或*大多数人而言味美*，而只是*味美*——这一内容的信念。但是，这些理论在关于这一命题之内涵以及关于什么使带有这个内容的信念成为准确的等问题的阐述上存在差异。

客观论者认为，这个命题具有标准的可能世界内涵。假如我们规定一种世界状态，那么，对于假如情况那样命题是否成真的问题，就有了答案。唯有出现在相对于之命题成真的世界中，带有这个内容的信念或断言才是准确的。

非指示性语境论者与相对论者都认为，命题具有非标准内涵——命题相对于世界与*口味*而具有真值。因此，即使我们明确一种世界状态，也只在规定了相关的口味之后，才能判定命题是否成真。

然而，这两种观点在关于信念以及具有这种内容的断言之*准确性*的看法上分道扬镳。非指示性语境论者认为，语境 c 中的断言或信念是准确的，假如其内容相对于世界 c 以及在那个世界里施事者（断言者或信念持有者）的口味成真。因此，尤姆和尤克可能相信互不相容的口味命题，因为他们有着不同的口味，所以两人的信念可能皆准确。

相形之下，相对论者否认准确性是一个绝对的概念。语境 c 中的信念或断言只有相对于评价语境，才能说是准确的：信念或断言由语境 c' 评价是准确的，唯有当其内容对于世界 c 以及 c' 中施事者（断言者）的口味成真。如果尤姆和尤克相信不相容的口味命题，那么，将不存在一个评价语境，相对于该语境两个信念都是准确的。

于是，相对论者与客观论者都会说关于什么是味美的之意见分歧包含排除共同准确性。情况至少如此，假如"排除共同准确性"意味着：

排除共同准确性。*我的态度（从任何语境评价）的准确性排除你的态度或言语行为（在那个相同语境中评价）的准确性。*

然而，还有另一种方式我们可以概括排除共同准确性这一概念，这种方式将相对论者与客观论者区分开来：

排除共同自反准确性。*（从我的语境评价的）我的态度的准确性排除（从你的语境评价的）你的态度或言语行为的准确性。*

基于相对论阐释，假如就什么东西是否味美两人具有互不相容的信念，共同准确性就被排除，而共同自反准确性则不然。尤姆的信念从她的语境评价可能是准确的，而尤克的信念从他的语境评价则是准确的。于是，对于相对论者而言，排除共同准确性和排除共同自反准确性相分离。相反，对于客观论者而言，因为准确性是绝对的，所以这两者重合。一个信念在某个持有该信念的人所处的语境中评价是准确的，仅当在其他人所在的语境中评价是准确的。

这样，相对论者不需要声称在所有与客观论者相同的意义上论证分歧。相对论者可以承认，在某些方面关于口味的分歧不如典型的客观分歧那么强烈，而典型的客观性分歧的确排除共同自反准确性。

6.6 口味之争的分歧

区分够了！回忆一下我们的策略。不是将问题通过二分法提出——尤姆和尤克存在"真正的分歧"吗？如果存在，相对论的阐释能够揭示这一分歧吗？——而这里的思想是追问，我们所区分的各种分歧中哪种出现在尤姆和尤克的争论中，哪种语义理论能够对其做出阐释。那么，就让我们着手探讨这样的问题。

我们当然遇到实际的非共同有效性。尤克对甘草抱有的态度，尤姆只有改变自己对甘草的态度才能融贯地接受。这样，即使尤姆并不同尤克所*相信*的任何东西存在分歧，他们可能也会有理由争论。尤姆可能想改变尤克对甘草的态度，以使之同她的态度一致。为此，她可能试图让尤克注意关于甘草的各种显性事实。这些事实与论证中的前提起到十分相似的作用，只是它们旨在产生的效应不是改变信念，而是改变口味。

于是，说明如何会存在关于口味问题的争论，看来并不要求在比实际非共同有效性更强的意义上存在口味分歧。每种关于口味谓词意义的理论都会预言我们至少会有这种东西。根据表达论的阐释，尤姆与尤克的言语行为只不过是表达了他们对甘草的非共同有效性态度。但是，语境论者也可以利用实际非共同有效性来解释口味分歧。究其原因，尽管按照语境论的观点，尤姆与尤克*断言*了相容的内容，但在断言相容的内容中，他们分别表达了喜欢与不喜欢甘草的态度。实际上，即使尤姆说了"我喜欢这东西"而尤克说了"噢，我不喜欢这东西"，可以说他们俩存在分歧。

然而，尤克也许可以自然地表达与尤姆的不同意见的某些方面看来不仅限于实际非共同有效性。首先，在"不，这一点也不好吃"中出现了"不"这个词。我认为，"不"在表达自己的明确态度中不甚适用：

（6）尤姆：我喜欢这东西。

  尤克：不，我不喜欢这东西。

其次，尤克可以使用命题回指的手法，自然地表达不同意见：

（7）我不相信那个！

  你说的话不对！

  我不能接受那个。

假若尤克不认为自己不同意尤姆所断言的内容，这一点就难以解释。看来这不仅需要实际非共同有效性而且需要信念非共同有效性。很难看出，正统的语境论或表达论阐释如何做到这一点。

  由德萨（de Sa 2008）探索的一条有趣的途径是，假定在类似尤姆与尤克所处的情形中，一个讲话者或者两个讲话者都预设，他们并不具有相关的不同口味。假如尤克预设尤姆的口味像他的那样，那么，根据语境论的阐释，尤姆的断言所表达的信念——尤姆关于甘草很好吃的信念——同尤克的态度不具有信念上的共同有效性：只有拒绝关于尤姆的口味像他的那样，尤克才可能对此做出阐释。

  这种路径的问题在于，假定在所有分歧情形中预设存在着共有的口味，根本就行不通。假定尤姆和尤克双方都知道他们两人对食物的口味很不一样。那么，我们一开始就看到的对话听起来依然很自然，这个对话看起来依然存在分歧。

  对于语境论者而言，一条更好的路径也许是退回到非指示性形式的语境论。基于这种观点，存在单个的命题，即*甘草味美*的命题，尤姆相信这个命题，而尤克不相信。但是，在某个使用语境中这个命题是否成真，则取决于语境中讲话者的口味。[15]这条路径将保留语境论的核心思想，即尤克关于甘草味道的信念之准确性取决于尤克的口味，而尤姆信念的准确性则取决于尤姆的口味。但是，这种阐释将尤姆与尤克的信念看作具有不相容的内涵，所以可以获得信念非共同有效性。即使尤克可以承认尤姆的信念是准确的，但他不能将其内容看作是成真的，[16]他不能接受尤姆所相信的东西却不放弃自己的信念。这就足以证明类似（7）中回答的合理性。

  我们可以就此作罢吗？尽管非指示性语境论确实预言了信念非共同有效性，但却不能排除共同准确性，因为这种阐释允许尤姆的信念与尤克的信念都

---

15 比较前面第 4.6 节中关于"美丽的"的阐释。

16 参见麦克法兰（2009：第 7 节）。

可以为准确的，尽管两个人的信念内容互不相容。相反，相对论能够排除共同准确性，因为从任何特定的评价语境，单一的口味（评价者的口味）同关于什么是味美的之所有信念的准确性相关。从尤姆的语境评价，她的信念准确，尤克的信念不准确；而从尤克的语境的评价，他的信念准确，尤姆的信念不准确。我们有理由假定类似于尤姆与尤克之间的口味之争涉及排除共同准确性吗？

这是个棘手的问题。但是，假如分歧双方认为自己不仅试图改变对方的态度，而且试图做出*反驳*——在此，反驳成功的迹象不仅是另一方转而认为自己最初断言的内容错了，并且把最初的断言看作是不准确的而予以收回，那么，这就有利于佐证相对论。

口味之争的确看来具有这种性质。假若尤克最终使尤姆变得不喜欢甘草的味道，这将迫使尤姆收回她先前关于甘草味美的断言。在这方面，口味之争犹如关于任何客观事物——如地球的年龄——的争论。

不过另一方面，口味之争又不太像关于典型客观事物的争论。这就是说，尤克只能通过改变尤姆的视角——使得尤姆占据一个评价语境，这个语境在与语义相关的方面不同于她先前占据的语境——使其收回断言。相对论阐释预言，只要尤姆依然喜欢甘草，她就有理由坚持自己最初的断言（即使从尤克的视角看这是不准确的）。只要她所断言的东西从她当下的语境评价是成真的，她就无需收回断言。相反，在分歧最为严重的情形下，（如果能够迫使的话）可以迫使收回断言而对视角不做任何改变。从一个视角评价表明某个断言成假的那些相同的事实，从任何其他视角评价也足以表明该断言成假。

我们通过区分排除共同准确性与排除共同自反准确性，可以标明这种差异。我认为，在口味之争中我们能够发现排除共同准确性，而非排除共同自反共同准确性。

6.7 关于"无错分歧"

最近，一些真值相对论的倡导者——以马克斯·科尔贝尔（2004a，2002，2008a）最为突出——提出，口味之争的特点是"无错分歧"，而只有相对论者能够解释无错分歧何以可能。这个术语极有可能模糊不清，所以我在此避而不用。"无错"（faultless）和"分歧"（disagreement）都可以以几种不同的方式理解。我们如何理解这两个词语对于"无错分歧"的可行性及其对围绕相对真值的争论之意义至关重要。

我们已经讨论了"分歧"的几种可能的涵义。在此对我们最为重要的涵义是：

> *分歧ₙ 信念非共同有效性*
> *分歧ₚ 排除共同准确性*

"无错"又该怎样理解呢？信念或断言怎样才能成为无错的呢？下面有四种可能的理解：

> *无错ᵥᵥ 认识上确保的*
> *无错ₜ 成真的*
> *无错ₐ 准确的*
> *无错ₙ 不违背支配信念／断言的构成规范*

那么，认为无错分歧是可能的这种观点怎么样呢？显然，无错ᵥᵥ分歧是可能的，无论我们用"分歧"指什么。两人可以就完全客观的论题（如，地球的年龄）持有相互矛盾却同样有根据的信念，如果其中一人掌握了错误的证据。

基于"分歧"的两种理解中的任何一种，无错ₜ分歧都是不可能的。假如你能够融贯地把某人的信念表征为"成真的"（使用一价命题真值谓词），那么，你就可以持有一个包含相同内容的信念而不放弃你自己的任何信念。因此，他人的态度在信念上同你自己的态度是共同有效的。说"我就那个问题与你意见不一致，但你所相信的东西是真的"是不融贯的。（我猜想，真值相对论的许多支持者认为相对论的目标就在于论证这种意义上的无错分歧。显然，这一目标是无法实现的。）

无错ₐ分歧ₚ是不可能出现的。说共同准确性被排除就是说至少分歧态度中的一种因为不准确而肯定是错误的。

然而，无错ₐ分歧ₙ是可能的。如已所见，基于对"味美的"的非指示性语境论阐释，尤姆与尤克的看法即使无法在信念上共同有效，却都可以是准确的。

正如我们所作的那样，假定支配断言与信念的规范依附相对于断言者或信念持有者的评价语境，无错ₙ分歧ₚ是可能的。排除共同准确性意味着不存在任何一个评价语境，相对于这个语境两个信念或断言都准确。但是，可能是这两个信念或断言都自反性地准确——亦即由相关信念持有者或断言者评价都准确。因此，可能两者都符合相关的规范。

于是，至少有三种融贯而迥异的方式，以理解相对论者关于口味之争中存在"无错分歧"的主张。（参见表 6.1 中的概括。）其一，也许可以主张，这种争论中的双方都可能*有理由*坚持各自所持的观点。当然，这种一般现象——分歧的观点，两种观点都有道理或有根据——几乎不是相对论所特有的。但是，也可能是，需要真值相对论解释分歧双方用以佐证各自主张的东西——他们自己的主观反应——如何可能做到这一点。尤其是，为什么人们应该将其自身的主观反应视作关于什么是味美的之断言的充分根据（参见第1.1节）？

其二，也许可以主张，持有矛盾信念的双方都可能在其信念是准确的这一意义上"使之正确"。假如这就是要义所在，那么，所支持的观点就是非指示性语境论的观点，所涉及的那种分歧则是信念非共同有效性。

其三，也许可以主张，互相排除对方信念或断言准确性的双方都成功地满足了支配信念的形成与保留、断言地做出与收回的规范。这一点由我们在这几页中阐述的那种真值相对论所预言。这种真值相对论主张真正的评价敏感性，并且通过将评价语境中的真值相对应于支配信念与断言的规范而加以阐明。从尤克的观点看，尤姆关于甘草味美的断言是不准确的。但是，尤克可以同意尤姆成功地使其断言符合自反真值规则（第5.3节）与收回前言规则（第5.4节），前者只是禁止尤姆断言从她自己的视角看是不准确的内容，后者只要求她收回从她当前的视角评价为不准确的内容。

表 6.1. 可能存在关于口味问题的"无错分歧"吗？

"无错"之涵义	w	w	t	t	a	a	n	n
"分歧"之涵义	n	p	n	p	n	p	n	p
标准语境论	✓	✓						
非指示性语境论	✓	✓			✓	✓		
相对论	✓	✓			✓	✓		✓
客观论	✓	✓						

科尔贝尔对"无错分歧"的正式定义本身并未对这三种理解做出区分：

> 无错分歧是这样一种情形，其中有一个思考者甲、一个思考者乙以及一个命题（判断的内容）p，从而：
> （a）甲相信（判断）p 而乙相信（判断）非 p；
> （b）甲和乙任何一方都没有出错（不错）。（Kolbel 2004a：53-54）

如我们所见，条件（a）过弱，不能揭示排除共同准确性。因此，这里涉及的分歧概念看来是信念非共同有效性。条件（b）中所说的"错"过于笼统，无法在上文所述的"无错"之不同理解中做出抉择。然而，科尔贝尔之后的论述强烈地倾向于将"无错"理解为无错ₙ，从而做出上述第三种理解。他坚持以下原则：

TR. *相信从自己的视角看不能成真的命题是错误的*（Kolbel 2004a：70）。

这条原则酷似我们相对化真值规范（第 5.3 节）。（他没有另外陈述支配收回前言的规范；需要这一规范以区分相对论与非指示语境论。）因此，看来他心目中的"错"是违反了构成性规范，而不是违反了（比如）认识性规范。

假如科尔贝尔用"无错分歧"意指无错ₙ分歧ₙ，那么，我们可以同意这个概念是融贯的，即使这个概念在上述意义上不是真值相对论独有的特征。但是，极其容易对"无错分歧"做出其他理解——包括使这个概念不相融贯的那些理解。例如，理查德（2008：第 5 章）辩驳道，真值相对论观点使关于口味之无错分歧问题不再可能，他假定，认为另一方观点有误排除了认为该观点"无错"。但是，如果"无错"的意思是无错ₙ，情况则不然（参见 MacFarlane 2012）。如果不想被误解的话，最好的办法是彻底避免使用"无错分歧"这一表述。为真值相对论提供理据或做出解释，不需要"无错分歧"。

6.8 结语

意见分歧是相对论者、客观论者与语境论者争论的焦点。客观论对我们在口味之争中感到的分歧做出的阐释，是以将不合理的错误与沙文主义归于讲话者为代价的；语境论避免了沙文主义，代价是无法解释分歧。据称，相对论比客观论技高一筹，避免了将错误与沙文主义归于讲话者；相对论比语境论略胜一筹，论证了我们关于分歧的直觉。

但是，假若以二元的、有则全无则零的方式提出问题——相对论允许口味之争作为真正的分歧还是不允许？——这往往产生相互矛盾的答案。客观论者通常不情愿接受相对论者论证关于口味问题真正分歧的主张。毕竟根据相对论的观点，难道从他们各自的视角看双方不都是正确的吗？难道这不表明根本就不是*真正的*分歧吗？另一方面，语境论者通常不情愿接受相对论者关于*存在*涉及口味问题的真正分歧的主张。

通过区分不同类型的分歧，我们能够聚焦问题，并且说明原来的问题为何引出这些差异迥然的回答。问题不在于是否存在关于口味问题的"真正"分歧，而相反在于我们所区分的各种分歧中哪一种表征了口味分歧。我们探讨过的主要类型的阐释可以用对这个问题所做的回答加以定义。在我们评估的案例中，标准语境论与表达论仅仅确保实际非共同有效性，非指示语境论确保信念非共同有效性，相对论确保排除共同准确性，客观论则确保排除共同自反准确性。

于是，评估关于口味谓词的相对论论证不需要解决哪些分歧是"真正的"的问题，这似乎只是个术语问题；而只需要确定口味之争是由（比如）排除共同准确性表征，还是只由信念非共同有效性表征的。我们可以通过考虑上文勾勒的鉴别不同类型分歧的方法做到这一点。

这些考虑表明，相对论者可以将分歧用作反对语境论的关键论据，同时仍然接受客观论者的观点，即相对论阐释所论证的那种分歧不足以构成客观事实的典型问题中出现的那种分歧。确实，相对论者可以声称，在客观论立场与语境论立场之间找到了适当的中间立场。客观论将比实际存在的更加激烈的分歧归于口味之争；语境论则没有发现足够的分歧。

第二编

应用

第 7 章
味美的

在第 1 章结尾，我们了解了关于"味美的"意义阐释需要考虑如下几点：

1. *普遍性*。我们的理论需要阐明"味美的"对其可能出现的所有句子的语义贡献，而非仅限于简单句。

2. *断言条件*。我们的理论需要说明为什么通过亲身体验了解某物味道的讲话者有根据将之称作味美的，仅当其味道对他来说是可口的 (TP)。

3. *收回前言条件*。我们的理论需要对以下现象做出解释，即为什么如果某物原有的味道按照讲话者*现在的*口味不可口，即使按照讲话者做出断言时的口味是可口的，讲话者也会收回（而不是坚持）先前做出的某物味美的断言。

4. *意见分歧*。即使当双方都对某物味道有着亲身体验、知道该食物的味道对他们中的一方可口而对另一方不可口时，关于某物是否味美可能存在真正的分歧。我们的理论应当解释为何会存在这种分歧。

5. *态度表达*。我们的理论应当解释为什么在把什么称作味美的同时，人们表达了对其味道的喜欢。

我论述道，通常提出的几种关于"味美的"意义的理论阐释——客观论、语境论与经典表达论——尽管每一种理论揭示了上述这些需要考虑的因素中的某些内容，但无一能够涵盖所有这些需要考虑的因素。我提出相对论阐释可以满足所有这些考虑因素，但当时我们不具备恰当的概念机制为这一看法提供佐证，甚至不能对这一观点确切地予以陈述。现在我们可以改进了。

在第 7.1 节，我们将描述相对论对诸如"那甘草味美"这种独立使用的简单句子所做出的阐释，将组合细节略去。我们将会看到相对论如何在客观论与语境论中获得某种中间立场，并继承其各自正确的观点。然后（第 7.2 节）我们将探讨如何建构一种组合语义学，为这些简单句以及复杂句生成真值条件。"味美的"内嵌于真值条件算子、态度动词、限量词、时间修饰语、模态词等而出现在这些复杂句中。最后（第 7.3 节），我们将会看到艾伦·吉伯德（Allan Gibbard）的精致现代版表达论如何可能加以拓展，以对"味美的"做出阐释。这一阐释包括一种组合语义分析，同第 7.2 节中的那种十分相似。这一小节的目的旨在了解为何受吉伯德启发的观点尽管与相对论阐释存在诸多相似之处，但仍然算作一种形式的表达论；这一小节还将探究这种形式的表达论与相对论观点之间实质性的不同。

7.1 相对论阐释

既然我们在此的主要目的是例示关于"味美的"相对论阐释特征，我对某些复杂的细节做出抽象，而这些复杂细节在充分完整的论述中是必须面对的。更加完整的阐释将不得不对"味美的"与"品尝起来味道好"意义相同这个事实做出说明。这本身在语义上就很复杂。假定"品尝起来味道好"是评价敏感性的。其评价敏感性源于"品尝"、"（味道）好"还是源于两者的结合？要回答这个问题，就不得不十分普遍地考察评价性形容词（"好"、"坏"、"奇怪的"），并且考察感官现象动词（"品尝"、"看起来"、"感觉"）。人们也许推断，所有评价性形容词都是评价敏感性的，或者所有感官现象动词都是评价敏感性的。但是，结果也可能证明"品尝起来味道好"的评价敏感性产生于感官现象动词与评价性谓词的*相互作用*。眼下，我还不知道如何解决这些有趣的问题。但是，这些问题十分重要。例如，假若评价敏感性是所有评价性词语的特征，那么，我们就需要对道德词汇做出相对论的语义阐释。

其二，我们不会试图解决关于味美性质恰当载体这种棘手的问题。我做出的论述似乎是在某个评价境况中将这一性质的外延视作一组可食的东西——例如，甘草、乔的辣椒，或者我面前这个苹果。不过，这似乎过于简单化了。假设阿里和本两人都在喝某瓶麝香葡萄酒，但是，阿里边吃甜食边喝，而本边吃牛排边喝。阿里可能说那酒很好喝，而本则可能觉得酒味道糟透了，酒的甜味与牛排的味道十分不合。[1]这种判断上的差别不一定表明口味上的任何不同，

1　感谢德克·金德曼（Dirk Kindermann）让我考虑这个实例。

也不表明他们所喝葡萄酒味道上的任何差别。看来他们也不真正存在分歧。仔细考虑一下这个例子，人们禁不住要说，真正味道好（或者不好）的并不是葡萄酒，而是某种类似于"语境中的葡萄酒"：同牛排或者甜食一起食用的葡萄酒。另外，人们也许说，真正味美（或不美）的并不是酒，而是酒的*味道*，这一味道随着喝酒时所吃的或所闻到的东西的变化而变化。这会导致关于"味美的"某种程度的语境论，因为语境会帮助确定在特定场合中某种食物可能具有什么味道被称作"味美的"。但这与针对用于指味道时的"味美的"的相对论阐释是一致的。不管怎样，我们在此将不探讨这些问题；在这一章里，我们在论述中将假设所讨论的食物在特定的世界与时间具有单一的味道。

其三，正如我们在第 1 章中所论述的那样，除非直接了解某食物的味道，否则说该食物是"味美的"看来是不恰当的。对"味美的"做出充分的阐释应当对"味美的"这个特征做出说明。可以认为，该特征为其他审美评价词语所共有。这里提供的阐释并没有对这一特征做出说明。

把下面的论述看作是对"味美的"的意义所作的一个简单初步的阐释。这个阐释足够详尽地表明它与更加熟知的客观论、语境论与表达论阐释如何不同，同时也足够详尽地例示了几个有趣的语义问题。

7.1.1 口味

我们将需要*口味*这个概念。这是一个熟悉的概念。当我们说不同的人有"不同的口味"，或者指责某人"口味粗俗"，或者赞扬某人"口味不俗"时，我们就使用了这个概念。不过，我们将仅限于口味的味觉方面。我认为，口味是一种*标准*——味觉标准。我有时将使用这一术语，而不用"口味"。谈论标准可能带有某种知识的意味：施事者评价某物是否味美所使用的一套原则。在此并不旨在表达任何这样的意味。相反，把标准看作某种确定衡量水准的东西。在这个意义上，法国塞夫勒国际千克原器是重量的标准——"标准千克"。同样，人们的口味也起着口味标准的作用，这同人们是否能够表达该标准毫不相干。我们的味觉标准可能在很大程度上取决于基本的生理差异，尽管也受到我们对食物的体验的极大影响。

我们的口味并不保持一成不变。当我们体验新东西时，我们的口味就发生变化；即使没有体验，我们的口味可能取决于我们短暂的情感状态。我将假定，谈论施事者*在语境中*的口味是有道理的。更加普遍地说，人们也许想谈论在某个语境中*相关*的口味。这通常是语境中施事者（通常会在语境中以"我"这个词指称的那个人）的口味。但在某些语境中，这也可能是某个其他口味，比如，由语境中相关的一组人共有的口味。

为了我们语义分析的目的，我们无需就口味的形而上学做多少论述：例如，无需说多少什么使某人具有特定的口味，或者口味如何各不相同。不过，我的确想要强调人们的口味与人们*喜欢*什么味道之间的分析性联系。大致说来，假如人们了解一种味道并且喜欢这种味道，那么，他们的口味就对这种味道做出积极的评价；假如人们不喜欢这种味道，那么其口味就对之做出消极的评价；假如人们既不喜欢又不讨厌这种味道，那么其口味就对之做出中性的评价。我想我们难以理解这样一种想法，即某人可能喜欢熟透的桃子的味道却又不喜欢这样的桃子，或者喜欢甘草的味道却又不喜欢甘草。

7.1.2 相对论阐释

基于一种简单的语境论观点，

（1）这味美

在语境 c 中使用、从任何语境中评价，只要"这"的指称对象的味道在 c 的时间与世界中由 c 中的施事者（讲话者）的口味做出积极的评价，这句话就是成真的。相反，根据简单的相对论观点，只有当"这"的指称对象的味道在 c 的时间与世界中由 c' 的施事者（评价者）的口味做出肯定的评价时，（1）在语境 c 使用、从语境 c' 评价才能成真。[2]

注意，在相对论阐释中，使用语境与评价语境都发挥作用。评价语境告诉我们使用哪种口味作为标准评价味道，而使用语境确定对哪种味道做出评价：在使用语境的时间与世界中"这"的指称对象具有的味道。假定我中午就一盘新鲜的意大利面条说出（1）。三小时后，这盘面条被太阳晒得变硬了，而且开始引来苍蝇。显然，过去三小时那盘面条发生的变化同我最初断言的准确性无关。重要的是在我做出断言时面条具有的味道；毕竟那是这一断言所相关的内容。假定我的口味没有变化，那么，我应当继续认为我的断言是准确的。

然而，假若我的口味发生了变化，从而不再对那盘面条本来的味道做出肯定的评价了，那么，按照相对论的看法，我就不再应当认为我最初的断言是准确的了。正是在这一点上，相对论阐释不同于语境论阐释。根据语境论的阐释，既然在我做出断言时按照我所具有的口味那盘面条味美，我就应当继续认为我最初的断言是准确的。相对论否认我最初的口味具有相关性。我最初的断

---

2 如果谈论"在某个语境中相关的口味"而不说"语境中施事者口味"——为相关的口味不是语境中施事者的口味之特殊情形留有余地，这就可能使语境论与相对论的观点更加灵活。为简单起见，我们在此将不做这样的改进。

言是关于那盘面条的味道的，而并不是关于我当时碰巧具有的口味的，它不涉及我的口味。[3]

我们已经阐述了语境论与相对论观点如何在为（1）派赋真值条件上存在差异。但这在实践中会造成什么不同呢？在预见讲话者如何使用类似（1）的句子时两种观点有何不同呢？在此，我们可以诉诸第 5 章中联系评价相对真值同断言与收回前言之适切性的连接原则。

当我们考察*做出*断言的适切性时，两种观点看来根本没有什么不同。根据自反真值规则（第 5.3 节），当断言的内容在断言者所处的语境中使用与评价成真时，就可以做出这个断言。既然在这实例中使用语境与评价语境重合，相对论阐释与语境论阐释将以同样的方式解决这个问题。两种理论都会说，假如所指食物具有在断言时由评价者口味做出肯定评价的味道，就可以断言(1)。

为了了解两种观点在实践中的差异，我们需要探究收回前言的适切性。按照收回规则（第 5.4 节），对（1）在 c 中做出的断言必须在 c' 中收回，假如其内容在 c 中使用、从 c' 评价不能成真。依据语境论的观点，假如食物在 c 中具有的味道不合讲话者在 c 中的口味，就满足了这一条件。而按照相对论的观点，如果食物在 c 中的味道不合评价者在 c' 中的口味，就满足了这个条件。因此，倘若讲话者自做出断言以来其口味发生了变化，食物本来的味道不再合乎他的口味，那么，相对论的观点就认为，先前对（1）的断言就必须收回，而语境论的观点则不然。

于是，回顾前面列述的需要考虑的几点，相对论观点看来同语境论观点一样能够满足*断言条件*。但是，相对论观点还能满足*收回前言条件*，而语境论观点则无法满足这一条件。

第四点需要考虑的因素意见*分歧*又怎么样呢？假设尤姆喜欢某个语境中突显食物的味道，而尤克却不喜欢。那么，真值规范与相对论语义观结合就意味着尤姆可以断言（1），而尤克则可以断言其否定形式：

（2）不对，这味道不好。

从任何语境评价，尤姆断言的准确性都排除了尤克断言的准确性，反之亦然。这样，我们就获得了第 6 章中那种表征为*排除共同准确性*的分歧。这样一种分歧尤姆和尤克是不大可能解决的，因为那要求他们中至少一方须改变口味。但是，假设经过长期讨论与进一步的体验，尤克的口味改变了，他开始喜欢这个食物了。那么，尤克不仅会改变主意，声称该食物"味美"，而且会感到不得

3　关于（being about）与涉及（concerning）之间的区别，参见上文第 4.5.2 节。

不收回先前对（2）的断言，而尤姆可以认为自己反驳了他。所有这些都标明了一种更加激烈的分歧，这样一种分歧语境论者无法做出阐释。[4]

相对论阐释还满足了第五点需要考虑的因素，即态*度的*表达。在断言（1）中，只有讲话者的口味赞同所指食物的味道时，讲话者才能实施一个双方都知道是正确的行为。因此，实施这样一个行为就为他人提供了某种理由认为，讲话者喜欢有关的食物，并且意在使他人认识到这一点。在那种意义上，这个行为表达了喜欢食物的态度。[5]事实上，正像经典表达论的观点一样，并与语境论的观点不同，相对论的观点使我们能够说，讲话者表达了对食物的喜欢，而不对自己的口味或态度做出任何*断言*。

只剩下一个需要考虑的因素：*普遍性*。在这一点上，相对论的观点并不面临任何特殊问题；相对论观点符合真值条件语义学框架，可望使用与语境论和客观论观点相同的方法，以说明所出现的内嵌成分做出的语义贡献。但是，也许认为有几个细节上的有趣问题对相对论者构成更大的困难。因此，在第7.2节，我们将详尽探讨相对论者如何可能处理几个包孕"味美的"的结构。

7.1.3 讲究饮食者能够成为口味相对论者吗？

有时认为，口味相对论者必须主张，所有可能的口味都"相同"，即"无口味之争"。我猜想这种想法是抵制相对论观点的重要来源。那些特别在意饮食的人寻求饮品食物的范例，并为自己具有鉴赏力的口味引以自豪。这些人不容易接受那种意味着他们的口味并不比任何其他人的强的观点。

然而，相对论观点并不含有这层意思。事实上，在某个方面，相对论观点佐证了讲究饮食者的态度。假如"强"意为"更可能赞同实际上味美的味道"，那么，相对论者就不能融贯地认为任何其他人的口味比自己的强。究其原因，就其他人的口味与他自己的不同这个程度上说，他们会不可避免地喜欢（从他自己的语境评价）不鲜美的味道。

讲究饮食者会回应道，这个论证没有深度。具有好的口味鉴赏力被认为是一种*成就*，是人们追求的东西，而不是某种（从自己的视角）由"味美的"的语义特性平凡地确保的东西。讲究饮食者会说，把自己的口味看得比许多人的强，但认为仍有待改善，这应当是可能的。相对论观点看来可能排除了这一可能性。

4　正如第 1.2.1 节中所强调的，集体语境论能够解释意*见分歧*，但只是以丧失*断言*条件为代价。
5　关于这一意义上的表达，参见巴赫与哈尼什（Bach and Harnish 1979：15，58，291）。

但事实上，相对论者在"强"的许多意义上承认其他人的口味比自己的强，这根本没有什么不融贯的。正如我们所看到的，"强"在此不可能意为"更加准确"，也不可能意指"更可能赞同实际上味美的味道"，否则就会出现不融贯。但是，在说一种口味比另一种口味"强"时，人们可能意指许多其他东西。更加讲究口味的人可能从食物得到更多的乐趣、更加在乎食物、对食物的知识更加丰富，从而生活得更好。像亚里士多德所认为的那样，从合适的食物饮品中获得乐趣甚至可能是美好生活的一部分。相对论者在任何这些方面追求更好的口味，同时把自己的口味认作决定他是否能够把某物称作"味美的"的口味，这并无不相融贯之处。[6]

这样，讲究饮食者不一定是关于"味美的"的客观论者。这是幸运的，因为作为客观论者就需要把口味提升到极致才能把食物称作味美的，而且听从他人的判断哪些食物味美。那不是我们（即使是我们中间的讲究饮食者）使用"味美的"这个词的方式，这不是一个具有"味美的"社交作用的词语*可能*使用的方式。

7.2 组合语义学

为几个简单的"味美的"句子提供真值条件是一回事，阐明这些真值条件如何产生于一种组合语义论完全是另一回事；这种语义论还为无限多以其他结构出现的包孕"味美的"句子提供可能的真值条件。我们下面就转向这个任务。"味美的"不同于有些形容词，允许明确地相对化于品尝者。我们不仅可以说那些饼干味美，而且可以说那些饼干"对于孩子味美"或"约翰觉得味美"。"味美的"组合语义学分析应当说明这些结构是如何发挥作用的。这种语义学分析还应当对包孕在以下结构中的"味美的"做出合理的预言：命题态度动词（"吉尔认为这味美"）、限量词（"每个人都得到了味美的饼干"）、时态修饰语（"那曾是味美的"）以及模态词（"那会是味美的"）。所有这些结构引起了有趣的问题，其中有些结构曾被用作"味美的"语境论阐释的论据，因此，探讨相对论者对这些结构能够做出何种论述至关重要。

---

6 同样，相对论者追求更多信息，同时把目前掌握的信息认作决定他是否可以把某物说成是"可能的"信息状态（第10章），这并无不相融贯之处。注意，信息状态具有更好、更差的自然客观的排序：假如一组信息包含另一组所含的所有信息，而且还包含另一组所不包含的信息，那么这组信息就优于另一组信息。尽管如此，客观论没有吸引力：没有人会说，因为信息状态可有优劣之分，所以一切认识模态词应当相对于可能为最优的信息状态加以理解——完全的无所不知。

7.2.1 原子程式

我们将从原子程式入手、增加构成一个个更加复杂句子的结构，以此一点一点建构我们的语义学表征。

语法。

单称词项："*乔*"、"*萨利*"、"*甘草*"、"*两元抛*"[7]、"*我*"、"*你*"

变项："*x*"、"*y*"、"*z*"

一位谓词："*是味美的*"、"*是有毒的*"、"*是一个人*"、"*是饼干*"

二位谓词："*喜欢……的味道*"、"*获得*"

原子程式：*若 α 与 β 为单称词项或变项，Φ 是一位谓词，ψ 是一个二位谓词，「αΦ」与「α ψ β」是原子程式。*

预料到当在我们的语言中增加限量词、时态与模态算子及其他结构时所出现的需要，我们将指号定义如下：

指号。指号是一个四元组合 ⟨*w, t, g, a*⟩，其中 *w* 代表可能世界，*t* 代表时间，*g* 代表口味或味觉标准，*a* 代表对变项的赋值。

我们在此使用一个时间参数，因为我们将把时态与时间修饰语当作句子算子。虽然有很强的理由支持使用限量词处理时态（参见 King 2003），但是，将之看作算子的方法能够对谓词与述谓做出更加简单的阐释。因此，我们在此更愿意采用这一方法。我们下文关于与时态相互作用的论述稍加改造就可移植到两种框架中的任何一种。

*口味*并列项也值得注意。莱瑟森（2005）在其指号中使用了*评判者*并列项，而非口味并列项。这样做存在几个缺陷。其一，一个评判者在不同时间可能具有不同的口味。因此，严格说来，我们所需要的不仅是一个评判者，而是一个评判者与一个时间。在我们的指号中已经有一个时间并列项，以处理时态与时间修饰语。但是，正如我将在下文第 7.2.10 节中论述的那样，假若设定*那*就是相关时间，就会得到不正确的结果。我们可以增加第二个时间并列项，其作用只是回答"评判者*什么时间*的口味？"这个问题。但是，径直让口味本身作为并列项似乎更为简单。

其二，假如我们使用评判者而非口味并列项，那么就无法考虑这样的可能性，即有些依赖于评判者的表达式是评价敏感性的，而其他的却是使用敏感性的。究其原因，假如在使用语境与评价语境中定义真值，评判者由评价语境初始化，那么，每个外延对评价者敏感的表达式都会是评价敏感性的。例如，

7　这是加利福尼亚一种十分廉价的葡萄酒的别名。

这就排除了"味美的"相对论阐释与"美丽的"非指示性语境论阐释的结合。这里的要义并不是我们应当追求这样一种结合，而在于我们的基本框架不应当从一开始就排除这种结合。假如我们就味觉标准与审美标准拥有独立的并列项，我们就有可能使一个由评价语境初始化，另一个由使用语境初始化。[8]

现在，我们可以为原子程式定义使用语境与指号中的真值了。我们通过定义在语境与指号中的任意表达式的外延做到这一点。在语境与指号中的某个词项的外延是一个客体，一个一位谓词的外延是一个集合，一个二位谓词的外延是一组对子，一个程式的外延是一个真值。

语义学。我们用 $[\![\alpha]\!]^c_{\langle w, t, g, a\rangle}$ 指 α 在 c, $\langle w, t, g, a\rangle$ 的外延。[9]

单称词项：

$$[\![\text{"乔"}]\!]^c_{\langle w, t, g, a\rangle} = 乔$$

$$[\![\text{"萨利"}]\!]^c_{\langle w, t, g, a\rangle} = 萨利$$

$$[\![\text{"甘草"}]\!]^c_{\langle w, t, g, a\rangle} = 甘草$$

$$[\![\text{"两元抛"}]\!]^c_{\langle w, t, g, a\rangle} = 两元抛$$

$$[\![\text{"我"}]\!]^c_{\langle w, t, g, a\rangle} = c\text{ 的施事者}$$

$$[\![\text{"你"}]\!]^c_{\langle w, t, g, a\rangle} = c\text{ 的听话者}$$

变项：

$$[\![\alpha]\!]^c_{\langle w, t, g, a\rangle} = a(\alpha), \alpha\text{ 为变项}$$

一位谓词：

$$[\![\text{"是味美的"}]\!]^c_{\langle w, t, g, a\rangle} = \{x|\text{ 在 }w\text{、}t\text{ 根据 }g, x\text{ 是味美的}\}$$

$$[\![\text{"是有毒的"}]\!]^c_{\langle w, t, g, a\rangle} = \{x|\text{ 在 }w\text{、}t, x\text{ 是有毒的}\}$$

$$[\![\text{"是一个人"}]\!]^c_{\langle w, t, g, a\rangle} = \{x|\text{ 在 }w\text{、}t, x\text{ 是一个人}\}$$

$$[\![\text{"是饼干"}]\!]^c_{\langle w, t, g, a\rangle} = \{x|\text{ 在 }w\text{、}t, x\text{ 是饼干}\}$$

二位谓词：

$$[\![\text{"喜欢……的味道"}]\!]^c_{\langle w, t, g, a\rangle} = \{\langle x, y\rangle|\text{ 在 }w\text{、}t, x\text{ 喜欢 }y\text{ 的味道}\}$$

$$[\![\text{"获得"}]\!]^c_{\langle w, t, g, a\rangle} = \{\langle x, y\rangle|\text{ 在 }w\text{、}t, x\text{ 获得 }y\}$$

原子程式：

$$[\![\alpha\,\Phi]\!]^c_{\langle w, t, g, a\rangle} = \begin{cases} 成真, 如果 [\![\alpha]\!]^c_{\langle w, t, g, a\rangle} \in [\![\Phi]\!]^c_{\langle w, t, g, a\rangle} \\ 否则, 成假 \end{cases}$$

$$[\![\alpha\,\psi\,\beta]\!]^c_{\langle w, t, g, a\rangle} = \begin{cases} 成真, 如果 [\![\alpha]\!]^c_{\langle w, t, g, a\rangle}, [\![\beta]\!]^c_{\langle w, t, g, a\rangle} \in [\![\psi]\!]^c_{\langle w, t, g, a\rangle} \\ 否则, 成假 \end{cases}$$

---

8 当然，拥有两个独立的评判者并列项也是可能的。

9 在此，我通过将"甘草"与"两元抛"当作专有名称而避免了物质词项的语义表征问题。

7.2.2 后语义学

注意，到目前为此，我们尚无需提及评价语境。这是因为在这个语义学分析中，评价语境不是在第 3.2.3 节意义上局部地相关的。只有在下一阶段才需要评价语境；在那个阶段，相对于使用语境与评价语境、以使用语境与指号中的真值对真值做出规定。为了使这个阶段与定义使用语境与指号中的真值区分开来，我们将之称作后语义论阶段：

后语义学。*一个句子 S 在语境 c_1 使用、从语境 c_2 评价为真，当且仅当对 a 的所有赋值，*

$$[\![s]\!]^{c_1}_{\langle w_{c_1},\, t_{c_1},\, g_{c_2},\, a \rangle} = 成真$$

其中 w_{c_1} 是 c_1 的世界，t_{c_1} 是 c_1 的时间，g_{c_2} 是 c_2 中施事者（评价者）在 c_2 的时间的口味。[10]

7.2.3 内容与境况

我们可以像卡普兰（1989：546）那样，在这一语义分析中增加关于语义内容（性质与命题）的理论。

评价境况。*设评价境况为 $\langle w, t, g \rangle$ 的三元组，其中 w 是世界，t 是时间，g 是口味。*

内容。*当 α 是一个程式、谓词或单称词项时，设 $|α|^a_c$ 指其在使用语境 c、赋值 a 时的语义内容。*

内容的内涵。*$|α|^a_c$ 的内涵是从评价境况到外延的函项，从而 $f(\langle w, t, g \rangle) =$ $[\![α]\!]^c_{\langle w, t, g, a \rangle}$。*

语义内容相对化于使用语境，而不相对化于评价语境。这是因为我们正在阐发一种形式的真值相对论，而非内容相对论（第 4.2 节）。既然我们提供的语义分析意味着，"美味的"在语境与指号中的外延不依赖于语境与赋值，而仅仅依赖于世界、时间、口味等指号参数，我们可以一致地规定，"味美的"恒定地表达一个性质，即作为味美的性质。

7.2.4 布尔联结词

很容易在我们的语言中添加句子性真值函项联结词：

语法。*如果 φ 与 ψ 是程式，那么 $\ulcorner ¬φ \urcorner$、$\ulcorner φ ∧ ψ \urcorner$、$\ulcorner φ ∨ ψ \urcorner$ 也是程式。*

---

10 如前所述，而更为灵活的后语义论可能会诉诸在 c_2 中相关的口味，以允许存在一种可能性，即这或许是一种非评价者的口味。

语义学。

$$[\![\neg\;\phi]\!]^c_{\langle w,t,g,a\rangle} = \begin{cases} \textit{成假，如果 } [\![\phi]\!]^c_{\langle w,t,g,a\rangle} = \textit{成真} \\ \textit{否则，成真} \end{cases}$$

$$[\![\phi \wedge \psi]\!]^c_{\langle w,t,g,a\rangle} = \begin{cases} \textit{成真，如果 } [\![\phi]\!]^c_{\langle w,t,g,a\rangle} = [\![\psi]\!]^c_{\langle w,t,g,a\rangle} = \textit{成真} \\ \textit{否则，成假} \end{cases}$$

$$[\![\phi \vee \psi]\!]^c_{\langle w,t,g,a\rangle} = \begin{cases} \textit{成假，如果 } [\![\phi]\!]^c_{\langle w,t,g,a\rangle} = [\![\psi]\!]^c_{\langle w,t,g,a\rangle} = \textit{成假} \\ \textit{否则，成真} \end{cases}$$

这些条款都是简单直观的，使我们能够将使用语境与评价语境中对真值的阐释从原子句扩展到这些句子任意的真值函项性复合句。采用真值条件框架论述为我们解决包孕问题提供了一个简单易行的办法，而这个问题对于经典表达论却是一个难题（第 1.3.2 节）。

7.2.5 显性相对化

正如在第 1.2 节中论述的那样，"味美的"可以显性地相对化于评判者：

（3）那种牌子的花生黄油对小孩儿来说味道很美。

（4）尤克，那对我来说味道一点不好。

（5）你有没有什么东西对大家来说是味美的？

有理由认为，这种相对化的性质是"味美的"语义特征，因为类似的相对化似乎并不适用其他类型的形容词——甚至是那些在运用中需要做出评判的形容词：

（6）# 山姆对于年幼的孩子来说是强壮的。[11]

（7）# 山姆对于你来说可能是秃子，但他对于我根本不秃。

（8）# 你能派一个对于大家来说是聪明的人吗？

难以看到关于"味美的"客观论者如何能对这些素材做出阐释。很容易看出某种语境论者能够对之做出阐释。假如"味美的"表达了一种对评判者而言是味美的关系性质，那么，我们就应当既能够找到明确地规定评判者的句子，又能够找到没有明确规定评判者的句子（在这种情形中，评判者主目位将由语境填充）。但是，相对论者能够对（3）-（5）做出什么解释呢？

这里所赞同的方法源于莱瑟森（2005），将"对萨尔是味美的"当作一个复杂谓词，具体如下：

---

11 "山姆对于年幼的孩子来说是强壮的"没有问题，但这里的"对于孩子来说"提供了一个比较类，而不是一个评判者。说山姆对于孩子来说是强壮的，这并不是说由孩子的标准评判他是强壮的，而是说他比孩子的通常标准强壮。

语法。*当 α 是一个一位谓词、β 是一个单称词项或变项，「α 对 β」一个一位谓词。*[12]

语义学。$[\![\alpha \; 对 \; \beta]\!]^c_{\langle w,t,g,a \rangle} = [\![\alpha]\!]^c_{\langle w,t,g',a \rangle}$，*其中 $g' =$ 在时间 t $[\![\beta]\!]^c_{\langle w,t,g,a \rangle}$ 的口味。*[13]

现在我们可以看到，基于相对论阐释，"味美的"（用于某个语境）其内涵不同于"对我来说是味美的"（用于同一个语境中）的内涵。假如考察不同的评价境况，这些境况在世界与时间上一致，但在口味上不同，"味美的"的外延是变化的，而"对我来说是味美的"的外延却保持不变。从逻辑上说，"两元抛是味美的"与"两元抛对我来说是味美的"既非严格等值又非逻辑等值（第 3.4节）。但是两者却是*对角*等值的；对于任何语境 c，仅当"两元抛对我来说是味美的"在 c 中使用与评价为真时，"两元抛是味美的"在 c 中使用与评价才能为真。这意味着仅当断言的真值规则允许断言两者中的一句时，方才允许断言另一句。这就说明为什么会如此地倾向于认为，两者在某种更强的意义上是等值的。[14]

斯蒂芬森（Stephenson 2007）选择了另外一种有趣的方法。她像莱瑟森那样，在其指号中包含了一个"评判者"并列项。但是，她并没有将"味美的"当作一位谓词，这个谓词的外延对该并列项敏感；而是将之看作一个二位谓词。这个额外的主目位可以由下面三者中的任何一个填充：(i) 常规的代词（正如在"对萨尔来说味美的"中）；(ii) 语义上等值的零代词 pro$_{Sal}$；(iii) 特殊的隐形名词性代词 PRO$_J$，（在任何语境与指号中）指表指号中的评判者。斯蒂芬森认为，当"味美的"不受显性限定而出现时，其内在句法可能或者是 (ii) ——同 (i) 语义上等值——或者是其外延对指号中评判者并列项敏感的 (iii)。

斯蒂芬森的观点同我们的观点在句法与语义上都不同。句法上的不同在于，"味美的"被当作二位谓词。语义上的不同主要是，她使用了评判者而非口味；这对时间包孕结构有重要意义，下文将讨论这一点。我们的观点可以做出修订，以使之在句法上同斯蒂芬森的观点相仿，但在语义上却不相一致。也许我们可以将"味美的"理解为二位谓词，并带有如下的意义："依据口味 ζ，ψ 味道鲜美"。"对于萨尔"中"对于 (to)"的语义值也许可以理解为从评判者到其在指号的时间的变化值。我们也许可以使用 PRO$_G$，指表评判者在评价

12　也许应当要求 α 是其外延随指号的口味变化的谓词。为了简单起见，我们在此不作这个要求，因此，"对乔来说是一块饼干"看作是合乎语法的，尽管它在语义上相当于"是一块饼干"。

13　这一条款同莱瑟森（2005：666）中的稀有不同，因为他的指号中包含评判者，而我的则包含口味。

14　同莱瑟森（2005：688 第 8、9 两点评述）做一比较。

时的口味（或者更加灵活地指表在评价语境中相关的口味），而不使用指代指号之评价者的 PRO~J~。如此产生的观点在关于每个句子（在使用语境、评价语境与指号）的真值的预言上会同我们的观点一致。于是，句法上的问题可以通过语义分析加以表征。

7.2.6 隐性相对化

莱瑟森（2005）指出，存在这样一些情形，其中类似"味美的"谓词显然旨在相对于特定的评判者或标准做出评价。他把这些用法称作"外中心的"用法，以区别于更常见的"自中心的"用法。我们相对于作为评判者（无论作为讲话者还是作为第三方评价者）的自己评价自中心用法。例如，在下列对话中：

（9）玛丽：比尔觉得那些乘骑活动怎样？

约翰：噢，旋转木马挺好玩，但是滑水有点太吓人了。

"如果旋转木马对比尔来说是好玩的，而不是如果对我们自己（或对约翰）来说是好玩的，我们就直觉地认为约翰的话语为真"（Lasersohn 2005：672）。同样，我们在买狗食时，也许会问自己：

（10）我纳闷哪种牌子味道最好？

在回答这个问题时，我们试图弄清哪种牌子对狗来说味道最好，而不是对我们自己而言。

莱瑟森认为，约翰用（9）所断言的与他自中心地使用这同一个句子所断言的正是完全相同的命题。那样，若要正确地理解约翰言语行为的意谓，就不啻需要掌握其语力与语义内容，而且需要了解约翰针对所断言的命题采取了外中心立场还是自中心立场。假如我们判定他采取了自中心立场，我们在评价其断言时采取自中心立场是恰当的。但是，假如我们断言他采取了外中心立场，那么，我们就应当相对于他意指的评判者对其断言做出评价。

这一路径同我们在此阐述的框架互不相容。根据我们建构的框架，（是否）具有评价敏感性是*语义内容*的固有特性。因此，我坚持提供外中心用法的一种不同理论。在我看来，在（9）中，约翰并不断言他假如外中心地使用"好玩的"（fun）所断言的同一个命题。相反，他断言的是会由句子字面地表达的东西。

（11）旋转木马*对比尔来说*是好玩的，而滑水*对他*有点太吓人。

这里"对比尔来说"的作用与"对比尔来说是味美的"中的"对比尔"的作用大同小异；它将评价敏感性谓词（"好玩的"，"吓人的"）转化成非评价敏感性谓词。约翰没有使用"对比尔"，因为他不需要这样使用：从语境中显而易见他断言了哪个命题，他使用了尽可能少的语言资源表达了这个意思。

这种偷懒并非出乎意料。除非听众可能会误解我们，否则我们倾向于不将事情明确说出。[15]

较之莱瑟森的方法，另外还有两个因素使我们更愿意接受以语义内容为中心的方法。其一，正如我们将在第 7.2.9 节所看到的那样，我们毕竟需要假定隐性相对化，以阐释约束现象。因此，在此使用这些资源并没有额外的付出；其二，正如我们将在第 7.2.7 节所看到的那样，莱瑟森对态度动词的阐释被其外中心用法论扭曲了。相反，在此提倡的隐性语义内容法与关于态度动词的简单保守的语义论却是互相容合的。[16]

7.2.7 态度动词

关于态度动词最为简单的语义理论将这些动词看作表达了人与语义内容之间的关系。例如：

语法。"相信"是一个二位谓词。

如果 ϕ 是一个句子（没有自由变项的程式），「that ϕ」是一个单称词项。

语义学。

$[\![\text{"相信"}]\!]^c_{\langle w, t, g, a\rangle} = \{\langle x, y\rangle \mid x \text{ 在世界 } w \text{ 时间 } t \text{ 有一个含内容 } y \text{ 的信念}\}$

$[\![that\ \phi]\!]^c_{\langle w, t, g, a\rangle} = |\phi|^a_c$

另外一种由辛迪加（Hintikka 1962）创立并得到斯蒂芬森（2007）与其他语言学家支持的方法将态度动词看作模态算子。大致地说，"乔相信 p"在 w 为真，仅当 p 在所有世界 w' 为真，这所有 w' 对于 w 中的乔都具有信念上实在的可能性。（斯蒂芬森看似有理地论辩说，这些算子也改变评判者。）在此，我们更倾向于采用关系分析法，这种方法能够更加顺利地处理非 that- 从句的补足语（"乔相信戈德巴赫猜想"，"有某种东西乔和玛丽都相信"），并且避免辛迪加方法坚持信念对蕴含的封闭。

莱瑟森也青睐关系性语义论，但是他认为信念关系具有一个额外的隐性主目位。根据这一观点，人们也许外中心地相信某个命题而不自中心地相信这

15　在第 7.2.5 节讨论的斯蒂芬森的方法与此类似，将外中心用法与自中心用法的差异理解为断言命题内容上的差异。但是，按照她的观点，还存在句法上的不同：在外中心用法中，"味美的"之"评判者"主目位由零代词填充，而在自中心用法中，则由 PRO$_J$ 填充。

16　斯蒂芬森（2007）出于其他理由对莱瑟森的外中心用法论提出批评。她认为，外中心用法适用于"味美的"，但对认识模态词却不适用，这必须由两者之间的语义差异加以解释。（她把"味美的"而非认识模态词看作具有额外的评判者主目位。）但是，在我看来，认识模态词有时以"外中心的"方式使用。例如：比尔可能说"我可能在那辆巴士上"，从而解释为甚安躲在丛林中（Egan, Hawthorne and Weatherson 2005：140）。

个命题。例如，也许是琼不（自中心地）相信狗食味美，但却（外中心地，将狗作为相关的评判者）相信狗食是味美的。据此，莱瑟森推断，"我们必须将*相信*看作个体、语境与句子内容之间的一个三位关系"（Lasersohn 2005: 676）。语境主目使我们能够区分自中心用法与各种各样的外中心用法。[17]

这一建议是行不通的，因为没有独立的证据表明"相信"具有第三个主目位提供给语境、评判者或标准。倘若"相信"的确具有这样一个主目位，应当可能为之确定一个语义值，并用限量词加以约束。英语中应当有一种自然的方法来表达下述思想，即乔相信以狗作为评判者狗食味美。但是，这些东西我们似乎只能用莱瑟森自己的类专业性元语言表达。对应的最自然的英文表达——"琼相信狗食对狗而言是味美的"——将对狗的相对性纳入到所相信的内容中，而非将其视作额外的主目。这就对关于英语中的"believe"（相信）具有第三个主目位的提议给予了有力的反击。

假如像在第 7.2.6 节中所建议的那样，将外中心视角与自中心视角的差异理解为相关信念*内容*上的差异，那就不再需要将"相信"看作具有另外的主目位了。我们只需要说：

（12）我相信加利福尼亚天然狗食味美。

这个句子可以（依据语境）用以断言讲话者与加利福尼亚天然狗食味美这个命题处于信念关系，或者断言他与加利福尼亚天然狗食*对狗来说*味美的命题处于信念关系。

7.2.8 事实性态度动词

像"知道"和"认识到"这样的事实性态度动词是一个有趣的特例。莱瑟森（2009）注意到，断言（13）的讲话者通常被认为既坚信（a）又坚信（b）：

（13）约翰认识到甘草味美。

　　（a）甘草对约翰来说味美。

　　（b）甘草对他自己来说味美。

他论述道，这个事实是语境论者难以解释的。语境论的阐释会将(13)中的"味美的"理解为带有一个隐性主目——相关的品尝者。假如隐性主目是约翰，那

17　莱瑟森在（2009）中区分了"相信"（believe）与"认为"（consider），他把后者看作二位谓词，始终需要一个外中心视角（对此的评述，参见卡珀朗与霍索恩 2009：106 注释 11）。莱瑟森还提出了那种可能性，即"相信"之真正的外中心用法表达一种二位关系，类似"认为"。三位关系无法区分自中心用法与针对讲话者却又不以涉我（*de se*）方式出现的外中心用法（Lasersohn 2009：第 4 节）。

么，我们可以解释信念（a），但却解释不了（b）。另一方面，假若隐性主目是讲话者，那么，我们可以解释信念（b），但却解释不了（a）。相形之下，相对论的阐释则能对两者做出很好的解释。认识到甘草味美，需要将甘草味美看作是成真的。除了出乎意料的认知错误，只有当约翰喜欢甘草的味道时他才能将甘草味美看作是成真的。这就使我们得到了信念（a）。"认识到"还是一种事实性态度。因此，说约翰认识到甘草味美，就使讲话者坚信甘草味美。但是，仅当甘草对讲话者来说是味美的，甘草味美（在讲话者的语境中使用并评价）才能成真。这就使我们得到了信念（b）。

有人也许假定，语境论者可以将隐性主目理解为包含讲话者与约翰的一个群体，以解释（a）、（b）两个信念。但是，莱瑟森论证道，这样做也不能奏效，这正如我们从下面这个实例中可以看到的那样：

> 约翰认为甘草味美，并且错误地相信他是唯一这样认为的人。约翰不知道，讲话者也认为甘草味美，而且知道约翰同样这么认为。在这种情况下，无疑讲话者可以真实并适切地说约翰认识到甘草味美，但实际情况并非约翰与讲话者都坚持这个看法，即甘草对包含约翰和讲话者两人的一个群体来说是味美的。（Lasersohn 2009：371）

如其所是，这个结论下得有点过于仓促：即使约翰认为他是唯一喜欢甘草的人，他依然可能坚信甘草对于一个群体来说是味美的，这个群体的人事实上包含约翰和讲话者。他只是需要以没有充分罗列其成员的描述语把这个群体（比如）理解为"那些在味觉能力方面与我相关地类似的人"[18]。不过，我觉得在这样一个情景下，讲话者不再可能"真实并适切地"说约翰*认识到*甘草味美。究其原因，"认识到"是一个认识动词；认识到某物即为知道某物，这是一个认识上的收获，超出了仅仅正确的信念。[19] 就我们设想的情形而言，约翰设法获得了关于甘草对于相关群体是否味美的成真信念；但是，他无法知道这一点，因为他基于错误的假设形成了自己的信念，即他是相关群体的唯一成员。于是，说他"认识到"甘草味美，这种说法是不正确的。

了解了"认识到"不只是事实性的而且是认识性的，这有助于抵御语境论

---

18 正像莱瑟森（2009：371）所指出的那样，对这个组的规定使约翰自己是否作为其成员这个问题不确定，那是行不通的。这会使我们失去对信念（a）的解释。但是，我在此做出的描述使约翰先验地知道，他是该组的成员，因为他最大程度地与自己相似。

19 威廉森（2000：34）论辩道，*所有静态事实性态度动词隐含知识*。

者对莱瑟森之论点的反驳。但这也削弱了该论点所基于的一个假设之基础：即假设当讲话者把约翰看作相信甘草味美，而且自己觉得甘草味美时，他可以真实而适切地说，约翰*认识到*甘草味美。

让我们相当模糊地说，当某人以对 p 的真值恰当地敏感的方式形成自己的信念 p 时，他即知道 p。假如我们思考一下我们自己关于哪些食物味美的信念，那么，这些信念看来就是可以考虑作为知识的极佳选择。我认为甘草味美是因为我喜欢甘草的味道。仅当我喜欢甘草的味道时，甘草味美这个命题（在我当下语境中使用与评价）方能为真。因此，我相信这个命题的根据正是足以使这个命题成真的事实。这样，看来我不仅可以相信甘草味美，而且可以*知道*（认识到、意识到）甘草味美。

可是，其他人又怎么样呢？我应当说，另外某个人（比如说，约翰）知道（认识到、意识到）甘草味美，仅当我认为他关于甘草味美的信念对甘草的味美性恰当地敏感。但是，我知道约翰基于他的口味形成其信念，而他的口味并不与甘草味美（当从我的语境评价）这一命题处于任何特殊关系。倘若约翰突然喜欢起炸蚱蜢来了，那会改变他关于什么东西味美的信念。然而，（从我的角度看）这同这些信念的成真性毫不相干。这样，看来我就不能认为他知道、认识到或者意识到甘草味美，而最多只能认为他真实地相信这一点。

这所意味的是，只有在我假定约翰的口味同我自己的如出一辙这种特殊情形中，我才可以断言(13)。但是，假若存在这样一个假设，(a) 就蕴含(b)。所以，可以解释信念 (a) 的理论也可以解释 (b)。因此，莱瑟森对语境论的驳斥几无效力。

7.2.9 限量词与约束

我们可以用通常的方法在语言中加上二元限量词：

语法。*如果 ϕ 与 ψ 是程式，且 α 是一个变量，那么「所有 $_a(\phi, \psi)$」、「一些 $_a(\phi, \psi)$」也是程式。*

语义学。

标注：$a[x/\alpha](y) = x$ *如果 $y = \alpha$, 否则 $a(y)$.*

$$[\![\text{所有}\,_a(\phi, \psi)]\!]^c_{\langle w, t, g, a\rangle} = \begin{cases} \text{成真，如果对于每个客体 } x, \\ \qquad [\![\phi]\!]^c_{\langle w, t, g, a\,[x/a]\rangle} = \text{成真,} \\ \qquad [\![\psi]\!]^c_{\langle w, t, g, a\,[x/a]\rangle} = \text{成真} \\ \text{否则，成假} \end{cases}$$

$$
[\![\text{一些}_{\,\alpha}(\phi,\psi)]\!]^{c}_{\langle w,t,g,a\rangle} = \begin{cases} \textit{成真，如果对于一些客体 } x, \\ \qquad [\![\phi]\!]^{c}_{\langle w,t,g,\,a\,[x/a]\rangle} = \textit{成真}, \\ \qquad [\![\psi]\!]^{c}_{\langle w,t,g,\,a\,[x/a]\rangle} = \textit{成真} \\ \textit{否则，成假} \end{cases}
$$

限量词改变赋值函数，而使指号的其他并列项（包括口味）不受影响。这乍看起来给类似下面这样的句子带来一个问题

（14）每个人都得到一些味美的饼干。

　　所有$_x$(x 是一个人，*一些*$_y$(y 是一块饼干 ∧ y 是味美的，x 得到 y))[20]
看来（14）（至少）有两种不同理解。按照第一种理解，这个句子说的是每个人得到一些味美的饼干（句号）。如此理解，只有当发现给出的每块饼干都是味美的时，才能接受这一断言。根据第二种理解，这句话是说每个人得到一些*对那个人来说*味美的饼干。这样地加以理解，即使发现给出的饼干中有些饼干令人作呕，人们也可以接受这个断言。假设儿童和成人对饼干的口味不同。青色的饼干儿童觉得味美，而成人则不然；红色的饼干成人觉得可口，但儿童觉得不好吃。所有儿童得到两块青色的饼干（没有红色饼干），所有成人获得两块红色饼干（没有青色饼干）。按照第一种理解，（14）由成人评价不能成真；而根据第二种理解，则为真。

　　问题在于，相对论阐释似乎只预见了第一种理解。相反，正统的语境论阐释——那种将"味美的"作用方式看作类似于"当地的"语境论——轻而易举地预见到这两种理解。假若"味美的"具有供评判者或口味的额外的主目位，那么，我们就应当期望这个主目位或者由语境填充（第一种理解），或者受限量词约束（第二种理解）。

　　相对论者有两种办法对这个质疑做出回应。第一种办法是像语境论者那样，假定"味美的"有一个额外的主目位，但却追随斯蒂芬森的主张，这个主目位有时可由一个特殊的隐性名词填充，这个名词的所指由评价语境特征决定。采取这一办法的相对论者可以对这一歧义现象给出与语境论者相同的的解释。事实上，斯蒂芬森的阐释似乎预见到，（14）应当有三种理解：

（15）*所有*$_x$(x 是一个人，*一些*$_y$(y 是一块饼干 ∧ y 对 PRO_J 是味美的，x 得到 y))

（16）*所有*$_x$(x 是一个人，*一些*$_y$(y 是一块饼干 ∧ y 对 pro_{Sal} 是味美的，x 得到 y))

（17）*所有*$_x$(x 是一个人，*一些*$_y$(y 是一块饼干 ∧ y 对 x 是味美的，x 得到 y))

20　参见莱瑟森（2005：681）。

句子（15）是评价敏感性的；当每个人得到一块饼干、饼干的味道合乎评价者的口味时，（相对于评价语境）这句话即为真。句子（16）包含"味美的"一个外中心用法；当每个人得到一块饼干，饼干的味道合乎萨尔的口味，这句话即为真。句子（17）是受约束的理解；每个人得到一块饼干，饼干的味道合乎他或她的口味，这句话即为真。

另一个办法与第 7.2.1 节提供的语义论一致，不把"味美的"看作具有额外的主目位。这一办法主张，句（14）可用以断言一个命题，这个命题可字面地表述为

（18）*所有 x（x 是一个人，一些 $_y$（y 是一块饼干 $\wedge$ y 对 x 是味美的，x 得到 y））* 使用第 7.2.5 节定义的谓词修饰算子*"对于 α 来说 ϕ"*。这里没有假定使我们获得这一理解的句法机制。相反，我们只是假定讲话者期望听话者能够认识到，（18）表达的命题是她意在断言的命题。第二种办法在许多方面更加保守。这种办法不要求假定迄今未知的句法成分 PRO_J。[21]

7.2.10 时态

为了眼下的讨论，我们遵循时态逻辑的传统把时间修饰语当作句子算子。如上文所指出的那样，没有什么实质性的东西依附于这个决定。我们需要确定的句法与语义论，以便讨论时间修饰语与"味美的"之间的相互作用，算子方法比较简单。但是，下面的论述也可以用一种框架重塑，这种框架把时间修饰语当作限量词。

语法。如果 ϕ 是程式，那么「*现在 ϕ*」、「*将来 ϕ*」、「*曾经 ϕ*」以及「*一年前 ϕ*」也是程式。

语义论。

$$[\![\,\text{现在}\,\phi\,]\!]^c_{\langle w,\,t,\,g,\,a\rangle} = \begin{cases} \text{成真，如果 } [\![\phi]\!]^c_{\langle w,\,t,\,g,\,a\rangle} = \text{成真，} \\ \text{否则，成假。} \end{cases}$$

$$[\![\,\text{将来}\,\phi\,]\!]^c_{\langle w,\,t,\,g,\,a\rangle} = \begin{cases} \text{成真，如果在某一 } t' > t \text{ 的时间，} [\![\phi]\!]^c_{\langle w,\,t',\,g,\,a\rangle} = \text{成真，} \\ \text{否则，成假。} \end{cases}$$

$$[\![\,\text{曾经}\,\phi\,]\!]^c_{\langle w,\,t,\,g,\,a\rangle} = \begin{cases} \text{成真，如果在某一 } t' < t \text{ 的时间，} [\![\phi]\!]^c_{\langle w,\,t',\,g,\,a\rangle} = \text{成真，} \\ \text{否则，成假。} \end{cases}$$

---

21 对于任何通过假设"味美的"具有一个额外的、由句法上实现但却是隐性的代词来填充的主目位以解释约束解读之提议的句法反驳，也可参见莱瑟森（2005: 681）。（这将包括上述斯蒂芬森的提议，以及更标准的语境论形式）。

$$[\![\,一年以前\,\phi\,]\!]^c_{\langle w,t,g,a\rangle} = \begin{cases} 成真, & 如果\ [\![\,\phi\,]\!]^c_{\langle w,t_{c-1年},g,a\rangle}=成真, \\ 否则, & 成假。\end{cases}$$

这些时间算子转变指号的时间并列项，但却未使口味并列项受到影响。这导致的结果看来或许令人惊讶。假设某人的口味改变了。在 c_1 他喜欢甘草的味道，而在 c_2（一年之后）却不喜欢甘草的味道——不是因为甘草的味道变化了，而是因为这个人对这个味道的反应改变了。这样，在 c_2 他不仅可以断言

（19）甘草不味美。

　　¬（甘草味美）

而且可以断言

（20）一年前甘草不味美。

　　¬（*一年以前*甘草味美）

有些读者可能不同意这个预言，认为在这种情况下做出下述断言应当是正确的

（21）一年前甘草曾是味美的。

　　*一年前*甘草味美。

莱瑟森（2005）和斯蒂芬森（2007）两人都对"味美的"做出了语义阐析，并得到了这个结果。根据他们的观点，如果指号中的评判者在指号的时间喜欢客体的味道，"是味美的"（或者，对斯蒂芬森而言"是味美的 PRO*j*"）对指号中该客体就为真。因此，即使甘草的味道在一段时间内没有变化，

（22）甘草以前曾是味美的，但不再味美了。

可以为真，因为评判者的口味在那段时间中发生了变化。

　　下面是看待这两种路径之差异的一种方式。依循莱瑟森和斯蒂芬森的路径，指号的时间起着双重作用，不仅向我们表明应当着眼于客体的哪个时间片段（这是很重要的，因为客体的味道可能随着时间变化），而且表明着眼于评判者的哪个时间片段（这很重要，因为评判者的口味可能随着时间变化）。相形之下，根据这里提倡的路径，指号的时间只起着第一种作用；没有必要确定评判者的哪个时间片段相关，因为指号已经包含了完整的口味。

　　乍一看来，采取（21）可能是莱瑟森和斯蒂芬森观点的一个可取的特征。尽管如此，有几条颇具说服力的理由拒斥指号中的评判者路径。首先，这一路径预言下列（23）应该蕴含（24）：

（23）50 年后甘草仍将是味美的。

（24）某人 50 年后仍将在世。

（我在此假定，不存在这样的情况，即任何死亡了的动物会在没有生命时喜欢

甘草或任何其他食物的味道。）但是，这一蕴含关系看来令人生疑。[22]

其二，说出下面这句话似乎是怪异的：

(25) 去年甘草曾是味美的，但今年不是。今年甘草具有的味道同去年的味道一模一样，但是吃了太多以后，我现在觉得吃甘草味同嚼醋。

相反，说出下面这句话却无半点异常：

(26) 去年甘草对我来说是味美的，但今年不再好吃。甘草现在具有的味道同去年的味道完全相同。但是，吃了太多之后，我现在觉得吃甘草味同嚼醋。

可是，指号中的评判者观点无法预见在可接受性上的这种差异。[23]

其三，采取（21）与主张在语境 c_1 中对（27）的断言必须在 c_2 中收回的说法不甚相符：

(27) 甘草味美。

说出下面这句话（至少）是十分怪异的：

(28) 去年我断言甘草味美。去年甘草*曾*是味美的。不过，我的断言不准确，必须收回。

这是关于"味美的"之评价敏感性语义论拒斥指号中评判者路径的强有力的理由。

7.2.11 真势模态词与非事实条件句

真势必然性与可能性算子以及非事实条件句可以通常的方式增加。

语法。*如果 ϕ 与 ψ 是程式，那么*「$\Box\phi$」、「$\Diamond\phi$」、「$\phi\dashv\psi$」*也是程式*。

语义学。

$$[\![\Box\phi]\!]^c_{\langle w,t,g,a\rangle} = \begin{cases} \textit{成真，如果对于所有可以从 } w \textit{ 达致的世界 } w', \\ \qquad [\![\phi]\!]^c_{\langle w',t,g,a\rangle} = \textit{成真}, \\ \textit{否则，成假}。 \end{cases}$$

$$[\![\Diamond\phi]\!]^c_{\langle w,t,g,a\rangle} = \begin{cases} \textit{成真，如果对于一些可以从 } w \textit{ 达致的世界 } w', \\ \qquad [\![\phi]\!]^c_{\langle w',t,g,a\rangle} = \textit{成真}, \\ \textit{否则，成假}。 \end{cases}$$

---

22 类似的观点（归于一位匿名审稿人）使用模态算子而非时间算子，参见莱瑟森（2005: 663 注 13）。

23 另一方面，正如索菲·当德勒特（Sophie Dandelet）向我强调的，相对论者需要解释为何"甘草去年我吃起来味道好，但那时甘草味道不好"即使是在所描绘的语境中，听着也不正常。可能做出的一个解释是，我们是从"甘草味美"与"甘草对我来说味美"（第 7.2.5 节）的对角等值过度推广至其严格等值（第 3.4 节）。

$$
[\![\phi \; \mbox{\boldmath$\neg$} \; \psi]\!]^{c}_{\langle w,\, t,\, g,\, a \rangle} = \begin{cases} \textit{成真,\ 如果}\ [\![\psi]\!]^{c}_{\langle w',\, t,\, g,\, a \rangle} = \textit{成真,} \\ \quad w'\textit{是最接近于}\ w\ \textit{的世界,} \\ \quad \textit{从而}\ [\![\phi]\!]^{c}_{\langle w',\, t,\, g,\, a \rangle} = \textit{成真,} \\ \textit{否则,\ 成假。} \end{cases}
$$

这些联结词转变指号中的世界并列项，使其他并列项——包括口味并列项——不受影响。因此，

（29）甘草本可以是味美的

　　　◇甘草是味美的。

这句话仅当甘草本可以有一种按照 g 衡量为味美的味道时（由某个具有口味 g 的人评价）才是准确的。评价者（任何其他人）本来可能会有不同于 g 的口味这个事实同（29）的真值无关。这本该如此。纳闷假如马粪味美事情会是什么样子，就是纳闷假如马粪的味道与马粪实际具有的味道不同事情会是什么样子，而不是纳闷假如某人具有（比如说）狗的口味事情会是什么样。

出于类似的理由，尽管下面这个非事实条件句：

（30）假如我的味觉没有经过许多更好的葡萄酒的训练，两元抛对我来说就会是味道好的成真，

（31）假如我的味觉没有经过许多更好的葡萄酒的训练，两元抛就会是味道好的。

（由我现在使用与评价）为假。究其原因，我未曾品尝过许多更好的葡萄酒、最可能接近的世界——称之为 w'——大概是两元抛有着与其在现实世界中具有的味道相同的世界。相对于我实际的口味，在 w' 中两元抛味美成假。[24]

有人也许假定，根据相对论的观点，味美的性质依赖于心理；毕竟我们对于味美性质的判断看来是我们自己的反应投射到了引起这些反应的事物之上。但是，至少在"心理依赖"的一种意义上，这种质疑不能奏效。这是因为下面这个非事实条件句：

（32）假如从未存在过有知觉能力的动物，那就没有任何东西会是味美的。

根据所建议的语义阐析结果就会成假。对其真值重要的不是在所设想的无人世界中是否会有任何东西对动物来说味美，而是在这样一个世界中，按照评价者（在此是我们）的口味，事物可能具有的味道是否可口。这就意味着，对吸引我们关于这种条件句之直觉的语义值客观性做出匆忙辩护，并不能排除相对论

24　更加形式化地表述，$[\![\ \textit{两元抛对我来说味美}\ ]\!]^{c}_{\langle w',\, t_c,\, g_c,\, a \rangle} =$（对于任何赋值 a）成真，而 $[\![\ \textit{两元抛味美}\ ]\!]^{c}_{\langle w',\, t_c,\, g_c,\, a \rangle} =$（对于任何 a）成假。

的观点。[25]

7.3 相对论与表达论

既然我们业已了解相对论如何处理我们在第 1 章中甄别的充分阐释"味美的"意义所需考虑的若干因素，现在就可以考察可能声称也能做到这些的一种不同观点了，这是一种模仿艾伦·吉伯德论述规范话语的现代表达论观点。正如我们将看到的那样，这种观点同相对论观点存在一些相似之处。揭示两者实质上的相异之处有助于对这两种路径提供启迪。

7.3.1 现代表达论

经典表达论聚焦于使用类似"应当"和"味美的"这种词所实施的言语行为，而现代表达论则往往着眼于内在的心理状态。说出"那是味美的"所实施的行为与说出"那是绿色的"行为，两者之间的差异可以这些言语行为所表达的内在心理状态之间的差异解释。[26]在后一种情形下，所表达的是一种信念———一种带有塞尔（Searle 1979：3-4）称作*心理对世界*适应指向的心理状态。而在前一种情形下，所表达的是一种喜好、口味或偏爱———带有*世界对心理*适应指向的心理状态。表达论者承认，我们可以使用信念与判断的语言刻画前一种心理状态。例如，我们可以说，尤姆认为甘草味美，而尤克则以为甘草味道令人作呕。但是表达论者认为，我们可以区分肤浅意义上的"信念"与深厚意义上的信念。在前一种意义上，可以使用"信念"刻画的任何状态都算作信念；而后一种意义只限于带有*心理对世界*适应指向的心理状态。吉伯德声称，在肤浅或最简意义上"我真诚地相信疼痛是不好的，我的表达论加以阐述后，就能够对相信这一点存在于什么之中做出解释"（Gibbard 2003：183）。它存在于带有*世界对心理*的适应指向的心理状态之中：用吉伯德的话说，一种"满载计划"的状态。表达论者还可以诉诸最小真值谓词与作为成真断言之事实的最小概念。对于最小真值谓词而言，等值图式（第 2.4 节）是适用的。在这个意义上，"疼痛不好成真，疼痛不好是一个事实———的确，只要疼痛不好"（Gibbard 2003：183）。这样，吉伯德式表达论者就能够应对我们讨论过的对经

25　事实上，许多语境论观点也是可以接受的———那些将所表达的命题看作相关于讲话者的口味，而不是相关于讲话者本身。有些相对论观点，包括莱瑟森和斯蒂芬森的观点，处理（32）会有困难；参见莱瑟森（2005：663 注 13）。这是在指号中包括口味标准而非评判者的另一条理由。

26　关于针对诸如断言的言语行为的语力完全以态度表达做出阐释，持有的一些保留意见，参见（MacFarlane 2011b：§1）。

典表达论的两点质疑：关于态度转述的担心（第 1.3.2 节）与命题性回指（第 1.3.2 节）。

可是，关于包孕的更加普遍的担忧（第 1.3.2 节）又怎么样呢？表达论者通过将这些肤浅的信念认同于类似计划或类似愿望的心理状态，说明什么是相信某人应当去参加晚会或者某种味道是可口的。但这并没有使我们理解什么是相信乔在晚会上提供的所有食物都是味美的；或者仅当萨利将出席晚会时，比尔才应当去参加晚会；或者没有哪瓶酒是既便宜又味美的。这些心理状态不是（在深厚意义上）纯粹的信念，也不是纯粹的愿望心理状态或计划心理状态，而是两者的成分都包括。具有相反口味的两个人可能一致认为，乔在晚会上提供的所有食物都会是味美的，因为他们就乔将提供什么食物看法不同。坚持相同实践规范的两个人可能就比尔是否应该仅当萨利去参加晚会时才去参加晚会意见相左，因为他们就萨利是否喜欢比尔看法上存在分歧。对酒具有相同口味的两个人可能就是否不存在任何既价廉又味美的酒看法不一，因为他们就具体某瓶酒的价格意见相左。表达论者需要给我们提供某种方法，以将其对"纯粹"愿望状态与计划状态的解释应用于对这些"混合"状态的解释。

我们看到布莱克本（Blackburn 1984）如何试图通过对这些混合状态的每一种做出直接描述，以解决这个问题。根据布莱克本的理论，如下的简单句：

（33）赌博是不好的。

表达了支持或反对的一阶态度（在此，反对赌博），而复杂句子表达对一些态度集合的支持或反对。例如：

（34）如果赌博是不好的，那么帮助别人赌博是不好的。

表达对人们反对赌博而反对帮助别人赌博之情感的支持的心理状态。布莱克本断言，通过使用这种分析，我们可以解释为什么当拒绝接受（35）时，接受（33）与（34）是不相融贯的。

（35）帮助别人赌博是不好的。[27]

但是这种策略可能使*所有*条件句，即使是那些含有纯粹的描述性前件与后件的条件句，成为表达支持态度的了。考虑以下论证：

（36）如果赌博导致贫穷，那么赌博是错误的。

如果赌博是错误的，那么吉姆将会回避赌博。

---

27 事实上，布莱克本的分析为我们提供的主要是一个接受（33）与（34）、但拒绝接受（35）的人将会支持别人的情感。这并不是说她不赞成自己的情感，或甚至反对自己的情感。那么，在哪一种方式上，她会是自相矛盾的呢？鉴于布莱克本的目的，认为条件句表达对包含不赞成赌博而非不赞成帮助他人赌博之情感的不赞成态度。于是，拒绝演绎推理的人将有一种她自己不赞成的情感，这种情感听起来更像严格意义上的自相矛盾。

因此，如果赌博导致贫穷，那么吉姆会回避赌博。

或许布莱克本会将（36）的前提理解为支持兼并某些态度的情感的表达，如前所述——只是此处的态度之一是一个*信念*。但是，他随之也必须将后件理解为一种支持的表达：支持包含吉姆将回避赌博的信念的情感，这些情感同时包括赌博导致贫穷的信念。否则，布兰克本无法解释论证的有效性。这样，结果就是*所有*条件句（事实上，所有其他类型的复合句）都会被理解为表达态度的。

施罗德（Schroeder 2008）同布莱克本一样试图为所有复杂句子表达的态度提供直接的描述，明确地接受这一结果。根据施罗德的阐释，所有的句子——甚至是纯描述性的句子——被视作表达"赞成"某种以非规范性术语描述的行动的状态。施罗德承认这

> 应该看起来像一个表达论者不会得出的结论。表达论的一个主要理据乃是信念与欲望是两种截然不同的心理状态，且信念不能作为表达论理据。但是，现在我们却在考虑相信的确是一种特定的赞成这一观点。乍听起来，这一提议既不具可能性，也完全不是那种人们会预先期望表达论者将对之友好的东西。然而，我得不出其他任何结论。（Schroeder 2008: 92）

因此，施罗德和布莱克本在设法坚持基本的表达论观点时都遇到了问题，这种表达论观点即描述性与规范性信念在"适应指向"上不同。

除此之外，他们的阐释要求对语义理论进行零散复杂的重构。布莱克本提出，我们别无其他选择："因为对于所谓的托勒密复杂现象，是什么起到了哥白尼的作用呢？"（Blackburn 1984: 196）。但是，他只对并列句与条件句做出阐释。施罗德涉及的范围则广泛得多，但是他的论述建立在时间与模态结构之上（Schroeder 2008：第 12 章）。

7.3.2 吉伯德的两点洞见

吉伯德解决这些问题的独特方法依赖于他的两点洞见。第一个洞见是，表达论者不需要像布莱克本和施罗德试图做的那样，对混合态度做出直接描述。吉伯德提出，通过规定这些态度同哪些其他态度相容、同哪些不相容，以

对这些态度做出间接描述就足够了。[28] 例如，假若我们把判断某人应当打包看作处于准备打包的心理状态，那么，我们就可以将判断某人不应当打包理解为处于与某人准备打包的每个状态不相容的心理状态。

施罗德（2008：9）抱怨道：

> 但这并不能就这种心理状态是什么样的向我们真正表明任何东西！它所能做的只是告诉我们必须具有什么性质。这就像是提供一列标准，表达论对这个心理状态做出的阐释必须满足这些标准；而非实际地对这一状态做出阐释，并且表明这个阐释满足这些标准。

不过，这个质疑是否正当尚不清楚。可以认为，我们对诸如啤酒是否在冰箱里或在门廊下这种逻辑上复杂的*描述性*信念的把握，在于理解这些信念同什么样的信念组合相容。人们如果知道这一点，就知道很多关于这种心理状态是什么样的信息；事实上，尚不清楚为了更加充分地把握这一点人们还需要什么。

吉伯德的第二个洞见是，表达论者可以吸收真值条件语义学方法，以便对心理状态之间这些相容与不相容的关系做出系统阐释。设*超级状态*为完全确定的心理状态，我们可以将之表征为一个有序对；该有序对包含事态的可能状态与最大限度地确定的*超级计划*；这个超级计划决定在所有偶发情况下应当采取的行动。那么，我们将每个判断状态——无论规范性、描述性状态还是混合状态——与一组超级状态相联系，这组超级状态我们也许可以看作判断状态的内容（Gibbard 2003：53-58）。例如，判断某人应当打包的心理状态同一组所有超级状态相联系；这组超级状态的计划成分包括（在相关境况中）打包的计划。判断除非火车已经到了、某人应当打包的心理状态，同那组所有超级状态世界相联系；那组状态世界的计划成分包括仅当其信念成分不把火车表征为已经到达时打包的计划。笼统地说，判断可以理解为*排除*所有未包含在相关联组的超级状态——从而理解为不同意所有其内容为被排除掉的那组超级状态的构件，并与所有其他状态相容。[29]

现在，组合性问题就容易解决了。例如，析取判断的内容是析取项之内

---

28 吉伯德对这个观点的第一次陈述是在吉伯德（1990：第5章）。布莱克本（1988）阐述了类似的观点，放弃了他之前的看法。

29 普通心理状态不是超级状态，但超级状态体现了这些普通状态在不"改变心绪"的情况下得以发展的方式。吉伯德不无道理地假定，假如当人们掌握了知识、计划变得更加确定时，排除不甚确定的状态得以发展的每个可能的方式，人们就会不同意这个状态。

容的结合，否定判断的内容是相对立的判断，合取判断的内容是交集——这正像在真值条件语义学中那样。

将吉伯德的策略运用于"味美的"之表达论阐释中并不困难。我们可以不谈论事实 - 计划世界，而谈论事实 - 口味世界，这种世界是事实性可能世界 w 与口味 t 的有序对。我们可以把每个句子理解为在某个事实 - 口味世界是否成立，我们可以把句子内容（以及所表达的状态）理解为一组事实 - 口味世界，在这些世界中句子成立。于是，我们建构组合语义学所需要的就是对于任意句子的 "S 在事实 - 口味世界 $\langle w, t \rangle$ 成立" 的递归性定义。在上文第 7.2 节中阐述的组合语义学更换一些术语（"成立"代替"成真"）就十分适用。这样，表达论者就可以对所有纯粹的与混合的心理状态之间相容与不相容关系做出系统阐释。根据上文提到的吉伯德的第一条洞见，这对于理解混合心理状态就足矣。

这样产生的表达论形式远比经典表达论能够更好地满足我们所列述的需要考虑因素的要求。这种形式的表达论像经典表达论那样，揭示了口味断言的断言条件，而且体现了口味断言表达态度的观点。但是，同经典表达论不同，这种形式的表达论包含组合语义学。这种表达论把判断某物不味美解释为与所有判断该物味美的状态不相一致的心理状态，所以还更加直接地论证了关于什么味美可以存在真正的分歧这样一种思想。

7.3.3 这些观点如何不同？

然而，人们这时也许会问，这种纯粹化的吉伯德式表达论观点与相对论观点是否存在真正的不同。两种理论尽管论说方式不同，却在所涉及的大多数问题上看法一致：

1. 使用本质上相同的组合语义学。
2. 都支持可以表征为一组组世界 / 口味对的内容。
3. 都支持一种笼统的心理状态类型，在自然语言中使用"信念"加以归赋，并且可以具有信念这种内容。
4. 两种理论都认为，仅仅给定一种世界状态，这些内容一般不能赋予真值。（不过两者都能区分一种"纯粹描述性"子类的内容，这种内容对口味成分不具敏感性，仅仅给定一种世界状态就可以赋予真值）。
5. 两种理论都以状态内容之间的关系来解释状态之间的相容关系。
6. 两者都认为，存在一价真值谓词，可以对这些内容述谓。

这两种理论观点假如有所不同，究竟在哪些方面存在不同？无疑，在组合语义学的递归性条款中，我们究竟使用术语"在"世界／口味对"成真"还是使用"在"世界／口味对"成立"，这并不多么要紧。[30]

我觉得主要的不同如下。尽管相对论者与表达论者都认为人们可以相信其内涵可以表征为一组世界／口味对的内容，但是他们对究竟何为相信某内容却提供了十分不同的解释。正如我们所见，表达论者区分纯粹状态与混合状态，对纯粹状态直接解释，而对混合状态则仅仅通过与其他状态的相容关系间接做出解释。假如每当内容的内涵包含一个 $\langle t, w \rangle$ 对，对于所有 w' 就包含 $\langle t, w' \rangle$，就把内容称为*世界非敏感性*内容；假如每当内容的内涵包含一个 $\langle t, w \rangle$ 对，对于所有 t' 就包含 $\langle t', w \rangle$，就把这一内容称作*口味非敏感性*内容。于是，相对论者指出，相信一个口味非敏感性内容*只是*拥有一种深厚的信念，而判断一个世界非敏感性内容*只不过*是具有某些味觉偏好。其内容既不是口味非敏感性的又不是世界非敏感性的那些信念，以其同其他纯粹与混合状态一致和不一致的关系，间接地得到解释。这样，对于表达论者而言，"相信"的表层语言掩盖了心理类型上的深层差异。在说出"他相信这是味美的"时，我们归赋了我们使用偏好语言（即：他不喜欢这东西的味道）所归赋的那个*完全相同*的状态。

相反，就相对论者而言，在使用"他相信这是味美的"所归赋的状态与使用偏爱语言可能归赋的任何状态之间，则存在真实的差异。当表达论者仅仅看到一种状态，这种状态可以用上述两种归赋方式中的任何一种归赋，相对论者却看到了两种状态。在表达论者诉诸偏爱语言鉴别以解释相信某个特定味道可口的情形中，相对论者则诉诸信念的一般特征。[31]可以确信，关于某物味美的信念与关于某物是红色的这一信念具有不同的功能作用。但是，（相对论者认为）那可以用所相信的内容之间的差异解释，只要就何为相信某物获得恰当的一般性理解。

究竟存在一种状态还是两种状态，为什么这也许很重要呢？表达论的观点使得*在概念上不可能*认为，人们直接了解其味道的某种东西是味美的但同时却又不喜欢其味道；而相对论的观点允许人们处于这样一种状态。表达论者或许声称在这一点上具有优势。吉伯德主张对*应当*判断做出表达论阐释，部分的

30　认识到这一点，科尔贝尔（2002：113-114）论辩道，吉伯德的理论事实上是一种形式的相对论。但是果真如此，说相对论只不过是重新冠名的吉伯德式表达论，就会是同样公平的。

31　例如，假若信念的内容（在相信者的语境中使用与评价）被认为是不能成真的，就必须放弃这样的信念；在这个意义上，信念"旨在成真"。信念与喜好结合，激发行动（"他认为这东西不可口；他只吃可口的东西；所以他不愿吃这东西"）；信念可以感知地形成；等等。

动因就在于他坚信，在判断应当做某事与决定做某事之间不应当有差距。[32] 依照他的观点，判断应当打包而同时又决定不打包并非不合理性，但却是*不可能的*：某个明显不准备打包的人以其行动表明，他并不真正认为应当打包，即使他的话表达了相反的意思（Gibbard 2003：12）。吉伯德以为，倘若存在差距，那么，我们不会有任何理性的手段弥补这一差距。我们一旦确定我们应当做什么，就做出了决定；不存在尚需回答的剩余问题。"我这个选择者不会面临两个明显不同的问题，即要做什么与我应当做什么这两个问题"（Gibbard 2003：11）。同样，有人或许认为，我并不面临两个不同的问题，即甘草是否味美与我是否喜欢甘草的味道。这些是提出同一个问题的不同方式。

我认为，吉伯德的理据中存在某种正确的东西，但他走过了头。在一种意义上，认为不存在两个独立的问题肯定是正确的，即甘草是否味美与我是否喜欢甘草的味道。究其原因，假如有人问我甘草是否味美，我通过问我是否喜欢甘草的味道来解答这个问题。这反击了关于"味美的"客观论阐释。客观论阐释认为十分不同的因素影响这两个问题。但是，认为不存在两个独立的问题这对相对论观点没有任何份量。相对论观点意味着，仅当某人喜欢甘草的味道时他才认为甘草味美。于是，相对论者可以同意，两个问题在下述意义上"不是独立的"问题：第一人称对每个问题的思考使其由相同的答案解决。然而，并不能据此推论，这两个问题关涉同一种心理状态。[33]

一旦"两个独立问题"之论点被攻破之后，吉伯德对差距的否认看起来更像是一个不足而非优势。直觉地看，在相信某人应当做出某事与决定做某事之间会存在差距。正如斯坎伦（Scanlon 2006：726）所指出的那样，"判断眼下我最有理由做的就是反抗恃强凌弱者，与眼下使自己付诸行动反抗恃强凌弱者，看来是两件不同的事情。"进入一种状态而不进入另一种状态也许是不合理性的，但似乎并非不可能。相信甘草味美而又不喜欢甘草的味道，也同样如此。亚历克斯或许觉得自己不能相信甘草味美，因为她志存高远，并且（基于阅读）认为只有未受过教育的人才觉得甘草好吃。她尽管喜欢甘草的味道，而且能够推断甘草味美，但她不能得出那个结论。这一现象不合乎理性，但却是完全可以理解的。

---

32 注意，这里的"应当"并不是具体的道德性应当，而是一种所有事情都加以考虑的实践性"应当"，非道德论者在说我们应当忽视法律与道德的规定时可能使用了这种"应当"。

33 正如埃文斯（Evans 1982：225）所指出的那样，当有人问你是否相信会发生第三次世界大战时，你将像当有人问你是否将发生第三次世界大战时那样，诉诸同样的考虑因素。可是，这两个问题是不同的问题，可以有不同的正确答案。

7.3.4 收回前言与意见分歧

当我们从信念转向断言，相对论与吉伯德式的表达论之间的其他一些重要差别就会显现出来。相对论观点可以解释为何讲话者在口味变化后往往收回先前的口味断言——这个事实或许看起来为客观论提供了佐证。表达论能够同样做到吗？正如在第 1.3.1 节中指出的那样，不清楚"收回"或"取消"态度的表达，当这超出只是不再具有那个态度时，究竟意味着什么。

也许只要表达论者可以说明这样的想法就足够了，即某人当下的态度（如，认为甘草味美）与他先前的态度（认为甘草味道恶心）*不相一致*。人们也许觉得这种解释是表达论者能够做出的。毕竟，表达论对包孕的解释预设我们可以理解这些状态之间结成的一致与分歧的关系。[34] 然而，表达论者是否拥有足够的资源阐明分歧概念，能够为此目的服务，尚有怀疑的空间。我们所需要的是某种类似第 6 章中称作*排除共同准确性*并以语境相对真值阐明的东西。不过，吉伯德在阐述他用分歧意指的东西时，无法诉诸真值的先行概念即准确性。他不谈论一种心理状态排除另外一种状态的准确性，而谈论一种状态排除*处于另外一种状态而不改变想法*（Gibbard 2003：56）。这同我们的*非共同有效性*概念很接近。我们提出，这个概念只能满足于解释那种轻微的分歧。[35] 时间论者会把相信苏格拉底坐着与相信苏格拉底站着看作是非共同有效的，意为一种状态排除了另一种状态。但是，两个人在不同时间具有这些信念则并不存在分歧。这样就不清楚，吉伯德是否具有足够强有力的分歧概念以发挥他所需要发挥的作用，特别是当某人考虑在不同语境中所处的心理状态时尤其这样。

34　"正统的观点把同一个断言的分歧解释为接受这个断言的否定，而我则反其道而行之：我把接受其否定解释为同这个断言的分歧。一致与分歧是逻辑的表达论阐释所必需的依据"（Gibbard 2003：73）。

35　吉伯德的概念同我们的非共同有效性概念并不完全相同。他认为，不可知论者与无神论者不存在分歧（Gibbard 2003：73）。我们说过，如果某人不能具有状态 S 而不改变想法，那么，S 就是与其认知心向非共同有效的；吉伯德将此限于"业已决定的状态"，不把从迟疑不决到做出决定或者从不确信到确信的转变算作改变主意。但我不认为这种不同对眼下的论题有多重要。

第 8 章
知道

　　我们通常归赋知识的做法很快导致一个难题。倘若你问我是否知道我口袋里有两元钱，我会回答说知道。我记得早晨买早餐时找给我两元零钱；我可能把钱塞进口袋里了，之后没有买过任何其他东西。另一方面，假使你问我是否知道过去几个小时我的口袋没有被扒窃过，我会回答说不知道。扒手偷偷摸摸行窃；并不总能为人注意到。可是，假如我不知道我的口袋是否遭到扒窃，我又怎么知道我口袋里是否有两元钱呢？毕竟，假若我的口袋遭到过扒窃，那么，我口袋里就不会有两元钱了。

　　承认我不知道口袋里是否有两元钱，这是很诱人的做法。这一让步似乎毫无害处。为了获得我以为我所具有的知识，我所需要做的就是检查一下口袋。但是，我们可以重玩一遍同样的游戏。我看见我早晨得到的钞票。钞票就在我的口袋里。但是，我能够排除它们是假币的可能性吗？肯定不能。我没有区分假币与真币所需要的特殊技能。那么，我怎样才能知道我口袋里有两元钱呢？毕竟，假如这些纸币是假钞，那么，我口袋里就没有两元钱。

　　我们应当怎样回应这个难题呢？我们也许可以站到怀疑论者一边，承认我们知之甚少。或者我们也许可以站到教条主义者一边，争辩说我*确实*知道我的口袋没有遭到扒窃，而且知道口袋里面的纸币不是假钞。对于大多数哲学家，这两种立场似乎没有一种具有魅力；两者似乎都涉及将我们做出知识断言与评价知识断言的普通做法看作根本上是错误的。[1]

1　关于为这种错误说做出的精炼论辩，参见内格尔（Nagel 2011）。

一种富有魅力的不同立场是通过拒绝用于该难题的推理，拒绝在怀疑论与教条论之间勉强做出选择。让我们再来看一下该论证形式：

1. p 显然蕴含 q。[前提]
2. 如果 α 知道 p，那么 α 可能变得知道 q 而无需进一步实际调查。[1，闭合]
3. α 不知道 q，并且不能变得知道 q 而无需进一步实际调查。[前提]
4. 因此 α 不知道 p。[2，3，否定后件推理]

第二步极其重要地依赖于我们也许可以称之为**闭合**的原则。

闭合。*如果 α 知道 p，p 显然蕴含 q，那么 α 可能变得知道 q 而无需进一步实际调查。*

因此，拒绝勉强做出的选择的一种方法是拒绝*闭合*，并且允许我能知道口袋里有两元钱而可以不知道我的口袋没有遭到过扒窃。人们也许会像诺奇克（1981）那样，通过强调假如我口袋里没有两元钱我就不会相信我口袋里有两元钱的，而假如我的口袋遭到过扒窃，我仍然会相信我的口袋没有遭到过扒窃，从而提出这种主张。然而，放弃*闭合*看来就使演绎推理失去了扩展知识的能力。大多数哲学家感到这是无法容忍的，因此寻求了第四种选择。

第四种选择假定"知道"的意谓随语境而变。根据这种观点最自然的形式，"知道" p 要求能够排除 p 在语境中相关的替代形式。[2] 哪些替代形式相关取决于语境。

当我最初被问到我是否知道口袋里有两元钱时，我处于语境 A。在这个语境中要算作"知道"，我就必须排除这样的可能性，即我把钱都花在了买早餐上、我花得只剩下一元钱，或者我早晨没钱。我根据自己对那天的事情的记忆，可以排除这些可能性，因此可以算作"知道"。我尽管不能排除我的口袋遭到过扒窃这种可能性，但在这个语境中那不是一个相关的可能性，我不需要排除这个可能性以算作"知道"。

然而，当有人问我是否知道我的口袋遭到过扒窃，我的口袋遭到过扒窃这个可能性成为相关替代命题。在这个语境 B 中，我除非能够排除这个替代命题，否则就不"知道"我口袋里有两元钱。

一旦我通过检查我的口袋排除了这个替代命题，我就可以再次算作"知道"了。我不能排除我看到的纸币是假币的可能性，但我无需做到这一点才能

---

2 什么是"排除"替代形式？在此可以提供各种可能的答案，有些答案更具内在论倾向，其他的则更具外在论倾向。为了眼下的目的，我们可以先不考虑这个问题。

算作"知道"，因为那个可能性在语境 B 中并不相关。然而，当这个可能性明确提出时，这个可能性就变得相关了。这样，在语境 C 中，我不再能算作"知道"我口袋里有两元钱，除非我能够排除那些纸币是假币的可能性。

这样一种观点我们将称之为*语境论*。依据这种观点，*闭合*在任何一个语境中都成立。[3] 然而，假如在相关替代命题中出现语境转变，那么就会遇到*明显违背闭合*的情况。例如，下面这两个知识归赋都可以表达成真性，假如（1）用在语境 A 中，（2）用在语境 B 中：

（1）约翰知道他口袋里有两元钱。
（2）约翰不知道他的口袋没有被扒手掏空。

这样，我们就可以遵从那些生成该难题的普通判断，而不拒绝*闭合*。

语境论对难题做出的回应看起来很有魅力——不管怎样，要比怀疑论、教条论或者否定*闭合*更具魅力。下面我们将探讨语境论观点所面临的一些问题，并且考察另外一种路径，在怀疑论与教条论之间铺设一条中间道路，称作"主体敏感恒定论"。我们讨论的结果将是语境论与恒定论都含有*某些*正确的内容，但这两种理论又没有一种论述得全部正确。所需要的是一种综合，以揭示这两种片面观点中的正确内容——针对知识归赋的*相对论*语义学。

8.1 语境论

语境论提出一种方法，使普通知识断言免遭难题挑战。语境论通过假定"知道"如同"今天"、"当地的"以及"高的"在语义上是语境敏感性的，从而对我们做出知识归赋的意愿在语境中的变化做出了解释。

人们也许还可以试图以其他方式对我们做出知识归赋的意愿在语境中的变化做出解释。怀疑论者可能尝试说，尽管我们做出的大多数知识断言严格地说成假，但是做出这些断言也是有道理的——正像用夸张、无伤大雅的简化、反语与隐喻等手法经常是有道理的（Schaffer 2004；Davis 2007）。假如我说从旧金山到洛杉矶 400 英里，严格地说我的话成假（飞行直线距离为 327 英里，陆路 382 英里），但对于实际目的足够地接近真话。对于我的口袋里有两元钱这一断言能够做出同样的解释吗？

不能。当我们夸张地或简化地说出严格地讲不能成真的话以表达某个成真（或足够地真）的内容时，我们通常意识到这一点。假若我说旧金山距离洛

3　文献中语境论的许多版本中，刘易斯（1996）也许与这里描述的版本最为接近。

杉矶 400 英里，某人反对说，"那严格地说不是真的；实际距离是 382 英里"，我会接受这一点，并说我只是不那么严格地讲的。但是，我们在做出日常的知识断言时，如，说出"我知道我口袋里有两元钱"时，并不认为自己是在夸张地说或者"只是不严格地说"的。如果那样认为的话，我们会很乐意接受怀疑论者的主张，承认*严格地讲*我们对任何东西都知之甚少，但却宣称这同我们的日常话语无关。

另一方面，教条论者可能尝试说，尽管我们拒不做出的许多知识断言实际上成真，但我们拒不做出这些断言是因为担心为引起误导性的期待。即使我为了知道而无需排除假币的可能性，但在这种可能性是显现的时做出知识断言，可能让他人以为我能够排除这种可能性（Rysiew 2001）。

但是，虽然关于误导性含义的担心可能是克制做出某种断言的充分理由，但却不是断言其*否定*的充分理由。因此，这些担心不能解释为何除了只是克制断言我知道我有两元钱，我会断言我不知道我有两元钱。

这样，看来很可能是某种语义上的语境敏感性可以解释我们说某人"知道"或者"不知道"的意愿在语境中变化。然而，我们对"知道"的使用在其他方面看来却与这个假设相悖。[4]

一般说来，讲话者知道自己在说什么。他们在使用诸如"我"、"今天"或者"这个"等语境敏感性词语时，意识到他们正表达的思想依赖于语境特征；假如有人基于语境线索未能理解他们的话，他们能够做出同义复述。例如：

甲：那匹马将赢！

乙：你指的是哪一匹？枣红色那匹还是沙毛的那匹？

甲：枣红色那匹。

当讲话者依赖于隐性主目或补足成分，正如在使用"高的"、"准备好了"或者"当地的"等的情形中，如果需要就能够把这些成分显性表达出来：

甲：曼纽尔个儿高。

乙：什么？他甚至还不到 6 英尺！

甲：我的意思是他对于秘鲁人来说个儿高。

因此，假如由包括"知道"的句子表达的命题通常随着语境中确定的标准或其他相关因素变化，那么，我们就会期望讲话者能够意识到这种依赖性，并准备在需要时明确表达出来。但是，正如希弗（Schiffer 1996：326-327）所述，

---

4 我在下文将要阐述的观点并不依赖于语境论表述方式的细节。这些观点适用于把"知道"当作指示性动词的看法，适用于认为"知道"具有一个由语境隐性地填充的隐性主目位的看法，甚至适用于诉诸"自由充实"的语境论。

"说出'我知道 p'的任何普通人，无论说得多么清晰，都不会梦想告诉你，他所意谓的并且隐含地陈述的是，他相对于如此这般的标准知道 p"（并参见 Feldman 2001：74，78-79；Hawthorne 2004：第 2.7 节）。同上面对话的类似的表达看来是不自然：

> 甲：我知道我签署了合同。
> 乙：你的意思是根据日常生活的标准还是根据法庭的标准你知道这个?
> 甲：?? 只是根据前一种标准。

> 甲：我知道我口袋里有两元钱。
> 乙：你怎么知道它们不是假币?
> 甲：?? 我的意思只是，在你提出假币的可能性之前，我可以排除那些相关的其他可能性。

有人也许坚持认为，讲话者受到某种"语义盲目性"的影响，意识不到他们自己的知识断言在多大程度上依赖于语境（DeRose 2006）。但是，这条路线难以依循。人们将必须对讲话者为何会在这种而非其他情形下在语义上是盲目的做出令人信服的解释。此外，一旦接受讲话者的用法可能反映语义错误这个假设，那么，讲话者是否愿意归赋"知识"可能随语境而变，这一点作为语境论的证据其力度就弱得多；因为人们可能将之归于语义盲目性。

与此相联系的是，语境论的观点对下述问题做出错误的预言，即讲话者何时将"知识"归赋断言看作成真，何时认为自己同意还是不同意这种断言，何时应当收回这种断言（Feldman 2001：77；Rosenberg 2002：164；Hawthorne 2004：163；MacFarlane 2005a：§2.3；Stanley 2005b：52-56）。这里看来在"知道"与诸如"高的"这种语境敏感性词语之间的确形成了对照。假如乔说"基亚拉个儿高"（意指*对五年级学生来说*），萨拉说"基亚拉个儿不高"（意为*对美国女性而言*），他们并不存在分歧；（除了误解）乔不会把萨拉的话看作对自己的断言构成任何类型的挑战。他会把萨拉的断言和他自己的断言都看作成真的，尽管两人的话表层上存在矛盾。乔假如对萨拉说"是的，你说得对，她毕竟个儿不高；我说的话错了，我收回"，那肯定是匪夷所思的。

"知道"的情况则不然。假如我说"我知道我口袋里有两元钱"，而你后来说"你那时并不知道你口袋里有两元钱，因为你不能排除那些纸币是假币的可能性"，我会自然地把你的话理解为对我自己的话的挑战；我会认为有必要对自己的话或者做出辩护，或者予以收回。如果像语境论学说可能建议的那样，我说出下面的话则似乎是行不通的："是的，你说得对，我当时是不知道。不过，我说的话是真的，我依然坚持。我的意思只是我可以排除当时相关的其他可能性。"同样，怀疑论者认为自己*不同意*日常知识断言——否则，怀疑论就不会多么有趣。但是，假如语境论是正确的，那么，这只不过是一种混淆。

因此，语境论者看来不得不说，普通讲话者*错误地*认为自己不同意（或同意）。但是，归赋这种错误往往削弱了对语境论的佐证，这一佐证很大程度上基于对讲话者在各种语境中使用"知道"之倾向的观察。我们归于讲话者的错误越多，他们对词语的使用所能告诉我们关于这些词语的意义也就越少。[5]

8.2 主体敏感性恒定论

前面的讨论似乎有利于*恒定论*，即"知道"为非语境敏感性的观点。正如我们所见，恒定论的标准（怀疑论与教条论）形式难以阐释我们归赋知识之意愿的可变性。但是，正如一些哲学家所指出的那样，对可变性的很大一部分做出阐释的同时仍然作为恒定论者，这是可能的（Fantl and McGrath 2002；Hawthorne 2004；Stanley 2005b）。尽管"知道"本身不是语境敏感性的，但是，像"我知道我有两元钱"和"她知道她有两元钱"这种句子的真值可能不同程度地以语境论者描述的方式随语境变化。

主体是否具有*体重不止200磅*的性质，只是取决于他的体重。相反，他是否具有*对他的裤子过大*的性质，不仅取决于他的体重多少，而且取决于他的裤子多大。于是，假设*知道p*关涉处于一个对*自己*情况充分有利的认识位置，而不是处于一个超过某个固定标准的认识位置。那么，我们可以期望看到大量本章开头讨论的那种可变性。随着某人情况的变化，新的可能性变得切实相关，某人具有*知道p*的性质必须处于的认识位置的强度也变得切实相关。

这种观点称作*主体敏感性恒定论*（SSI），因为认为"知道"恒定地表达一

5　德罗斯（2004）通过假定会话各方受到相同认识标准的支配，能够对诸如怀疑论者及其对手之间的认识分歧的*某些*情形做出解释。这样，会话各方可以合理地将其断言看作是互不相容的，他们的会话策略可以看成企图通过顺应手段改变支配会话的标准（参见第1.2.5，Lewis 1979b）。根据这种观点为德罗斯所钟爱的形式，假如对什么是共有的标准不存在一致意见，则"S知道p"为真，仅当p在认识的两个标准的争论场景中都为真；"S知道p"为假，当在两个场景中都不为真；既不为真也不为假，当判断存在分歧（DeRose 2004：15-16）。然而，这种策略具有局限性，只适用于争论双方认为自己是在参与同一个会话的情形，因此不能预见他们在下列情况中的分歧，即他们只是各自分别认为"S知道p"和"S不知道p"，或者其中一人几个月之后考虑另一个人写下的或录音的话。此外，这也不能解释双方为何继续做出断言，甚至在变得很明显没有一方会默认试图转变认识标准之后，仍然这样。因此，（基于德罗斯的假设）双方没有一方在讲真话。

种性质，这种性质在评价境况中的外延取决于主体实际情况的特征。[6]SSI 的支持者普遍主张，知识概念同理性概念相连。因此，某人知道 p 仅当他表现得仿佛 p 是合理的。既然主体做什么是合理的取决于主体所处的实际情况，主体知道 p 需要什么同样取决于主体所处的实际情况。

为了更好地了解语境论与 SSI 的不同，试比较可能出现在这两种理论中的为"知道"提供的语义描述：

关于"知道"的语境论语义学表征。

$[\![$ *"知道"* $]\!]^c_{\langle w, t, a \rangle} = \{\langle x, y \rangle \mid y$ *在境况* $\langle w, t \rangle$ *成真* $\& \, x$ *在* $\langle w, t \rangle$ *相信* $y \,\&$
　　　　　　　　x 能够排除 y 所有在 c 中相关的替代项 $\}$。

关于"知道"的 SSI 语义学表征。

$[\![$ *"知道"* $]\!]^c_{\langle w, t, a \rangle} = \{\langle x, y \rangle \mid y$ *在境况* $\langle w, t \rangle$ *成真* $\& \, x$ *在* $\langle w, t \rangle$ *相信* $y \,\&$
　　　　　　　　x 能够排除在 $\langle w, t \rangle$ *x 的情景中 y 所有相关的替代项* $\}$

注意，语境 c 在语境论语义描述中发挥重要作用，但是在 SSI 语义描述中则不然。

对于第一人称、现在时知识归赋，其中使用语境与主体境况重合，这两种观点预见的结果相同。这样，为了区分这两种观点，我们必须考察知识归赋的主体与知识归赋者处于不同的境况中。假定我们在一种情景中，假币的可能性是相关的；我们在讨论弗雷德，他不在这样一个场景中。假定弗雷德可以排除他的口袋遭到过扒窃这个可能性，但是不能排除他口袋里的纸币是假币的可能性。进一步假定*我们*知道弗雷德口袋里的纸币是真币。我们应当说弗雷德知道他口袋里有两元钱吗？按照语境论的看法，我们不应当这么说。"弗雷德知道他有两元钱"在我们的语境中成真，仅当弗雷德可以排除在我们语境中相关的反可能性——而他无法排除。然而，依据 SSI，重要的是弗雷德的情景，而不是我们的情景。SSI 认为，弗雷德知道他有两元钱，仅当他可以排除在*他的*境况中相关的反可能性——而他可以排除。

这样，在语境论与 SSI 之间做出裁定，我们就需要考虑可变性素材的*性质*。我们归赋知识意愿的变化是否依据我们自己语境的变化，还是依据主体境况的变化？我们假如囿于知识的现在时自我归赋就无法看到这种区别；但是如果我们把知识归赋给同我们处于不同场景中的其他人或赋予我们过去的自己，就能够了解这种区别。

6　斯坦利（2005b：122）宁愿使用"兴趣相关性恒定论"，指出根据各*种*知识观，主体是否知道 p 对主体的特征——诸如主体是否相信 p——敏感。

SSI 的支持者竭力主张，在知识归赋者处于"低风险"情景、主体处于"高风险"情景的情形中，他们能比语境论者做出更好的阐释。假设弗雷德必须向国内收入署付一笔很重要的款项，对方将仔细检查他付的钱。在他不能肯定他的钱是否是假钞的情形下，他知道他有足够的钱吗？即使我们处在"低风险"情景中，假币并不是实际关心的重要问题，回答"是的"看来也是错误的。相反，无论我们处于什么样的情景之中，看来我们应当采用适合于弗雷德所处情景的证据标准。这就是 SSI 做出的规定。

然而，正像基斯·德罗斯（Keith DeRose）所指出的，语境论同样可以解释这些情形。仅是我们在考虑弗雷德的困境这个事实就可以使出现假币成为与我们相关的可能性：

> 根据语境论的观点，讲话者的语境并不总是起决定作用的……但是有时，讲话者自己的会话目的要求使用的标准，适合于所谈论的离得很远的主体的实际情景，所以，讲话者语境所起的作用可能是而且经常十分自然地是诉诸适合于所谈论之主体面对的实际情景的标准。（DeRose 2005：189）

于是，两种理论都可以阐释这些情形。但是，语境论似乎能够更好地阐释那种相反的情形，即知识归赋者处于高风险情景中，而主体则处于低风险情景中。当我担心可能出现假币时，我不会自己想：

（3）我不知道我口袋里是否有两元钱，但是，所有那些从咖啡店里进进出出的人都知道他们是否有两元钱。

假如我把自己不能区分假币与真币看作排除了*我*知道我有两元钱的可能性，那么，我也会将你不能做出区分看作排除了*你*知道这一可能性，即使你并不处于出现假币的可能性是特别相关的实际情景之中。语境论正确阐述了这一点，而SSI 至少未能做出特殊的解释。

同样，假如我不担心可能出现假币，我也不会自己想：

（4）我知道早饭后我口袋里有两元钱，但当出现假币的可能性与我的实际思考相关时，我上午不知道口袋里是否有两元钱——尽管我当时相信这一点同我现在相信这一点基于同样的理由。

我也不会认为：

（5）我知道，我口袋里有两元钱，但是，假如出现假币的可能性同我的实际情景相关，我就不会知道了——即使我当时相信这一点的理由同我现在基于的理由相同。

然而，"知道"的证据标准是固定的，这种标准在不同的时间和非事实性情景中是严格地固定的。但这同 SSI 的核心论点相抵牾；SSI 的核心论点是，"知道"的证据标准随评价境况中主体的情景而变。比较一下对于某人的裤子而言其身材过大的性质：下面这样说法是完全融贯的：

(6) 对于我的裤子而言我的身材过大，但是去年我不是的，尽管去年我的体重同现在一样，但那时我的裤子要大些。

或者：

(7) 对于我的裤子而言我的身材过大，但是，如果我的裤子肥大些，就不会是这样了。

SSI 的支持者承认，这些问题对他们的观点构成了真正的难题。他们所做出的回应并不令人信服。约翰·霍索恩（John Hawthorne）提出，我们往往把现在发挥作用的标准"投射"到其他假定的知道者、时间与境况上，并且假定"随着越来越多出现错误的可能性对我们突显出来，我们就逐步达到知识愈加广博的视角"（Hawthorne 2004：1645）。看到出现假币的可能性同我们自己的实际情景相关，我们假定这种可能性也同其他每个人的实际情景相关。然而，即使这种心理倾向可以解释偶尔的或者甚至频繁出现的错误，也无法阐释我们对诸如（4）或（5）这种句子的普遍抵制。

此外，即使投射解释有效，它是一柄双刃剑。假如它能够成功解释我们为何按照当前的标准评价"知道"的*包孕性*使用，也应当能够解释我们为何按照当前的标准评价其他*使用语境*中出现的"知道"。也就是说，它应当对真值派赋、分歧与收回前言的素材做出解释，而这些素材甚至能为语境论者所获得。[7] 问题在于，支持关于"知道"的恒定论语义学的一个最有力的论据是，恒定论语义学能够对真值派赋、分歧与收回前言做出解释。相反，假如这些素材通过关于投射的说法来解释，那么，主张 SSI 比语境论更加可取的论据就极大地削弱了。

斯坦利（2005b：101-103）采取了不同的路径。他对（3）为何看来是怪异的通过如下路径解释。他指出，在我对其他人作为潜在知道者感兴趣的范围内，我所真正在乎的是他们的证据是否足以给予*我*知识。因此，他认为，当有人向我们询问（3）的真值时，我们的回答实际上寻迹我们关于以下内容之真值的看法：

---

7 霍索恩自己表达了同样多的含义："此外，如果有人催促，我们愿意说'认为我的确知道那个我是误会了'"（Hawthorne 2004：163）。

(8) 我不知道我口袋里是否有两元钱，但是所有那些从咖啡店里进进出出的人如果处于我的实际情景，就会知道他们是否有两元钱。

然而，正如谢弗（Schaffer 2006：93-94）所指出的，这种解释有过度概括之嫌。假设我们处于这样一个实际情景中，假币的风险不相关，我们在谈论弗雷德，且在弗雷德所处的那个情景中，假币的风险*具有*相关性。运用斯坦利的策略，我们应当期望我们关于弗雷德是否知道的直觉寻迹我们是否认为，假若弗雷德处于*我们的*实际情景中会算作知道。但是，事实看来并非那样。的确，正如上文指出的那样，SSI 的支持者将这个事实，即我们断定弗雷德在这种情形下不知道，看作是支持 SSI、反对语境论的有力证据。因此，斯坦利处理（3）的策略可能削弱 SSI 的正面论据。

斯坦利承认，像（5）这样的模态包孕对 SSI 而言是难以解释的情形。他分辩道，这些情形并非认为语境论比 SSI 更可取的理由，因为语境论面临着同样的问题（Stanley 2005b：110-112）。不过，他真正表明的是，构拟一种面临同样问题的语境论形式是可能的。正如布洛梅 - 蒂尔曼（Blome-Tillmann 2009）指出的那样，构建一种语境论学说以规避这个问题也是可能（并可取的）。此外，斯坦利并未对诸如（4）这样的时间包孕中存在的怪异现象做出任何解释。他确实考了下面这个句子：

(9) 星期四我不知道 O，可星期五我知道了，

并且指出，假如讲话者星期五将处于高风险情景中，那可能足以使其在星期四处于高风险情景中，即使讲话者没有意识到这一点（Stanley 2005b：107）。但这对（4）没有用处，那里的高风险情景是在过去。这样，SSI 关于句子真值条件的某些预言看来并不十分符合我们经过思考后做出的判断。[8]

8.3 相对论

我们来重温一下所论证的问题。有三种主要的观点可供选择：标准恒定论、语境论与 SSI。每一种理论有其优点与不足：

标准恒定论 不具有解释我们归赋知识之意愿的可变性，似乎迫使我们在拒绝*闭合*、接受怀疑论或者接受教条论之间做出不具魅力的抉择。

语境论 对可变性素材做出了解释，并使我们保存了*闭合*。但是，语境论难以解释我们关于其他人的"知识"归赋（或者我们先前的知识归赋）何时为真、何时这样的归赋存在分歧以及何时必须收回。

8　更进一步的批评，参见布洛梅 - 蒂尔曼（2009：§4）

比起语境论来，*SSI* 对这些问题的处理要好得多。但是，SSI 看来错误地理解了可变性素材，对于知识归赋在模态结构与时间结构中如何运作做出了错误的预测。

在文献中，在这些理论之间做出抉择成为三害相权取其轻：鉴于所有这些理论都存在不足，哪些不足最容易接受？这样地看待论证的形势在霍索恩（2004）与斯坦利（2005b）中十分显见。他们在回应对 SSI 的反对意见时，不是通过表明这些异议如何解决，而是提出语境论面临同样的或者更加严重的质疑。但是，仅当我们确信拥有了可供选择的所有方案时，这样地为一种观点进行论辩才有意义。⁹ 从这三种理论都面临的问题中所能得出的最为直接的结论是，我们需要一种不同的理论观点，这种观点规避了上述所有质疑。

让我们认真思考一下这种理论观点需要具备哪些特征。它需要解释，主体为了算作"知道"而必须排除的其他可能性是如何随语境而变的。然而，这种理论不会像标准语境论那样，把这种变化看作是依附于使用语境的，因为正是这种做法使语境论者难以解释真值归赋、分歧与收回前言。这种理论也不会像 SSI 那样，把这种变化理解为依附于受到知识归赋的主体所处的境况，因为正是这样的做法使 SSI 难以解释我们关于（3）的判断以及像（4）和（5）这种包孕情形。我们既然已经穷尽了传统语义理论框架支持的变化可能性——随使用语境的变化或随评价境况的变化——就可以确信我们寻求的观点无法在这些理论框架中觅得。

然而，我们一旦为评价敏感性留下了空间，就开拓了一条新的路径。我们可以将相关的其他可能性看作由评价语境而非使用语境决定。这样产生的观点会在关于讲话者何时可以归赋知识的预见上与语境论一致，因为当人们在考虑是否做出断言时，是从他们当下的使用语境中做出评价的。因此，这种观点将同语境论一样能够解释可变性素材，并且提供同样的方法保护*闭合*免遭难题的挑战。但是，在关于其他讲话者所做的知识断言的真值评价的预测以及先前做出的知识断言何时必须收回上，这种观点会与语境论存在差异。此外，第 6 章中讨论的那些因素如果正确，就会证实我们关于在不同语境中知识断言存在分歧的判断。

就语义而言，这种观点可以用如下方式表征。我们在指号中增加一个参

9　这还预设对于"知道"*存在*一种融贯的语义理论。有些人提出，我们对"知道"的使用根本就是不融贯的（Schiffer 1996；Weiner 2009）。这样，合理的行动方针可能是改革我们的观念，引入新颖清晰的认识评价术语。的确，这个前景不具魅力——但是其不利因素也许必须对照以上探讨的三种观点的不利因素加以权衡。

数 s，代表语境中一组相关的可能性。很方便将之仿述为一套最大限度地具体的可能性——在我们的体系中，即世界 / 时间对子。[10] 一般说来，s 不会包含所有的世界 / 时间对；s 以外的对子被假定为不现实的，并且"恰当地被忽略"（Lewis 1996；554）。相对于一组 s 相关可能性，为了知道 p，人们必须能够排除 p 在其中成假的 s 的所有成员：

"知道"的语义学表征。

$$[\![\text{"知道"}]\!]^{c}_{\langle w, t, s, a \rangle} = \{\langle x, y \rangle \mid y \text{ 在境况 } \langle w, t, s \rangle \text{ 成真} \& x \text{ 在 } \langle w, t, s \rangle \text{ 相信}$$
$$y \& \text{ 在 } \langle w, t \rangle, x \text{ 能够排除所有可能性 } (w', t') \in s, \text{ 从}$$
$$\text{而 } y \text{ 在 } \langle w', t', s \rangle \text{ 成假}\}$$

由于相关的可能性、世界与时间是指号的不同参数，转变评价的世界或时间并不改变相关的可能性。因此，正如标准语境论观点那样，相对论观点对诸如（4）和（5）这样的句子做出了正确的预言，而这种句子对于 SSI 是成问题的。

为了获得对使用语境与评价语境中真值的定义，我们以在评价语境中相关的可能性使相关可能性参数初始化：

相对论后语义学表征。句子 S 在语境 c_1 使用、从语境 c_2 评价成真，当且仅当对于所有赋值 a，

$$[\![S]\!]^{c_1}_{\langle w_{c_1}, t_{c_1}, s_{c_2}, a \rangle} = \text{成真}$$

其中 w_{c_1} 是 c_1 的世界，t_{c_1} 是 c_1 的时间，s_{c_2} 是在 c_2 中相关的那组可能性。

我们可以将态度的内容看作是"相关 - 可能性 - 不确定的"——亦即，所具有的真值不只随世界的状态而变，并且随相关的可能性而变：

评价境况。设评价境况为 $\langle w, t, s \rangle$ 的三元组，其中 w 是世界，t 是时间，s 是一组相关的可能性。

内容。当 α 是一个程式、谓词或单称词项，设 $|\alpha|^a_c$ 指表其在使用语境 c 中赋值为 a 时的内容。

内容的内涵。$|\alpha|^a_c$ 的内涵是从评价境况到外延的函数 f，从而 $f(\langle w, t, s \rangle) =$ $[\![\alpha]\!]^c_{\langle w, t, s, a \rangle}$。

根据这种观点，"知道"表达的关系不随语境而变——只存在一种知道关系——但是，这种关系的外延在不同的相关可能性中变化。结果，只有相对于（确定世界与时间的）使用语境与（确定相关可能性的）评价语境，询问"知道"的外延才是有道理的。

10　包括时间成分使我们能够表征关于在时间上某人所处位置的知识与无知。要知道现在是下午两点，人们必须排除现在是下午一点的可能性，但是无需排除任何完整的世界 - 历史。

从相对论的观点看，恒定论与语境论各自对知识归赋做出了部分正确的阐释。恒定论正确地指出，只存在一种知识关系；而语境论则正确地认为，我们归赋知识的意愿依赖于一组随语境而变的相关可能性，而不是一组固定的可能性，也不是一组由主体实际情景确定的可能性。相对论将这些洞见兼收并蓄，同时避免了这两种片面观点的缺点。只存在一种知识关系，但其外延（从特定语境评价）取决于在评价语境中哪些可能性相关。

8.4 其他不同观点

同相对论阐释共有某些优点的其他两种观点值得一提。

8.4.1 非指示性语境论

如果接受上述关于知识归赋内容的阐释，但不愿接受评价敏感性，就可能（在上文第 4.6 节的意义上）为非指示语境论者，以**非指示性语境论的后语义学表征**取代*相对论后语义学表征*。

非指示性语境论的后语义学表征。*句子 S 在语境 c 中使用（从任何语境评价）成真，当且仅当对于所有赋值 a，*

$$[\![s]\!]^{c}_{\langle w_{c},\, t_{c},\, s_{c},\, a\rangle} = 成真$$

其中 w_c 是 c 的世界，t_c 是 c 的时间，s_c 是在 c 中相关的那组可能性。基于这种观点，含有"知道"的句子之真值取决于使用语境中哪些可能性相关，并不是因为这影响表达了哪个命题，而是因为在确定这些句子在评价语境中成真成假时，这能帮助决定着眼于哪个评价境况。[11]

非指示性语境论分享相对论的一些特征，但并不具备其全部特征。非指示性语境论像相对论而不像标准语境论那样，把"知道"看作在不同使用语境中表达了同一个性质，无论哪些可能性是相关的。像相对论那样，而不同于标准语境论，非指示性语境论把这个性质看作具有一种随相关可能性而变的外延。但是，与相对论不同，非指示性语境论把断言与信念的准确性看作依赖于在*使用*语境中相关的可能性。在这方面，它与传统语境论类似（因而得名）。

非指示性语境论不需要评价敏感性，所以它与主流观点的背离，要比相

---

11 这一观点在麦克法兰（2005c, 2007b, 2009）中表述，但未采纳，布罗加尔（Brogaard 2008）加以辩护。正如麦克法兰（2009）中指出，康帕（Kompa 2002）和拉德洛（Ludlow 2005：27）似乎有类似的想法。理查德（Richard 2004, 2008）为一种观点论辩。这一观点可能或者是非指示性语境论或者是相对论，但他没有做出为在这两种理解之间加以裁定所需的区别。

对论保守。这一点对它有利。非指示性语境论相比标准（"指示性"）语境论具有实实在在的优势。标准语境论将知识断言的*内容*看作受到使用语境中相关认识因素的影响。例如，与标准语境论不同，非指示性语境论对在其他语境中所做的知识断言的一价真值之归赋做出了正确的预测。假定山姆昨天说：

　　（10）我知道我口袋里有两元钱。

假定尽管山姆昨天的认识状况足以排除在他昨天的语境中相关的他没有两元钱的可能性，但却不足以排除在我们今天的语境中相关的那些可能性。于是，标准语境论错误地预言，今天可以正确地说：

　　（11）（尽管他当时不知道他口袋里有两元钱）山姆昨天说的话成真。相反，非指示性语境论则预言，说出下面这句话是正确的：

　　（12）（既然山姆当时不知道他口袋里有两元钱）山姆昨天说的话不能成真。[12]

因为非指示性语境论佐证了（12），所以比标准语境论更进一步佐证了我们的感觉，即在认为山姆不知道他有两元钱时，我们同他意见*不相一致*。然而，非指示性语境论佐证的分歧类型只是*信念非共同有效性*（第6.2节），人们也许会质疑这是否是十足的分歧。根据非指示性语境论，断言（12）的准确性不排除山姆先前断言的准确性；因此山姆可以接受（12），而无需感到任何规范的压力迫使其收回先前做出的断言。（回忆一下，如果断言的内容在做出该断言的语境中使用、从他当前的语境评价时成真，收回前言规范并不要求他收回前言；根据非指示性语境论，断言的内容成真。）一价成真性与成假性同把断言评价为准确的或不准确的之间这种不相匹配是有悖直觉的。相对论观点则避免了这种不相匹配。

　　这样，就准确地将一价真值归赋给先前的知识断言，非指示性语境论尽管与相对论做出了相同的预测，但是，却未能就断言本身的准确性或者就这种断言何时必须收回，做出与相对论同样的预测。假如我们在第6章提出的下述这点是正确的，即一种重要的分歧要求，假若要使反对者信服，讲话者就不得不收回断言；那么，在阐释这种分歧上，非指示性语境论并不比标准语境论做得好多少；我们在相关方面存在差异的语境中所做出的知识断言之间感觉得到这种分歧。

12　回忆一下在第4.8节中说过，在评价境况 e 中"成真"的外延是在 e 中成真的一组命题。因此，断言（12）准确，仅当山姆昨天断言的命题在该语境的境况中不成真。这个语境境况即是 $\langle w_c, t_c, s_c \rangle$，其中 w_c 为现实世界，t_c 是当前的时间，s_c 现在相关的一个（更大）组的可能性。

8.4.2 表达论

回应语境论与恒定论面临的问题的一种不同方式是对知识归赋持*表达论*立场（参见第 1.3 节、第 7.3 节）。按照表达论的路径，知识归赋语句的意义并不通过赋予其以真值条件得到解释，而是通过说明这些句子典型地表达什么心理状态加以解释。例如，克里斯曼（2007：241）提出，在语境 c 中说出：

（13）*S* 知道 *p*

讲话者表达两种心理状态：

1. 相信 *S* 的成真信念 *p* 符合在 *c* 中相关的认识标准；
2. 接受这些认识标准。

这一观点能够以与语境论大同小异的方式解释我们归赋知识之意愿在语境中的可变性。但是，它声称在阐释语境间意见一致与分歧方面比语境论技高一筹，因为这一观点认为，在这些情形下"讲话者表达接受规范的语用上相对立或者相一致的状态，而非逻辑上矛盾或一致的描述性信念"（Chrisman 2007：244）。

辩证地看，如果目标是比语境论做出更好的阐释，那么，这个策略就很奇怪。究其原因，语境论者可以同意，在知识归附中人们通常表达了接受语境中的相关标准。在说出"我的道德规范不允许我撒谎，除非有生命危险"，我通常表达了我接受这个常规。一般地说，每当我断言某个规范是*我的*规范，我通常表达接受这个规范，即使这个断言的内容完全是描述性的——正如下述事实所证明的那样，即另外某个人可以做出同样的断言，这个规范是我的规范，但却不接受这个规范。按照认识语境论者的观点，在说出"*S*知道*p*"时，讲话者是在说他本可以用"*S*的真实信念*p*符合我的语境中相关认识标准"说出的话。[13] 可以期望这样一个断言表达接受语境中的相关标准——毕竟，在*断言*某个标准是相关的时，讲话者表达了坚信这个标准的相关性，这是接受这个标准的一种方式。因此，语境论者可以同意克里斯曼的观点，认为知识归赋通常既表达了相信主体的信念符合某个认识标准，又表达了接受这个标准。[14] 这意味着表达论者对于语境间意见分歧提供的解释，语境论者同样可以获得。关于所声称的表达论比语境论具有的优势就讨论到这里。

13　为了与克里斯曼的表述更加密切地相吻合，我在此讨论标准而非相关的可能性。针对相关可能性的语境论者可以将支配语境的认识标准看作通过排除所有相关可能性所能满足的标准。

14　这些观点仍将是不同的，因为表达论者主张，需要提及这种接受，以便解释"知道"的意义，而语境论者则认为这没有必要。

但是，对于语境论者，这不算什么慰藉，因为表达论者凭借"接受规范的语用相对立或相一致的状态"来解释语境间的意见分歧与意见一致并不奏效。假设亚历克斯在高风险语境中否认山姆知道他有两元钱，而贝丝在低风险语境中说山姆知道他有两元钱。根据表达论的阐释，亚历克斯表达了：

亚1：相信山姆的真实信念（即他有两元钱）不符合在亚历克斯的语境中相关的标准 s_A；

亚2：接受标准 s_A，

而贝丝表达了：

贝1：相信山姆的真实信念（即他有两元钱）的确符合在贝丝的语境中相关的标准 s_B；

贝2：接受标准 s_B。

根据这种阐释，分歧完全归于亚2与贝2，因为亚1与贝1是相容的，并且甚至可能是亚历克斯和贝丝的共识。这是史蒂文森称作"态度上的分歧"的东西（参见第6.3节）。现在考虑一下这种情形：坎达丝的语境在所有相关方面同贝丝的语境相同，但却认为山姆的信念不符合 s_B。假如坎达丝说，山姆不知道他有两元钱，她表达了：

坎1：相信山姆的真实信念（即他有两元钱）不符合在她的（和贝丝的）语境中相关的标准 s_B；

坎2：接受标准 s_B。

假如亚历克斯与贝丝的分歧完全归于态度亚2与态度贝2之间的矛盾，那么，在亚历克斯与坎达丝之间就会*在同样意义上存在分歧*，尽管两人都否认山姆"知道"他有两元钱。不过直觉地看，坎达丝与亚历克斯意见一致，而贝丝同他意见分歧。因此，尽管表达论者认识到了亚历克斯与贝丝分歧的一个方面——他们采取了互不相容的标准——但这个方面看来并未穷尽我们感到存在于亚历克斯与贝丝之间的全部分歧。这一点由下述事实表明：我们认为亚历克斯与贝丝存在分歧的方式并非亚历克斯与坎达丝存在分歧的方式。

8.5 事实性

斯坦利（2005b：147）反对道：

> 基于相对论语义理论，极不清楚知识的事实性究竟是什么。但是，无论对具体案例做出什么预测，对这种素材的任何阐释都比使像知识事

实性这样基本的推论成为谜团的理论更具包容性。

然而，上面提供的阐释显然是在斯坦利希冀的意义上证实了事实性："从 K_p 到 p 的推论"（147）。对于任何语境 c_1 和 c_2，当

(14)「S 知道 p」

在 c_1 中使用、从 c_2 中评价成真，那么 ϕ 在 c_1 中使用、从 c_2 中评价成真。也就是说，（在第 3.4 节的意义上）φ 是（14）*绝对的*逻辑结论。因为假设（14）在 c_1 使用、由 c_2 评价成真。那么，根据相对论后语义学，

$$[\![(14)]\!]^{c_1}_{\langle w_{c_1},\, t_{c_1},\, s_{c_2},\, a\rangle} = 成真。$$

根据原子命题的语义表征，可以得到

$$\langle [\![S]\!]^{c_1}_{w_{c_1},\, t_{c_1},\, s_{c_2},\, a},\ [\![that\,\phi]\!]^{c_1}_{w_{c_1},\, t_{c_1},\, s_{c_2},\, a}\rangle \in [\![\text{"}知道\text{"}]\!]^{c_1}_{w_{c_1},\, t_{c_1},\, s_{c_2},\, a}。$$

根据 "*that*" 的语义表征，

$$[\![that\,\phi]\!]^{c_1}_{\langle w_{c_1},\, t_{c_1},\, s_{c_2},\, a\rangle} = |\phi|^a_{c_1},$$

根据 "*知道*" 的语义表征，这一内容在境况 $\langle w_{c_1}, t_{c_1}, s_{c_2}\rangle$ 成真。根据*内容的内涵*，可以得到，

$$[\![\phi]\!]^{c_1}_{\langle w_{c_1},\, t_{c_1},\, s_{c_2},\, a\rangle} = 成真。$$

但是，随之由相对论后语义学表征得出 ϕ 在 c_1 中使用、由 c_2 评价时成真。

那么，斯坦利反对事实性的论证肯定存在某种错误。他的论证按如下方式进行。假设"约翰知道 p"在约翰的（低风险）语境使用和评价成真，而在约翰的语境中使用但从汉娜的（高风险）语境评价成假。那么，约翰可能说"我知道 p"，汉娜可能说"约翰不知道 p"。斯坦利指出：

> 根据相对论对直觉的判定，约翰和汉娜每人的判断都证明是合理的，尽管两人确实存在分歧。因此，实在不大可能约翰和汉娜各自只是碰巧正确。这就是说，仅仅认为对于约翰，他是正确的、对于汉娜，她是正确的还不够。这不是真正的论证。真正的论证必须是，假如他们两人都正确，那么，约翰就*知道*他是正确的，而汉娜*知道*她是正确的。这就是说，在所设想的情形中，约翰知道约翰知道 p，汉娜知道约翰不知道 p。于是，一位中立的旁观者就可以指出，约翰知道约翰知道 p，汉娜知道约翰不知道 p（正像我刚才那样）。（Stanley 2005b：146）

但是那样，根据事实性概念，这位"中立的旁观者"就会陷入矛盾。

斯坦利推断，相对论者必须放弃事实性。但是，在采取这种极端措施之

前，我们应当重新审视斯坦利论证中的前提：约翰和汉娜两人都*知道*自己正确。相对论者在下述意义上把他们看作都"正确"：从约翰的语境评价，约翰所相信的东西成真，而从汉娜的语境评价，汉娜所相信的东西成真。这是一种重要的"正确"，因为这表明约翰和汉娜遵循了信念的真值规范（第5.7节）。这个规范规定，只能相信在自己当下语境中使用和评价成真的命题。断言约翰和汉娜两人都知道他们在这个意义上（在上文第6.7节中无错ₙ的意义上）是正确的，这并不困难。但是，不能从他们两人都知道他们在这个意义上是正确的这个断言推论，约翰知道约翰知道 p、汉娜知道约翰不知道 p。相对于某些评价语境，约翰知道 p，而且约翰知道这一点，会是真的。相对于其他语境，约翰不知道 p、汉娜知道这一点，会是真的。但不存在一个语境，相对于该语境约翰知道约翰知道 p、汉娜知道约翰不知道 p。因此，斯坦利的主张可以拒不接受（类似的回应，参见 Montminy 2009：345-346；Richard 2008：169）。

8.6 讲话者错误

与语境论不同，相对论证实讲话者关于何时两个知识归赋存在分歧、何时先前的知识归赋必须收回等等的日常判断。这看来是对相对论有利的主要一点。然而，蒙米尼（Montminy 2009）论述道，相对论还必须将错误归于讲话者，因此，基于这些原因不应受到青睐。这是因为普通讲话者不会接受相对论者关于知识断言在其他语境中应当如何评价真值的预言。这样，正像语境论者那样，相对论者需要一种解释错误的理论。

蒙米尼以下面这个对话例证了他的观点。这个对话在处于低风险语境（*Low*）中的约翰与鲍勃之间进行；在这种低风险语境中怪异的阴谋论被恰当地忽略了：

> 约翰：我们俩都知道尼尔·阿姆斯特朗是第一个登上月球的人。
> 鲍勃：真是那样。

现在假定汉娜处在高风险语境（*High*）；在这个高风险语境中，政府虚构登月事件的可能性相关，因此认为约翰说的话不正确。正如蒙米尼所指出的那样，汉娜会认为鲍勃说的话也不正确。他说这"对于相对论是一个问题：按照相对论的观点，既然鲍勃对约翰的知识断言是在低风险语境中做出评价的，因而这个评价是正确的"（Montminy 2009：345）。

但是，这个例子不能用于得出这个观点——至少不能反对本章（或 MacFarlane 2005a）论述的相对论观点。鲍勃没有说：

（15）在你的语境中使用而从我的语境评价，那是真的。

而只是说：

（16）真是那样。

这样，按照我们关于一价真值谓词的阐释，他表达了一个在某个评价境况中成真的命题，仅当约翰断言的命题在那个境况中成真（第4.8节）。因此，假若汉娜认为约翰说了假话，她应当认为鲍勃也说了假话。在此，相对论者的预言同蒙米尼所理解的普通讲话者的判断一致。

蒙米尼可以只是使用一个不同的对话吗？如果鲍勃说：

（17）在你的语境中使用、从我的语境中评价，真是那样，

那么，相对论会预测汉娜应该与鲍勃意见一致。但是，在此与日常判断就不存在矛盾。鲍勃的断言是用专业词汇表达的，普通讲话者只有了解了这种词汇的作用方式才能对其真值做出判断。蒙米尼发现了这一问题，并试图使用非事实性条件句取代以专业词汇表达的断言：

（18）假如风险很低，并且没有提及任何错误的可能性，那么，约翰的断言就会成真。

他论述道，相对论预言（18）成真，可汉娜（在高风险语境）会判断这个命题成假（353）。不过回顾一下，依据相对论的观点，世界参数和相关可能性参数独立地转变（参见上文第8.3节）。在（18）中，非事实性前件转变世界，但使相关可能性保持原样，因此，其结论受到评价时所相对的有关可能性与非包孕断言受到评价时所相对的有关可能性相同。因此，相对论观点预言，（18）从汉娜的语境评价成假，这与日常判断并无抵牾。

那么，我们如何*可能*探查同评价语境中的真值相联系的日常判断呢？回忆一下我们在第5章中建立的在相对于评价语境的真值与收回前言之间的概念联系。我们可以通过让普通讲话者考虑收回前言的特性以了解他们的判断；蒙米尼在其论文结尾处正是这样做的。汉娜认为，约翰关于登月的证据排除了在*低风险语境*中相关的可能性，而没有排除那些在她当前*高风险语境*中相关的可能性。她说：

（19）约翰不知道尼尔·阿姆斯特朗是登月第一人。

后来，她发现自己身处低风险语境（*Lower*）中。在这个语境中，她说：

（20）约翰确实知道尼尔·阿姆斯特朗是登月第一人。

相对论观点预言，汉娜说过这些话之后，就准备收回她用（19）做出的断言。对此，蒙米尼并无争议。他所争论的是，汉娜在高风险语境中时，会同意假如她后来身处低风险语境时就不得不收回（19）：

> 讲话者处于低风险语境会收回她之前否认知道的断言，这个事实并不蕴含当讲话者处于高风险语境中时，就会认为自己承诺收回她当前对知道的否认，如果这个否认受到未来某个低风险语境的挑战。事实上，处于高风险的讲话者不会接受这个承诺，亦即，这样一个讲话者会认为，在未来某个低标准语境中收回他当前对知道的否认是不正确的。……这意味着，假如相对论正确，普通讲话者关于他们当前知识的断言在未来语境中是否应当收回，就犯了系统性的错误。（Montminy 2009：354）

假定蒙米尼关于普通讲话者对于在所设想的未来语境中收回知识归赋之正确性的认识做出了正确的阐述。相对论观点把这种错误归于普通讲话者这个事实会成为拒绝相对论的理由吗？

不会——因为相对论者不得不归赋的错误比起语境论者不得不归赋的错误，没有那么极端，从而更容易阐释。语境论者必须就两个断言何时存在分歧而归赋错误，这种错误若在其他地方发现会是出人意料的。讲话者假如说，一只特定的蚂蚁"大"——意为对于蚂蚁来说是大的——他会觉得这个断言与之前"蚂蚁不大"的断言是绝对不矛盾的。那么，如果语境论者对知识归赋的观点是正确的，为何讲话者觉得在不同语境中做出的知识归赋和知识否认之间存在冲突呢？语境论者需要对我们解释，为何讲话者在一种情形下犯了错误而在另一种语义上类似的情形下却不会出错。反对语境论的论据不只是因为语境论把错误归于讲话者——讲话者事实上确实会出错！——而是因为我们无法理解讲话者为何会犯语境论所归赋给他的错误。

在此，相对论者的形势要好得多。假如蒙米尼关于上述素材的论述是正确的，那么，讲话者在归赋知识时，对于自己究竟做出了什么样的承诺，并没有一个清晰的看法。这确实并不多么令人惊讶。正像任何苏格拉底式对话都会表明的那样，讲话者通常并不明确意识到他们承诺的所有东西。有多少人认为自己承诺坚守工作与家庭，却没有考虑到这些承诺发生冲突的情况？如果要探查讲话者真正承诺了什么，所需要的不是对问题的第一直觉反应，而是经过深思熟虑做出的判断。在这种情形下，讲话者必须考虑如下问题：

1. 如果我后来处于低风险语境中，我应该坚持否认知识还是收回之前的否认？

2. 如果我应当坚持否认知识，那么，这是否意味着我不应当归赋我正在否认的知识？

3. 然后，如果我不应当归赋我现在正否认的知识，那么，当我想要在其他具有类似证据的情形中归赋知识时，如何证明我不做出知识归赋是正确的？

4. 那么，另一方面，我如果应当归赋我现在正否认的知识，如何使之与眼下正坚持的这个否认相一致呢？我会认为这两种态度之间不存在分歧吗？

关于某人所承诺的东西做出自反性判断，要求重新考虑最初提出相对论、反对语境论与恒定论所考虑的因素。我的观点是，这样做了之后，讲话者就会全力支持相对论观点，认为它最好地反应了讲话者归赋知识、否认知识的实践活动。

说完这一点之后，我确实要承认，做出以下判断的确有点怪异，即在未来某个低风险语境中，你应当收回你现在认为准确的断言——并非由于你获得了新的证据，而只是由于语境中相关可能性不同。毕竟，从你眼下的视角看，支配低风险语境的标准存在某种错误：这个标准把不知道的人算作知道者了！[15] 这样，认为你如果后来处在低风险语境中就应当收回你当前的断言，可能看起来好比认为你如果后来转而接受反对这一断言的误导性证据就应当收回你当前的断言一样。

我认为，在回答关于人们在未来语境中应当如何对待相关可能性的问题中感觉存在的混乱，可以得到解释。从内部来看，相对论感觉酷似恒定论。从任何给定的语境，人们把所有知识归赋看作受制于相同的标准（或者同一组相关可能性），无论做出知识归赋的语境怎样。假如遇到别人归赋知识而你却予以否认或者你归赋知识而别人否认的情况，你就认为别人说得不准确、存有错误的信念。你不会说："噢，他们说得也对。"你可以做出与此接近的判断：你可以说，其他人断言的命题在*他们的*语境中使用与评价成真；因而他们正确地遵守了支配断言与收回断言的规范。但是，这个判断需要运用更加复杂的概念，这种判断不是你经常需要做出的。在大部分情况下，实践中的相对论者只要不过于努力地思考在不同语境做出的判断如何达成一致，就可以假装恒定论是正确的。

---

15 感谢保罗·博戈西昂（Paul Boghossian）敦促我考虑这个担忧。

　　蒙米尼所追问的那种问题迫使我们迅速摆脱这个舒适自然的恒定论幻觉。大部分情况下十分有效的恒定论思维方式持续产生着影响，使得我们的回答混乱不清。但是，我们如果加以反思，就会认识到，相对论者对这些问题做出的多少有些违背直觉的回答，正是很好地理解知识归赋实践活动所需要的。与之不同的路径是把我们自己看作糊涂健忘的恒定论者。[16]

16　参见韦纳（Weiner 2009），他提出，我们关于知道的概念是不融贯的，但这"大多数情况下是无害的"。

第 9 章
明天

把时间想象成一条从过去通向未来的线是很自然的。谈论过去涉及处在我们身后的那段线，而谈论未来则涉及位于我们前面的那段线。但是，思考未来的偶发情况就意味着把时间刻画为分叉或分支的另外一种图景。枝叉代表历史在未来的可能延续。在时间的每一刻，存在许多可能的延续——许多分叉——没有一个分叉被标明为"唯一的"未来。

文学界和科学界都认真对待分叉理论。[1]但是，我们真能理解分叉吗？基于分叉理论，似乎不存在*唯一的*未来这样的东西。可是，我们无时不在做出关于未来的断言。例如，我十天前说过，今天将天晴。今天天晴，所以我的断言看来是准确的。但是，假如像分叉理论所述，在我做出这一断言时，未来存在着阴雨分叉，我的断言何以可能会是准确的呢？关于断言的内容与其使用语境的何种事实使得这个断言成为准确的而非不准确的呢？这不是那个语境*唯一的*未来为晴天这个事实，因为根据分叉假设，通过一个点的分叉无一可以选作*唯一的*未来。

这是一个我想讨论的难题。面对这个相同的难题，戴维·刘易斯推断我们必须要么拒绝分叉理论，要么同意我们指向未来的话语与态度从根本上是混乱不清的（Lewis 1986：199-209）。这是一个棘手的两难困境，因为是否存在分叉似乎部分地是一个经验问题；对于我们目前最好的物理理论的重要理解需要

1　关于文学探索参见博尔赫斯的论述——《分叉小径花园中的真理》（Borges 1964），而科学的探索参见巴勒特（Barrett 2001）。

某种分叉时间结构（Barrett 2001）。如果刘易斯是正确的，那么，接受这些理论就意味着使谈论明天会发生什么变得不相融贯。

我认为刘易斯的两难抉择是虚假的。对未来偶发事件恰当的语义阐释可以与分叉相容的方式佐证关于未来的日常谈话与思维。然而，这样一种阐释需要评价敏感性概念。我们必须接受诸如"明天将有一场海战"这种句子（或其表达的命题）之真值不仅取决于其使用语境，而且取决于对其做出评价的语境。从今天的观点来看，我们（在晴天这个分叉上）可以正确地评价昨天关于晴朗天气的预测为准确的。但是同样，我们自己"分叉了的"形式（在下雨的分叉上）可以正确地评价该预测为不准确的，这正像我们过去的自己在做出该断言的片刻之后进行这一评价那样。

9.1 形而上学背景

为了更加严密地表述问题，我们需要更加明确地阐述诸如决定论、分叉以及可能未来等概念。我们在此采取的方法是对那些持有许多不同种模态形而上学的人所能接受的概念做出定义。这个问题从根本上说是语义学问题，而非形而上学问题。

9.1.1 时间

首先，我们将假定一个完全有序的*时间*集。对于我们的目的，这个时间集究竟是有限的还是无限的、密集的还是离散的、连续的还是非连续的，都不重要。重要的是，对于任何两个时间 t_1 与 t_2，要么 $t_1 \leqslant t_2$，要么 $t_1 \geqslant t_2$。

在假定独立于参照框架谈论"时间"是合理的时，我们忽略狭义相对论。使我们的框架与狭义相对论相符是可能的，但是，增加这一复杂性会使重要的语义学观点更难理解。[2] 暂且假装我们考虑的世界都是牛顿式的世界。

9.1.2 世界

我们将假定一组世界，加上一个域函数 D、一个评价函数 V；域函数 D 将世界与时间映射到一组客体；评价函数 V 将原子谓词、世界与时间映射到外延——直觉地看，即在那个世界、那个时间、符合该谓词（给定其实际意义）的那组客体。

2　关于在相对论框架中对不决定论的讨论，参见贝尔纳普（Belnap 1992）。

我们不像刘易斯（1986）中那样假定我们的世界是真实具体的整体。我们也不假定这些世界是仿制的表现形式。这是世界的抽象概念，从将仿制概念与实在概念区分开来的"实施细节"中抽象得出。形而上学地说，我们关于世界的所有假定是，世界决定每次研究的语言中原子谓词的外延。因此，实在论者与仿制论者都应当能够理解这个论断。

我们还要对我们的世界加以进一步的限制：这些世界上的时间发展必须符合物理定理。我们尽管无疑可以设想出由与我们不同的物理定理支配的世界——"在那样的世界里，动物会说话，星球不动，人变成了石头，树木变成了人；在那样的世界里，行将被淹死者揪着自己的头饰把自己从沼泽中救出"（Frege 1953：第 14 节）——在此，我们将把注意力局限于物理上可能的世界。

9.1.3 可及性与分叉结构

在我们这里关注的可能性的意义上，在一个时间可能的事情，在后来一个时间也许不再可能。假设你正计划一次公路旅行。你如果拂晓出发，傍晚就能到达死亡之谷；但是，你如果中午动身，你就只能赶到贝克斯菲尔德。因此，对于拂晓来说，你傍晚赶到死亡之谷是可能的，但是对于中午而言，你傍晚到达死亡之谷就不再可能。随着时间的流逝，可获及的可能性在减少。

按照分叉的要求，从某个给定世界的角度，哪些世界是可能的可以随时间变化。我们通过使*可及性*（或者相对可能性）关系具有时间相对性表征这一特征。可及性可以像下面这样用我们的 D 函数和 V 函数加以定义：

可及性。*在 t，w_2 从 w_1 是可及的，仅当对于每个时间 $t' \leqslant t$ 且每个原子谓词 Φ，$D(w_1, t') = D(w_2, t')$ 且 $V(\Phi, w_1, t') = V(\Phi, w_2, t')$。*

直觉地看：在 t，w_2 从 w_1 是可及的，当 w_1 与 w_2 具有共同的过去与现在，而只是具有不同的未来。[3] 根据这一定义，我们立即可得：

(i) 在 t 的可及性具有自反性、对称性与传递性———一种等值关系。
(ii) 在贝尔纳普、佩洛夫与徐（2001）的意义上，不存在向后分叉：如果在 t，w_2 从 w_1 是可及的，那么在每个 $t' \leqslant t$ 的时间，w_2 从 w_1 是可及的。

于是，在任何给定时间，可及性关系把某个给定时间的世界*划分*成一块块互相可及的世界，这些世界随后可能分裂成更小的分支，或者在先前时间结合形成躯干。那种结构是一个分叉的树形结构。

---

3 这个定义的含义是，假如像戴维·刘易斯认为的那样，客体是依附于世界的，那么，每个世界只对自己是可及的；从而不存在分叉。

9.1.4 决定论与不决定论

一个世界在时间 t 是*确定的*，假如每个在 t 可获及该世界的世界在所有时间 $t' > t$ 可以获及这个世界。（直觉地看：不存在未来分叉。）如果某个世界不是确定的，这个世界就是*不定的*。

物理定理是确定性的，如果在每个时间每个世界是确定的。[4] 但是，即使物理定理不是确定的，某个世界在某个时间也可能是确定的。

在下文中，我们既不假定物理定理是确定的也不假定物理定理是非确定的。那是物理学的问题。语义学理解为关于语言意义的理论，不应当对这个问题预设任何具体的答案。因此，要做的工作不是为指向未来的话语提供一种假定不定论的语义学，而相反，是要提供一种不假定决定论的语义学。

9.2 奥卡姆式语义学

为了阐述语义问题的目的，我们可以用一种非常简单的语言进行论述。这种语言只含有几个词项与谓词而不含限量词：

语法。

单称词项：*"阿尔布开克"、"伯克利"、"这里"*

一位谓词：*"是晴朗的"、"是下雨的"*

原子程式：*如果 α 是一个单称词项、Φ 是一个一位谓词，「$\alpha\Phi$」是一个原子程式。*

布尔联结词：*如果 ϕ 与 φ 是程式，那么「$\phi \wedge \varphi$」、「$\phi \vee \varphi$」、「$\neg\phi$」是程式。*

时间算子：*如果 ϕ 是程式，那么，「明天 ϕ」、「昨天 ϕ」以及「现在 ϕ」。[5]*

模态算子：*如果 ϕ 是程式，那么「$\Diamond\phi$」与「$\Box\phi$」是程式。*

像通常那样，组合语义学将采取相对于语境与指号——这里为一个世界／时间对——的递归性真值定义的形式。（这在时间逻辑的文献中称作"奥卡姆式"，因为佐证了奥卡姆的威廉的某些论点。）

奥卡姆式语义学。 *我们使用 $[\![\alpha]\!]^c_{\langle w, t \rangle}$ 指表 α 在 $c, \langle w, t \rangle$ 的外延。*

单称词项：

4　比较一下蒙塔古（Montague）对决定论学说的定义：一种学说是决定论的，当且仅当对于与该学说相容的任何历史 S_1 与 S_2，如果 S_1 与 S_2 在时间 t_0 相一致，它们在每个时间 $t > t_0$ 都相一致（Montague 1974：320 定义 1）。

5　用于例示，几个时间算子就足够了。在现实语言中，我们需要更多的时间算子，包括非语境敏感性的时间算子。

$$[\![\text{"阿尔布开克"}]\!]^c_{\langle w, t\rangle} = 阿尔布开克$$

$$[\![\text{"伯克利"}]\!]^c_{\langle w, t\rangle} = 伯克利$$

$$[\![\text{"这里"}]\!]^c_{\langle w, t\rangle} = c\ 的位置$$

一位谓词：

$$[\![\text{"是晴朗的"}]\!]^c_{\langle w, t\rangle} = \{x \mid x\ 在世界\ w\ 和时间\ t\ 是晴朗的\}$$

$$[\![\text{"是下雨的"}]\!]^c_{\langle w, t\rangle} = \{x \mid x\ 在世界\ w\ 和时间\ t\ 是下雨的\}$$

原子程式：

$$[\![\alpha\ \Phi]\!]^c_{\langle w, t\rangle} = \begin{cases} 成真 & 如果\ [\![\alpha]\!]^c_{\langle w, t\rangle} \in [\![\Phi]\!]^c_{\langle w, t\rangle} \\ 否则 & 成假 \end{cases}$$

布尔联结词：

$$[\![\neg\phi]\!]^c_{\langle w, t\rangle} = \begin{cases} 成真 & 如果\ [\![\phi]\!]^c_{\langle w, t\rangle} = 成假 \\ 否则 & 成假 \end{cases}$$

$$[\![\phi \wedge \varphi]\!]^c_{\langle w, t\rangle} = \begin{cases} 成真 & 如果\ [\![\phi]\!]^c_{\langle w, t\rangle} = [\![\varphi]\!]^c_{\langle w, t\rangle} = 成真 \\ 否则 & 成假 \end{cases}$$

$$[\![\phi \vee \varphi]\!]^c_{-\langle w, t\rangle} = \begin{cases} 成假 & 如果\ [\![\phi]\!]^c_{\langle w, t\rangle} = [\![\varphi]\!]^c_{\langle w, t\rangle} = 成假 \\ 否则 & 成假 \end{cases}$$

时间算子：[6]

$$[\![明天\ \phi]\!]^c_{\langle w, t\rangle} = [\![\phi]\!]^c_{\langle w, t_c + 24\ 小时\rangle}$$

$$[\![昨天\ \phi]\!]^c_{\langle w, t\rangle} = [\![\phi]\!]^c_{\langle w, t_c - 24\ 小时\rangle}$$

$$[\![现在\ \phi]\!]^c_{\langle w, t\rangle} = [\![\phi]\!]^c_{\langle w, t_c\rangle}$$

模态算子：

$$[\![\Diamond\phi]\!]^c_{\langle w, t\rangle} = \begin{cases} 成真 & 如果\ [\![\phi]\!]^c_{\langle w', t\rangle} = 对于在\ t、从\ w\ 可及的一些\ w'\ 成真 \\ 否则 & 成假 \end{cases}$$

$$[\![\Box\phi]\!]^c_{\langle w, t\rangle} = \begin{cases} 成真 & 如果\ [\![\phi]\!]^c_{\langle w', t\rangle} = 对于在\ t、从\ w\ 可及的所有\ w'\ 成真 \\ 否则 & 成假 \end{cases}$$

在此定义的模态算子为"历史模态词"，因为在这个意义上什么是可能的或必然的取决于时间。随着时间的推移，原来是偶然的事情成为必然的（确定的）或不可能的。业已发生的事情算作这个意义上"必然的"。确实，事情本可能没有发生——但那只是意味着，不发生（1）*过去*是可能的，而不意味着这件事情不发生*现在*是可能的（2）：

（1）*昨天◇ ¬ 现在 P*

6　在此，t_c 指 c 的时间。注意"明天"和"昨天"含有"明天的这个时刻"与"昨天的这个时刻"。这些词在英语中的意思没有这样严格。

在昨天有可能不是现在的情形 *P*

(2) ◊¬ *现在 P*

可能不是现在的情形 *P*。

9.3 命题

增加一个"适应"这个语义学的命题理论是不困难的。事实上，有两种合理的方式做到这一点，一种方式对应于"时间论"命题观，另一种对应于"永恒论"命题观。

时间论命题"在时间上是不确定的"；这种命题相对于世界与时间而具有真值。于是，*评价境况就会是世界/时间对，命题的内涵则是从世界/时间到真值的函数*：

时间论命题。当 ϕ 为一个句子时，设 $|\phi|_c^T$ 指表它在使用语境 *c* 表达的时间论命题。

$|\phi|_c^T$ 的内涵是从世界/时间对到真值的函数 *f*，从而 $f(\langle w, t \rangle) = [\![\phi]\!]_{\langle w, t \rangle}^c$。这个定义是直截了当的，因为我们定义句子真值所相对于的指号和我们定义命题真值所相对于的评价境况，都是世界/时间对。然而，正如我们在第4.5.1节所看到的那样，原则上没有理由让这两个角色由同一个东西来扮演。因此，我们可以自由地让我们的语义理论加入到命题的永恒论学说之中。根据这一学说，评价境况就是世界：

永恒论命题。当 ϕ 为一个句子时，设 $|\phi|_c^E$ 指表它在使用语境 *c* 表达的永恒论命题。

$|\phi|_c^E$ 的内涵是从世界到真值的函数 *f*，从而 $f(w) = [\![\phi]\!]_{\langle w, t_c \rangle}^c$，（像通常那样，其中 t_c 是 *c* 的时间）。

下文将要探讨的问题同在时间论与永恒论之间做出选择无关。简便起见，我们将探讨永恒论命题。这将有助于阐明我们先前的断言（第3.1.3节），即评价敏感性不要求命题真值相对化于可能世界之外的任何东西。

9.4 后语义学问题

我们的奥卡姆语义学（第9.2节）为我们的语言中任意的句子提供了在语境与指号（世界/时间对）中的真值定义。但是，我们如何从这个定义过渡到语境中语用相关的真值概念呢？

命题遇到了类似的问题。我们对真值做出的阐释相对于在语境中由任意句子表达的命题之世界。但是，这样一个命题在语境中成真是什么？如何才能使这样一个命题的断言成为准确或不准确的？

在没有分叉的理论框架中，这些问题有着标准的答案。某个句子 S 在语境 c 成真，仅当 $[\![S]\!]^c_{\langle w_c, t_c \rangle} =$ 成真，其中 w_c 与 t_c 是 c 的世界与时间。同样，命题 p 在语境 c 成真，仅当它在 w_c 成真；断言是准确的，仅当其内容在 w_c 是准确的。

然而，这些简单的答案在分叉理论中无法获得。这些答案都假定，谈论"使用语境的世界"是有意义的。[7]

非决定论论点。*在带有分叉世界的框架中，使用语境一般不会决定一个独特的"使用语境的世界"，而至多决定一类在语境中重叠的世界。*
考虑一下使用句子的一个具体情形——比如，在断言中说出这个句子。

一般而言，将有许多世界代表完全相同的过去发生的事情与现在发生的事情，直至包括说出我们感兴趣的话语；这许多世界只在未来历史中出现差异。看来，这些世界中没有哪一个能比任何其他世界可以更好地声称作为使用语境的世界。具体的使用事件在所有这些世界中发生。理解这一点的一种方法是注意，假如我们在语言中包括这个事件的名称，比如，将之称为"Ep"，那么，"Ep 发生"在所有重叠世界中成真。

引入某种对"语境的世界"的标注方法将为进一步的讨论提供方便：

$W(c)$。其中 c 是一个语境，设 $W(c)$ 为一类在语境中重叠的世界。
由于我们的分叉结构由时间相对的可及性关系决定，我们可以假设在语境中重叠（若要重叠必须属于同一分支）的世界是互可及的。

相互可及性。对于所有 $w_1, w_2 \in W(c)$，*在 t_c，从 w_2 可获及 w_1*。

9.4.1 细红标线

我们至此为非决定论做出的论辩可予以抵制。假定如果存在分叉世界，那么，关于具体言语事件之现在与过去的事实无一能够将其中的一个世界同其余的区分开来。但是，我们为什么要将自己局限于现在与过去的事实呢？我们为何不也应当考虑关于具体言语事件之未来的事实呢？

考虑一下发生在时间 t_0 的具体言语事件 Ep；并且假设在 t_0 的宇宙状态与

7　参见刘易斯（1980：第 7 节）与卡普兰（1989：522, 547）。关于谈论"语境的历史"在分叉时间框架中没有意义的评述，参见贝尔纳普等（2001：21-23）。

在 t_1（t_0 的一天之后）的晴天和阴天的天气相容。假如 Ep 之后有一天是晴天，这是关于 Ep 的一个事实。假如 Ep 之后有一天不是晴天，这又是关于 Ep 的一个事实。于是，无论哪种情况，都存在一个关于 Ep 的事实，可以区分两个世界；这两个世界现在的状态与过去的状态直至 Ep 的时间是重合的，但自那以后分道扬镳了。

当然，有人也许会否认*存在*任何关于继 Ep 之后有一天是什么天气的事实。但是，做出这种否认必须提供某种其他的理由；这并不仅仅能够从声称第二天的天气不是由宇宙的现在状态所决定的推论得出。

那么，我们为何不应当说在许多直至产生 Ep 时重合的世界中——所有这些世界都准确地代表了宇宙的现在状态及其过去的发展——只有一个世界也准确地代表了即将发生的状态？*那个*世界是"语境的世界"。

按照贝尔纳普与格林（Belnap and Green 1994）的做法，让我们把这种观点称作*细红标线观*（*Thin Red Line View*）。根据细红标线观，有一个函数 TRL 把每个使用语境 c 映射到一个独特世界 $TRL(c)$。[8] 然后，我们就可以将"c 的世界"（w_c）认同为 $TRL(c)$，并且把在语境 c 的真值定义为在评价点的真值 c，$\langle w_c, t_c \rangle$。

9.4.2 反对细红标线

我们有很好的理由拒不接受这种理论图景。这种理由不是形而上学的理由，而是语义学——更确切地说，是后语义学——的理由。细红标线观对未来偶发事件之断言做出的仅为非事实性反省性评价会产生离奇的预言。

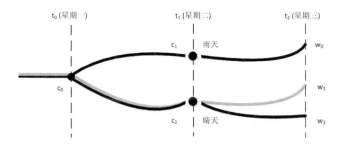

图 9.1 细红标线　$TRL(c_0)=w_1$

我们来看一个具体的例子（图 9.1）。假设杰克在 c_0（星期一）断言：

8　贝尔纳普与格林（1994）以及贝尔纳普、佩洛夫与徐（2001：第 6 章）探讨了那些在语义学本身而非在后语义学中赋予细红标线以角色的理论。他们对这些理论提出的异议令人信服。因此，我在此只讨论那些在后语义学中赋予细红标线的观点。

(3) 明天伯克利将是晴天。

　　　明天伯克利晴天。

既然 $TRL(c_0)= w_1$（如图表中灰线所示）。细红标线观认为（3）在 c_0 成真，仅当 $[\![(3)]\!]^{c_0}_{\langle w_1, t_0\rangle}$ = 成真。根据*明天*的语义条款以及 t_0+24 小时 $=t_1$ 的事实，

$$[\![(3)]\!]^{c_0}_{\langle w_1, t_0\rangle} = [\![\text{“伯克利天晴”}]\!]^{c_0}_{\langle w_1, t_1\rangle} = \text{成真}$$

因此（3）在 c_0 成真。

现在假设有人在 c_2 回顾杰克的断言，不知道是否准确。这个评价者会认为，杰克断言的准确性取决于所断言的句子（3）在他断言的语境 c_0 中是否成真。既然按照细红标线的观点，（3）在 c_0 成真，那么，该评价者应当认为杰克做出了准确的断言，而不是做出了一个需要收回的断言。这看来没错；毕竟，评价者只需要感照到自己皮肤上的阳光就能知道杰克的断言是准确的。

不过，假如设想某人在 c_1 回顾并评价杰克在 c_0 的断言，这样的解释并不如此有效。如前面那样，评价者仅当（3）在 c_0 成真时才认为杰克说的话是准确的。按照细红标线观，既然（3）在 c_0 成真，评价者应当认为杰克说的话是准确的。但这看来是错误的；评价者只需要感受落到皮肤上的雨点就能知道，杰克的断言是不准确的。

直觉地看，仅当伯克利在 t_1 和 w_0 而非 w_1 是晴天，在 c_1 的评价者才应当认为杰克说的话是准确的。但是，因为 TRL 函数将 c_0 映射到 w_1，细红标线观不能产生这一结果。

细红标线观的支持者也许可以回应这一质疑，说对于两个观察者中每一位而言，细红标线是不同的。但这样说法就相当于将 TRL 函数看作从使用语境与评价语境到世界的函数。因为这个观点赋予评价语境以语义角色，将会是一种形式的相对论，而非相对论的替代观点。

9.4.3 削弱细红标线直觉

支撑细红标线观的直觉很强烈。否定下面这一点似乎十分有悖直觉，即就某个语境中许多重叠的世界而言，其中的一个世界被选作"实际的未来历史"，这个世界将真正地成为现实。然而，如我们所见，基于细红标线观的后语义学会对将来时态断言的非事实性反省评价做出错误的判断。我们有什么办法削弱细红标线观所基于的直觉吗？

是有办法的。我们可以仔细考察几个因素，这些因素也许看起来支持细红标线观，而事实上却不然。认识到了这一点，细红标线观的基础就会削弱。

*不会*两种情形同时出现。也许明天这个时间天晴，也许不会。但是，我

们知道不会同时出现这两种天气——二者必居其一。难道这不是意味着不存在分叉吗？或者假如存在分叉，这是否意味着目前语境（c_0）中重叠的世界中只有一个世界是实际的世界，亦即将会实现的世界，这正如"细红标线"观所言？

不是。基于两种情况不会同时出现这个论据所能推断的只是我们的语义理论必须避免使

（4）明天这里将是晴天，这里将不是晴天。

　　　明天（这里是晴天 ∧ ¬ 这里是晴天）

在每个语境中成真。[9] 无分叉与细红标线观点可以获得这一结果。但是，许多接受分叉、拒绝细红标线的语义理论同样能够得到这个结果。给定第 9.2 节的奥卡姆式语义学，（4）在每个语境与指号 c, $\langle w, t \rangle$ 中成假。因此，与这种语义理论一起使用的后语义学大概没有任何一种会使（4）在语境中成真。事实上，与下文第 9.5-9.8 节描述的任何其他观点相比，这个因素并不支持细红标线后语义学。

动点谬误。我们在看像图 9.1 这种代表可能历史的分叉树的简图时，把我们目前在树上的位置看作从过去缓慢移向未来的一个点，这种看法是很具诱惑力的。这样地看待这幅简图就是将之看作类似我们在上面旅行（也许是坐在小卡车后面——而不是在驾驶座上）的道路分叉网络。因此，我们自然地做如下推理：

　　　尽管我现在*既*在第 66 号公路*又*在第 40 号州际公路上——两条公路在此重叠——但是，当两条路在前面分叉时，事实上就存在一个我沿哪条路走下去的问题。我也许即刻不知道将走哪条路，但我却知道我不可能同时走两条路！

　　　同样，即使我现在处于许多目前重叠、未来分离的世界中，事实上也存在哪一个是我的未来世界的问题。到达那儿时，我会弄清楚的。

但是，这幅"动点"图景体现了一种根本性的混淆。我们已经把时间表征为我们树上的一个空间维度（图 9.1 上的横向维度）。因此，沿着这个维度*移动*的点可能会表征什么呢？肯定不是在时间中发生的过程，因为所有这种过程业已在树上空间地表征。在分叉模式中不存在任何东西对应于沿着分叉道路行驶的汽车，没有任何东西对应于汽车必须做出的决策，沿着岔路中的哪条路继续行

9　回顾一下，我们的算子*明天*的意思是"明天这个时刻"，而不是"明天某一时刻"。

驶。假如世界分叉，那么*我们也分叉*。

也许是这种思想中与直觉相悖的东西——我们也分叉——为细红标线提供了佐证。但是，这一思想如果正确加以理解，就并不与直觉相悖。这种思想无非可以归结为已经表达过的事实，即所有通过我们当前语境的分叉世界都是包含我们的那些世界。正如我们刚才所见，例如，这并不隐含着我们会具有相互矛盾的性质。

明天我们就将弄清。看来很清楚，明天我们将更加了解我们当前面临的各种可能的未来偶发情形中，哪些成为了现实。假若是晴天，我们会回顾说：

(5) 昨天的情况是伯克利现在将是晴天。

　　　昨天现在伯克利晴天

(给定像在第 4.8 节中描述的一价真值谓词) 从而：

(6) 如果我们昨天说现在将是晴天，我们说的话是成真的。

这难道不表明：

(7) w_0 不是语境 c_0 的世界？

难道那不意味着哪一个世界是语境的世界——细红标线——是可以发现的事实？

不。理解我们对 (5)、(6) 的判断并不需要细红标线后语义学。给定 (第 9.2 节中的) 奥卡姆式语义学，(5) 在 $c, \langle w, t \rangle$ 成真，当且仅当：

(8) 伯克利晴天

在 $c, \langle w, t \rangle$ 成真。因此，任何采用这种语义学做出的阐释必须允许 (5) 与 (6) 在 c_1 中使用时成真。然而，正如我们将在第 9.5-9.8 节中所看到的那样，奥卡姆式语义学并不需要细红标线后语义学。超赋值论后语义学和相对论后语义学都无需细红标线，就能够对 (5) 与 (6) 做出论证。

于是，后语义问题就是这样的问题。鉴于非决定论的观点，我们怎样从递归性语义条款中定义的概念——相对于语境、世界、时间的真值——达致在语境中直接同语用相关的真值概念？这个问题很迫切，因为假如我们所拥有的只是在语境与指号中的真值，那么就不清楚如何从我们的语义学理论过渡到预测句子的使用。[10]

我们在处理后语义问题时有什么样的选择方案？在文献中可以发现三种路径。头两种路径通过改变组合语义学，以使将来时态句在使用语境中相互重

10　也许有人提出质疑，这个问题源于将语境看作具体语言情景而非参数的抽象系列。假如我们抽象地认识语境，那么，没有任何东西会阻止我们认为语境决定世界。但是，这并不能真正解决问题；因为那样我们就面临着确定哪个抽象语境对于评价特定的具体言语事件是相关的这个问题。假如我们诉诸关于评价语境的事实以做出选择，那么，我认为，我们将获得的就是评价敏感性理论阐释的一种变体。

叠的世界间其真值并不发生变化，从而避免了后语义问题。第三种方案使语义学保持原样，而试图在后语义学中不包含"使用语境的世界"以回避这个问题。

9.5 皮尔斯语义学

鉴于针对"明天"的奥卡姆式语义学，后语义问题之所以产生是因为将来时态句子在与语境相容的各种世界中具有不同的真值。因此，我们可以通过采用这样一种语义学，使指向未来的句子*具有确定的时刻*：

时刻确定的。*某个程式 ϕ 是时刻确定的，当且仅当对于所有 c、t、w、w'，如果在 t 可以从 w 达致 w'，那么 $[\![\phi]\!]^c_{\langle w, t\rangle} = [\![\phi]\!]^c_{\langle w', t\rangle}$*。（Belnap and Green 1994：374）。

假如每个句子都是时刻确定的，我们就可以通过对与语境相容的世界加以限量而确有把握地定义在某个语境的真值：

普遍后语义学。*句子 S 在 c 成真，当且仅当对于每个 $w \in w(c)$，$[\![S]\!]^c_{\langle w, t_c\rangle} =$ 成真*。

一个永恒论命题 p 在 c 成真，当且仅当对于每个 $w \in w(c)$，p 在 w 成真。

一个时间论命题 p 在 c 成真，当且仅当对于每个 $w \in w(c)$，p 在 w、t_c 成真。

语言中的所有句子为时刻确定的这个事实加上*相互可及性*限制机制，就确保了这个后语义学不会产生空缺：对于每个句子 S 与语境 c，要么 S，要么 S 的否定，在语境 c 中成真。与塔尔斯基对限量句成真所下的定义比较一下也许会有帮助。因为句子的真值不随赋值而变，我们可以将真值绝对地定义为每次赋值中的真值。（我们不妨也可以说"某次赋值"，或者选择任意一次赋值。）同样，假如句子的真值在语境中重叠的世界之间不变，我们就可以将语境中的真值定义为在那个语境、那个语境的时间以及所有重叠世界中的真值。（正像塔尔斯基一样，我们本可以使用限量词"一些"而不用"所有"。）我们不*需要*一个"语境的世界"，就同我们不需要语境中的赋值一样。

在我们的奥卡姆式语义学中，唯一可以引入时刻不确定性的算子是"*明天*"。[11] 因此，将之取代就足矣。普赖尔称作"皮尔斯式"（Prior 1967：132）的语义学可能做到这一点：

皮尔斯语义学。

---

11 当然，在真正的语言中算子要多得多。

$$[[明天_\square \phi)]]^c_{\langle w,t \rangle} = \begin{cases} 成真 & 如果对于在\ t\ 所有可以由\ w\ 达致的\ w' \\ & [[\phi]]^c_{\langle w', t_c + 24\ 小时 \rangle} = 成真 \\ 否则 & 成假 \end{cases}$$

$$[[明天_\Diamond \phi)]]^c_{\langle w,t \rangle} = \begin{cases} 成真 & 如果对于在\ t\ 一些可以由\ w\ 达致的\ w' \\ & [[\phi]]^c_{\langle w', t_c + 24\ 小时 \rangle} = 成真 \\ 否则 & 成假 \end{cases}$$

事实上，皮尔斯式的算子"*明天_\square*"是奥卡姆式的"*明天*"与奥卡姆式历史必然性算子的"聚合"，而且可以通过这些算子加以定义（Prior 1967：130）。

(9) *明天_\square \phi* $\equiv_{def}$ $\square$ *明天 \phi*

因此，包含"*明天_\square*"而不包含"*明天*"的皮尔斯语言其解释力不及我们原来的语言：皮尔斯语言不能表达导致后语义问题的非时刻确定性内容。正如普赖尔指出：

> 对于奥卡姆论者，皮尔斯式的时态逻辑是不完整的；它只不过是其系统本身的一部分——不合常情的是，偶然成真的预言在这个部分中是无法表达的。皮尔斯论者只能说，当 *p* 的未来实现是必然的时，"将会是 *p*"；当 *p* 的未来实现不是必然的、但无论怎样也会发生时，皮尔斯论者就得说，"将会是 *p*"成假；它成真的意义不能为皮尔斯论者所获得。（Prior 1967：130-131）

于是，我们将把皮尔斯观点理解为如下观点：

1. 关于明天的日常陈述通过采用聚合算子"*明天□*"做出；
2. 使用奥卡姆式的"*明天*"而不采用皮尔斯算子，我们根本无法说出或者思考任何可以表达的内容。[12]

贝尔纳普、佩洛夫与徐（2001：159）反对道，皮尔斯式观点"解释不了以下现象：某人意在断言硬币会正面朝上，尽管可能不是正面朝上；亦即这个人真诚地做出两个断言——将：*A* 与可能：~ 将 *A*"。因为，根据皮尔斯语义学，

(10) *明天□ Φ ∧ 明天◇ ¬Φ*

逻辑上成假。但是，尚不清楚这一质疑有多大力度，因为可以认为，做出以下断言会有点怪异：

(11) 明天将是晴天，但是可能明天将不是晴天 / 但是不一定明天将是

---

12 麦克阿瑟（McArthur 1974）持这种观点。他将之描述为这样的观点，即"……所有将来时态陈述都应当看作或者显性地或者（在事实性的伪装下）隐性地具有模态性"。

晴天。[13]

然而，还有几条理由拒绝皮尔斯观点。

遗漏辖域歧义。我们在句法决定将"明天"表征为句子算子，这就隐含对于（12）存在两种句法上消除歧义的方法：

（12）明天将不是晴天。

这取决于"不是"与"明天"的相对辖域：

（13）不是这样的情形，即明天将是晴天。

　　　¬ 明天 S

（14）情形将是，明天不是晴天。

　　　明天 ¬S。

不过，引人注目的是，尽管我们可以像在（13）-（14）中那样诉诸繁琐的迂回说法表明句法上的区别，但是这些变体看来就像以不同的方式说同一件事。假如某人说出（12）而你问他究竟意谓（13）还是（14），他很可能会瞪眼看着你。这与第9.2节中的奥卡姆语义学是一致的。根据这一语义学，（13）与（14）在每个语境与指号中具有同样的真值。根据皮尔斯语义学很难解释这一现象，因为

（15）*¬ 明天 □S*

可以成真，而

（16）*明天 □¬S*

成假。

一种情况或者另一种情况将发生。根据皮尔斯观点，说出下面这句话始终成假：

（17）可能明天将是晴天，可能明天将不是晴天，但要么将是晴天，要么将不是晴天。

　　　明天◇S ∧ 明天◇¬S ∧（明天 □S ∨ 明天 □¬S)

但是，这看来像某种我们可以成真地说出的东西：托马森（Thomason 1970：267）甚至说，这"具有复言式的语力"。这个句子表达了自然的思想，那就是，即使未来是开放性的，不同可能性中的一种或者另一种将会出现。也许我们可

13　除了皮尔斯观点之外的许多观点——包括第 9.6 节将考虑到的三值语义学、第 9.7 节的超赋值观以及第 9.8 节要考虑的相对论观点——暗含（11）并不能被恰当地断言。（此处所考虑的几种观点中，只有细红标线观预测（11）可以正常地使用。）德罗斯（1999：17）将类似（11）的句子的怪诞性看作句中所包含的"可能的"作认识性理解的证据。但是，这不是反对由上述任何理论提供的对"可能的"作真势逻辑理解的证据，因为这些理论都预测（11）不是一个正常的语句。

以放弃这样的思想，但是，那会是皮尔斯语义学付出的沉重代价。关于未来的日常思想允许：

（18）要么明天将下雨，要么明天将是晴天。

可以成真，即使当：

（19）要么不可避免明天将下雨，要么不可避免明天将是晴天。

成假，但这种区分却无法根据皮尔斯语义观做出。

回顾性真值判断。皮尔斯观点还与我们关于指向未来命题之真值的回顾判断相抵牾。再考虑一下图 9.1。杰克在 c_0 说出（3），从而断言永恒论命题：

$$P \mid \text{明天伯克利晴天} \mid^E_{c_0}$$

现在设想在 c_2，杰克说：

（20）我昨天说的话——即 P——成真。[14]

直觉地看，（20）表达真值。杰克在星期一说，第二天将天晴。因此，如果星期二他发现是晴天，那么他应当认为他在星期一做出的断言成真。然而，根据皮尔斯语义学，杰克在星期一断言的命题 P 在每个重叠于 c_0 的可能世界成假。

贝尔纳普、佩洛夫与徐（2001：160）强调的相关一点是，打赌第二天将是晴天也许会赢的人，打赌第二天必定是晴天却不会赢。但是对于皮尔斯语义论者这两个打赌是一样的。（当然，打赌者是否能赢通过对打赌内容之真值的回顾评价决定。）

看一个杰克在 c_2 可能对（20）做出的简单推论，以对这个问题有更加清楚的认识：

（21）今天晴天这个命题（称之为"Q"）成真。

（22）当我昨天说"明天将是晴天"时，我断言的命题是今天晴天这个命题。亦即 P = Q。

（23）所以，我昨天断言的命题（P）成真。（而且既然这是一个永恒论命题，昨天成真。）

皮尔斯语义论者如何避免这个结论？显然，他必须拒绝（22）。因为根据皮尔斯语义学，杰克昨天断言的命题同他如果说出下面的话所表达的命题具有相同的内涵：

（24）不可避免，伯克利明天将是晴天。

而且这个命题，即昨天不可避免今天会是晴天，同今天晴天的命题并不具有相

14　因为这个命题是永恒论的，系动词的时态在此无关。英语中自然会说"was"（曾是）而非"is"（现在是），但这对于这里的论述不重要。

同的内涵。这看来是必须应对的挑战（尽管赫克 2006 的确应对了这个挑战）。无疑，当杰克昨天说今天将是晴天时，他所断言的东西与当他今天说今天晴天所断言的东西相同。[15]

9.6 三值语义学

细红标线观总是对一个表达未来偶发事件的句子与其否定给出在某个语境中相反的真值。但是，如果我们假设没有任何关于语境的东西会偏爱一种可能的延续而非另一种延续，那样就会是成问题的。而且，当我们从不在细红标线上的语境考虑预测的回顾性评价时，细红标线观就会给出糟糕的结果。理想情况下，我们想要的是：

对称性。*如果「明天 φ」是一个表达未来偶然事件的语句，它与「明天 ¬φ」（在每个语境中）具有相同的真值状态。*

皮尔斯方法采取一种语义学，根据这一语义学未来偶然句都成假，从而获得了对称性。我们对这种方法的一个质疑是，它预言的一种辖域歧义我们在下面两句之间并不能感觉出来：

（13）不是这样的情形，即明天晴天。

（14）明天的情形将是，不是晴天。

假如皮尔斯方法正确，这种辖域差异在语义学上意义重大：（14）是一个未来偶然句，从而成假，而（13）是未来偶然句的否定，因而成真。但这看来是错误的；这两个句子应当具有相同的真值。这样，理想地看，我们希望

透明性。*当「明天 ¬Φ」是一个未来偶然句时，它同「¬明天 Φ」（在每个语境中）具有相同的真值。*

细红标线观确保了透明性但不具对称性；皮尔斯语义学保证了对称性但缺少透明性。有办法两种特性兼具吗？一种办法源于武卡谢维奇（Lukasiewicz 1920；1967），是为未来偶然句引入一个第三值（*i* 代表"indeterminate"[不确定的]）。武卡谢维奇提出，采用三值逻辑按照表 9.1 中的真值表推演复合句的真值。

15　记住，我们在此涉及永恒轮命题。另外注意，这一论证中没有什么依赖于对诸如"今天"、"明天"等指示语的使用：如果我用明确的日期取代这些词语，上述论证仍然有效。

表 9.1 武卡谢维奇三值真值表

¬		∧	t	i	f		∨	t	i	f		⊃	t	i	f
t	f	t	t	i	f		t	t	t	t		t	t	i	f
i	i	i	i	i	f		i	t	i	i		i	t	t	i
f	t	f	f	f	f		f	t	i	f		f	t	t	t

将武卡谢维奇的语义学结合到我们的框架中，在这个框架中时态与模态相结合，就得到如下的变化：

三值语义学。

时间算子：

$$[\![\textit{明天}\,\phi]\!]^c_{\langle w, t\rangle} = \begin{cases} \textit{成真} & \textit{如果对于所有在 } t \textit{ 由 } w \textit{ 可及的 } w' \\ & [\![\phi]\!]^c_{\langle w',\, t_c+24\,\textit{小时}\rangle} = \textit{成真} \\ \textit{成假} & \textit{如果对于所有在 } t \textit{ 由 } w \textit{ 可及的 } w' \\ & [\![\phi]\!]^c_{\langle w',\, t_c+24\,\textit{小时}\rangle} = \textit{成假} \\ \textit{否则} & \textit{不确定} \end{cases}$$

$$[\![\textit{昨天}\,\phi]\!]^c_{\langle w, t\rangle} = [\![\phi]\!]^c_{\langle w,\, t_c-24\,\textit{小时}\rangle}$$

$$[\![\textit{现在}\,\phi]\!]^c_{\langle w, t\rangle} = [\![\phi]\!]^c_{\langle w,\, t_c\rangle}$$

模态算子：

$$[\![\lozenge\phi]\!]^c_{\langle w, t\rangle} = \begin{cases} \textit{成真} & \textit{如果 } [\![\phi]\!]^c_{\langle w, t\rangle} \neq \textit{成假} \\ \textit{否则} & \textit{成假} \end{cases}$$

$$[\![\Box\phi]\!]^c_{\langle w, t\rangle} = \begin{cases} \textit{成真} & \textit{如果 } [\![\phi]\!]^c_{\langle w, t\rangle} = \textit{成真} \\ \textit{否则} & \textit{成假} \end{cases}$$

基础联结词：

$$[\![\neg\phi]\!]^c_{\langle w, t\rangle} = \begin{cases} \textit{成真} & \textit{如果 } [\![\phi]\!]^c_{\langle w, t\rangle} = \textit{成假} \\ \textit{成假} & \textit{如果 } [\![\phi]\!]^c_{\langle w, t\rangle} = \textit{成真} \\ \textit{否则} & \textit{不确定} \end{cases}$$

$$[\![\phi \vee \psi]\!]^c_{\langle w, t\rangle} = \begin{cases} \textit{成真} & \textit{如果 } [\![\phi]\!]^c_{\langle w, t\rangle} = \textit{成真或 } [\![\psi]\!]^c_{\langle w, t\rangle} = \textit{成真} \\ \textit{成假} & \textit{如果 } [\![\phi]\!]^c_{\langle w, t\rangle} = \textit{成假且 } [\![\psi]\!]^c_{\langle w, t\rangle} = \textit{成假} \\ \textit{否则} & \textit{不确定} \end{cases}$$

$$[\![\phi \wedge \psi]\!]^c_{\langle w, t\rangle} = \begin{cases} \textit{成真} & \textit{如果 } [\![\phi]\!]^c_{\langle w, t\rangle} = \textit{成真且 } [\![\psi]\!]^c_{\langle w, t\rangle} = \textit{成真} \\ \textit{成假} & \textit{如果 } [\![\phi]\!]^c_{\langle w, t\rangle} = \textit{成假或 } [\![\psi]\!]^c_{\langle w, t\rangle} = \textit{成假} \\ \textit{否则} & \textit{不确定} \end{cases}$$

这种语义学获得了对称性，因为当「明天 ϕ」是未来偶然句时，它与「明天

$\ulcorner\neg\phi\urcorner$ 都会得到 i 值。这种语义学具有透明性，因为 $\ulcorner\neg$ *明天* $\phi\urcorner$ 与 $\ulcorner$ *明天* $\neg\phi\urcorner$ 始终得到相同的值。这样，武卡谢维奇的方法很好地避免了皮尔斯路径存在的三个问题中的一个（*忽视辖域歧义*），但对解决其他两个问题却无所作为。

一种情况或者另一种情况会发生。正像皮尔斯观点一样，武卡谢维奇的观点不允许（17）成真。结果成为不确定的而非成假的，这也许是某种改进。与皮尔斯观点不同，武卡谢维奇观点至少允许区分（18）与（19）：当明天的天气没有确定时，（18）成为不确定的；而（19）显然是成假的。但是，当"明天将是晴天"（S）与"明天将刮风"（W）是独立的未来偶然句时，三值逻辑观不允许以下两句之间的区分：

（25）要么明天刮风，要么明天不是晴天。

　　　明天 W $\lor$ 明天 $\neg S$

（26）要么明天晴天，要么明天不是晴天。

　　　明天 S $\lor$ 明天 $\neg S$

两者都会得到 i 值，因为都是其析取项具有 i 值的析取式。但是直觉地看，只有前者是未来偶然句。对真值表加以精细的调整也于事无补；（Prior 1953：326；1967：135 曾经注意到的）根本问题在于，无法使真值函项语义学赋予所有未来偶然句以 i 值而同时却不将 i 赋予像（26）这样的句子。

回顾性真值判断。皮尔斯观点预言，在晴朗的星期二杰克应当把他在星期一说出"明天将是晴天"所述的内容理解为是成假的，我们因此而对这个观点做出了批驳。我们说，无疑杰克应当把他的话看作是成真的，因为他说将会是晴天，而且的确是晴天。三值逻辑观只是稍胜一筹：认为杰克应当将其之前的断言看作既不成真也不成假。这就意味着三值逻辑观如同皮尔斯观点一样必须拒绝看来极其合理的前提（22）。

我们能有所改进吗？

9.7 超赋值论

我们考察了通过*回避*以应对后语义学问题的两种方法——采用组合语义学，使所有句子都成为时刻确定的。另一种方法是保留我们原来的奥卡姆语义学，直接处理后语义学问题。这是托马森（Thomason 1970）采用的办法，所运用的"超赋值论"手段最初由范·弗雷森（van Fraassen 1966）用于对非指称性单称词项进行语义阐释。

9.7.1 超赋值后语义学

我们再来看一下后语义问题。我们的奥卡姆语义学对语言中的每个句子提供了一个在语境与指号（世界/时间对）中的真值的定义。后语义学需要以在语境与指号中的真值定义在某个语境中的真值。语境确定独特的时间——语境中的时间——但是，根据不决定论，不确定一个独特的世界。

超赋值论对这个问题的回应很简单：假如语境中独特的世界不存在，那么，我们必须考虑语境中的*所有*世界。在所有这些世界中成真的句子在语境中成真；在所有这些世界中成假的句子在语境中成假；在某些世界中成真而在其他世界中成假的句子，在语境中既不成真也不成假。假若我们将 ϕ 的成假性定义为「$\neg\phi$」的成真性，这一思想就由**普遍后语义学**体现。

普遍后语义学。*句子 S 在 c 成真，当且仅当对于所有 $w \in W(c)$，$[\![S]\!]^c_{\langle w,\,t_c \rangle} =$ 成真。*

永恒论命题 p 在 c 成真，当且仅当对于每个 $w \in W(c)$，p 在 w 成真。

时间论命题 p 在 c 成真，当且仅当对于每个 $w \in W(c)$，p 在 w，t_c 成真。

这是与我们用于皮尔斯语义学（第 9.5 节）相同的后语义学。所不同的是，我们现在使用奥卡姆语义学，容忍所产生的真值空缺，而不是采用使每个句子都成为时刻确定的语义学，试图防止出现这些空缺。

这一阐释满足我们至此所考虑的所有充分性条件。我们具有对称性，因为未来偶然事件句及其否定两者具有同样的真值（既不成真也不成假）。我们获得了透明性，因为奥卡姆语义学隐含着：

(27) 对于每个 $c, \langle w, t \rangle$，$[\![$ *明天 $\neg\phi$* $]\!]^c_{\langle w,\,t \rangle} = [\![\neg$ *明天 ϕ* $]\!]^c_{\langle w,\,t \rangle}$，

（给定普遍后语义学）从而：

(28) 对于每个 c，$[\![$ *明天 $\neg\phi$* $]\!]^c_{\langle w,\,t \rangle}$ 在 c 成真当且仅当 $[\![\neg$ *明天 ϕ* $]\!]^c_{\langle w,\,t \rangle}$ 在 c 成真。

所以，不会出现*忽视辖域歧义*的问题。

我们也确保了*一种情况或者另一种情况将发生*，因为基于奥卡姆语义学：

(29) 对于每个 $c, \langle w, t \rangle$，$[\![$ *明天 ϕ $\vee$ 明天 $\neg\phi$* $]\!]^c_{\langle w,\,t \rangle} =$ 成真，

从而，

(30) 对于每个 c，$[\![$ *明天 ϕ $\vee$ 明天 $\neg\phi$* $]\!]^c_{\langle w,\,t \rangle}$ 在 c 成真。

最后，我们对*回顾性真值判断*做出了正确的预言。为了理解这一点，正如在第4.8 节中所描述的那样，需要在我们的对象语言中增加一价谓词"成真的"：

(31) $[\![$ *成真* $]\!]^c_{\langle w,\,t \rangle} = \{x \mid (x$ 是永恒论命题 $\wedge$ x 在 w 成真）$\vee$

$$(x \text{ 是时间论命题} \wedge x \text{ 在} \langle w, t \rangle \text{ 成真})\}$$

现在我们可以问，能够做如下表征

（32）*昨天*（*P*成真）

的（20）根据超赋值论的阐释在 c_2 能否成真。普遍后语义学说，（32）在 c_2 成真，仅当

$$\forall_w \in W(c_2), \; [\![32]\!]^{c_2}_{\langle w, t_{c_2} \rangle} = \text{成真},$$

或者等值地（加入关于"昨天"的语义描述），

$$\forall_w \in W(c_2), \; [\![P\text{成真}]\!]^{c_2}_{\langle w, t_{c_2}-24\text{小时} \rangle} = \text{成真},$$

或者（加入关于"成真的"的语义描述），

$$\forall_w \in W(c_2), \; P \text{ 在 } w \text{ 成真}.$$

回忆一下

$$P = |\,\textit{明天伯克利天晴}\,|^E_{c_0},$$

而且回忆一下我们对永恒论命题之内涵的定义，这等值于

$$\forall_w \in W(c_2), \; [\![\,\textit{明天伯克利天晴}\,]\!]^{c_0}_{\langle w, t_0 \rangle} = \text{成真},$$

因此（根据对"明天"的语义描述以及 $t_{c_2} = t_{c_0} + 24$ 小时的事实）等值于

$$\forall_w \in W(c_2), \; [\![\,\textit{明天伯克利天晴}\,]\!]^{c_0}_{\langle w, t_{c_2} \rangle} = \text{成真}.$$

结果，根据超赋值阐释，（20）在 c_2 成真，仅当伯克利在 $t_1 (= t_{c_2})$ 在 $W(c_2)$ 的所有世界是晴天。既然 $W(c_2) = \{w_1, w_2\}$ 伯克利在 t_1、在 w_1, w_2 是晴天，（20）在 c_2 成真。

我们比较详尽地讨论了这个例子，因为人们也许自然地假定，非相对论阐释无法正确表征回顾性真值判断。赫克（Heck 2006）认为麦克法兰（2003）是按这样的思路论证的。按照赫克的理解，关于未来偶然事件句的相对论阐释之论据依赖于对诸如"杰克说的话（在他说出时）成真"这种断言之正确性的直觉。赫克提出，这样的论证可以被推翻，如果将"杰克说的话"理解为在 c_2 表达了一个与在 c_0 所表达的不同的命题。那似乎是孤注一掷的权宜之计。即使"杰克所说的话"具有某种程度的灵活性与语境敏感性，人们应当能够两次用之表达同样的命题，那是这种情形中最为自然的理解。但是，以上考虑表明赫克的举措甚至是*不必要的*。超赋值论者已经能够说明"杰克说的话成真"如何能够在 c_2 表达成真的命题，而在 c_0 则不能，尽管"杰克说的话"两次出现表达相同的命题 P。因此，反对超赋值论对未来偶然句的阐释不能依赖于通过使用一价真值谓词所表达的关于日常真值归赋之正确性的直觉。

那么，这又依赖于什么呢？

9.7.2 收回前言问题

如第 9.7.1 节所述，超赋值论观点是一种形式的非指示性语境论（第 4.6 节）。这种观点认为类似下面的句子：

(33) 在 2100 年将发生海战。

无论何时说出，都表达了同一个命题，而断言这个命题是否准确则取决于做出断言的时间。（换言之，在语境 c (33) 是否成真取决于 c 的时间。）尽管 (33) 表达的命题是一个永恒论命题，其真值不随评价时间而变，但其在语境中的真值则取决于语境的时间，因为语境的时间影响在某个语境中哪些世界对真值举足轻重。

正如我们所见（第 8.4.1 节），非指示性语境论观点的特点是，在准确性判断与收回前言的义务之间一价真值归赋可能不相一致。对于一价真值归赋，以下面形式出现：

(34) （曾经）断言的东西（现在）/（曾经）成真

是正确的，仅当由"（曾经）断言的东西"表达的命题在所有与*归赋*语境（在此指所有在该语境中重叠的世界）相容的境况中成真。但是，有关的断言是准确的，仅当由"（曾经）断言的东西"所表达的命题在所有与*断言*语境相容的境况中成真。假如一价真值归赋语境与断言语境在有关方面不相一致，即使断言不准确，但真值归赋可以是正确的；即使断言准确，真值归赋也可能是不正确的。因此，即使在可以正确地说断言的内容是（或曾经是）成真的时，人们仍可能不得不收回之前的断言。[16]

这正是超赋值论关于杰克断言之阐释所隐含的意思。正如我们所见，超赋值论阐释暗含在 c_2，杰克断言 (20) 是正确的。

(20) 我昨天所断言的——即，P——成真。

但是，超赋值论还隐含着，杰克在 c_0 的断言是不准确的，因而他应当收回这个断言。

这看来是错误的。对于 c_2 中的评价者，当杰克做出断言时，依然存在下雨这一可能性的事实与其准确性是无关的。因此，超赋值论者虽然能够解释回顾性*真值*判断，但却不能说明回顾*准确性*判断或者随后的收回前言义务。在确定先前的断言准确（并且可以坚持）还是不准确（因而必须收回）时，所考虑的是其相对于仍然作为可能性世界而非做出断言时的可能性世界的真值。

为了揭示超赋值论阐释的荒谬性，假定在 c_2 量子天气预测局局长提供给

16　复言之，对于永恒论内容而言，"（现在）是"与"（曾经）是"的区别是不相干的。

杰克无可辩驳的证据，证明在 t_0 仍然存在可能性，即在 t_2 将不会是晴天。这样的证据会迫使杰克收回断言吗？不会。假如他断言了*肯定星期二将是晴天*，他就不得不受到纠正。但是，他并没有这样断言。他只是说星期二会*是*晴天——而且星期二是晴天。

另一方面，如果局长在 t_0，即杰克刚做出断言后造访了杰克，并向他提供了与上述完全相同的事实，那么按理说杰克将不得不收回前言。杰克的断言并不与他占据的许多世界中任何一个特定世界相关。（回忆一下，在这个语境中诉诸"实际的世界"是徒劳的。）局长通过表明这些重叠世界中有些包含晴朗的明天，而其他的不包含，他就会表明杰克的断言是不准确的。

这样，假如我们在杰克刚做出断言之后对其加以考虑，局长的证据似乎表明杰克的断言是不准确的。但是，假如我们从一个不同的角度——从 c_2 的角度——考虑他的断言，那么，局长的证据看来与其准确性是完全不相干的。当然，*证明过程*中体现出的这种视角性差异并非鲜见。完全相同的因素对于一个语境中的信念可以作为确凿的证据，而在另一个语境中则可能绝对是不充分的，因为又出现了新的证据。但我们在此涉及的并不是这种情况。并不是因为杰克的新证据，即在 c_2 天气晴由于某种原因削弱了局长的证据，即在 c_0 并非确定星期二会是晴天。不是这样，局长的证据依然有效。杰克仍然接受其结论。只不过从杰克当前的角度看，这个证据同其断言的准确性毫不相干。

于是，难题出现了：

- 眼下做出的关于未来的断言可以通过证明目前尚未确定而表明是不准确的，但是
- 过去关于现在的断言通过证明过去未经确定，无法表明是不准确的。
  为了破解这一难题，我们就需要评价敏感性概念。

9.8 相对论

超赋值语义学具有许多优点：体现了对称性与透明性；避免了*忽视辖域歧义*；确保了*一种情况或者另一种情况将会发生*；解释了*回顾性真值判断*。因此，我们不想将之彻底抛弃。我们只是想对之最小程度地加以微调，从而使之能够对*回顾准确性判断*做出正确预言。

9.8.1 相对论后语义学

所需要的微调不难看到：与其像超赋值论所做的那样，对在使用语境重叠

的所有世界加以限量，我们需要对在使用语境与评价语境重叠的所有世界加以限量：

相对论后语义学。*句子 S 在 c_0 使用、从 c_1 评价成真，当且仅当对于所有 $w \in W(c_0, c_1)$, $[\![s]\!]^{c_0}_{\langle w, t_{c_0} \rangle}$ = 成真。*

$$W(c_0, c_1) = \begin{cases} W(c_1) & \text{如果 } W(c_1) \subset W(c_0) \\ \text{否则} & W(c_0) \end{cases}$$

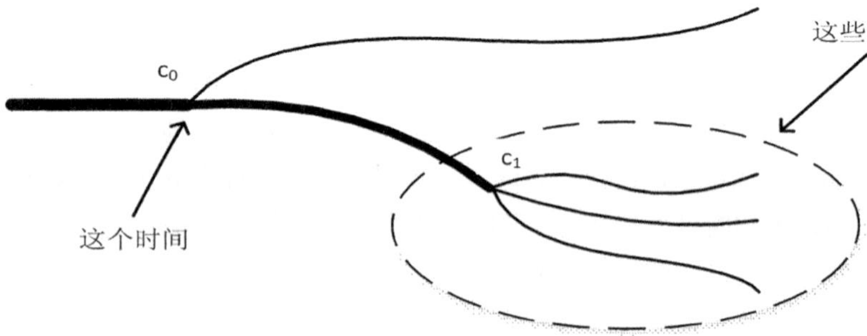

图 9.2 使用语境（c_0）确定时间、评价语境（c_1）与世界

永恒论命题 p 在 c_0 中使用、从 c_1 评价成真，当且仅当对于每个 $w \in W(c_0, c_1)$, p 在 w 成真。

时间论命题 p 在 c_0 使用、从 c_1 评价成真，当且仅当对于每个 $w \in W(c_0, c_1)$, p 在 w, t_{c_0} 成真。

根据相对论阐释，使用语境告诉我们着眼哪一时间，而评价语境告诉我们着眼哪个世界（见图 9.2）。[17]

这种后语义学对回顾准确性判断做出了解释。假如 c_0 在 c_1 的过去，$W(c_0, c_1) = W(c_1)$，因此在 c_1 的评价者应当将将在 c_0 做出的断言看作是准确的，仅当其内容在 c_1 重叠的所有世界中成真。这就是为何过去未确定性证据不足以迫

---

[17] 这一理论中实质性的结构特征努埃尔·贝尔纳普(NuelBelnap) 称作"双重时间参照"（Belnap, Perloff and Xu 2001: 14；Belnap 2001: 1-22; 这种思想还出现在达米特（1981：395 中）。然而，贝尔纳普并没有使用在使用语境与评价语境中之真值的概念。相反，他就某个评价点的真值（语境与指号）而言断言何时得到"证实"或"质疑"做出了阐释。我的方法是在某个评价点的真值与断言的阐释之间增加了一个层面，即定义使用语境与评价语境中的真值。这就使得对断言的阐释能从特定语言结构的奇特性中加以抽象。所有对于指号（从而对于语言中特定的表达资源）是具体的东西均在后语义学中处理，而从言语行为论中"隔掉"。言语行为通过指号的变化仍然保留，而指号中的变化可能由于增加另外的语言资源引起。这是一种具有吸引力的组件特性。

使收回断言。但是，当 $c_0 = c_1$ 时，评价者应当将断言看作是准确的，仅当其内容在 c_0 重叠的所有世界中成真。这就是为什么现在的未确定性足以迫使收回断言。

9.8.2 细红标线吸引力的解释

我认为，细红标线阐释在直觉上的合理性很大程度上源于下述思想：

当明天到来时。眼下也许不能确定明天是否天晴。但是，当明天到来时，我们就能回顾现在说的话"明天将天晴"，并判断这句话是准确的（如果天晴）或者是不准确的（如果不是晴天）。

正如我们所见，细红标线观的所有经典替代阐释无一能够论证*当明天到来时*。这些替代阐释都预言，即使明天天晴，我们也应当将今天的预言"明天将天晴"判断为不准确的。那看来根本上就是错误的。

然而，相对论阐释确实论证了*当明天到来时*，却无需假定细红标线。与细红标线阐释不同，相对论阐释对非事实回顾性评价做出了正确的预言。假如明天下雨，相对论者不仅可以说昨天关于晴天的预言是准确的，而且如果今天下雨还可以说该预言不准确。（也就是说，从另一分支的语境评价这个预言是不准确的。）

于是，相对论者能够诊断细红标线论辩中的缺陷。论辩以关于回顾性评价（*当明天到来时*）的正确直觉开始，这是没有问题的。但是之后做出了错误的推论（参考图9.1）：

（35）在 c_2 的评价者将今天的断言（明天将天晴）评价为准确的会是正确的。

（36）明天将是晴天（在认识上）是可能的。

（37）因此，我们将在 c_2（在认识上）是可能的。

（38）所以，我们明天将今天的断言（明天将是晴天）评价为准确的，我们的评价是正确的，这（在认识上）是可能的。

（39）因此，今天我们将今天的断言（明天晴天）评价为准确的，我们的评价是正确的，这（在认识上）是可能的。

问题出在从（38）到（39）这最后一步。这事实上假定准确性并不随评价语境而变。倘若做出这种假设——否认评价敏感性——那么基于*当明天到来时*为细红标线做出的论辩看来是不可抗拒的。但是，假如我们坚持评价敏感性，上述论辩就止于（38）这一步。

9.8.3 逻辑上的若干细微差别

按照超赋值语义学，「□ϕ」是 ϕ 的一个（绝对的）逻辑结论，反之亦然，尽管这两个程式在内嵌语境中不能相互替换。（「*昨天*ϕ」在某个语境中可能成真，即使「*昨天*□ϕ」不能成真。）ϕ 与「□ϕ」绝对地逻辑等值反映在合理的规范性主张中，即只有当能够断言「□ϕ」时才应当断言 ϕ。遗憾的是，这同时又并不如此合理地隐含着，如果不得不收回之前的断言「□ϕ」，就必须收回之前对 ϕ 的断言。

相对论语义学使我们能够将这种差异区分开来。它隐含着「□ϕ」是 ϕ 的一个*对角*结论，而非绝对结论（参见第 3.4 节）。「□ϕ」与 ϕ 的对角等值反映在人们应当只断言确定为真的内容之常规中。但却不隐含任何关于收回断言的东西，这是因为考虑收回断言的语境与做出断言的语境不同。因此，相对论者可以允许即使在「□ϕ」的断言不得不收回的情形中，ϕ 的断言仍然能够成立。

读者可能担心，超赋值论与相对论都循着以下思路为决定论提供了直接的辩护：

（40）「ϕ∨¬ϕ」逻辑地成真。

（41）「□ϕ」是 ϕ 的逻辑结论。

（42）「□¬ϕ」是 ¬ϕ 的逻辑结论。

（43）因此，「□ϕ∨□¬ϕ」逻辑地成真——不存在未来偶然事件。

超赋值论者会接受所有前提。尽管相对论者可能不接受前提（41）与（42），假如"逻辑结论"理解为"绝对的逻辑结论"，但他们会接受所有前提，如果"逻辑结论"与"逻辑地成真"被理解为"对角逻辑结论"与"对角逻辑地成真"。那么，这些理论家如何能够避免接受结论（43）呢？他们可以通过放弃似乎准许从（40）-（42）到（43）的推论模式。事实上，下面的元规则：

语义案例论证。*如果 ϕ=ξ 与 ψ=ξ，那么 ϕ∨ψ=ξ*

在超赋值语义学与相对论语义学中都失败了。

这可能看起来很异常。的确，有些人认为这是拒绝超赋值阐释很有力的理由。例如，蒂莫西·威廉森质疑道"超赋值使我们自然的演绎思维模式无效"（参见 Williamson 1994：152）。假定*语义案例论证*在经典语义学中成立，而对于超赋值存在反例。但是，这本身并不能构成对超赋值论的反击，除非我们教条地认为经典逻辑与语义学中的每项原则都是神圣不可侵犯的。

威廉森所说的"演绎思维"表明，他所真正关心的并非*语义案例论证*，而是对应的自然演绎规则：

案例论证规则。

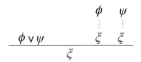

某种形式的*案例论证规则*对析取的意义举足轻重，这看来是有道理的；这一规则无疑是有用的规则。但是，超赋值论者（通过引申，也包括相对论者）通过区分可用于子证据语境的规则（取代上述论证图式中的纵向的点点）与仅能用于顶层的规则，可以具有看上去类似于这一规则的自然演绎规则。可用于子证据语境需要产生逻辑蕴含（第 3.4 节），而不仅仅是逻辑结论。于是，允许从 ϕ 推论 $\Box\phi$ 的规则在子证据中无法运用。这样，我们可以保留*案例论证规则*，同时阻止宿命论的推论 (40) - (43)。[18]

9.9 断言未来偶然事件

结合我们关于断言与收回断言的规范，相对论语义学隐含着的意思是，永远不要断言未来偶然事件，而且当表明断言的内容尚未确定时就应当收回断言。这可能看上去严格得不合道理。我们时刻在断言未来偶然事件。看来并非我必须能够排除罢工或者脱轨的可能性，方能断言我将乘坐火车九点半抵达帕丁顿站。

这不只是对相对论观点的异议：对任何将未来偶然事件看作不能成真的观点，包括超赋值论、三值逻辑观和皮尔斯语义学，都是一个打击。对之加以规避看来就需要或者采取 *TRL* 观，或者拒绝关于断言的真值规范，而接受稍弱的规范（诸如这样的规范，即仅当合理地相信 p 时，才断言 p）。

较好的做法是直面挑战。假如我断言"我将坐九点半的火车到达"，而你质疑我"即使出现罢工或者铁轨上发生事故？"那样，我就不得不做出下述事情之一：

1. *收回*断言。
2. 断定不会出现罢工或者发生事故，以支持我的断言。
3. *澄清*我所意谓——我所断言——的不是我将坐九点半的火车到达这个命题，而是稍弱的命题：除了发生罢工、事故或者其他极少的无法预见的灾难，我将坐九点半的火车到达；或者我*非常可能*坐九点

---

18 对威廉森所作的类似回应，参见麦吉与麦克劳克林（McGee and McLaughlin 2004；第 3 节）。

半的火车到达。

我无法承认可能出现罢工或者发生事故，而同时却又坚持不加限定的断言，即我将坐九点半的火车抵达。

在实践中，第三个选择——*澄清*——大概是最常用的。一般而言，我们在使用工具（包括语言工具）中追求效率。假如显而易见我意在谈论下午，我就可以说"四点半"而不说"下午四点半"。假如显然我不在谈论一个确切的时间，我可以说"会议将在中午开始"，而不说"会议将在中午或中午之后几分钟开始"。假如显然我们涉及的是日常的情况，我可以说"盐会溶于水"而不说"盐会溶于水，只要水未经用盐过饱和"。我用简练的表述意在断言与使用更加冗长的表述断言同样的命题。更长的表述则带有学究味。倘若听者误认为我断言更加简短的句子字面地表达的命题，我会解释那不是我的意思。

因此，尽管相对论观点预言，我们不应当断言未来偶然性命题，但这个观点并没有预言我们不应当使用其字面内容为未来偶然事件的句子做出断言。我们可以十分合理地使用这种句子断言并不表达未来偶然事件的命题——关于可能发生什么的命题或者关于除了不可预见的情况将发生什么事情的命题。毫不奇怪，当意欲表达的内容是显而易见的时，我们应当省略学究式的限定成分。

对于那些不满意以这种方式应对挑战的读者，还有一种简单的方式也许可以对相对论观点加以修改，使之不再禁止断言未来偶然事件。正像在第9.8.1 中所述，*相对论后语义学*对每一种情形做出了确定的判断。对于每个句子 S 与语境 c_0、c_1，要么 S 在 c_0 中使用、从 c_1 评价，确定地成真；要么 S 在 c_0 中使用、从 c_1 评价，确定地不能成真。表达未来偶然事件的句子确定地不能成真，这就是为何真值规范禁止对之做出断言。但是，我们也许可以对后语义学做出微调，从而不是提供真值的充要条件，而只是提供了成真的充分条件与不成真的充分条件，使有些情形成为不确定的：

不确定性相对论后语义学。如果对于所有 $w \in W(c_0, c_1)$，$[\![s]\!]^{c_0}_{\langle w, t_{c_0} \rangle}$ = 成真，句子 S 在 c_0 使用、从 c_1 评价时成真；如果对于所有 $w \in W(c_0, c_1)$，$[\![s]\!]^{c_0}_{\langle w, t_{c_0} \rangle} \neq$ 成真，句子 S 在 c_0 使用、从 c_1 评价时不成真。

假如这两个条件没有一条得到满足，S 在 c_0 中使用、从 c_1 评价，就既不确定性地成真又不确定性地不能成真。（我们也许可以说，不存在"确定的事实"。）

考虑一下一个未来偶然命题 p——比如，我将乘坐九点半的火车到达这个命题——设 c 为一个语境，在这个语境中 p 尚未确定。当*相对论后语义学*将 p（在 c 中使用与评价）归为确定地不成真这一类时，*不确定性相对论后语义学*则将 p（在 c 中使用与评价）划入不确定地成真，而且不是确定地为不成真的这一类。最初的后语义学（结合关于断言的真值规范）规定 p 不应当在 c 中断言，而经过修改的后语义学使 p 是否应当在 c 断言成为不确定的，并且使在 c 之前对 p 的断言是否应当在 c 收回这一问题成为不确定的。不过，p 的断言应当在仅仅包含 p 成假的世界之语境 c' 中收回，仍将是一个确定的问题。

经过修改的观点不能使那些认为断言未来偶然事件可以是确定地允许的人满意。但是，这个观点也许可以使那些根本上反对关于断言未来偶然事件始终是不能允许之观点的人平息下来。所要付出的代价是，业经修改的理论在规范性含义中存在空缺；原来的理论做出决断的问题，修订过的理论却只字未提。[19]

9.10 指向未来的态度

相对论者——以及其他任何将未来偶然事件句看作在语境中既不真又不假的理论——所面临的最大困难也许在于理解指向未来的态度。戴维·刘易斯分辩道：

> 确切地说，分叉理论的问题在于它与我们日常只有单一的未来之预设相冲突。假如两个未来同样都是我的，一个未来是明天发生海战，另一个不发生海战。纳闷将出现哪种情况是没有意义的——两种情况都会出现——然而我确实纳闷。（Lewis 1986：207-208）

正如我们所见，超赋值论与相对论都不预言"两种情况都会出现"。按照两种理论：

（44）明天将发生海战，明天将不发生海战。

    明天 F ∧ 明天 ¬F

将成假，假如海战与和平都是客观地可能的。不过，即使刘易斯认为"纳闷将是哪种情况是没有意义的"之理由并不完全正确，人们也许依然感到困惑。根据相对论的阐释，认为明天是否发生海战是客观性偶发事件的施事者，应该认为（在她当前的语境中使用与评价）"明天将发生海战"与"明天将不发生海战"都不成真。施事者还应当认为，在其占据的所有的可能世界中，第二天将发生海战这个命题与第二天将不发生海战这个命题都不能成真。这些问题解决之后，还有什么可纳闷的呢？将此称作*纳闷问题*。

19　感谢迈克尔·卡耶（Michael Caie）使我考虑这种观点。

还有一个密切联系的关于部分信念的问题，也许可以称为*信念度问题*。相对论理论看来合理地预言，认为海战与和平两者都可能的施事者不应当相信或者将会发生海战或者不会发生海战。（在施事者的语境中使用与评价，这两个命题都不成真；参见第 5.7 节）但是，除了探问完整的信念外，我们还可以探问部分信念。施事者应当在多大程度上相信（主观性概率）将发生海战？

在此，对立的因素似乎指向不同的方向。一方面，施事者知道将发生海战这个命题在其语境中使用与评价不能成真。正常情况下，对于确信不能成真的东西我们给予极低的信念度。这表明，施事者应当给予将发生海战的命题及其否定以极低（也许为零）的信念度。[20]

另一方面，假如施事者给予 p 以零的信念度，我们一般会认为，施事者若不管几率大小而为 p 打赌，就是没有理性的。（打赌的预期效用是打赌之价值乘上 p 的信念度减去打赌的成本；因此，假如 p 的信念度为零，那么打赌的预期效用就不可能大于零。）所以，假如上面这段的论述正确，施事者若认为硬币的正面与反面都是客观地可能的抛币结果，就不应当接受关于抛币结果的打赌。这肯定是错误的。无疑，施事者（比如说）花一元钱去碰运气，如果硬币正面朝上他就赢得 100 元钱，接受这个打赌是理性的；而不接受这样的打赌是不理性的。

这样，我们陷入了两难境地。我们或者保持信念程度与真值的联系——即如果确信某个命题（在自己所处的语境中使用与评价）不成真，则在零程度上相信这个命题——或者坚持信念程度与理性行为之间的联系（例如，在接受打赌时）。二者必居其一，但二者看来都很重要。

威廉斯（Williams 2010）对这一两难的解决之前景感到悲观，提出摆脱这个两难境地的最佳办法是把对未来偶然事件的信念程度理解为"在这一想象下"的信念程度，即想象存在单一的确定性未来。但这个方案看来并不可行，这远不是因为威廉斯提出的技术性问题。在打赌时假装相信，这一般来说是不理性的。"通过想象我是一个了不起的篮球运动员"我可以相信我从十码的距离能够一气投进十个球，但就此打赌将是不明智的。对于未来偶然事件情况为何会不同呢？

有人也许认为，通过指出打赌的合理性取决于打赌者获得报偿的可能性，

---

[20] 施事者将同时以很高的信念度相信该析取命题，即或者将发生海战或者不会发生。当然，这种信念度组合违背了标准概率公设。然而，存在主观信念度的非标准理论，这些理论不接受有限添加。菲尔德（Field 2000）提出，将一个命题看作真值不确定的只是对该命题及其否定都给予很低的信念度。

这个两难就可能得到解决。这转而并不取决于硬币将正面朝上落地这个命题此刻评价是否成真,而是取决于在硬币落地后决定报偿时这个命题是否评价为真。因此,该命题此刻评价既不真也不假这个事实同打赌的合理性是不相干的。但这实际上于事无补,因为与打赌相关的命题——即硬币将是正面朝上落地这个命题在其落地时将评价为真——本身是一个未来偶然事件。

相反,我们需要重温两难中一难背后的假设:

语境相对真值与信念度。_施事者假如将一个在其当前占据的语境中使用与评价的命题看作不成真,就应当在极低的信念度上相信这个命题。_

我认为,这个假设貌似合理,因为极易与下面这个成真的假设相混淆:

一价真值与信念度。_施事者假如将一个命题看作不成真,就应当在极低的信念度上相信这个命题。_

给定我们关于一价"成真的"(第4.8节)语义学表征,命题 p 不成真,仅当不是这样的情形 p。因此,假设这对施事者是透明的,一价真值与信念度就等值于:

否定的信念与信念度。_施事者假如相信不是 p, 就应当在极低的信念度上相信 p。_

这是对二元信念与信念度之间关系的最低限制——这个限制大概所有人都会接受。所以,我们应当接受*一价真值与信念度*。但那不等于说我们应当接受*语境相关真值与信念度*,这是一条更强的原则。假如人们既不将某个命题也不将这个命题的否定看作在目前所处的语境中使用与评价是成真的,就应当既不相信这个命题又不相信这个命题的否定。因此,人们就应当相信这个命题既不能(在一价意义上)成真,也不能不成真——因为相信该命题不能成真就需要相信这个命题的否定。既然不应当相信一个未来偶然事件(在一价意义上)不成真,一价真值与信念度无法限制人们相信未来偶然事件。

重要的是,在此回忆一下我们用于语义学的语境相对真值是一个理论术语,其涵义部分地由关于真值与二元信念的规范提供。这些规范规定,假如一个命题在当前语境中使用与评价不成真,人们就不能公然断言或相信这个命题。[21] 但是,这些规范只字未提人们可以拥有什么程度的部分信念,只要不足

---

21 在实践中,我们可能使用这些规范的模糊形式。我们认为,我们断言或相信的东西应当在我们当下的语境中*足够地接近于*成真。多么接近是足够接近,取决于我们在做什么以及我们的兴趣是什么。即使量子力学告诉我存在一个可能的未来,在那样的未来中公共汽车上正在靠近的粒子自发地形成一头狮子,但那也不会使我在断言或相信再过一分钟我不会被狮子吃掉时感到犹豫。我在此忽略这种复杂情况。

以构成完整信念。这就使下述情况成为开放性的，即，比如，人们可以在一半的程度上相信他们看作是未来偶然事件的一个命题。上述两难中的一难之效力源于下面这样的思考，假如认为一个未来偶然命题（在一价意义上）不成真，这就必然意味着不应当在一半的程度上相信；毕竟，给定一价真值的去引号性质，相信某个命题不成真就等于相信这个命题之否定，这需要给予其极低的信念度。然而，人们可以相信一个命题在所处的语境中使用与评价不能成真，却不相信这个命题（在一价意义上）不能成真。事实上，人们假如相信，在自己的语境中使用与评价，某个命题及其否定都不能成真，那么就必须相信该命题（在一价意义上）*既*不能成真，*也*不能不成真。因此，两难中的第一难是基于一种混淆而产生的。

*信念度问题*就讨论到这里。类似的考虑也可以用于解决*纳闷问题*。纳闷 p 而同时又相信 p（在一价意义上）不能成真，这将是荒唐的；因为相信 p 不成真就等于相信不是 p。但是，相信 p 在某人所处的语境中使用与评价不能成真并不需要相信 p（在一价意义上）不能成真。的确，人们假如相信，在自己的语境中使用与评价，p 与其否定都不能成真，那么就不能融贯地相信 p（在一价意义上）不能成真。正如我们所看到的那样，在这种情形下，相信 p 与*非 -p* 的中间状态可能是合理的，正是在那种状态，纳闷是否为 p 是有道理的。

9.11 结语

戴维·刘易斯认为世界重叠与分叉的观点"与我们关于具有单一未来的日常预设相抵牾"，因此我们必须要么拒绝这个观点，要么接受我们关于未来的很多论述都是不相融贯的（Lewis 1986：206-209）。面对这一选择，刘易斯不接受分叉：他认为我们可以根据"常识"不考虑这一看法，即"我们自己被包括在分叉中"（209）。鉴于刘易斯总体上尊重科学的态度，他做出这种论述是很奇怪的（参见 Lewis 1991：58-59），因为一些关于最好的物理理论的突出理论看来需要历史可能性的分叉结构。贝尔纳普、佩洛夫与徐（2001：205）指出，基于常识的类似论述可用于反对不存在关于同时性的独立于参照框架之事实的论断。如果我们不得不在科学为我们提供的关于世界的知识与我们日常话语的融贯性之间做出选择，看来应该选择科学知识，并对我们的日常话语加以改造，使之符合科学知识。

然而，科学可以揭示我们所有的指向未来的思维与交谈都是不融贯的这一思想特别令人担忧。假若我们发现日常谈论同时性错误地预设同时性是绝对的，改造起来并不那样困难。我们可以学习将同时性断言相对化于一个参照框架，并且可以解释为什么尽管存在错误预设，我们日常关于同时性的谈论大部分却是成功的。不过，我们假如发现所有指向未来的话语都错误地预设存在一个"实际未来"，那该怎么办呢？我们能够找到什么样的替代方式服务于相同的目的？我们*能够*停止纳闷将会发生什么、满足于所有的替代项都在同属我们的不同未来中实现吗？我们能够学会将自己局限于谈论可能的与不可避免的事情吗？

在这一章中，我论述了刘易斯棘手的两难困境中的两个难题我们都能够避免。如果我们赞同评价敏感性，无论分叉理论是否成立，我们都可以很好地理解关于未来的日常思考与谈论。

第 10 章
可能

　　假如我说："哥德巴赫猜想可能为真，也可能为假。"我并不在断言如果情况有变，本应该是什么情形。我也不在表达对数学的形而上学偶然性的信念。相反，我在表达我自己——或者我们集体——关于哥德巴赫猜想之成真或成伪的不确定性。同样，假如我说："乔不可能在跑步。"我不是在说乔的体格不允许他奔跑，也不是说乔实质上不是一个赛跑运动员，也不是说不允许乔跑步。我做出断言的依据可能只不过是我看到乔的运动鞋挂在钩子上。这里我表达了确定性。

　　那些主要用以表达确定与不确定状态的模态形容词与模态副词称作认识模态词。再增加几个例子：

　　（1）P 大概等于 NP。

　　（2）今晚有百分之十的可能性会下雨。

　　（3）肯定是星期二。

　　（4）他星期三可能会来。

　　（5）她考试没有及格是可能的。

无可争议的是，这类句子常用于表达一种确定的或者不确定的状态，而且向听者表明讲话者认为存在多大程度的可能性。但是，至于这些句子的真值条件或者甚或是否有真值条件，却几乎没有一致的看法。

　　一种自然的想法是认识模态词用于做出断言，这种断言的成真或成假取决于讲话者知道什么。按照*唯我主义语境论*，"乔可能在跑步"表达成真的断言，仅当讲话者知道的东西不排除乔在跑步的可能性，而"乔肯定在跑步"表达成真的断言，仅当讲话者知道的东西排除了乔不在跑步的可能性。[1]

唯我主义语境论有望解释关于认识模态词的两点事实，这两点事实若得不到解释则看来令人十分困惑。其一，唯我主义语境论解释为何我们通常愿意基于自己的无知做出认识可能性断言。假如有人问我乔是否在中国，我回答"他可能在中国"一般来说是没什么问题的，除非我知道他不在中国。如果"他可能在中国"的成真性取决于讲话者所知道的东西，这正是我们应当预料的。假如"他可能在中国"的成真性部分地取决于其他人知道的东西，或者取决于某人可以变得知道的东西，这就不是我们应当预料的结果。正如我们将在下文看到的那样，我们所做的关于认识可能性的断言越"客观"，下列两种情况之间的差距就越大，即我们有理由做出这种断言与我们实际上真正做出这种断言。唯我主义语境论解释了为何我们在与说出"就我所知，p"大致相同的情形下，愿意断言"可能是 p"。

其次，唯我主义语境论说明了为何下列句子听起来是悖理的：

（6）乔可能在中国，但我知道他没在中国。

（7）乔可能在中国，但他没在中国。

按照唯我主义语境论，（6）是自相矛盾的：如果第二个分句表达的内容成真，第一个分句表达的内容必定成假。尽管 (7) 不自相矛盾——可能性最好不隐含现实性！——但在语用上却是不适切的，因为在断言乔不在中国时，讲话者就将自己表征为知道乔不在中国，这与第一个分句传达的意思相反。[2]

然而，唯我主义语境论存在严重的问题。指出这些问题并非就我一个人：这些问题大多已为非唯我主义语境论者以及表达论者所关注。但是，我认为非唯我主义语境论者并未意识到这些问题多么根深蒂固，而表达论者虽然意识到这些问题，却矫枉过正了。正像我将阐述的那样，对于认识模态词的阐释，只要我们愿意接受评价敏感性，就能够获得一种可行的真值条件语义学。

---

1 出于眼下的目的，我们可以使"排除"这个概念处于粗线条式的：例如，我们无需确定，知道 p 是否排除一切在逻辑上与 p 不相一致的东西。我们关于唯我主义语境论及其变体的讨论将只针对涉及*谁*的知识的问题，而不针对"排除"在于什么的问题。因此，我们把那些将认识模态词理解为对"认识上的可能世界"加以限量的词的理论看作唯我主义语境论的变体，只要这些理论将相关的世界集（也许结合排序）看作由*讲话者*的知识或证据决定。

2 参见德罗斯（1991：600）、斯坦利（2005a）。

10.1 反对唯我主义语境论

假设你正排队买咖啡,你在旁边听到萨利和乔治在谈论两人共同的熟人乔:

咖啡店

萨利:乔可能在中国。我今天没有看到他。

乔治:不对,他不可能在中国。他还未拿到签证呢。

萨利:哦,真的?那么,我想我弄错了。

看来乔治在反驳萨利,不接受她的断言。而且萨利在从乔治那里了解了新信息之后似乎也承认自己弄错了。最后,她收回最初的断言而不是继续坚持,这看来是恰当的。[3] 设想一下倘若她像下面这样回应,那会多么怪异:

萨利:哦,真的?# 不过,当我说"乔可能在中国"我是对的,我坚持这一看法。

有些人提出,乔治说的"不对"也许可以理解为不是针对萨利关于乔可能在中国这个断言,而是针对其前命题所表达的命题,即乔在中国 (von Fintel and Gillies 2008:83-84;Portner 2009:175)。试比较:

甲:据传你将离开加利福尼亚。

乙:不,那不是真的。

在此遭到拒绝的是乙将离开加利福尼亚的说法,而不是据传这个断言。但是这种做法在*咖啡店情形中*是不可行的。首先,乔治明确表达他拒绝什么:"他可能在中国,这不是真的"。其次,假如乔治只是不接受该前命提,萨利的让步与收回前言就会不合道理;她并没有断言乔在中国,而只是说他可能在中国。相反,在上面甲与乙的对话中收回断言完全是荒谬的。

假如这一切都正确,那么,关于认识模态词的任何观点必须对下列问题做出回答:

根据问题。基于什么萨利认为自己有根据做出第一个断言?

拒绝问题。基于什么乔治认为自己有根据把萨利的断言看作不正确而拒绝?

收回前言问题。基于什么萨利在乔治干预后承认自己错了?她从乔治的话中了解了什么使她收回最初的断言?

---

3 注意,萨利收回前言并不等于承认她一开始就不应当做出这个断言。参见第 5.3 节。说人们在断言 p 中出错,这并不是说人们断言 p 是错误的。有时做出一个结果证明是错误(成假)的断言是对的——比方说,因为人们掌握了大量误导的证据。因此,假如你觉得萨利不大可能会在上面的对话中说"我错了",应当确保你没有把她的话理解为"说出那句话我错了"。

唯我主义语境论对*根据问题*做出简便的回答：萨利知道她不能排除乔在中国的可能性，那正是使"乔可能在中国"在她的语境中成真的条件。但是，唯我主义语境论看来无法很好地回答*拒绝问题*与*收回前言问题*。假若唯我主义语境论正确，那么认为乔治能够拒绝萨利的断言就只不过是糊涂了——为此，他就需要知道一些萨利知道的东西，而不是关于乔在什么地方。认为萨利在知道乔依然没有得到签证后应当收回断言，这只不过是糊涂了。毕竟，她还知道她在说话时所知道的任何东西也不能排除乔在中国的可能性。

也许仍然可能就如下情形做出阐述，即乔治如何可能*错误地*认为他能够反驳萨利、萨利如何可能*错误地*认为她应当收回断言。或许乔治错误地以为萨利通过说出"乔可能在中国"断言了*他会断言的内容*。或许萨利在评价自己过去的断言时，错误地以为，这个断言会具有她*现在*可能表达的内容，假如她使用同一个句子的话。或许他们两人错误地把自己看作是相互矛盾的，而实际上他们只是各说各话。

可是，这是将大量的错误归咎于了讲话者。假如唯我主义语境论是正确的，人们就想得到某种解释，为什么讲话者这样系统地犯糊涂，为什么这种糊涂无法扩展到其他应该属于类似的情形。例如，假若讲话者系统地忽视不明显的语境敏感性，为什么下面的对话看来是不自然的？

甲：乔个儿高。事实上，他是我们系个儿最高的研究生。

乙：不，他个儿不高。他几乎比所有 NBA 球员都矮。

甲：那么，好吧，我收回。我说得不对。

人们还需要解释为什么那些似乎佐证唯我主义语境论的素材（主要是关于讲话者认为自己何时有根据做出认识模态断言的素材）应当如此认真地对待，而关于第三方评价、收回断言以及争论等的素材却只是弃之一旁。没有清晰的理由这样偏好"肯定性"素材。相反，比起关于人们什么时候更愿意接受句子的素材来，关于感知到的不相容性与蕴含的素材对语义学的推动作用通常更大。这样，我建议将这种捍卫唯我主义语境论的方法先搁置一下，如果其他观点都证明行不通，最后再诉诸这个方法。

10.2 灵活语境论

唯我主义语境论的这些问题大家比较熟悉。事实上，尽管在讨论其他论题时有时采取唯我主义语境论（如，在斯坦利 2005a：128 中），但在那些针对

认识模态词语义学表明严肃立场的人中，没有一个人为这个观点做出论辩。⁴

然而，通常假定唯我主义语境论的问题在于唯我论，而解决办法是转向不那样唯我论的语境论形式。假如"乔可能在中国"的意思不是"就我所知，乔在中国"，那么也许意为"就*我们*所知，乔在中国"或者"就我们所知或者可以容易地得知，乔在中国"。所有这些都可以看作"所知道的并不能排除乔在中国的可能性"的变体，而"所知道的"带有不同的释义。按照*灵活语境论*，"可能"的出现相对于使用语境中相关的信息总量评价，但是相关信息总量可以扩展到超出讲话者所知的范围。这种观点在语言学和哲学中都是正统的观点。

在以下的讨论中，我们将考察灵活语境论是怎样作为对唯我主义语境论面临问题的回应而提出的。我将论证，所提出的解决办法因为基于对症结的误诊而不能成功。唯我主义语境论的根本问题在于语境观，而非唯我论。

10.2.1 扩大相关群体

一种自然的想法是，唯我论者不能回答*拒绝问题*与*收回前言问题*就表明，所赋予的真值条件过弱。通过加强我们认为萨利所做断言的力度，就能够使乔治拒绝断言与萨利收回断言可以理解。显然可以采取的步骤是假定，相关于萨利的认识模态断言之真值的不只是*她*自己的知识，而且还有她的知识同乔治知识的结合。这个方案使语境论能够回答*拒绝问题*与*收回前言问题*如下：

> **拒绝问题**。乔治认为自己有根据拒绝萨利的断言，因为在她做出断言时，他已经掌握了足够的信息，能够排除乔在中国的可能性。依据正在探讨的假设，萨利断言的真值不仅取决于她做出断言时了解的东西，而且取决于乔治了解的情况，这是不接受萨利断言的充分依据。

> **收回前言问题**。萨利收回断言，因为她从乔治那里了解到他在萨利做出断言时了解的情况排除了乔在中国的可能性。

概言之，我们得出想法——"可能 *p*"在某个语境中成真——假如语境中相关

---

4 唯我主义语境论有时被归于 G. E. 穆尔（大概他是第一个哲学家清楚地区分模态词的认识用法与其他用法），基于类似下面这样的论述："*哲学界*的人们说：下面这些命题'逻辑上是可能的'——我现在不是正在坐下；我不是男的；我死了；我在尤利乌斯·凯撒遭谋杀之前死了；我将在今晚 12 点之前死去。但是，以这种意思说出下面的话就不是英语：我现在不是正在坐下，等等，是可能的——这只能谓'不确定我是'或者'我不知道我是'"（Moore 1962：184）。然而，穆尔没有接受对"必定"（must）的唯我主义语境论分析。他否认"*必定是 p*"与"*不可能是非 -p*"意谓相同（188），其理由是，唯有当人们不能（比如通过看见）直接知道 *p* 时，使用前一种表达才是恰当的。他看来也不接受对"大概"（probably）的唯我论分析（402）。

群体所知道的东西不排除 p。[5] 这样一种观点仍然能够解释（6）和（7）的悖理意味，只要假定语境中的施事者（讲话者）始终属于语境中的相关群体，而且如果任何成员知道那么该群体就算作知道。基于这些假设，假如讲话者知道乔不在中国，那么"乔可能在中国"就不能表达成真的命题。据此，（6）就是一个矛盾式，（7）在语用上是不适切的。

至此，摆脱唯我论看来是有充分理据的，而且是可行的。但是却存在一个问题。我们通过加强认识可能性语句的真值条件，使语境论者更加容易回答*拒绝问题与收回前言问题：*较强的断言更加容易拒绝与收回。但是，我们越这样做，回答*根据问题*就变得越困难：较强的断言更难做出。那么，至少语境论者面临着一个微妙的平衡问题。

就*咖啡店*这个实例而言，平衡看来是可能的。为了回答*根据问题*，我们必须假定萨利有理由认为，她或者乔治知道的任何东西都无法排除乔在中国的可能。假如乔治是很亲近的熟人，她有这样的理由并非不可能。

我们可以对这个例子做出微调，从而使*根据问题*难度大大增加。假定乔治不知道关于乔的签证的事，而你知道：

旁听

萨利：乔可能在中国。我今天没有看见他。

乔治：我也没有看见他。

你：原谅我旁听，但是乔不可能在中国。他还没有获得签证。

萨利：哦，真的？那么，我想我弄错了。

萨利做出断言后，你认为不能成真而不予接受，并不因为你认为萨利或者乔治知道关于乔的签证的情况，而是因为*你*知道。在你纠正后，萨利愿意收回断言。那么，要回答*拒绝问题*与*收回前言问题*，语境论者必须把你（连同萨利和乔治一起）包括在语境中的相关群体中。萨利在做出断言时不知道你在场；事实上，我们可以假定直到你说话时她才注意到你在场，甚至她连你是谁都不知道。这样，如果你作为语境中相关群体中的一员，你只是作为偶然的旁听者。但是，假如语境中相关的群体包含所有偶然的旁听者，萨利的断言就成为很强的断言，因为这个断言唯有当在听力可及范围内没有人掌握能够排除乔在中国之可能性的信息时为真。萨利怎么会认为自己有根据做出*那个断言*呢？她当然不会断言在听力可及范围内没有人掌握能够排除乔在中国之可能性的信息。*根*

---

5 一个群体 G 的知识排除 p 指的是什么呢？可能有各式各样的回答。特勒（Teller 1972）提出，一个群体的知识可以排除 p，即使没有群体成员的知识排除 p，只要 p 与该群体各个成员所掌握的事实整体不相一致。

*据问题*这下看来不可能做出回答。

为什么把我们自己限定在听力所及范围内？你是否与萨利在同一个房间，这对我们的论述也没有什么影响。你假如在数千英里之外通过搭线窃听装置听，也会以同样的方式评价她的断言。事实上，在我看来，你究竟是实时收听搭线窃听装置还是第二天——或第二年——重听录音，甚至也没什么影响。（在那种情形下，具有相关性的将是你关于在录音制作那天乔在何处的了解——但仍然是*你的*了解，而不是萨利的了解或者你*现在*的了解）。为了回答*拒绝问题*，灵活语境论者将不得不将知道者的群体不只扩大到在听力所及范围内的那些人，而且扩大到所有那些将会听说、读到或者也许甚至推测萨利断言的人。除此以外，没有自然的中止之处。[6]

于是，所担心的是，作为提出从对认识模态词做出"就我所知"理解转向"就我们所知"的理解之论据，也会成为将"我们"的范围扩展的理据；从而其范围不仅包括会话参与者，而且包括旁听者，无论这些旁听者多么隐蔽或在时空上相距多么遥远。因此，"可能 p"就变成了"p 不被由任何将考虑这个断言的人所知道的东西所排除"。但是，假如这就是认识模态词的意谓，那么，这种词语的大多数日常用法完全是不负责任的。无疑，萨利不会有任何根据断言"没有任何由我或者*任何会考虑这个断言的人*所知道的任何东西会排除乔在中国的可能性"。事实上，她可能有很好的理由否认这一点。但是直觉地看萨利*有*根据断言乔可能在中国；她的断言是认识模态词的典型用法。

10.2.2 客观因素

哈金（Hacking 1967）为同样的结论——扩大知道者的群体，以包括讲话者的会话伙伴，是对唯我主义语境论面临的问题给予的错误回应——做出了略微不同的论述。

　　　　假设一艘打捞船的船员正在寻找一艘很久以前沉没的船只。打捞船

6　翁·芬特尔与吉利斯（von Fintel and Gillies 2008：86）声称，在间隔一段时间后拒绝变得极不自然。他们指出，如果在读到一场庭审的旧记录中阿勒·卡彭说"赃物在保险柜里"时，帕克侦探说出下面的话是很怪的：
　　（a）阿勒错了／阿勒说的话是假的。保险柜在 80 年代由热拉尔多打开了，里面什么也没有。
　　尽管我同意，帕克说这话会是很怪的，但我认为那是因为不清楚这样做的目的是什么。正像法布里齐奥·卡里亚尼向我指出的那样，这种看法得到下列事实的佐证，即他如果说出下面这句话至少是同样奇怪的：（b）阿勒是对的／阿勒说的话是真的。他不知道赃物在什么地方。
　　如果我们假定，帕克重看这些记录是为了发现卡彭所在寻找赃物的藏匿之处——从而赃物藏在何处对他来说是一个现实的问题——那么，我认为（a）听上去是十分自然的。

的驾驶员依据一本旧的航海日志驾驶，在计算中出了错，推断残骸在某个海湾里。他说，可能残骸就在这片水域中。没有人知道任何相反的情况。但是，事实上，后来结果证明，那艘船根本不可能在那个海湾里；经过对日志更加仔细的考察，发现船肯定是在再往南至少 30 英里的地方沉没的。当驾驶员说"可能我们将在这里找到宝物"，他的话成假。但是，他的话的虚假性并不由当时任何人实际知道的东西所表明。（Hacking 1967：148）

哈金推断，认识模态断言的真值不仅取决于所知道的信息，而且取决于情景的客观特征——这里指日志中存在的相关信息。

这可能是使语境论成为非唯我论的另一种方法：与其（或者除了）扩大相关认识主体的群体，我们降低这些主体同相关事实之间必须保持的关系之紧密程度。除了看他们知道什么之外，我们还要看他们通过"可行的调查"（如哈金所言）将会知道什么，或者什么是在他们的"认识所及范围"（如伊根 2007 所说）之中。我们也许可以说，如果讲话者认识所及范围（或者也许是语境中相关群体的认识范围）内的东西不能排除 p，"可能 p"就表达了成真的命题。德罗斯（1991）以类似的口吻诉诸"相关群体可以变得知道的相关方法"，而穆尔（Moore 1962：402）则诉诸讲话者和听话者"可能容易地知道"同他们"不可能容易地知道或业已知道"之间的区别。

根据这种观点，*咖啡店*中拒绝问题与收回前言问题的答案如下：

拒绝问题。乔治认为自己有根据拒绝萨利的断言，因为在她做出断言时，排除乔在中国之可能性的信息在她的认识范围内。（她只需问他。）

收回断言问题。萨利收回断言，因为她了解到，在她做出断言时，排除乔在中国之可能性的信息在她的认识范围内。

这种策略的主要问题与扩大相关群体的问题大同小异。为了回答拒绝问题与收回断言问题，不只是针对*咖啡店*而言，而是一般来说，我们不得不把"认识范围"扩展得非常之宽。例如，为了处理*旁听问题*，我们就不得不将旁听者可能潜在地说出的一切理解成属于其认识范围内的东西。正像萨利在回应乔治的插话时那样，如果她在地板上发现一本旅行日志，她同样肯定会收回断言——即使她发现这个纸片完全是偶然的。因此，所需的认识范围概念远远超出了"可行的调查"或"变得知道的语境中的相关方法"。认识范围的这种扩展使认识可能性断言变得强得多，结果就很难看到我们如何能够回答*根据问题*。

即使将关于*根据问题*的担忧搁置一旁，也难以看到扩展认识范围如何能够完全充分地回答*拒绝问题*。人们一度认为，可能存在大于 2 小于 10^{17} 而非两个素数之和的偶数。说他们这样认为是错误的，这看来是正确的——因为我们现在已经通过计算证实，不可能存在这种数字。但是无疑，这种计算不在*他们的*认识范围内。同样，（基于我们所知道的）我们将把萨利的断言判定为成假的，即使我们在遥远的地方听着，所以萨利无法利用我们关于乔在何处的信息。

关于下面这一点哈金是正确的，即扩大语境中相关的知道者的群体不能解释我们为何在打捞船的例子中拒不接受船长的断言。但是，他的替代策略，即考察什么可能由"可行的调查"排除，也不成功。船长说出下面这句话会是完全自然的：

> (8) 可能船在这个海湾沉没了，但是也可能在南面触礁沉没了。让我们更加仔细地看看日志再潜水：也许我们可以找到一些证据以排除这些方位中的一个。

在这第二个句子中，船长承认"可行的调查"可能排除两个可能性中的一个。假如哈金是正确的，那就等于承认船长第一个句子中两个分句中的一个可能成假。因此，如果哈金建议正确，那么，船长的话听上去就会像下一句一样不适切：

> (9) 简在中国，阿勒在纽约。也许简在日本。

但是，船长的话听上去不是这样，他的话听起来十分适切。我们需要另外一种路径。

10.2.3 难题

我们在这一节考虑的所有方案都试图保留唯我主义语境论中的核心语境观——即认识模态词对在使用语境中所知道的内容是语境地敏感的这个观点——同时放弃不合理的唯我论。所有这些方案面临相同的基础问题。我们通过加强认识可能性断言的真值条件，可以在语境论理论框架内回答*拒绝问题*与*收回前言问题*。但是，我们越是加强这种真值条件，就越难回答*根据问题*。理论中唯我论的倾向越弱，就越难解释讲话者为何感到有资格做出他们所做出的认识模态断言。

尽管截至目前我们主要聚焦于认识可能性的表达，但是经适当修改后，该论证同样适用于"*很可能……*"、"*大概……*"、"*极可能是……*"、"*百分之三十的可能性为……*"以及其他认识几率的表达式。唯我主义语境论对这些话语的阐释对收回前言与意见分歧做出了错误的预测，但是假如我们放弃唯我

论、保留语境论，就会对什么时候有根据使用这些话语做出断言，得出错误的
预言。

这样，我们就面临一个难题：尽管使用认识模态词做出的断言其真值必定
以某种方式依赖于所知道的东西——正是这一点使之成为"认识的"——但这
种真值看来并不依赖于任何一组*特定的*知识。在语境论框架中没有办法解释这
一点，语境论框架要求相关的知识集合由使用语境特征决定。唯我主义语境论
的根本问题在于语境论，而非唯我论。

10.3 表达论

假如这些论述看来并不陌生，大概这是因为以前有人做出过这种论述。
看一下普赖斯（Price 1983）是如何驳斥对"大概"所做的真值条件分析的。
首先，他指出，我们并不将关于什么是"大概的"断言当作关于根据讲话者的
证据什么是很可能发生的断言：

> 假如我不同意你关于大概将下雪的断言，我并非不同意根据*你的*
> 证据很可能将下雪；而是表明基于我的证据应当得出的推论。事实上，
> 我可能*同意*大概将下雪，然而却认为基于你的证据得出这一推论成假。
> （403）

然后，他强调，我们假如通过扩大相关证据的范围以包括原则上可以获得的证
据以解决这个问题，我们就不再能够理解讲话者如何认为自己有理由做出他们
所做出的概率性判断：

> 考虑一下，外科医生说："你的手术大概是成功的。我们会弄确切
> 的，但是，因为检查很疼，而且费用很高，最好不做。"这里，明确承
> 认了证据在原则上的可获及性；这种证据会推翻 SP 判断所基于的证据。
> （405）

假如我们考察一下讲话者什么时候做出"大概"断言，就会把我们推向唯我主
义语义学；而假如我们考察第三方对这种断言的评价，就把我们推向某种更
加客观的理论。因而可以推论，没有办法填充"给定证据 X，大概 q"中的 X，
从而为非限量的"大概 q"提供合理的真值条件。

普赖斯认为这些论据佐证了"*大概*"根本不对言语行为的命题内容做出任何贡献这一观点。他的看法是,"大概"对言语行为的*语力*做出贡献,而对其内容没有贡献。其他哲学家与语言学家对"可能地"以及其他认识模态词做出了类似的阐释。因此,值得考虑的是,这种方法是否可能为前两节中考察的问题提供满意的解决办法。

10.3.1 语力修饰语

假如问"坦率地讲"如何对下面这句话的真值条件做出贡献,那可能是受到了误导:

(10) 坦率地讲,对他来说她是太好了。

假如(10)用于做出断言,所断言的只不过是*对他来说她太好了*。"坦率地讲"并不对断言内容有任何贡献;相反,其作用是对所实施的言语行为类型做出评论。我们不应当琢磨"*坦率地讲,对他来说她是太好了*"这个命题何时成真,因为不存在这样的命题。

也许询问认识模态词如何影响真值条件同样是误入歧途的。至此,我们假定萨利在做出一个断言,这个假定直接导致关于她的断言之真值条件问题。但是,我们不需要把她的言语行为理解成断言。也许她只是表达了她不情愿断言乔不在中国。正如黑尔(Hare)所阐述的那样:"我们有一种用法,即用滔滔不绝、口若悬河的方法不做出某个陈述;也许这是'可能'的一种涵义,它藉此意义实现这个功能"(1967: 321)。或者也许她在*也许断言*(*perhapserting*)*乔在中国*这个命题——其中"也许断言"是一种不同的言语行为,我们或许可以将这种言语行为理解为表达了某种最小的信念度,或者表达了不要忽略一种可能性的建议。假如认识模态词的语言作用是表示讲话者在做出也许断言,那么,我们就无需为它对真值条件所做的贡献费神了。[7]

这些观点对我们使用包含认识模态词的(独立)句子做出了很好的解释,同时使我们能够回避关于真值条件的问题。正如我们在上文所见,这些问题很难解决。然而,这些观点使认识模态词的内嵌用法难以得到解释。

10.3.2 内嵌

认识模态词可以内嵌于限量词、真值函项联结词、条件句、态度动词、

---

7 也比较一下弗雷格(1879)论"必须"、万·海恩诺特(van Heijenoort 1967:5)、博伊德与索恩(Boyd and Thorne 1969:71)以及斯坦尔纳科(Stalnaker 1999:45)关于"可能"的论述。

形容词以及其他结构中出现。[8]在这一方面，认识模态词同"坦率地讲"差异迥然；"坦率地讲"并不能内嵌于这些结构：

(11) (a) 如果可能下雨的话，我们应当带着雨伞。

　　 (b) #如果坦率地讲对于他来说她太好了，她将意识到这一点。

(12) (a) 不可能乔在中国。

　　 (b) #坦率地讲乔在中国，不是真的。

(13) (a) 萨利相信可能乔在中国。

　　 (b) #萨利相信坦率地讲，对于他来说她太好了。

关于（11a）中的"可能"或者（12a）中的"可能"所做出的贡献，语力修饰语路径没有向我们表明任何东西。显然，（11a）中的"可能"并不表示也许断言任何东西。在（11a）的典型用法中，整个条件句受到断言，其前件既不受到断言又不受到也许断言。（说"如果 p，那么 q。但不是 p。"是十分融贯的。）（11a）同下一句显然存在差别：

(14) 如果在下雨，我们应当带着雨伞。

但是，对"可能"所做的语力修饰语阐释不能帮助我们对之加以理解，因为"可能"在（11a）中并不用作语力修饰语。

同样，对下面这句做出语力修饰语阐释：

(15) 可能乔在中国。

根本不能指导我们理解（12a）的意义。显然，"可能"在此出现于否定辖域内——（12a）与下一句并不意谓同样的东西：

(16) 可能乔不在中国。

——但是，对*言语行为*的否定几乎无法做出理解。

最后，在（13a）中，"可能"出现在对认知状态而非言语行为内容的描述中。尽管比较清楚，我们如何能够把对由（15）规约性地做出的那种言语行为的理解提升为对（13a）的理解，但这要求我们以不同的方式对待"相信"，视其补足语是否受到认识模态词修饰而定。（大致地说：如果"相信"带有补足语小句，小句中的认识模态词取宽式辖域，那么，它将赋予某种最小限度的信念，而在其他情形下，它将赋予充分信念。）对于其他态度动词，需要类似的修饰。由于破坏了语力（由态度动词提供）和内容（由补足语小句提供）的整齐分工，这使得为态度动词提供组合语义学（本已很困难）的任务更加复杂。

8　然而，存在一些有趣的限制。例如，翁·芬特尔与亚特里杜（von Fintel and Iatridou 2003）提出，在许多语境中认识模态词必须对限量词取宽式辖域。

10.3.3 黑尔的策略

针对一个类似的质疑，黑尔（1970）为评价性词项的语力修饰语观做出论辩，他提出对诸如下列条件句的理解：

（17）如果那是一部好电影，那么山姆就喜欢。

（18）如果山姆喜欢这部电影，那就是一部好电影。

可能产生于一般性地把条件句理解为对肯定前件式的准许，加上"那是一部好电影"和"山姆喜欢这部电影"*非内嵌地*使用时对其意谓的理解。

> 为了了解"如果猫在门垫上，它在打着呼噜"整个句子的意义，我们就须了解：（1）假设句子形式的意义。假如我们懂得怎样进行肯定前件式推论，就会了解这种意义；（2）包孕在这个句子形式中的范畴意义；我们了解这种意义，如果我们了解：（a）（如果不受包孕）用于做出断言；（b）用于做出什么断言。（Hare 1970：17）
>
> 事实上是否存在任何东西阻止我们将出现在条件小句中的"那是一部好电影"以与处理"猫在门垫上"完全相同的方式处理呢？像前面那样，我们了解假设句子形式的意义；我们了解包孕其中的范畴的意义；因此，我们可以容易地实施通常的步骤将假设句中的结论从包孕中解脱出来。（Hare 1970：19）

假如黑尔说得正确，那么，就不需要任何组合语义学来解释我们使用认识模态词内嵌地出现其中的句子的能力。于是毫不奇怪，许多表达论者（更加宽泛地说"意义使用论者"）坚持我所称的"黑尔策略"（例如，参见 Price 1994；Horwich 2005）。

但是，黑尔说得并不正确。认识模态词与条件句的相互作用方式存在细微的复杂性；这种复杂性无法仅仅基于对独立认识模态句的使用方式的理解与把条件句视作准许做出肯定前件式推论的理解加以预测。看一下下面三个案例分析。

否定后件推理 下面的推理看来是没有问题的：

（19）如果在下雨，那么街道不是干的。

　　　　街道是干的。

　　　　所以不在下雨。

但是，假如我们插入一个认识模态词，结果就得到一个蹩脚的推论：

（20）如果在下雨，那么不可能街道是干的。

可能街道是干的。

所以不在下雨。

假如这个推论成立，那么尼古一整天一直坐在办公室里，窗帘一直没有打开；他会认为，街道可能是湿的，也可能是干的，因而可以推断不在下雨，而根本不需要看一下窗外！那会是一个"没有证据的天气预报"的例子（Kolodny and MacFarlane 2010：26）。显然，（19）是一个合理的推理，（20）则不是：如何根据黑尔提供的策略预见这种差异呢？[9]

亚尔钦的看法 以下列形式出现的条件句很容易理解：

（21）如果在下雨，而我们都不知道，那么……

但正如亚尔钦（2007）所指出的那样，以下列形式出现的条件句则不容易理解：

（22）# 如果在下雨，而且可能不在下雨，那么……

这种差异怎样在黑尔提供的基础上预见到？如果"从包孕中摆脱出来"，两个前件都是不适切的。那么，当"包孕"在条件句中时，为什么出现这种差异呢？

非事实句 假定我们刚打开了书桌的抽屉，发现确凿证据证明乔在中国。我们也许会说：

（23）不可能乔在波士顿。

但是，说出下面这句话则是不正确的：

（24）假如我们没有查看那个抽屉，依然可能乔在波士顿。

在此，我们并不相对于我们没有查看抽屉这种非事实可能性中会知道什么来对认识可能性算子做出评价。仅仅了解黑尔所告诉我们的关于认识模态词与条件句的东西，我们能预见到这一点吗？

关于直陈条件句与认识模态词的任何令人满意的阐释必须能够揭示这些为普通讲话者所知的微妙的事实。仅仅了解认识模态词的非内嵌特性以及条件句是一种肯定前件式推论的讲话者，了解得还不够充分。因此，诉诸黑尔策略无法满足我们的要求：我们需要真正的组合语义学，以解释认识模态词如何与其他表达式相互作用。我知道只有一种关于认识模态词的表达论阐释提供了这样的组合语义学——即亚尔钦（2011）语义学。我们将在描述了相对论路径之后，在第10.6节回头探讨亚尔钦的观点。

---

9 你的第一反应可能是寻找句法上的差异，将（20）中的条件句的辖域看作是在模态词之下。有理由不这么做，具体将在下文第10.5.5节探讨。

10.4 相对论

可以看到，表达论观点几乎完全是由反对真值条件路径的论述催生的。通常，这些论述假定任何真值条件观必定具有语境论的特征。[10] 就认识模态词而言，这意味着对模态词做出评价所针对的那组信息必须由使用语境的特征决定。我们在上文看到，有人可能会十分普遍地论辩，带有这种特征的任何理论观点都无法准确地揭示我们使用认识模态词的方式。

可是，关于认识模态词的真值条件语义学必须具有这个特征吗？如果我们坚持评价敏感性的观点，就不是必须的。这在一节中，我们将探索的可能性是，认识模态断言的真值所依赖的一组信息，并不取决于使用语境，而是取决于*评价语境*。这种语义学为回应对大致上是真值条件框架中的语境论观点的质疑提供了可能，从而削弱了选择表达论路径的动力。

我们是从直觉地令人信服的观点入手的，即认识模态断言取决于*所知道的东西*。这就是为何这些断言称作"认识的"。但是，当我们试图回答"由谁知道？"的问题时，就陷入困境。人们看来往往依据*他们*（评价者）所知道的东西评价认识模态断言，即使他们意识到他们所知道的要比讲话者（或有关群体）在说话时知道的多。[11] 对这个令人困惑的事实直截了当的解释是假定认识模态词是评价敏感性的：认识模态断言的真值取决于评价者所知道的东西，因而随评价语境而变。基于这个观点，认识模态断言没有"绝对"真值，而只具有评价相对的真值。这就是为何这些断言不能在真值条件语义学标准框架内得到阐释的原因。

为了更加具体，我们首先将讨论最为严格的相对论观点——也许可以称作*唯我主义相对论*。（之后，我们将探讨一些复杂现象，这些现象催生了一种更加灵活的相对论形式。）根据这种观点，"乔可能在跑步"由山姆评价，表达了成真的命题，仅当*山姆*（在做出评价时）知道的东西不能排除乔在跑步的可能性。这还不是关于"可能"的组合语义学，因为我们尚未说明如何处理内嵌使用。后面（第 10.5 节）进一步探讨。不过，从对该理论的简要勾勒中，我们已经可以看到，唯我主义相对论将如何处理那些在各种形式的语境论看来最为棘手的现象。

---

10 这对亚尔钦（2011）和对普赖斯（1983）都同样成立。亚尔钦的很多论证都是为了反对"摹状论"做出的。摹状论也遭到相对论的拒绝。这样的论述可以作为语境论替代理论的理据，但却不能普遍性地作为真值条件路径的替代方法，假如我们把相对论方法算在内的话。

11 这种现象最初是由霍索恩（Hawthorne 2004：27 注 68）引起我的注意的。

10.4.1 关于根据、拒绝与收回前言的解释

根据问题。为什么萨利有根据做出最初的断言乔可能在中国？假定断言受制于自反真值规则（见第 5.3 节）。*乔可能在中国*这个命题在萨利的语境使用与评价成真，仅当萨利所掌握的信息不能排除乔在中国的可能性。既然萨利有充分的理由认为这个条件得到满足，她就有根据做出这个断言。

拒绝问题。为什么乔治有根据拒绝萨利的断言？她所断言的命题在她的语境中使用、从他的语境评价成真，仅当*他*掌握的信息不能排除乔在萨利做出断言时在中国的可能性。但是，他关于乔尚未获得签证的信息*确*实排除了乔在中国的可能性。因此，相对于他所处的语境，萨利的断言成假。

回忆一下，语境论者只能通过把认识可能性断言的真值条件增强到不可能回答根据问题的程度，以回答拒绝问题与收回前言问题。相对论者则不存在这个问题。一般而言，唯我主义相对论将一个在 c 使用、在 c 评价的句子算作成真，仅当唯我主义语境论将之在 c 中使用算作成真。唯有当评价语境与使用语境不同时，相对论语义学才会与语境论语义学有别。因此，唯我主义相对论将能够以与唯我主义语境论大同小异的方式解释认识模态词的*使用情况*，同时以语境论无法获得的方式对*评价*做出解释。[12]

还须注意，对于唯我主义相对论，（前文第 10.2.2 节讨论的）哈金的"打捞船"实例并不构成任何新的困难。那实际上只是另一个第三方评价的实例，在此*我们*（哈金的读者）作为第三方。按照唯我主义相对论，船长的断言（由我们评价）之真值依赖于我们所知道的东西。由于我们（根据哈金的描述）知道宝物在其他地方，因此，相对于我们所处的评价语境，船长的断言成假。船长可以展开"可行的调查"这个事实是毫不相干的。关键的一点哈金没有明确指出：我们作为读者通过哈金的证言开始知道宝物在别的地方。

收回前言问题。在听到乔治说的话之后，萨利为何收回断言？我们的理论框架假定收回前言受到收回前言规则的制约（见第 5.4 节）。因此，假如在萨利做出断言的语境（c_1）中使用、从她现在所处的语境（c_2）评价，断言的内容成假，她就应当收回最初的断言。这两个语境至少在一个关键方面不同。在 c_1 中，萨利不知道任何可能排除乔在中国的信息。而在 c_2，她从乔治那儿了解到乔尚未获得签证。这就意味着从 c_2 评价她所断言的命题成假，她应当收回断言。

---

12 这需要加以某种限定，因为不清楚在权衡是否断言一个评价敏感性命题时是不是不应当考虑除了讲话者所处的语境之外的其他语境。例如，有人可能忍着不做出某种自己知道当所处的语境变化时，几乎要立即收回的断言，即使这个断言相对于当下的语境能够成真。

请注意视角的变化。语境论者假定，假如乔治的断言为萨利提供了收回其成假断言的理由，那么，乔治就必须作为群体的一部分，而该群体的知识对萨利断言的（非相对）真值至关重要。相反，相对论者认为，重要的不是*乔治*知道乔在伯克利，而是*萨利*开始知道这一点。对于相对论者而言，萨利开始知道这一点是不相干的。萨利是通过另外某个人的证言知道的，那个人在萨利做出断言时已经知道这个情况。其他人知道的信息成为相关的，仅当这些人作为讲话者（在这个实例中指萨利）潜在的信息提供者。假如他们不说出来，或者假如尽管他们说出来但萨利不信（因而不能获得知识），那么，我们的收回前言规范并不要求萨利收回断言。相反，倘若萨利开始了解乔还没有获得签证的信息，其方式不是通过其他人的证言，而是通过她自己新的观察，或者偶然发现了证据，她具有同样的理由收回最初的断言，而且她这样做看来是很自然的。在此，语境论者没有做出正确的概括，这明显地体现于需要大规则中的诸多小规则：例如，诉诸"以语境中相关的方式开始知道"与除了"语境中相关的知道者群体"以外的"分布知识"。

10.4.2 哈金的抽彩案例

在举了"打捞船"一例之后，哈金紧接着写道：

> 假如有人开始搜集这类例子，就开始看起来仿佛是每当证明 p 成假，我们就针对先前的一个时代说，在那个时代，也许看起来可能 p，但是实际上根本不可能。（Hacking 1967：148）

假如哈金采取这种方法描述这些素材，他就会已经在通往相对论的道路走出了很远。只有相对论语义学能够解释为何先前的认识模态断言总是按照现在（在做出评价时）知道的信息加以评价，尽管我们现在所知道的信息要比做出断言时所知道的信息多得多。

然而，哈金认为，对那些素材这样加以描述"可能会过强"：

> 考虑一下某人买了一张彩票。在他买下彩票时，我们会说可能他会中彩，尽管大概他不会中。不出所料，他没有中。但是回顾地看，转述说只是似乎可能那人会中，那会是荒唐的。完全可能他会中。为了清晰地看到这一点，考虑一下略为不同的情形，在这种情形下，抽彩不是公开透明的，而是暗箱操作的，从而只有出售彩票的业主能够中彩。因

此，无论那位容易上当的彩票购买者看来如何，实际上不可能他会中彩。
仅仅似乎他可能中而已。"似乎可能"与"是可能"二者都是各司其职。
（148）

如果哈金对他的例子理解得正确，就表明了相对论面临的困难。究其原因，这表明用于提出相对论的回顾性评价素材不能扩展到相对论者需要扩展的程度。就非暗箱操作的抽彩而言，看来我们并不把先前做出的关于可能那个人会中的断言评价为成假的，尽管（抽彩之后）我们现在掌握的信息排除了他中彩的可能性。这似乎佐证了某种形式的语境论而非相对论。

然而，哈金对上述案例的理解是否正确却远不是清楚的。哈金说道：

（25）完全可能他会中彩。

这看来是正确的。但是，同意（25）对相对论者会存在问题，仅当"可能"在句中出现作认识性读解，而这被补足语中的虚拟语气排除掉了。假如我们把补足小句表达为直陈语气，以牵强地做出认识性读解[13]（措辞上稍微做些调整，从而避免语法上的问题）。

（26）完全可能他抽到了中奖的彩票。

那么，我接受这个句子的意愿就丧失殆尽。事实上我们知道他没有抽到中奖的彩票，因此，我们不能断言可能他抽到了（当然尽管*似乎是*可能的）。

10.4.3 抵制收回前言

翁·芬特尔和吉利斯（2008）指出：

在遇到新证据时，并非所有的*可能*都会被收回或拒绝。讲话者常常可以*抵制*收回前言的要求，即使他们掌握了更多的信息。比伊在寻找钥匙，亚历克斯试图帮忙：

（27）a．亚历克斯：钥匙可能在抽屉里。

    b．比伊：（*在抽屉里找了找，变得烦躁了。*）抽屉里没有。你为什么说在抽屉里？

    c．亚历克斯：瞧，我并没有说钥匙*在*抽屉里。我说钥匙*可能*在抽屉里——刚才可能在的。真是的！

他们认为这种实例引起了对相对论预言的怀疑。相对论者预言，在一些情

---

13 在日常英语中（排除某些哲学家的专业话语），"可能……"加上现在时或过去时的直陈语气只能表达认识模态（Hacking 1967；DeRose 1991）。基于任何可以获得的读解，"可能船沉没了，但我们都知道船没有沉没"根本就是不适切的。

形下需要收回前言，即当讲话者获得新的信息，排除了讲话者模态断言的前命提。

他们举例的措辞具有误导性，导致读者把两个迥然相异的问题混为一谈：

(i) 这个断言是负责任地做出的吗？

(ii) 讲话者必须收回这个断言吗？

比伊问的问题"你为什么那样说？"会很自然地使亚历克斯回答其中的第一个问题。即使依据相对论的观点，亚历克斯也应当抵制这里隐含的质疑；毕竟，她有很好的理由做出断言。但是，对第一个问题的肯定回答并不暗含对第二个问题的肯定回答。大家都应当承认，人们可能被迫收回负责任地做出的断言：证据有时被证明是误导的。因此，即使我们有很强的直觉，在此亚历克斯受到了不公正的批评，但是，这与她是否应当收回断言的问题完全不相干。

一旦我们区分了收回断言与责任，亚历克斯抵制收回前言的这个直觉就变得更模糊了。人们或许可以将她的话做如下理解：

(28) 我并没有断言钥匙*在*抽屉里（这是某种我没有根据做出断言的内容），而是仅仅断言了钥匙*可能在*抽屉里。我有理由做出这一断言是因为*根据我当时所知的一切*，钥匙可能在抽屉里。[14]

根据这一理解，亚历克斯做出"钥匙刚刚可能在抽屉里"这一断言，旨在解释其断言的合理性。这表明，做出这一断言时亚历克斯遵循了自反真值规则。但是，这并不支持拒绝收回前言。要支持拒绝收回前言，亚历克斯将不仅需要有理由断言*据她所知*，钥匙可能在抽屉里，还需要断言钥匙刚才可能在抽屉里。如果相对论者是正确的，她就不能做出那样的断言，因为她现在知道当她做出断言时钥匙不在抽屉里。[15]

我们或许可以重写对话，使得亚历克斯表明她仍坚持自己的断言，拒绝收回前言。相对论阐释不能排除这一点。根据相对论，如果亚历克斯断言的是钥匙可能在抽屉里这一评价敏感性命题，那么她应该收回前言。但是，亚历克斯可能会使用"钥匙可能在抽屉里"这样的话语来断言如下评价恒定性命题，即据她当时所知，钥匙可能在抽屉里（比较第 7.2.6 节与第 9.9 节）。假如这是亚历克斯起初意欲断言的全部内容，那么她就有理由坚持自己的断言，并向对她提出质疑的人解释说，她只是意在就当时所掌握的信息不能确定的某种内容

14　关于"据我所知"算子的论述，参见第 10.5.4 节。

15　关于将评价时间转变到过去并不能改变与认识情态相关的信息的论证，参见第 10.5.6 节。

做出断言。[16]

有趣的并不是我们可以想象一个自然的会话中亚历克斯拒绝收回前言，而是一个自然的会话中亚历克斯*的确*收回前言。前者不会给相对论者带来什么问题，但正如我们所看到的，后者为语境论者提出了很大的难题。这里的情形不对称：相对论者可以将评价恒定内容看做断言可能具有的内容，而这些内容在语境论者看来是由认识情态断言所表达的，但是相对论者的评价敏感性内容却是语境论者所无法获及的。

10.4.4 不知情的评价者

迪茨（Dietz 2008）论述道，尽管当评价者知道的信息比最初的断言者多时，我们关于回顾性评价的直觉似乎佐证相对论语义学；但是，当评价者知道得比断言者少时，这样的直觉就不支持相对论语义学了。下面的例子是根据迪茨的一个例子改编的。假定昨天我证明了定律 X，并且断言"定律 X 肯定是正确的"。然而，今天我的记忆模糊了。我回想起来我正在研究定律 X，但是记不得我是否已经证明这个定律还是推翻了这个定律，或者既未证明也未证伪。假如唯我主义相对论正确的话，我应当可以说：

（29）如果我昨天说了"定律 X 肯定是正确的"，那么，我说的话成假。原因在于，我现在（在评价语境中）所知道的信息可能使定律 X 成假。这看来是荒谬的。直觉地看，我没有根据宣称过去掌握更多信息的自我所做的断言成假，即使这些断言包含认识模态词。

倘若认识可能性是视角性的，这个素材表明，这种可能性是*非对称视角*性的。认识模态断言的成真性可以依赖于评价者所知道的信息，但是这仅当评价者知道的信息比最初的断言者知道的要多时，才是这样。

这个困难根源不在于唯我主义相对论中的相对论，而在于其中的唯我主义。对于认识模态词的相对论阐释，至关重要的是相关的信息集合由评价语境的特征决定。唯我主义相对论体现了关于这个信息决定方式的一个简单的、不灵活的观点：这正是评价者所掌握的信息。但是，我们不需要将此建构于理论

---

16 这一策略可能看起来缺乏原则，但是我认为，这却是符合实际的。我们在使用工具时，极其普遍地懒惰且灵活；语句是以用来做出断言与其他言语行为的工具。正像在其他方面，我们在这里使用的工具，是要以付出最少的劳动来完成任务。假定我想断言现在大约是下午三点十分。我可以说"大约下午三点十分"。但是我偷懒，而且我知道在给定的语境中对你来说很显然，一方面我指的是下午，另一方面我并不声称*确切地*是三点十分。所以，我仅仅说"三点十分"。这里所看到的并无任何神秘之处。没有理由假定存在对应于未言说的"大约"与"下午"的隐性句法成分。

之中。按照*灵活相对论*，相关的信息集合是在评价语境中*相关的*信息集合。在许多情形下，这会是评价者的信息，但这并不一定。

上述回应类似于基思·德罗斯（Keith DeRose）对一些实例的语境论处理。这些实例中，认识标准似乎取决于知识归赋的*主体*的境况，而不是取决于归赋者（上文第 8.2 节中做了讨论）。德罗斯指出，恰当地予以理解，语境论的阐释可以不加修饰地处理这些实例：

> 根据语境论的观点，讲话者的语境的确始终起着决定作用…… 但是，有时讲话者自己的会话目的要求运用一些标准，这些标准对于他们所讨论的远方的主体的实际情景是恰当的。因此，讲话者语境所起的决定性作用可能是、而且常常十分自然地是，诉诸对于所讨论主体面临的实际情景是恰当的标准。（DeRose 2005：189）

这里实质的要点是，正是*讲话者的*语境决定将主体的情景考虑在内是否恰当。因此，这个观点真正地是语境论的观点，而非语境论与主体中心论观点的混合。

灵活相对论对关于不知情的评价者的担心做出了类似的回应。所提出的想法是，尽管在有些情形下讲话者的信息同认识模态断言的评价相关，但却是*评价者的*语境决定了什么时候这个信息（或者任何其他信息）是相关的。在评价的基本目的是对讲话者断言做出批判性评价的语境中，相关的信息状态一般是做出断言时讲话者所掌握的信息，而在讲话者只是试图主导自己的探询的语境中，相关的信息状态一般是评价者当前的信息。但是，在每种情形中，正是评价语境的特征决定了哪种信息相关。因此，这个观点是真正地相对论的，而不是相对论与语境论的混合。

10.5 组合语义学

针对独立出现的简单句，在这些句子中认识模态词具有宽式辖域（如"乔可能在中国"），各种对立的观点做出了论述。至此，我们满足于对这些不同观点做出描述。但是，关于认识模态词的充分阐释还必须对模态词在其他语境中的特征做出解释：这些模态词如何同真值函项联结词、限量词、条件句及其他表达式相互作用。下文将对此展开论述。

10.5.1 理论框架

像通常那样，我们的语义学将采取语境与指号中真值的递归性定义的形式。模态词语义学中惯常在指号中包括一个*世界*，有时还包括一个*时间*。我们将两样都包括（尽管没有任何东西依附于包括一个时间参数）。但是，我们将与传统做法不同，还包括一个*信息状态*，以决定模态算子对哪些世界加以限量。（传统地看，模态词被认为对从评价世界*可以获及的*那些世界加以限量，从而相关的信息状态由评价世界以及语境中确定的可获及性关系决定，不需要对信息状态做出独立的表征。）这种背离传统的做法可以基于纯粹的组合性理由：正如我们将在第 10.5.5 节中看到的那样，要对认识模态词与直陈条件句的相互作用做出恰当的阐释就要求信息状态成为可转变的参数。

我们将把信息状态表征为一组世界——直觉地看，给定该信息，这些世界是可供考虑的可能性。这个简单的表征足以处理诸如"可能"、"必须"等简单模态词。假如我们想要处理定量概率算子，如"比……更加可能"或者"有 67% 的可能性"，我们大概就需要对信息状态做出更加复杂的表征，根据世界次集的逻辑演算定义概率分布（参见 Yalcin 2007）。然而，这将涉及的额外的复杂性对于我们这里的目的是不需要的。

于是，我们的组合语义学将相对于一个语境与由世界、时间、信息状态以及赋值构成的指号递归性地定义真值。这尚未使我们对评价敏感性做出承诺，因为带有这种特征的组合语义学与各种不同的*后语义学*相容：

唯我主义语境论后语义学。*句子 S 在语境 c_1 中使用、从语境 c_2 评价成真，当且仅当对于所有的赋值 a，*

$$[\![S]\!]^{c_1}_{\langle w_{c_1}, t_{c_1}, i_{c_1}, a \rangle} = 成真$$

其中 w_{c_1} 是 c_1 的世界，t_{c_1} 是 c_1 的时间，i_{c_1} 是在 t_{c_1} 时 c_1 的施事者所知道的信息决定的信息状态。

灵活语境论后语义学。*句子 S 在语境 c_1 中使用、从语境 c_2 评价成真，当且仅当对于所有的赋值 a，*

$$[\![S]\!]^{c_1}_{\langle w_{c_1}, t_{c_1}, i_{c_1}, a \rangle} = 成真$$

其中 w_{c_1} 是 c_1 的世界，t_{c_1} 是 c_1 的时间，i_{c_1} 是在 c_1 相关的信息状态。

唯我主义相对论后语义学。*句子 S 在语境 c_1 中使用、从语境 c_2 评价成真，*

当且仅当对于所有的赋值 a，

$$[\![S]\!]^{c_1}_{\langle w_{c_1}, t_{c_1}, i_{c_2}, a \rangle} = 成真$$

其中 w_{c_1} 是 c_1 的世界，t_{c_1} 是 c_1 的时间，i_{c_2} 是在 t_{c_2} 时 c_2 的施事者所知道的信息决定的信息状态。

灵活相对论后语义学。 *句子 S 在语境 c_1 中使用、从语境 c_2 评价成真，当且仅当对于所有的赋值 a，*

$$[\![S]\!]^{c_1}_{\langle w_{c_1}, t_{c_1}, i_{c_2}, a \rangle} = 成真$$

其中 w_{c_1} 是 c_1 的世界，t_{c_1} 是 c_1 的时间，t_{c_2} 是在 c_2 相关的信息状态。
（也可能像亚尔钦 2011 所做的那样，否认存在有意义的后语义学。）

我们的组合语义学还与各种关于认识模态句表达了什么样的命题的观点相容，包括：

永恒论命题。 *$|S|^E_c$（S 在 c 表达的永恒论命题）的内涵是从评价境况到真值的函数 f，从而对于任一赋值 a 而言，$f(\langle w \rangle) = [\![S]\!]^c_{\langle w, t_c, s_c, a \rangle}$。（注意，a 的选择不会有什么影响，因为 S 是一个句子。）*

时间论命题。 *$|S|^T_c$ 的内涵是从评价境况到真值的函数 f，从而对于任一赋值 a 而言，$f(\langle w, t \rangle) = [\![S]\!]^c_{\langle w, t, i_c, a \rangle}$。*

信息不确定性永恒论命题。 *$|S|^{IE}_c$ 的内涵是从评价境况到真值的函数 f，从而对于任一赋值 a 而言，$f(\langle w, i \rangle) = [\![S]\!]^c_{\langle w, t_c, i, a \rangle}$。*

信息不确定性时间论命题。 *$|S|^{IT}_c$ 的内涵是从评价境况到真值的函数 f，从而对于任一赋值 a 而言，$f(\langle w, t, i \rangle) = [\![S]\!]^c_{\langle w, t, i, a \rangle}$。*

至于信念与断言的内容是否随信息状态而变，可能存在一些实质性的问题。但是，这些问题并不能由组合上的考虑因素独自解决。

10.5.2 认识模态词

认识可能性与必然性模态词的语义学很简单：这些模态词的性质类似于对信息状态中的世界加以限量的存在量词与全称量词的性质。

$\Diamond_e$ 与 $\Box_e$。

$$[\![\Diamond_e \phi]\!]^c_{\langle w, t, i, a \rangle} = \begin{cases} 成真 & 如果对于 \ i \ 中的一些 \ w' [\![\phi]\!]^c_{\langle w', t, i, a \rangle} = 成真 \\ 否则 & 成假 \end{cases}$$

$$\llbracket \Box_e \phi \rrbracket^c_{\langle w, t, i, a \rangle} = \begin{cases} \textit{成真} & \textit{如果对于 i 中的所有 } w' \llbracket \phi \rrbracket^c_{\langle w', t, i, a \rangle} = \textit{成真} \\ \textit{否则} & \textit{成假} \end{cases}$$

这些组合条款并非内在地相对论或语境论的。当与*相对论后语义学*结合，就产生认识模态词的相对论阐释，而当与*语境论后语义学*结合，就会得出语境论的阐释。[17]

10.5.3 布尔联结词

在这个框架中，对认识模态词与布尔联结词相互作用的解释完全是直截了当的。布尔联结词正如所预料的那样发挥作用：[18]

¬，∧，与 ∨

$$\llbracket \neg \phi \rrbracket^c_{\langle w, t, i, a \rangle} = \begin{cases} \textit{成真} & \textit{如果 } \llbracket \phi \rrbracket^c_{\langle w, t, i, a \rangle} = \textit{成假} \\ \textit{否则} & \textit{成假} \end{cases}$$

$$\llbracket \phi \wedge \psi \rrbracket^c_{\langle w, t, i, a \rangle} = \begin{cases} \textit{成真} & \textit{如果 } \llbracket \phi \rrbracket^c_{\langle w, t, i, a \rangle} = \llbracket \psi \rrbracket^c_{\langle w, t, i, a \rangle} = \textit{成真} \\ \textit{否则} & \textit{成假} \end{cases}$$

$$\llbracket \phi \wedge \psi \rrbracket^c_{\langle w, t, i, a \rangle} = \begin{cases} \textit{成假} & \textit{如果 } \llbracket \phi \rrbracket^c_{\langle w, t, i, a \rangle} = \llbracket \psi \rrbracket^c_{\langle w, t, i, a \rangle} = \textit{成假} \\ \textit{否则} & \textit{成真} \end{cases}$$

很容易证实，对否定做出这种阐释论证了下列等值关系：

(30) ¬◊$_e$Φ ≡ □$_e$¬Φ

(31) ¬□$_e\phi$ ≡ ◊$_e$¬ϕ

10.5.4 就我所知

我们还可以引入一个算子，对应于英语中的短语"就 α 所知"：

FAK$^\alpha\phi$.

---

17 按照语境论后语义学，「◊$_e\phi$」在 c 成真，仅当对于任何 a 而言，$\llbracket ◊_e \Phi \rrbracket_{\langle w_c, t_c, i_c, a \rangle}$ = 成真。依据组合条款，仅当对于 $w' \in i_c$，$\llbracket \Phi \rrbracket_{\langle w, t_c, i_c, a \rangle}$ = 成真，也即仅当 Φ 在使用语境的信息状态中的某个世界成真。类似的生成过程表明，按照相对论后语义学，「◊$_e\phi$」在 c 使用、从 c' 评价成真，仅当对于 $w' \in i_{c'}$，$\llbracket \Phi \rrbracket_{\langle w, t_{c'}, i_{c'}, a \rangle}$ 成真。

18 有些语义学家建议，处理析取需要一种替代办法，以解释为何「◊$_e(\phi \wedge \psi)$」似乎隐含着「◊$_e\phi$」与「◊$_e\psi$」两种理解。我倾向于认为这种现象可以通过语用解释，但是这些问题十分复杂，超出了本书论及的范围（参见 Zimmermann 2000；Geurts 2005）。

$$[\![\mathrm{FAK}^{\alpha}\phi]\!]^{c}_{\langle w,t,i,a\rangle} = \begin{cases} \textit{成真} & [\![\phi]\!]^{c}_{\langle w',t,i',a\rangle} = \textit{对于一些 } w' \in i', \textit{ 成真,} \\ & \textit{其中 } i' \textit{ 是 } [\![\alpha]\!]^{c}_{\langle w,t,i,a\rangle} \textit{ 在 } w \textit{ 与 } t \textit{ 的信息状态} \\ \textit{否则} & \textit{成假} \end{cases}$$

算子的作用在于把信息状态转变到在评价时由 α 指表的个人或群体所知道的信息,并且对被转变的信息状态中的世界加以限量。因此,例如,"就我所知,在下雨"(我现在说出)成真,仅当在不被我所知信息排除的每个可能世界下雨。

注意,即使当 ϕ 是信息敏感性的(亦即,其外延随信息状态参数而变),「$\mathrm{FAK}^{\alpha}\phi$」却不是。[19] 其外延仅仅取决于 α 在指号中的时间所掌握的信息,而不取决于指号中的信息状态。尽管存在这个差别,但根据唯我主义语境论与唯我主义相对论这两种观点「$\lozenge_{e}\Phi$」与「$\mathrm{FAK}^{I}\lozenge_{e}\phi$」都结成一种密切的逻辑关系。

对于唯我主义语境论者而言,一个是另一个的(在第 3.4 节意义上的)绝对逻辑结论。[20] 这个结果不错,因为唯我主义语境论很大程度上是基于这样的直觉提出的,即"*可能 p*"与"*就我所知,p*"在某种很强的意义上是等值的。然而,即使对于唯我主义语境论者来说,这两者也不是在逻辑地相互蕴含(第 3.4 节)这种更强的意义上等值,因为可以找到两者具有不同的真值的语境与指号。[21] 这导致在内嵌语境中的不同,例如:

(32)就山姆现在所知,就我现在所知在下雨

可以与

(33)就山姆现在所知,可能在下雨

具有不同的真值。

然而,「*FAK$^{I}\phi$*」是强烈地与「*FAK$^{I}\lozenge_{e}\phi$*」等值的:两者正是在相同的评

19　除非 α 是。

20　证明:设 c 为任何语境。设 w_{c} 为 c 的世界、t_{c} 为 c 的时间、s_{c} 为 c 的施事者、i_{c} 为不被 s_{c} 在 c 所知道的信息排除的世界集合。设 α 为任一赋值:既然我们不打算论述开放的公式,那么,任何由 α 满足的程式可以假定由任何赋值满足。根据在语境中的真值的定义,「*FAK$^{I}\phi$*」在 c 成真,当且仅当 $[\![FAK^{I}\phi]\!]^{c}_{\langle w_{c},t_{c},i_{c},a\rangle}$ = 成真。根据针对 *FAK* 的递归性条款,$[\![FAK^{I}\phi]\!]^{c}_{\langle w_{c},t_{c},i_{c},a\rangle}$ = 成真,当且仅当对于一些 $w' \in i'$,$[\![\phi]\!]^{c}_{\langle w',t_{c},i',a\rangle}$ = 成真,其中 i' 是未被由 $[\![I]\!]^{c}_{\langle w_{c},t_{c},i_{c},a\rangle}$ 在 w_{c} 与 t_{c} 所知的信息排除的世界集合。但是,$[\![I]\!]^{c}_{\langle w_{c},t_{c},i_{c},a\rangle} = s_{c}$,所以 $i' = i_{c}$。因此,「*FAK$^{I}\phi$*」在 c 成真,当且仅当对于某个世界 $w' \in i'$,$[\![\phi]\!]^{c}_{\langle w',t_{c},i_{c},a\rangle}$ = 成真。但是,正如我们所见,这只不过是「$\lozenge_{e}\phi$」在 c 成真的条件。

21　为了了解这一点,注意 $[\![FAK^{I}\phi]\!]^{c}_{\langle w,t,i,a\rangle}$ 根本不依赖于 i 的真值,而 $[\![\lozenge_{e}\phi]\!]^{c}_{\langle w,t,i,a\rangle}$ 则确实依赖于 i 的真值。

价点上成真的。这也是令人满意的，因为我们看来在英语中互换地使用这些形式：

（34）据我所知，正在下雨。

（35）据我所知，可能正在下雨。

根据唯我主义相对论后语义学，我们不再获得「$FAK^i\phi$」与「$\lozenge_e\phi$」为绝对地逻辑等值的结果。要看到两者不可能这样地等值，注意到后者是评价敏感性的而前者不是就足矣。然而，两者却存在一种弱等值关系：它们是*对角地等值*的（第3.4节）。这就是说，每当一个在 c 使用与评价成真，另一个也成真。[22] 这佐证了这样一种直觉，即，说"可能 p"是正确的，仅当所知道的信息不能排除 p。（灵活相对论后语义学将不能证实这些较弱的结论，尽管假如一般来说，在评价语境中相关的信息状态往往是评价者的信息，这些结论可能"一般性地"仍然成立。）

10.5.5 条件句

上述语义学框架直截了当地解释了认识情态词与诸如否定、合取、析取等真值函数联结词的相互作用。但是，认识情态词与直陈条件句的互动需要特殊处理。

假设我们正在探询乔在什么地方。语境相关的信息使图 10.1 所描述的可能性成为未予确定的。由于 w_0 和 w_1 都是尚未确定的可能性，下面两句似乎都成真：

（36）可能乔在波士顿。

（37）可能乔在中国。

此外，下面这个句子

（38）如果乔在中国，那么他就不可能在波士顿。

似乎表达了一个事实。这个事实我们仅凭基本的地理知识就能知晓。但是，关于直陈条件句与模态词的标准理论不能证明这些判断。

22　证明这一点是很简单的。

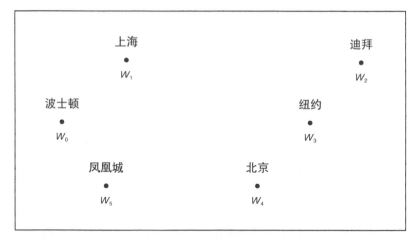

图 10.1 乔可能所处的地点

如果直陈条件句是物质条件句，那么在上述语境中我们就无法知道（38）是否成真。其原因在于，在这个语境中，我们知道（36）成真，所以（38）的后件成假。假若理解为物质条件句，那么，（38）可以成真仅当其前件也成假（即如果乔不在中国）时，（38）方可成真。但是，我们不知道乔不在中国。所以，我们无法知道（38）成真。

另一方面，如果我们使用斯塔尔纳克（Stalnaker 1975）为人熟知的"最接近的可能世界"语义学框架，那么（38）在语境集合中每个世界都成假。根据斯塔尔纳克的语义学理论，条件句在一个世界 w 中成真，如果其后件与在语境集合中的 w 最为接近的可能世界中成真；在这个语境集合中的 w，该条件句之前件成真。但是，（38）的后件在语境集合中的每一个世界都成假。因此，（38）也更加毋容置疑地将在 w 中成假。那么，根据两种方法中的任何一种，我们都不能得到想要得到的结果，即在语境集合里的所有世界中，（38）成真，且其后件成假。

规避这一不可取的结论的一种方法是假设，（38）中的模态词的辖域涵盖条件句，因而这个句子恰当的形式化不是

（39）[如果 C]$\neg \Diamond_e B$,

同样也不是

（40）[如果 C]$\Box_e \neg B$,

而是

（41）$\Box_e$[如果 C]$\neg B$。

但是为了解决这一问题，我们有充足的理由不诉诸熟知的关于*理论必然性和因果必然性*的区分。首先，有充分的句法与语义上的理由认为"如果"修饰模态词，而非模态词修饰"如果"（Kratzer 1981a；Kratzer 1986；Lycan 2001：第1章）。假若条件句前件本质上是模态词的修饰语（在某些例子中可能是隐含的），那么，所修饰的模态词就不能具有宽式辖域而涵盖条件句前件。

其次，如果确实必须区分辖域，我们应该预期在（38）中听出一种歧义。也就是说，至少在某些语篇语境中，除了将之听作（41）外，我们还应该能将之听作（40）（因而成假）。但是，我认为对（38）可以做出的唯一理解是其成真的理解。

再次，扩大辖域并不能帮助解决第10.3.3节中已经提及的亚尔钦关于条件句*前件*中的模态词之难题。亚尔钦（2007）指出，具有如下形式的条件句是很不正常的，达到不可理解的程度：

（42）如果（$\phi \wedge \Diamond_e \neg\phi$），那么 ψ

例如：

（43）如果乔可能在波士顿，但也可能不在波士顿，那么他可能在中国。

（44）如果乔可能在波士顿，但也可能不在波士顿，那么他带着冬天穿的外套。

根据经典的模态词与条件句理论，很难看出为什么这些句子会是不正常的。我们再来考虑一下斯塔尔纳克式的语义学以及图10.1表征的语境。在语境集合的*每一个*世界中乔可能不在波士顿，这假定成真。[23] 因此，理解（43）或（44）就只不过会是在最接近的世界中对其后件做出评价的事情了；在该世界中乔在波士顿。语句（43）在语境集合的每个世界中都应当成真，而（44）则只在某些世界中成真，在其他世界中不成真。何以会感觉不可理解？扩大辖域对此无法提供解释。

那么，让我们回到（38）。考虑一下，假设模态词管辖后件而非整个条件句，如果该条件句要成真的话，我们必须对这个条件句做出什么样的语义表征。显然，前件不能只是转变指号的世界，因为后件的真值仅仅依赖于指号的信息状态，而绝非依赖于世界。因此，前件的作用一定是转变信息状态。为了对（38）做出评价，我们抛弃那些乔不在中国的世界，直至我们达致一种信息状态；在这一信息状态中乔在中国这一命题*得到接受*。

23　从方法上看，采取下述做法是有余地的：使认识情态算子限量的世界集合在某个语境中随世界的变化而变化；不同世界可以看作是从每个世界"可获及的"。但是，很难看出灵活性如何可能用以解决上述难题，因此我在此将不予考虑。

得到接受。在一个信息状态 i（相对于一个语境 c、时间 t、赋值 a）下，ϕ 得到接受仅当对于所有 $w \in i$，$[\![\phi]\!]^c_{\langle w, t, i, a \rangle} = $ 成真。[24] 我们将使用"在 i 得到接受 $^c_{ta}$"这样的标记法来表达"在信息状态 i 下（相对于语境 c、时间 t 以及赋值 a）得到接受"。

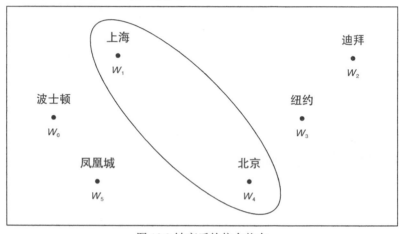

图 10.2 转变后的信念状态

然后，我们看在这一信息状态下后件是否也得到接受。在这个例子中，后件被接受——在转变的信息状态中没有一个世界，在该世界中乔是在波士顿的——因而该条件句成真。

更为确切地：[25]

[如果 ϕ]。

$$[\![[\,\text{如果 } \phi]\psi]\!]^c_{\langle w, t, i, a \rangle} = \begin{cases} \text{成真} & \text{如果在每一个 } i' \subseteq i, \psi \text{ 得到接受}^c_{ta} \text{ 从而：在} \\ & i'\,\phi \text{ 得到接受}^c_{ta}，并且不存在 } i'' \supseteq i' \text{ 从而在} \\ & i''\,\phi \text{ 得到接受}^c_{ta}。 \\ \text{否则} & \text{成假} \end{cases}$$

使用这一语义学框架，我们可以解释在单一的信息语境中（如图 10.1 中的那

24　术语"得到接受"源自斯塔尔纳克（1975），亚尔钦（2007）在这种意义上使用了该术语。科洛德内与麦克法兰（2010）使用了较为老式的表达"始终成真"。

25　类似的提议，参见科洛德内与麦克法兰（2010）、亚尔钦（2007）及吉利斯（2010）。同科洛德内与麦克法兰（2010）不同，这里给出的定义要求在转变了的信息状态中 ψ 得到接受，而非仅仅成真。（这一变化的结果是，我们无须要求 ψ 被模态化）。不同于亚尔钦（2007），上述定义并不假定 i 存在一个独特的最大子集，在这个子集里前件被接受（其理据参见科洛德内与麦克法兰 2010: 136）；该定义还允许这些子集为空集。与吉利斯（2010）不同，上述定义认为条件句前件转变指号的某一参数，而不是转变语境本身。

个），如何可以知道（36）、（37）、（38）都是成真的。我们还可以解释为什么像（43）、（44）那样的句子听起来不可理解。要评价这些句子，我们需要相对于我们的信息状态的最大子集评价其后件；在这些信息状态中，句子（共同）的前件

（45）乔在波士顿但有可能不在波士顿

得到接受。但是，（45）得到接受的唯一信息状态是可能性的空集。因此，句子违背了由直陈语气带有的预设，即前件并非已经排除。这些句子难以解读的原因，与那些其前件已知成假的陈述句难以解读的原因完全相同。

最后，我们可以解释为什么（19）是一个合理的推论，而（20）却不是。假设相对于一个语境相关的信息状态 i，（19）的前提被接受。第二个前提要求在 i 中的每一个世界都是街道是干的世界，第一个前提要求 i 中每一个正在下雨的世界是街道不干的世界。仅当 i 中不存在正在下雨的世界时，这些限制条件才能得以满足——在这种情形下，在 i 中结论将被接受。因此，在保持接受的意义上，（19）是一个合理的推论。[26]

现在假定（20）的前提在 i 得到接受。第二个前提要求 i 至少包含一个街道是干的的世界，第一个前提要求那些仅仅包含 i 中正在下雨的世界的 i 的子集不包含任何街道是干的的世界。这些限制要求 i 包括一些不在下雨的世界，因此在 i 结论不被接受。推论（20）不是保持接受的。

10.5.6 时态

根据上述语义学框架，认识模态词对不依赖于指号的时间而转变的信息状态敏感。这就意味着认识模态词对指号的时间是不敏感的，因此对时间内嵌结构不敏感。[27] 例如，在评价从昨天看今天是否可能收到信件时，我们并不询问*昨*天的信息是否使将会收到信件成为可能，而是询问我们当下的信息是否使之成为可能。

翁·菲特尔与吉利斯（2008）认为这一预测显然是错误的。他们举了如下的例子：

索菲正在找冰淇淋，她在冰箱里查看。冰箱里一个冰淇淋也没有。当有

---

26 在第 3.4 节区分的几种意义上，这都是无效的。用科洛德内与麦克法兰（2010）的术语来说，这是"似有效的"，而根据亚尔钦的说法，其结论是前提的一个"信息结果"（2007: 1004）。

27 正如上文第 10.3.3 节所指出的那样，看来认识模态词对于出现在非事实条件句中的真势模态内嵌也不敏感。我们似乎可以自然地假设，指号的时间转变之情形会与此相似；一般而言，模态严格性与时间严格性相伴存在。

人问她为什么打开冰箱时，索菲回答：

（46）a. 刚才冰箱里可能有冰淇淋。

　　　b. **过去可能**冰淇淋在冰箱里

索菲可能说了某种成真的东西，尽管说话时她知道（我们也知道）冰箱里没有冰淇淋。（87）

翁·菲特尔与吉利斯认为，要解释索菲的话语，我们需要假定时间修饰语转变有关信息集合，相对于该信息集合对模态词做出评价。他们认为，如果这与索菲在查看冰箱之前所了解的信息相一致，即冰箱里有冰淇淋，则句子(46)成真。

但是，还有另一种方式对索菲的话语做出解释。（46）中带有时态的模态词出现在一个"提供原因的"语境中。有人在要求索菲对其行为做出解释，她可以通过陈述她那么做的原因而做到这一点。在这个例子中，她查看冰箱是因为她相信刚才冰箱里可能有冰淇淋。因此，她本来可以说"我相信刚才冰箱里可能有冰淇淋"来回答那个问题。但是，由于所要获得的显然是对其行动提供理由，而不是做出其他类型的解释，所以她不必明确地说"我相信"；相反，她可以只提供她所相信的内容："刚才冰箱里可能有冰淇淋"。[28]

在一些根本不涉及认识模态词的例子中，我们可以看到同样的情形：

特德：为什么你要放弃自己的事业而跟随利萨到欧洲去？

山姆：她爱我！

山姆的回答是恰当的，即使特德与山姆都知道利萨不爱山姆。我们将山姆理解为通过陈述导致他如是行动的信念内容以使其行为合理化。（我假定没有人会建议摆弄"她爱我"的语义以解释这些事实。）

类似的考虑可以帮助解决关于带有时态的认识模态词在*因为*之下的内嵌结构之难题。看来人们可以成真且适切地断言：

（47）我研读了那本书，因为通过使用书中的方法可能反驳费玛的最后定理。

即使人们知道费玛的最后定理是正确的，只要在研读那本书时尚不知道该定理是正确的。但是，"提供原因的"语境一般认为是事实性的。因此，如果（47）是成真而适切的，那么，我们看来就承诺了（48）的成真性，

（48）那时候通过使用书里的一些方法有可能反驳费玛的最后定理。

尽管我们现在知道该定理无法反驳。兑现这一承诺看来就会要求将模态词理解

28　或者，我们可以认为她在断言，根据那时她所知道的，刚才冰箱里可能有冰淇淋。通过描述她当时的信息状态，这一断言也可以使她的行为合理化。

为对在指号的时间发挥作用的可能性加以限量。

然而，注意（47）给出了讲话者做某事的理由。在这种语境中，对事实性的预设有时放松了。假定乔刚刚弄清他投资的网络搜索公司破产了。他或许可以恰当地说：

（49）我购买了那支股票是因为它将成为下一个谷歌！

同样，说出（47）的人也许会说：

（50）我研读了那本书，因为它将向我表明如何反驳费玛的最后定理。

那本书会向她表明如何反驳费玛的最后定理吗？大概不会，因为那个定理可以得到证明。但是，在下面这样一个语境中，说出上面这句话仍然是适切的；这个语境是，讲话者通过给出导致其行动的信念之内容以对自己的行为做出解释。因此，（47）在类似语境中的适切性不能成为将认识模态词视作时间上"变动不居的"之理据。

让我们尝试使（46）中的认识模态词摆脱"提供原因的"语境。设想索菲说：

（51）一分钟之前冰箱里可能有冰淇淋，但现在不可能有了（我刚查看过）。[29]

假如翁菲特尔与吉利斯是正确的，我们应该预期（51）是歧义的，即具有关于*过去的现在不确定性（52）*与真值条件上不同的*关于过去的过去不确定性（53）*两种理解：

（52）**可能（过去（冰淇淋在冰箱里））**

（53）**过去（可能（冰淇淋在冰箱里））**

但是，不清楚是否的确具有*关于过去的过去不确定性*这种理解。这种理解如果确实存在，就会在下面这个语境中凸显出来：

（54）我刚刚查看过冰箱，冰箱是空的。我在查看冰箱之前就知道是空的，而且冰箱门关着至少十分钟了。但是一分钟之前冰箱里可能有冰淇淋。

我发现很难不将索菲理解为提出一个怪诞的可能性，即冰箱里曾有些冰淇淋，但是尽管冰箱门关着冰淇淋却神秘地消失了。如果存在关于*过去的过去不确定性*这种理解，我们不会期望这一解读是凸显的。

或许有人会争辩，我们需要时间变化性来处理包含*约束*的案例：

（55）每当玛丽可能喝醉的时候，与她一同来的人就开车把她送回家。[30]

29　或者，"一分钟之前，冰箱里可能有冰淇淋，但现在不可能有了。"

30　感谢法布里齐奥·卡里亚尼列举这个例子。

基于对这个句子最自然的解读，需要相关于各种聚会场景中人们具有的信息，以对"可能"做出评价。这可能会被认为要求对模态词的评价必须相对于在指号的时间所了解的信息。

但是（55）还有另外一种解读。假设几个小组的研究者一直在汇编关于玛丽饮酒习惯与交通安全的数据。这些小组可能就以下问题产生分歧，即在具体某一次玛丽聚会后自己开车回家时，她是否可能醉了。由于这个分歧，他们可能会就（55）的真值持有不同意见。他们的分歧并不在于能否根据玛丽（或她的朋友）的知识判定她在这些场合是否可能醉了；他们可能会同意这确有可能。确切地说，重要的是根据他们自己*现在*所知道的，玛丽是否可能醉了。倘若模态词是相对于在指号的时间所知道的东西做出评价的，就很难看到我们如何可能获得这种理解。

相对论者直接获得上述第二种"非约束性"理解。而且，通过诉诸经恰当安置的「FAK$^\alpha$」算子做出的"自由充实"，相对论者也可以对句（55）的约束性理解做出解释。这些算子提供施事者变项，这些变项可由包含性限量词或语境中给定的值加以约束。这样，相对论的观点是，人们可以使用句子（55）表达一些不同的命题，其中包括至少两个受「FAK$^\alpha$」算子中的变项约束的评价恒定性命题以及一个不受约束的评价敏感性命题：

（56）（就他们所知）每当玛丽可能醉了时，与她同来的人开车送她回家。

（57）（就我所知）每当玛丽可能醉了时，与她同来的人开车送她回家。

（58）每当玛丽可能醉了时，与她同来的人开车送她回家。

讲话者相信听话者能够根据语境线索，确定她意在表达哪个命题。（如果歧义在语境中不能消解时，可以将「FAK$^\alpha$」算子显化）。那些提倡体现时间变化性的语义学理论的人，对这一策略几乎无可厚非，因为他们也需要诉诸未言表的「FAK$^\alpha$」算子，以确保相对于不同时刻不同群体的知识以对(55)中的"可能"进行评价，并且对（56）、（57）这两种不同理解加以区分。（不清楚他们能否获得（58）这种理解——研究者产生意见分歧的那个命题）。

10.5.7 态度动词

正如在第 7.2.7 节中那样，我们将认为态度动词具有关系语义结构。因此，例如，"相信"是把一个人与一个内容相关联的二位谓词。that- 从句指表内容。即使我们把内容看作是信息敏感的，"相信"的语义结构可以保持不变。当然，内容的信息相关性或许在回答如下问题中发挥作用：藉由什么某人此刻与这个内容结成相信的关系？但这是关于信念的形而上学问题，而非"相信"

的语义学问题。

另一种方法是将"α相信"理解为一个带有句子补足语的算子。这一算子传统地看作一个限量词，对由人们的信念状态所形成的可能世界加以限量；人们相信 p，如果 p 在每个这样的世界成真（Hintikka 1962）。但是，当指号不仅包含世界而且包括信息状态时，情况更为复杂。既然萨拉是否相信乔可能在波士顿取决于*她*掌握的信息，算子必须转变其信息状态，然后对转变后的信息状态加以限量（Yalcin 2011：324）。

有时人们提出，像"意识到"这种*事实性*态度动词对认识模态词的相对论阐释构成了特殊的困难。翁·芬特尔与吉利斯（2008：93）让我们考虑以下情形：

> 布洛菲尔德和2号正在反情报局总部策划如何除掉邦德。邦德安放了一个窃听器，并且留下一些表明他正在苏黎世的误导性证据，然后溜了出去。现在他和莱特正在伦敦窃听。他们听着听着，莱特变得有些担忧：布洛菲尔德还没有发现表明邦德正在苏黎世的误导性证据。莱特转向邦德说道：

（59）如果布洛菲尔德意识到你可能在苏黎世，你就可以放松了——他将派亲信去苏黎世找你。

而且，他可能接着说：

（60）如果他没有很快意识到你可能在苏黎世，我们最好护送你离开这里。

他们声称（59）和（60）是完全适切的，但是根据相对论阐释应该是预设失败的案例，因为相对论者必须将事实性动词"意识到"的补足语看作是成假的。

我同意，"意识到"的事实性迫使对其补语"你可能在苏黎世"做出一种在讲话者看来是成真的理解。这就意味着该补语并不表达*邦德可能在苏黎世*这一评价敏感性命题。但是为什么这会成为相对论阐释面临的一个问题？相对论者可以径直承认，这个补语在此并非用来表达上述命题。相反，该补语用来表达*就布洛菲尔德所知，邦德可能在苏黎世*这个评价恒定性命题。莱特本来也许可以用不那么简练的方式表达同样的内容：

（61）如果布洛菲尔德意识到你可能（就他所知）在苏黎世，你可以放松了——他将派亲信去苏黎世找你。

（62）如果他没有很快意识到你可能（就他所知）在苏黎世，我们最好护送你离开这里。

他省略了"就他所知"，因为根据语境这是十分明显的。像我们所有人一样，他倾向于使用所需的最少的语言素材来传达他的信息。不过，我们可以设想假如出现含糊不清的情况，他会说什么以澄清所表达的意思。倘若邦德回答道，"你的话什么意思？我可能在苏黎世这不是真的——咱们俩都知道我在这里——因此他怎么能意*识*到我可能在苏黎世？"，那样，莱特为了澄清自己的话就会说："我的意思是，如果他意识到，就*他*所知，你可能在苏黎世"。

10.6 亚尔钦的非事实论

我们曾在第 10.3 节指出，表达论在解释认识模态词内嵌用法的贡献时面临严重的困难。我看到的唯一似乎可行的解决办法是由亚尔钦（2007，2011）提出来的。亚尔钦的解决方案反映了吉伯德的策略（第 7.3 节），采用真值条件语义学机制以便为由复杂句子表达的心理状态提供系统的阐释。事实上，亚尔钦的语义学本质上与第 10.5 节描绘的相对论语义学如出一辙。

亚尔钦的理论与相对论的一致之处在于拒绝接受语境论观点，即可以（仅仅）相对于一个使用语境为包含认识模态词的句子赋值。相对论者的回应是相对于一个使用语境与一个评价语境为其赋值，并且对断言与收回前言做出普遍阐释以说明认识模态词用法上的独有特征。相反，亚尔钦彻底摒弃语境相对性真值。在他的理论中，没有与"后语义学"相对应的成分；他的语义学所提供的是在语境与指号中对真值的定义，其中的指号包括信息状态。[31]

这意味着亚尔钦的理论不能诉诸关于断言的普遍阐释以解释认识模态断言的独特特征。相反，亚尔钦针对下边这个案例做出了特殊的阐述：断言明确的事实性命题表达完整的信念，而断言"可能 *p*"则表达了一种我们或可称作*"使成未定的"*的特殊认知状态，并且具有就一组开放的可能性达成协调一致的交际功能。（人们使 *p* 成为*未定的*，仅当对是否 *p* 这个问题敏感且不相信非*p*）。亚尔钦并未说明混合句表达了什么状态，这些句子的真值既依赖于世界又依赖于信息状态（例如，"我把在德国可能用到的每件东西都打包了"）。但是，他的理论体系允许通过这些状态与"纯粹"状态之间的逻辑关系对其做出间接的描述。

表面看来，亚尔钦的非事实论较之相对论具有一个优势，即似乎不需要特别的模态信念内容。根据亚尔钦的理论，相信可能在下雨是对命题*正在下雨*持有一种态度（*使成未定的*），而且无需假设存在一个独特的命题*可能正在下*

---

[31] 在这一方面，他的理论与贝尔纳普、佩洛夫与徐（2001）关于未来偶然句的论述方法相似。有关讨论，参见麦克法兰（2003, 331-332）。

*雨*来描述这一态度。从这个观点看，亚尔钦的看法好像更加保守。

然而，这一差异并没有乍看起来那么重要。考虑一下以下这个推论：

(63) a. 可能在下雨。

b. 因此，在下雨可能成真。[根据（a）]

c. 乔相信可能在下雨。

d. 因此，乔相信某个成真的东西。[根据（b）、（c）]

亚尔钦需要对这里出现的结构做出阐释，以说明上述两个推论的有效性。我们如果将"可能正在下雨"看作指表一个内容，"相信"指表某个人与内容之间的关系，"成真的"指表内容的一个特性，这一任务就能轻而易举地完成。[32] 但是那样，我们就需要承认存在一个特殊的信息中性的内容*可能在下雨*，乔与这一内容结成*相信*的关系。（"相信"还会表达其他什么关系呢？）

倘若迫于这些考虑，亚尔钦接受其真值随信息状态变化而变化的信念内容，那么剩下还有什么东西能将他的观点与相对论区别开来吗？是有这样的东西的。亚尔钦的观点将保持其核心表达论承诺：将相信◊*P* 认同于不相信 ¬*P*，同时对是否 *P* 这一问题敏感。[33] 根据这一观点，相信可能在下雨同时又相信不在下雨，或者不相信可能在下雨（同时对该问题敏感）而又不相信不在下雨，在*概念*上都是不可能成立的。相形之下，对于相对论者而言，这些都是各不相同的状态，处于一种状态而不处于另一种状态原则上是可能的。当然，根据相对论的观点，人们*不应该*处于一种状态而不在另一种状态。考虑到人们旨在根据掌握的证据相信成真的东西，以及*可能在下雨*的内涵，相信这一命题的同时又相信不在下雨是错误的；同样地，不相信这一命题的同时又考虑是否在下雨而且不相信不在下雨，也是错误的。这确实是一个错误——但是，至少在原则上人们有可能犯这个错误。

与之相关，根据亚尔钦的看法，任何一个具有概念资源相信正在下雨的人都也可以相信可能正在下雨。这是因为，相信可能在下雨*正是*对是否在下雨这一问题敏感，同时不相信不在下雨。与此不同，在相对论者看来，人们或许具有概念资源来考虑是否在下雨的问题，并以两种方式中的任何一种形成信念，而无需拥有相信可能在下雨的概念资源。

这些差异看起来是实质性的。尽管将相信◊*ϕ* 认同于使 *ϕ* 成未定的具有

---

32 亚尔钦似乎青睐欣蒂卡式语义学，这种语义学理论将"相信"当作一个句子算子，尽管作为一种可能，他提到了一种关系语义学（Yalcin 2011: 324–325）。但是，很难看出欣蒂卡式语义学如何可以解释（63）中推论的有效性。

33 比较第 7.3 节对吉伯德之表达论的讨论。

某种诱人之处，但这一观点排除了一种看来真正可能的"认识*自控能力缺失*"——相信 $\lozenge_e \phi$ 而同时相信 $\neg\phi$ 的状态，从而不使 ϕ 成为未定的。相对论观点则使这种结合成为可能，同时说明了这些结合的错误所在以及为什么这样的结合甚为罕见。

第 11 章
应当[1]

思考做什么事情不可能不考虑其可能性。我应该接受跟你打赌吗——假如巨人队输赢的可能性各占一半？那取决于我是否认为巨人队赢得比赛的可能性大于输掉比赛的可能性。我应该去研究生院攻读化学还是去做一个药剂师呢？那取决于研究生学位有多大可能带来更加令人满意的生涯。我应该从可变利率抵押贷款转成固定利率贷款吗？那取决于将来抵押贷款利率有多大可能性上涨。我应该喝茶还是喝咖啡？那取决于我认为这家咖啡店里哪一种饮品更可能制作得好。

在强调应当与可能性之间的关联时，我并非假定一种初步的效果论，即把每一个决策都简约为对预期效用的计算。不同的规范性理论以不同的方式考虑概率问题，而且根据大多数可能合理的道德观点，有些因素可以比预期效用更重要。但是我没听说过哪种可能合理的规范性看法认为可能性与思考无关。将自己的财富花在那些不太可能给人以帮助的慈善风险项目之上，这并不是慷慨大方，而是挥霍浪费。当着火的大楼里极不可能有任何人时，冒着自己巨大的生命危险冲进楼里，这不是勇敢的表现，而是鲁莽的行径。

在第 10 章，我论证了关于什么是可能的、必然的、很可能的和不可能的等日常论述都是评价敏感性的。如果那是正确的，那么，鉴于可能性判断与道义判断的关联，我们就应当预料道义论述也是评价敏感性的。假如应当 - 判

1　这一章的核心观点由我和尼科·科洛德内共同提出，其中一些观点出现在我们合作的论文（Kolodny and MacFarlane 2010）中。

断的真值依赖于可能性 - 判断的真值，而可能性 - 判断的真值又依赖于评价语境，那么，应当 - 判断的真值必定也依赖于评价语境。这是我将在下文做出论述的。但是，首先，我们需要考察一下传统理论是如何处理可能性与应当之间的关系的。

11.1 客观应当与主观应当

11.1.1 主观论

在伦理学文献中，一般通过将"应当"看作具有*主观*意义以解释应当与可能性之间的关联。

主观应当。*在时间 t，S 应当（主观地）ϕ，仅当鉴于 S 在时间 t 掌握的信息、按照可能合理的信念度 S 做 ϕ 这件事是恰当的。*
假若我所有的证据表明威廉对花生过敏，那么在主观的意义上，我不应当将花生黄油曲奇带到聚会上——即使威廉事实上对花生不过敏，而且其他所有的人都知道这一点。倘若我的证据表明蓝焰马跑得比放炮马快得多，我主观上应当将赌注下在蓝焰马上，即使事实上我的证据是错误的、放炮马跑得更快。

主观论说明为什么当我们从思考者的第一人称现在时的角度考虑问题时，应当判断与可能性判断之间会存在关联：主观论认为，我现在应当做什么取决于根据我现有的证据什么是可能的。然而，即使我们采取局外人的视角，这种关联似乎依然成立，而主观论对此并不能做出解释。假设我将赌一场赛马，而你知道该场赛马的结果是事先安排好的。在主观的意义上，我在做我应当做的，因为根据我掌握的证据蓝焰马比放炮马更有可能赢得比赛。但是，*你*知道我的证据不全而且是误导性的：尽管蓝焰马过去跑得更快，但今晚它将受到药物的影响。所以，当我向你征求意见时，你会说我应当赌放炮马。你使你的应当判断与*你的*而非我的可能性判断相一致。[2] 那么看来，即使我在主观的意义上使用"应当"，而*你*却不是。这是因为，假若你是在主观的意义上使用的话，你就在说一些你我都知道是成假的东西。

诚然，一旦你表明了你所了解的信息，我将不再处于那种证据状态，相对该信息状态蓝焰马更有可能会赢。因此，在主观的意义上，我说"我应当赌放炮马"就成为正确的。那样，很想说的是，尽管你的建议在提出时成假，但

---

2 托马森（1986: 179）很好地表述了这一点："在那些罕见的场合中，有人想询问我关于一个道德问题的意见，我不会使我的工作领域局限于对他所相信的事实的研究：我认为发现事实是我义不容辞的责任。"

是由于会导致产生一个真实有用的信念，所以仍是很好的建议。[3]

但是这几乎是拯救不了主观论的。导致真实有用的信念的不是你的建议本身——你的"应当"断言——而是你揭露的事实，即比赛结果事先安排好了。如果主观论是正确的，那么稍后当我开始相信不应当赌蓝焰马时我转而同意你的建议，就并不真正存在意义。（我后来的信念能否成真取决于那时我了解什么信息，而你的建议能否成真则取决于我现在所了解的信息。）而且，不可思议的是，为什么我应该期望蓝焰马不可能赢会成为你的建议的证据。毕竟，如果主观论是正确的，那种证据与该建议的真假根本不相干。

更加根本的是，这种策略性的考虑不能解释为什么你不仅会说，而且会*相信*我应当赌放炮马。

11.1.2 客观论

一个自然的想法是，在向我提出建议时，你使用的"应当"不是相对于我的信息、甚至也不是相对于你自己的信息，而是相对于事实。我想知道，根据所有事实，我应当做什么。我认为我应当赌蓝焰马。你知道的事实比我多，你认为关于此事我错了，你因而给我提出建议。假设我们都在"客观"的意义上使用"应当"，我们就可以理解我们的分歧。

客观应当。*在时间* t，*S 应当（客观地）φ，仅当根据在时间 t 所有已知、未知的事实 S 做 φ 这件事是恰当的。*

但是"客观的"应当不可能是我们深入思考中使用的"应当"。假设你给孩子买了三个橡皮小鸭；后来得知这个生产商制造的小鸭每 100 个中会有一个释放出有毒化学物质。你应当怎么办呢？显然，你应当将三个小鸭都扔掉。但是在客观的意义上，那几乎肯定不是你应当做的。一个了解所有事实的全知者可能会知道你买的小鸭中（如果有的话）哪个是有毒的，他会告诉你只把有毒的扔掉，而把其余的留下。

问题并不仅仅在于，在我们无知的状态中，我们缺乏知识以充分决定我们客观地应当做什么。假如这是唯一的问题，我们可以设法弄清我们最可能应当做什么，并且去做那件事（Moore 1912: 100-101; Brandt 1959: 367; Thomson 1986: 178）。不过，在我们的例子中，我们知道很有可能三个小鸭都是无毒的，因此，极有可能我们客观上应当把它们都留下。尽管如此，我们决定要将它们扔掉，而且这样做是明智的——我们不会为了三个橡皮小鸭的代价而让孩

3　参见罗斯（Ross 1939: 152–153）对普里查德（Prichard 1949）的释义。

子冒生命危险。在这个案例中，当我们考虑应当做什么时，不管我们使用什么样的"应当"，这都不会是客观的应当。[4]

11.1.3 歧义论

这样看来，思考者使用的"应当"不可能是客观的应当，建议者使用的"应当"不可能是主观的应当。但如此一来，思考者的"应当"就有可能是主观的，而建议者的"应当"则可能是客观的。我们可能在赛马道上尝试说，我在思考根据我的信息我应当做什么，而你在根据事实建议我应当做什么。

但是这一解决办法并不令人满意。假如我正确地说根据我掌握的有限信息我应当赌蓝焰马，而你也正确地说根据事实我不应当赌蓝焰马，那么，我们的断言并不矛盾。我们并没有在第6章所讨论的*任何*意义上存在分歧。然而，当你说"不，你不应当赌蓝焰马"时，的确似乎与我所说的话相矛盾，你和我意见不一。事实上，建议者正是在回答思考者询问的同一个规范性问题，这对我们认识思考与建议来说似乎很重要。歧义说路径不得不拒绝这种自然的观点。

还有另外一个问题，倘若消解歧义的理据是合理的，"应当"就不止具有两个涵义。再考虑一下橡皮小鸭的案例。假设你没有理由怀疑小鸭是安全的，你没有听说那家工厂的产品存在问题。你认为你应当保留那些小鸭。另一方面，我却知道任何一个小鸭都有百分之一的可能性是有毒的。在这种情况下，我会告诉你应当将所有鸭子丢弃。这里我使用的"应当"不是客观意义上的。既然非常可能所有小鸭都是安全的，所以很有可能你客观上应当保留这些小鸭——我清楚地意识到这一点。但是我使用的"应当"也不是主观性的。根据你所了解的信息，我可以同意你主观上应当做的事情是保留所有橡皮小鸭。因此，我们需要"应当"的第三种涵义，而且不止于此。通过构造更多这样的案例，我们可能引发出杰克逊（1991）所说的"令人烦恼的应当泛滥"。

11.2 语境论

上述考虑表明，"应当"并不是歧义的，相反其意义单一明确，但是对语境敏感。在每一个使用场景中，应该相对于语境中相关的信息集合对之做出

---

4 关于这一普遍的观点，参见尤因（Ewing 1947: 128）、普里查德（1949）、帕菲特（Parfit 1984: 25）、杰克逊（Jackson 1991: 466–467）、布鲁姆（Broome 1991: 128）、韦奇伍德（Wedgwood 2003: 204）、吉伯德（Gibbard 2005: 34）。

理解。

使用‑敏感应当。*在语境 c 中，使用"S 应当 φ"成真，当且仅当根据在语境 c 中相关的信息（正常情况下，讲话者的信息）S 做 φ 这件事是恰当的。* 因此，当我说"我应当赌蓝焰马"时，我的断言的真值取决于根据我所知道的信息，我赌蓝焰马是否有道理；而当你说"你不应当赌蓝焰马"，你的断言的真值取决于根据*你*所知道的信息，我赌蓝焰马是否有道理。如此一来，无需假定词汇歧义，思考者与建议者所使用的"应当"我们就都可以做出解释了。

语境论解决了杰克逊"令人烦恼的应当泛滥"这个问题，而且在语义学上比歧义论更合乎道理（事实上，这是语言学文献中正统的观点；譬如，参见克拉策 1981b）。然而，语境论并未解决歧义论存在的根本问题。假若思考者与建议者相对于不同的信息集合使用"应当"，那么他们就是各说各话，而不是论述同一个规范性问题。再次回到开始的那个例子：假如你能接受在说出我"应当赌蓝焰马"时我说出了某种成真的东西，而且我能接受在说我"不应当赌蓝焰马"时你说出了某种成真的东西，那么除了也许在语言上出现不一致外我们并不存在分歧。

这并不是说语境论观点使人不可能理解一个思考者与建议者如何*可能*产生意见分歧。在很多情景中，他们将相对于同一信息集合使用"应当"，而且在这些情景中思考者的"应当"与建议者的"不应当"不相兼容。然而，意见分歧似乎不仅限于这种类型的情景。假设当我说"我应当赌蓝焰马"时，我不知道你在场。假设你是一个陌生人，在灌木丛后面偷听我自言自语。即使在这样一种场景中，你有理由认为我错了，并说"不，你应当赌放炮马"。无疑，我最初断言之语力不可能是，*根据当时我所知道的以及可能听到我说话的、或者稍后考虑我的断言的任何人所知道的任何信息*，赌蓝焰马是恰当之举。我没有理由做出如此强的断言。[5]

或者，语境论者可以将语境相关的信息集合视为讲话者现在所掌握的信息加上在采取行动之前将获得的任何信息。这一策略帮助我们把建议者看作与思考者意见分歧，但是会出现一个荒谬的结果，即思考者的判断是否正确取决于建议者是否会干预。假设你在试图决定是否向我提出建议还是径直让我浪费钱赌蓝焰马。根据这一策略，如果你不向我提出建议，我的断言"我应当赌蓝焰马"将成真；而你若确实向我提出建议，我的断言就将成假。至少可以说，这种预测是匪夷所思的。这就意味着，你给我建议的动机不可能是使我从关于

5　比较第 10.2 节中关于认识模态词类似的讨论。

我应当做什么的错误信念转向正确的信念。

因此，尽管语境论似乎比歧义论有所改进，但是语境论没有给我们提供充足的资源，以解释建议者与思考者如何可能讨论同一个问题却对其答案产生意见分歧。

11.3 相对论阐释

从主观论、客观轮、语境论的失败中，我们可以总结出关于"应当"的充分阐释需要考虑以下四点：

> 1. "应当"断言的真值取决于根据某一信息集合什么是恰当的，而不是取决于根据所有事实什么是恰当的；
> 2. 然而，这一信息集合不是由使用语境的特征确定，尤其不是由讲话者使用"应当"时的信息，或者某一语境相关群体掌握的信息，或者讲话者采取行动之前所收集的信息确定；
> 3. 也不是由在评价断言时"应当"断言的主体所掌握的信息确定；
> 4. 对建议者所使用的"应当"的理解，应该相对于思考者使用的"应当"所相对于的同样的信息集合。

所有这几点都能为相对论所满足。相对论中由评价语境而非使用语境决定哪些信息相关于"应当"断言的真值。根据这一理论，"应当"断言不是关于任何特定的信息集合（也不在第 4.5.2 节介绍的意义上"关涉"任何特定的信息集合）。应当断言相对于任何评价语境的真值，取决于在这个语境中相关的信息，而不是相关于使用语境的信息，也不相关于做出评价时主体掌握的信息。因此，前三点得到满足。既然在任何给定的评价语境中，所有"应当"相对于同一信息集合得到理解——尽管这究竟是哪个信息集合则随评价语境的变化而变化，第四个条件也就得以满足。[6]

根据这一阐释，假若根据你的信息你做 ϕ 是恰当的，那么你就有理由断言"我应当 ϕ"。（关于这一点，相对论者与主观论者及语境论者看法一致。）

---

6 这里的核心观点由霍尔蒂（2011）在讨论功利主义的语境中独立阐发，这个观点即为，"应当"是视角性的而非歧义的或使用 - 敏感性的。然而，霍尔蒂关心的是非决定论而非不确定性，而且客观状态在他的理论中发挥的作用与信息状态在我们的理论中所发挥的作用相同。鉴于此，他的理论并不直接适用于那些存在不确定性而不存在客观非决定论的情形。

假如根据你掌握的信息 S 做 ϕ 是恰当的，那么你就有理由断言"S 应当 ϕ"。（关于这一点，相对论者与语境论者意见一致，但与主观论者则看法不一。）倘若根据你现在掌握的信息，做 ϕ 对 S 来说是不妥当的，你就不得不收回先前的断言"S 应当 ϕ"。（在此，相对论同语境论和主观论都分道扬镳。）当评价者了解的信息并不比主体所了解的信息多时，相对论"应当"感觉更具主观性，而当评价者了解的信息远多于主体所了解的信息时，"应当"则感觉更加客观。这些差异无需通过假定"应当"存在歧义抑或具有通常的语境敏感性（使用敏感性）加以解释。实际上，相对论阐释使我们失去了认为"应当"具有客观涵义的大多数通常的理由。我们将在第 11.7 节回头讨论剩余的一个理由。在第 11.6 节，我们将探讨认为"应当"具有主观意义的一些尚存的理由。

11.4 组合语义学

由于根据这一理论，道义模态词对评价语境中的相关信息敏感，我们可以在认识模态词使用的相同的理论框架（第 10.5.1 节）中为其建立语义模型。这样，关于道义模态词如何与认识模态词、条件句以及其他结构相互作用，我们就可以做出一些有趣的预测。在对组合语义学做出描述之后，我们会将其用于解决文献中的两个难题。

正如在第 10.5.1 节中那样，一个指号将由一个世界、时间、赋值以及我们可以视作一组可能世界的*信息状态*组成。[7] 命题将相对于世界与信息状态具有真值，后语义学将依靠评价语境以使信息状态参数初始化。

传统地看，"应当"在语义上被当作一个句子算子：假如在受语境限制的"模态基础"上所有最理想的世界中 ϕ 成真，"应当 (ϕ)"就被看作成真。"应当"有一些用法，采用这种处理方式是恰当的。例如：

（1）应当有法律禁止轿车上安装高音立体声音响装置。

　　事实应当有法律禁止轿车上安装高音立体声音响装置。

　　应当（有法律禁止轿车上安装高音立体声音响装置）。

似乎仅当所有的最理想的世界都有法律禁止轿车上安装高音立体声音响装置，（1）方能成真。

然而，正如施罗德（2011）所指出的那样，将这种处理方式扩展至我们在此所关心的"应当"之用法——在思考与建议的语境中的用法，这就是一种曲

7　更为复杂的表征将会包含这些世界的子集之代数上的概率分布（参见亚尔钦 2007），但是较为简单的表征即可满足本章的目的。

解。诸如（1）中应当的*评价性*用法与下边（2）这种*思考性*用法之间存在重要的句法和语义上的差异：

(2) 吉姆应当选择萨拉。

句法上，（2）中的"应当"是一个控制动词，而（1）中的"应当"是一个提升动词。这一句法差异伴随着一种语义上的差异。（2）与（3）具有不同的意义：

(3) 事实应当是吉姆选择萨拉。

如果（2）和（3）的意义相同，那就意味着（2）与（4）也具有相同的意义：

(4) 萨拉应当被吉姆选择。

实际上意义不同。句子（3）与（4）对某一事态做出了正面评价，但是并未说明谁为引起那个事态负责。与之相反，句子（2）暗含*吉姆*为他选择萨拉这个事件负责。[8]（2）中的"应当"表达了施事者（吉姆）与行动（选择萨拉）之间的关系，而不表达事态的性质（吉姆选择萨拉）。

与之相应，我们将把思考性"应当"看作一个二位谓词，其主目位置由代表施事者与行动的词项填充。我们需要一个关于行动的标记法：

行动。$^x|\phi x|$ *是使开放性句子 ϕx 适用于自己的行动。*

因此，例如：

$$^x|x \text{ 飞行}|$$

是飞行这种行动，且

$$^x|\exists_z(x \text{ 正坐在 } z \text{ 旁边} \wedge z \text{ 坐在 } y \text{ 旁边})|$$

是坐在某人旁边的行动，而某人坐在 y 旁边。对于我们的目的，没有必要提出关于行动的形而上学的系统理论，这种理论可以确定两个句子表达的行动何时是相同的。然而，我们将假定行动以这样一种方式具体化，即"被有意为之"是行动的外延谓词。如果你有意按动开关，而这样做时无意中惊动了盗贼，那么你按动开关与你惊动盗贼不是同一个行动，尽管在当时的情形下你不可能按动开关而不惊动盗贼。[9]

我们需要三个背景概念以定义"应当"的语义。首先是施事者可以*选择*采取的一组行动：

---

8 至少根据最自然的解读。施罗德允许句子（2）具有一个不那么自然的"评价性"解读，根据这种解读，（2）与（3）意义相近，且"应当"发挥着提升词所起的作用。

9 相反，根据戴维森（1963）的理论，这些是对同一行动做出不同的描述，且"被有意为之"仅适用于所描述的行动。

选择。设选择 $_a^{w,t}$ 为在世界 w 与时间 t，a 可以选择采取的一组行动。
施事者可以选择采取什么行动取决于该施事者所了解的信息以及具备什么样的
能力。例如，买彩票这一行动是我现在可以选择采取的行动，但是购买一张中
奖彩票的行动则不是——除非我提前知道我将购买的彩票会中奖。倘若我买的
彩票中奖了，那么，购买一张中奖彩票是我做过的事情，而不是我选择做出的
事情。在此我所依赖的直觉上的区分并不同有意做出和不是有意做出的事情之
区分完全一致：选择需要一定程度的控制，而意向性行为则不然。假如在篮球
比赛最后几秒中，我孤注一掷投篮并且投中了，那么进球得分是我有意做的事
情，但这件事情不是我能选择做的。我选择投出篮球并且努力投进篮里，同时
知道投球成功与否并非完全由我控制。一般而言，我们可以说，某人可以选择
ϕ，仅当他预期如果着手做 ϕ，就会成功地做 ϕ 这件事。

我们需要的第二个概念是根据信息状态对行动*排序*：

排序。$\geq_a^{w,t,i}$ 是为行动定义的偏序集。$x \geq_a^{w,t,i} y$ 的意思是，根据信息 i，对于
a 而言，在世界 w、时间 t，行动 x 至少与行动 y 一样恰当。[10]
不同的实体规范观会对这一内在的排序看法不一。效用论者会通过根据 i，a
对两个行动的期望效用来定义$\geq_a^{w,t,i}$，而道义论者会使用一种不同的方法。我将
仅仅预设一些关于这种内在关系无可争议的事实：例如，根据病人脊柱没有受
伤的信息，把这个受伤的病人转移到更加舒适的地方比不将其转移更加可取；
但是，根据病人可能脊柱受伤的信息，将其转移比不转移更糟。

最后，我们需要在一个世界与时间，一个行动要求另一个行动之概念。

要求。施事者 a 在世界 w、时间 t($x\xrightarrow[w,t]{a}y$) 采取行动 x 要求 y，当且仅当 a
不能在 w, t 采取行动 x 而不从而采取行动 y。
例如，对于一个司机来说，*加速开车上山*的行动要求*踩下油门*。相形之下，*拿
起苹果*的行动不要求*用左手抓住苹果*，因为用右手可以同样拿起苹果。此处的
模态是世间情景模态，而非认识模态。是否有人*知道*不踩油门就无法加速开车
上山，这并不重要：重要的是，根据自然法则、车辆设计、山坡倾斜度、以及
山顶缺乏强力电磁铁等，除非司机踩下油门否则车辆就不能加速上山。因此，
在一个中奖数字是 6 的场景中，*选取中奖数字*的行动要求*选取 6*（反之亦然），
即使没有人知道这一点。

施事者可以选择采取哪些行动取决于该施事者所了解的信息。但是，这

---

10 仅仅要求排序是一个偏序集，我们允许可能存在*不可比较的*行动：行动 x 与行动 y，既非 x 至
少与 y 一样恰当，也非 y 至少与 x 一样恰当。一些实体规范理论需要这种可能性。

些行动要求哪些采取行动则取决于有关场景中已知与未知客观事实。某人可以选择采取的行动所要求的那些行动，通常包含很多无意采取的行动。例如，俄狄浦斯在路上故意殴打一位老人的行动要求殴打他父亲的行动，因为事实上那个老人是他的父亲。但是，因为俄狄浦斯不知道这一点，所以，殴打他的父亲不是他选择做的事情。这种（对 a 了解的信息敏感的）*选择* $_a^{w,t}$ 与（对 a 了解的信息不敏感的）$\xrightarrow[w,t]{a}$ 之间的交互作用对于理解思考性"应当"的语义特征十分重要。

这一语义表征描述的基本思想如下。采取在你掌控之下的那组行动——当下你可以选择采取（或不采取）的行动。在这些行动中，考虑排序在最前边的那些行动：那些不比该组行动中任何行动排序更后的行动。

最优的。

$$\textit{最优的}_a^{\langle w,t,i\rangle} = \{x\in \textit{选择}_a^{w,t,i} \mid \forall_y\in \textit{选择}_a^{w,t,i}\,(y \geq_a^{w,t,i} x \supset x \geq_a^{\langle w,t,i\rangle})\}$$

于是，你应当采取这些排序最高的*所有*行动所要求的每一个行动。[11]

思考性应当。

$$\langle x, y\rangle \in [\![O]\!]^c_{\langle w,t,i,a\rangle}\ \text{当且仅当}\ \forall_z\in \textit{最优的}_x^{\langle w,t,i\rangle}\,(z\xrightarrow[w,t]{a}y)$$

举个简单的例子。假设甲与乙两个孩子在湖中溺水。你只能救其中一个。他们距离你一样远，两个孩子对你同样宝贵。略微简单地说，假设你可以选择采取的排序最高的那组行动 {*救孩子A，救孩子B，救其中一个孩子*}。这样，事实上不是你应当救孩子甲，或者你应当救孩子乙，而是事实上你应当救其中一个孩子，因为排序最高那组的所有行动都要求这个行动。事实上，你还应当跳入水中，你应当全身湿透，还有其他无数事情，其中有些事情直到后来你才可能知道你做了。例如，倘若实际上那两个孩子是双胞胎，那么据此推论，你应当救这对双胞胎中的一个——尽管你可能永远不知道你做了这件事。

这种语义学阐释的直接含意是，"应当"对指号的信息状态参数敏感。因此，假如我们使用第 10.5.1 节中的相对论后语义学，那么"应当"就是评价敏感的；根据相对论后语义学，指号的信息状态参数由评价语境初始化。

11.5 如果与应当

有许多关于"应当"的问题，这一语义学表征无法解决，因为这些问题依赖于内在排序 $\geq_a^{\langle w,t,i\rangle}$。这些问题可以恰当地看作规范性问题，而非语义学问

11　在这一点上，尼科·科洛德内与我产生意见分歧。他拒绝接受如下原则，即如果某人应当 ϕ，而且做 ϕ 要求做 ψ，那么他应该做 ψ。

题。然而，正如我们将看到的那样，这一语义学表征可以帮助解决一些棘手的难题，这些难题涉及"应当"与条件句及认识模态词之间的关系——如果不作处理，这些难题可能成为提出我们业已拒斥的观点(主观论、客观论、歧义论、语境论)之一的理据。

11.5.1 矿工悖论

你站在两口矿井前。洪水正在逼近。你知道有十个矿工在其中的一口矿井中，但你不确定是在哪一口井中。你有足够多的沙袋堵住其中一口井。如果你堵上矿工所在的那口井，那十名矿工都将生还，但是如果你堵上另一口井，这些矿工则都将性命不保。假如你哪口井都不堵，或者徒劳地试图把两口井都堵上，洪水将分流，只有处在矿井最底部的那个矿工将会死去，而其余九人能够保住性命。你应当怎么办？[12]

在你仔细考虑的过程中，你可能自然而然地会接受以下两个条件句：

(5) 如果工人在矿井 A，那么我应该堵上矿井 A。

$$[如果工人在 A] O (我, ^x|x 堵上矿井 A|)$$

(6) 如果工人在矿井 B，那么我应该堵上矿井 B。

$$[如果工人在 B] O (我, ^x|x 堵上矿井 B|)$$

由于你还同时接受

(7) 工人要么在矿井 A，要么在矿井 B，

$$工人 - 在 -A \lor 工人 - 在 B$$

看来，通过建设性的两难选择你应当能够推断：

(8) 或者我应当堵上矿井 A 或者我应当堵上矿井 B。

$$O (我, ^x|x 堵上矿井 A|) \lor O (我, ^x|x 堵上矿井 B|)$$

但是事实上，你不应当堵上任何一个矿井，因为那将冒矿工生命的巨大危险(或者大多实体道德理论可能会这样推断)。应当得出的正确结论是对 (8) 的否定：

(9) 我不应当堵上矿井 A、我不应当堵上矿井 B。

$$\neg O (我, ^x|x 堵上矿井 A|) \lor \neg O (我, ^x|x 堵上矿井 B|)$$

我们的推理在某个地方出了错，可是错在哪里呢？

面对这一困境，人们可能极想拒绝明显合理的条件句 (5) 和 (6)，这正

---

12 帕菲特 (Parfit1988) 讨论过这个例子，他将之归于里甘 (Regan 1980: 265 n.1)。最近，科洛德内与麦克法兰 (2010) 以及帕菲特 (2011: 159–160) 讨论过这个例子。

如顽固的主观论者所要求的；或者像顽固的客观论者所要求的那样，接受看来无法成立的结论（8）；或者提出（8）与（9）并不矛盾，因为其中的"应当"用于不同的涵义，或者相对于不同的语境信息状态而使用。我们（在第 11.1-11.2 节）已经看到为什么这些回应不能令人满意。[13]

很容易具有的另一种自然的想法乃是假设（5）、（6）中的模态词对条件句取宽式辖域，具体如下：

（5′）我应当：[堵上矿井 A，如果工人在矿井 A]。

（6′）我应当：[堵上矿井 B，如果工人在矿井 B]。

由于（5′）、（6′）、（7）的反驳均不是建设性的两难选择的情形，我们不再拥有任何与（8）在形式上的有效论证相似的东西。但是，这并不能真正解决问题，因为（5′）、（6′）似乎仍然与（9）相矛盾。假如工人在矿井 A、（5′）成真，那么，不堵上两矿井中的任何一个我大概就不能做出我应当做的事情。同样，假如工人在矿井 B、（6′）成真，那么，不堵上其中任何一口矿井我就不能做出我应当做的事情。我们既然知道工人在其中一口矿井中，就可以再次通过建设性的两难选择论证（9）成假。[14]

解决上述难题一个更加令人满意的办法，其关键在于认识到"应当"是信息敏感的，这正如我们的语义学所描述的那样。如第 10.5.5 节所示，直陈条件句转变指号的信息状态。因此，假设我们当下语境相关的信息状态 S 是不知道工人在哪口矿井中，但是可以确定工人要么在矿井 A 要么在矿井 B。设 A 为矿工在 A 的世界集合，B 为矿工在 B 的世界集合。

那么，（5）相对于 S 成真，仅当：

（10）O（我，$^x|x$ 堵上矿井 A]）。

相对于紧缩的信息状态 $S \cap A$ 成真；（6）相对于 S 成真，仅当：

（11）O（我，$^x|x$ 堵上矿井 B]）。

相对于紧缩的信息状态 $S \cap B$ 成真。于是，论证的前提就要求：

$$(S \cap A) \cup (S \cap B) = S$$

根据 $S \cap A$，堵上矿井 A 是我应当做的。

根据 $S \cap B$，堵上矿井 A 是我应当做的。

这些约束条件与（9）的真值完全一致，仅要求：

根据 S，两口矿井中哪一口也不堵是我应当做的。

于是，基于我们的语义学理论，(5)、(6)、(7) 与 (9) 完全相容，而且并不蕴含 (8)。因此，不需要采取上述任何孤注一掷的措施以解决这个难题。

或许有人会认为，任何证明建设性两难选择之实例无效的语义理论都是不可接受的。但是，我们已经看到拒绝对这种推理形式之有效性不加限制的若干理由（第 10.5.5 节），而且有可能勾勒出其确切的适用范围，在该范围内这种推理形式是可靠的。天塌不下来。

11.5.2 吉伯德论真值与正确信念

吉伯德（2005: 338）提出以下难题：

> 就信念而言，正确性就是成真性。正确的信念即成真的信念。我的信念雪是白色的是正确的，仅当我的信念成真、仅当雪是白色的。由此看来，正确性是规范性的。更加确切地，正如我们应该表征的那样，正确性这一概念看来是一个规范性概念——这就提出一个难题：休谟曾担心从是到应当的过渡。很多人从中得到的教益是，仅仅从单纯的非规范性前提无法得出规范性结论……然而，从"雪是白色的"之成真性必然推论出雪是白的之信念的正确性。

吉伯德的担心是，如果
(12) 正在下雨
蕴含
(13) 你应当相信正在下雨
——吉伯德认为的确如此——那么，我们看来就有一个明确的实例，在这个例子中一个纯粹的描述性断言蕴含一个纯粹的规范性断言。

吉伯德通过区分"应当"的客观含义与主观含义为休谟辩护：

> 你抛出一枚硬币，使我们俩都不知道结果。假如实际上硬币正面朝上落地，那么在客观的意义上，我应当相信硬币正面朝上落地。我们可能说，相信硬币正面朝上落地在认识上是侥幸的。但是，在主观意义上，我既不应当相信硬币正面朝上落地，也不应当相信反面朝上落地。我应当给予硬币正面朝上落地与反面朝上落地同等的信念。（340）

他提出主观含义具有根本性，可以藉此定义客观含义。根据他的论述，"我应当（客观地）ϕ"可以分析为：

> 假如对我的替身我$^+$加以改造，从而他应当 [主观地] 接受我的境况中的所有事实，我$^+$将决定针对我的境况应当做什么，那么，我$^+$会应当 [主观地] 决定针对我的境况做 A。（347）

设 A 为"接受 S"，这暗含（349）：

(14) 我应当 [客观地] 接受 S，当且仅当针对我的境况我$^+$应当 [主观地] 接受 S。

(15) 针对我的境况我$^+$应当 [主观地] 接受 S，当且仅当 S 在我的境况中成立。

据此，可以平凡地推论：

(16) 我应当 [客观地] 接受 S，当且仅当 S 在我的境况中成立。

因此，吉伯德推断，（12）实际上的确蕴含（13）。但那是因为（13）中客观性应当断言只是表达了两个主观性应当之间一种复杂的非事实关系，而不是一个真正的规范性命题。正如吉伯德所言，这"只是蜕化的规范性断言"，因为如果我们将之扩展，这将变成两个主观性应当之间一种平凡的关系（341）。

吉伯德的方案依赖于对"应当"的主观涵义与客观涵义的区分，而我们已经看到有理由拒绝这种区分。此外，吉伯德用来解释"应当"的客观意义的非事实条件句至少是"离奇的"（正如吉伯德自己所称），而最糟是无法理解的。我们在假设我$^+$应当接受我的境况中的所有事实。假设这些事实包括：有人正在向这儿走来，但是我没有证据证明任何人正向这儿走来。那么，我们必须假定我$^+$应当既接受有人正在向这儿走来，又接受他没有证据证明任何人正在向这儿走来。但是，假如正像看来是合理的，即他不应该相信与他掌握的证据相反的情况，那么，他如何可能同时接受这两种情况呢？这样，在设想非事实境况时，我们必须设想不同的认识规范成立，而非仅仅存在不同的事实（348）。不清楚我们是否可以做到。因此，不清楚我们甚至是否可以融贯地接受吉伯德用以分析客观性"应当"的非事实条件句。那样，看来令人生疑的是，这一分析揭示了我们在说应当相信成真的东西时所表达的意谓。

我们提出的语义学理论为吉伯德难题提供了更加直接的解决方案。我们首先来考虑一下（12）是否如吉伯德所假定的那样蕴含（13）。在第3.4节中，我们区分了蕴含的三种概念，这些概念或许可以用于允许评价敏感性的理论中：

　　逻辑蕴含：在每个评价节点（语境、指号对）上保留真值。

　　绝对逻辑结论：在每个使用语境与评价语境中保留真值。

　　对角逻辑结论：在每个使用语境中，根据使用语境评价保留真值。

句子（12）并不在上述任何意义上蕴含（13）。究其原因，注意（12）在一个评价节点上的真值仅仅依赖于世界以及指号的时间，而（13）的真值则依赖于信息状态。因此，可能找到一个评价节点 c，$\langle w, t, i, a \rangle$，在该节点上（12）成真而（13）成假。这足以说明（13）并不由（12）逻辑地蕴含。为了确定这也不是绝对逻辑结论，只需注意（13）是评价敏感性的，而（12）则不然。为了表明这也不是对角逻辑结论，选择一个语境 c，从而在世界 w_c，时间 t_c 正在下雨，但是 i_c 不知道是否正在下雨。

　　既然（12）不蕴含（13），这并不构成休谟原则的反例，即规范性命题不可能产生于一个纯粹的描述性命题。但是，人们可能会问，为什么（12）*看似*蕴含（13）？我们的语义学理论为之提供两个缘由。首先，在一个语境中（在10.5.5节的意义上）*接受*（12）时，（13）在该语境中同样得到接受。[15]如果我知道正在下雨，那么我的语境的信息状态仅包含正在下雨的世界；相对于该信息状态，应当相信正在下雨。这就意味着，讲话者有理由断言（12）时，她就同样有理由断言（13）——这种关系可能很容易与蕴含混淆。[16]

　　其次，鉴于我们关于条件句的语义理论，条件句：

　　（17）如果正在下雨，那么你应当相信正在下雨。

在第3.4节所区分的三种意义上全都逻辑地成真：该条件句逻辑地必然、绝对逻辑地成真，对角逻辑地成真。人们可能自然地认为这意味着其后件（13）是前件（12）的逻辑结论。但是，这并不能够成立，因为根据我们的语义学，肯定前件式推理对于直陈条件句无效。[17]因此，我们的语义学向我们阐明为什么人们可能认为（12）蕴含（13），尽管（12）并不蕴含（13）。

11.6 "应当"的评价性用法

　　我们所描述的相对论"应当"介于主观性"应当"与客观性"应当"之间。

15　亚尔钦（2007：1004）将这种关系称为信息结论。

16　类似的见解，参见斯塔尔纳克（1975）关于"或者 - 到 - 如果"推理之可能性的分析。

17　更加确切地说，不能保证直陈条件句是逻辑蕴含、绝对逻辑结论或者对角逻辑结论。但是，直陈条件句保留接受。参见科洛德内与麦克法兰（2010）。

我们提出，相对论"应当"起着主观性应当与客观性应当的两种作用；既解释了诱使我们诉诸主观性"应当"的第一人称思考性用法，又解释了诱使我们诉诸客观性"应当"的第三人称建议用法。于是，我们可能推测，"应当"从未真正用于传统地区分的"主观"与"客观"意义，而且为了揭示那些最好以评价敏感性加以解释的现象，歧义论是第一个不成功的尝试。在这一节与下一节中，我们将论证这一推测，反驳下述论点，即"应当"的主观意义与客观意义仍然发挥基本作用——评价敏感性的"应当"不能发挥的作用。

假设法蒂玛正在调查一起谋杀案。她已经收集到了大量证据指向管家：管家的手套上留有主人的血迹、管家的刀子被发现埋在外边；而且那位园丁——谋杀发生时在庄园里的唯一的另外一个人——具有不在现场的可靠证据。然而，我们掌握一些法蒂玛没有掌握的证据，这些证据充分证明园丁是谋杀凶手，他试图陷害管家。问题：法蒂玛应当相信园丁是凶手吗？

如果这里的"应当"是我们所描述的评价敏感性应当，那么，从我们的语境评价答案似乎是肯定的。但是，这看起来自相矛盾。鉴于她的所有证据都指向管家，法蒂玛没有理由相信园丁是凶手。于是当然，至少在"应当"的一个重要意义上，她不应当相信这一点。那么就极易做出如下推断：即使评价敏感的"应当"在思考与建议中发挥作用，这也不会是我们作为公正的批评者而非潜在的建议者来考虑法蒂玛的境况时所使用的"应当"。

但是这一论证过于仓促。首先，这种论证将"应当"与批评过分紧密地联系起来。如果你应当配发某种药物，而且你的确配发了该药物，同时认为药物有毒、配发该药物旨在毒死病人，那么，尽管你做了你应当做的事情，但你应该受到批评。倘若有人告诉你药物有毒，而你又想帮助病人，你故而不配发该药物，那么你有理由不去做你本该做的事情。这样，我们应当谨慎行事，以免过于仓促地从关于人们应当做什么的断言转到关于是否有理由提出批评的断言。[18]

其次，评价敏感性阐释并不预测：

（18）法蒂玛不应当相信园丁是凶手。

由知道园丁是凶手的人评价时成假。这种阐释所主张的是，在*相关信息状态*包含园丁是凶手这个信息的语境中评价，（18）成假（参见第 10.4.4 节以及第

---

18 客观论的辩护者经常提出这一点（Moore 1912; Thomson 1986）。但是，（请帕菲特 1984: 25 原谅我的不同看法）甚至对于主观性"应当"这一点也成立。某人是否做他主观地应当做的事情取决于他所掌握的信息。但是，某人是否应当受到批评则取决于其他许多东西，包括他的信念与意图。

10.5.1节的灵活相对论后语义学）。在正常的思考与建议的语境中，相关信息状态将是评价者所掌握的信息。思考者希冀其规范性结论可以由比自己掌握更多信息的评价者纠正，因为他们意欲做最为恰当的事情，而不仅仅是别人认为合理的事情。但是，当眼下的主要问题不是"应当做什么事情？"而是"施事者做其所做的事情是否合理？"时，相关的信息状态可能转变到施事者的信息。当我们说出诸如下面这样的话时，就会出现这种情况：

>（19）不要为此太自责了。你当时相信了你本该相信的东西，尽管后来证明那是假的。

这并不构成一种让步，即承认"应当"具有一种主观性涵义。根据这种观点，"应当"是评价敏感性的；这只不过是，有时候评价语境的特征要求我们关注施事者的信息而非评价者的信息。[19]

再次，人们假如想用主观性"应当"真值条件做出评价恒定的断言，总是可能使用第10.5.4节介绍的"就a所知"这种结构：

>（20）就法蒂玛所知（或者鉴于她的证据），她不应当相信园丁是谋杀犯。

这个句子中的"应当"是其语义内容已在上文论述过的"应当"，但是信息状态的显性约束使得这个句子等同于主观性"应当"的陈述。因此，阐释这些素材无需假定"应当"具有单独的主观涵义。

11.7 模态无知

我们在进行思考时，经常会表达对于我们应当做什么的无知。例如，在上边讨论的矿工案例中，说出下面的话会是很自然的：

>（21）我不知道应当堵上矿井A还是堵上矿井B。如果矿工在A，则我应当堵上A，如果在B则我应当堵上B。但是，他们在哪个矿井里？我不知道，因此我无法知道我应当做什么。[20]

但是，上文提出的语义学理论似乎预言表达这种无知是没有依据的。其原因在于，根据思考者的信息，矿工在A或者B都有可能，且思考者知道这一点。通过对这些事实的反思，思考者可以很容易地知道：

>（22）两个矿井我都不应当堵上。

在其当前的语境中使用和评价成真。因此，这位思考者应该肯定地说：

>（23）我能够知道我不应当堵上任意一个矿井。

19　参见德罗斯（2005: 189）以及本书第8.2节与第10.4.4节。
20　能够知道p意味即有理由这样做，从而如果基于这些理由相信p，就会知道p。

而不是

(24) 我无法知道我应当做什么。

要解释为什么思考者觉得说出(24)是很自然的，有人也许会假定我们需要"应当"的客观意义。

针对我们关于认识模态词的语义学理论（第 10.5 节），事实上针对一系列认为"可能 φ"的可断言性取决于讲话者的信息是否排除 φ 的语境论主张，可以提出类似的异议。这些异议的一种形式出现在德罗斯（1991）之中。在德罗斯所描述的情景中，约翰的医生发现一些可能表明患有癌症的症状，因此让他做一项化验。如果化验结果呈阴性，则意味着可以完全排除癌症。假如结果呈阳性，那么，就需要做更多的化验以确定约翰是否患有癌症。

> 在这个例子中，已经做了化验。但是，甚至连医生也不知道化验的结果。电脑计算了结果并打印了报告单。医院工作人员拿起化验报告单，没有看就将其装进袋里密封起来。那家医院规定，病人应该首先获知化验结果。简预约了明天取化验结果。她知道装有结果的袋子已经弄好，而且没有人知道化验结果。即使这样，倘若比尔给她打电话询问最新消息，她很有可能说："我还不知道约翰是否可能患了癌症。等明天化验结果打开后我就知道了。"（德罗斯 1991: 587）

德罗斯追问道，简现在不确定但明天了解了化验结果就会弄清的是什么？这不可能是简当下的信息，或者某个相关群体的信息能否排除约翰患癌症。其原因在于，正如简清楚地意识到，她还不具备可以排除约翰患癌症的知识——事实上没人具有这种知识。（我像德罗斯那样假定，我们不会将打印化验结果的电脑算作一个知情者。）德罗斯认为，这里的寓意即是包含认识模态词的陈述之真值不仅取决于所知道的信息，而且还取决于通过相关渠道（在此通过化验）可以了解的信息。

这两种基于"模态无知"的论证都假定，为了解释他们从开始就宣称的模态无知的自然性，我们必须找到一种方法，使对这种宣称的理解得以成真。正是针对这个假定，我想提出质疑。我们可以解释为什么我们的例子中，讲话者说出（24）或

(25) 我无法知道约翰是否可能患上癌症。

看来是自然的，而无需以某种使之（从讲话者的语境评价）成真的方式理解这些句子。论证讲话者被一种劝诱性但却是错误的推理方式所迷惑——这种推理

的无效性并不明显，但是可以用我们的语义学予以揭示。

然而，在开始这样论证之前，让我们回忆一下为什么这些论辩似乎推崇的替代理论不能令人满意。假定我们通过将（24）中的"应当"理解成客观的"应当"而允许其成真。那（21）中的条件句所包含的"应当"如何理解呢？由于这些应当看来是为了佐证（24）而提供的，所以我们似乎必须同样将其理解成客观的"应当"。但是那样，我们的思考者最终得出的结论，即（23），又该如何处理呢？在这句话中，我们不能在客观的意义上理解"应当"。因此看来，似乎思考者只不过改变了话题。这甚至使得将（21）中的那些考虑看作与思考相关都十分困难。毕竟，思考旨在得到一个可以构成行动基础的（非客观的）应当断言；确切地讲，客观的"应当"对这种结论的合理影响是什么？此外，这里*看来*并不存在歧义，而且没有涵义变化的明显标志。

同样，假如我们像德罗斯那样，将（25）中的"可能"理解为意指*鉴于讲话者掌握的信息或通过相关渠道可以获得的信息而可能*，那么我们可以通过把简的断言（25）看作成真的而解释其自然性。但是，简说出下面这句话也会是完全自然的：

（26）我知道化验单可能显示结果为阴性，而且我知道化验单可能显示结果为阳性。

如果"可能"意谓德罗斯所说的意思，那么，只有把化验当作不相关的信息渠道，我们才可以把（26）理解为成真的。当然，没有什么可以阻止语境论者将化验看作在一个语境中——简说出（25）的语境中——是相关的信息渠道，而在另一个语境中——她说出（26）的语境中——将之看作是不相关的信息渠道。问题在于，（25）和（26）似乎可以*一起*断言，而不出现任何语境转变。事实上，认为（26）提供了简相信（25）的*理由*，这看来是有道理的。她认为她无法知道约翰是否可能患了癌症，正是*因为*她知道化验单可能显示阴性（在这种情况下约翰不可能患癌症），也可能显示阳性（在这种情况下约翰可能患癌症）。我们假如相对于一组不同的信息，分别对（25）中的"可能"和对（26）中的"可能"做出理解，那么，就不得不将简的推理看作是模棱两可的，而这种模棱两可对她自己则是显而易见的。

在我看来，简的推理确实*存在*某种错误，但这种错误比较微妙——她很可能察觉不出这个错误。让我们做一分析。简认为她知道以下内容：

（27）可能化验单显示阴性。

（28）如果化验单显示阴性，那么，约翰不可能患癌症。

于是，她推理如下：

(J1）假定我有办法知道：

（29）约翰可能患癌症。

(J2）那么，根据我有办法知道的东西——即（28）与（29）——逻辑上可以推论：

（30）化验单没有显示阴性。

(J3）如果根据我有办法知道的东西逻辑上可以推论出（30），那么（27）就不能成真。

(J4）但是（27）成真，因为我知道这一点。

(J5）因此，通过归谬法，（J1）成假：我无法知道（29）。

基本思想很简单：既然（28）与（29）逻辑地蕴含（30），简只有对（29）是不确定的，对（30）不确定才会是合理的。

这一推理的问题是假定了否定后件推理在逻辑上是有效的——而这一推理对我们的直陈条件句是无效的。正如我们已经看到（第 10.5.5 节），当条件句的后件对信息敏感时这种推理是无效的，这个例子就表明如此。然而，这种无效并不显见。在一系列范围广泛的案例中否定后件推理是可靠的，所以这种论证"听起来是正确的"。我们可以理解简是如何被误导而相信其结论的。这样，对她所表现出的不知情之自然性做出解释，无需以使其成真的方式对之加以理解，而只需恰当地理解模态词与条件句的语义特征。

以上论述同样适用于我们最初的难题（21）。在这一例中，思考者推理如下：

（E1）如果工人在矿井 A，我应当堵上矿井 A。

（E2）如果工人在矿井 B，我应当堵上矿井 B。

（E3）工人可能在矿井 A 也可能在矿井 B。

（E4）因此，我可能应当堵上矿井 A，也可能应当堵上矿井 B。

这确实*看起来*像是令人信服的推理，但是，如果我们的语义学表征是正确的，那么，鉴于在 11.5.1 节我们对矿工悖论的考虑所应当表明的理由，这一推论就是无效。（E1）的成真性要求根据确定工人在矿井 A 的信息我应当堵上矿井 A。（E2）的成真性要求根据确定工人在矿井 B 的信息我应当堵上矿井 B。（E3）的成真性要求语境相关信息状态使工人在其中哪一个矿井都有可能。即使根据语境相关信息，我两口矿井都不应当堵上，所有这些要求都可以得到满足。

那么，为什么该论证*看似*有效？因为这例示了一种论证形式：只要条件句的后件不是信息敏感的，这种论证形式就是可靠的。[21] 例如，下列论证确保能保持成真：

（F1）如果工人在矿井 A，他们有手提钻。

（F2）如果工人在矿井 B，他们有喷灯。

（F3）工人有可能在矿井 A，也有可能在矿井 B。

（F4）因此，工人可能有手提钻，也有可能有喷灯。

下面这样做是很自然的，即假定论证（E）和（F）在形式上没有相关的差异，并且将我们对后者可靠性证明为合理的信心扩展到前者。我们的思考者以一种可以理解的方式做出了过度概括。于是，宽容并不要求我们将其断言理解为成真的。

上述考虑的结果是我们往往过高估计我们的模态无知的程度，因为我们被引入了许多人走过的导致谬误的推理之路。不过，有人也许仍然可能认为，我们*需要*模态无知以使研究符合理性。毕竟，如果仅仅考虑我所掌握的信息就能正确地确定我应当做什么的话，我为什么甚至还要搜寻新的信息呢——例如，通过设法探听从其中一口矿井中传来的声音？我之所以要调查研究，难道不正是因为我想去了解某些我现在所不知道的东西——即我应当做什么吗？

首先，注意，相对论阐释根本不会排除以下说法，即假如不需要立即行动，就必须搜寻更多的信息。假设我知道洪水到达矿井前我还有一个小时。我应当做什么呢？现在我不应当堵上两口矿井中的任何一口，但这并不意味着我可以仅仅坐在那里。或许，我应当想尽一切办法弄清矿工在哪里。那是一种道德上的义务。这个义务最终可以部分地通过以下内容得到解释，即营救所有十个矿工的价值以及进一步调查将向我们表明施救办法的可能性（帕非特 2011：160-161）。我们无需假定存在一个未经回答的关于"应当"的问题，以证明这种调查是合理的。

然而，这一回应对指向未来的应当并无直接帮助。我应当一个小时后堵上矿井 A 吗？很想回答"我不知道"。毕竟，一个小时后可以发生很多事情：到那时我可能知道矿工在哪里。但是，根据相对论阐释，有人可能认为，基于我现在掌握的信息我应当准备给出否定的回答。事实上，这看起来是怪诞的。

但事实上，相对论*确实*预言在这个案例中，就我是否应当一个小时后堵上矿井 A，我应该是不知道的。根据上面做出的语义学分析，假如在 w 与 t 我可以选择采取的所有最佳行动要求我在 w 与 t 堵上矿井 A，"我应当堵上矿井

21　关于一个更加确切的条件，参见科洛德内与麦克法兰（2010：公理 3）。

A" 在语境 c 和指号 $\langle w, t, i, a \rangle$ 中就成真。在此，将行动评价为 "最佳的" 取决于信息状态 i。但是，在 w 与 t 我可以选择采取哪些行动则取决于在 w 与 t 事态是什么样的。例如，假若一个小时后我能够知道工人在矿井 A，则*那时*我将能够选择采取的一个行动是*营救所有矿工*。即使根据我当*下*的信息状态 i 进行的排序，这一行动将排在所有行动之首。（*现在*的情形不是我应当营救所有矿工的唯一原因，这不是我现在可以选择采取的行动。）该行动（在那个情景中）要求堵上矿井 A。因此，对于这样的 w 与 t，"我应当堵上矿井 A" 在 $\langle w, t, i, a \rangle$ 成真。

因此，尽管我知道堵上矿井 A 不是我现在应当做的，我不知道这是否将是我一个小时后应当做的。这并非因为我不知道一个小时后我将获得什么信息，而是因为在我不知道一个小时后我将能选择采取执行哪些行动——由此，依据我*现在*的信息，我将能选择采取的行动是最佳的。

这样，尽管区分 "应当" 的主观涵义与客观涵义在道德理论的文献中颇为流行，但却不清楚我们是否需要这一区分。一个意义明确、评价敏感性的 "应当" 处于主观与客观的两极之间，而这正是理解我们在思考与建议的语境中使用 "应当" 之方式的正确路径。

第 12 章
相对论的合理性

在本书第一编里，我们看到，我们的一些思想与话语怎样才会是评价敏感性的。在第二编里，我们探究了若干理由，认为关于下述问题的思想与话语事实上是评价敏感性，即关于什么是味美的、人们知道什么、将来会发生什么、可能出现什么情况、我们应当做什么，等等。

但是，人们即使同意我们的一些思想与话语是评价敏感性的，仍然可能要问，其评价敏感性*是否有道理*；如果有道理，为什么。描述了评价敏感性是什么之后，我通常遇到下面这样的回应：

> 如果那就是评价敏感性的话，那么，我同意这是可以理解的。我甚至可能同意我们的一些语言实践体现了评价敏感性的典型形式。但是，可以确信，一旦我们意识到这一点，我们有理由改革这些实践，寻找评价恒定的方式取代现在的评价敏感性表达方式。究其原因，某人做出一个断言，而当他处于一个在相关方面不同的语境时却不得不收回该断言，这样做如何可能是合理的呢？或许，我们可以按你描述的方式成为相对论者，但是我们不能睁着眼睛这么做。

本章的重任便是论证，意识充分清醒地论述评价敏感性并不存在任何不合理性。我将分两步进行论证。首先，我将提出并不存在反对构成评价敏感性规范形式的*普遍论据*——特别是，并不存在任何普遍的论据，否定做出预期稍后（在一个不同的语境）不得不收回之断言的合理性。因此，我们必须考察话语的具体部分，并且鉴于其在我们生活中所发挥的作用，探究这些部分作为评价敏感性的是否符合理性。我将采取一种工程学的视角，阐明为什么将我们的知识归赋话语表征为评价敏感而非使用敏感的，可能是有道理的。（这些考虑可以很容易地推广至其他情形。）我们一经了解了评价敏感性表达式可以用于哪些目的，就可以看到这些表达式最为适合用于这些目的。

很容易认为这一解释为评价敏感性的目的论阐释提供了素材。那样认为可能是牵强的。但是，作为一种推测，我们将就知识归赋如何可能是评价敏感的勾勒几种假设的阐释。

12.1 合理性与反思

评价敏感性的典型特征是人们可能不得不收回之前完全正确地做出的断言。这可能看起来令人困惑。人们做出某个断言，之后却不得不将之收回，并非因为他们了解到做出该断言是错误的，而只是因为所处的语境在相关方面不同。这怎么会符合合理性呢？

如果这里存在困惑，那不可能只是由于人们随后不得不收回之前做出的一个无可挑剔的断言。究其原因，在我看来，那种威胁几乎存在于我们所有的断言中。人们当下做出断言的证据可能是误导性的，而未来的证据可能表明这一点；这些可能性始终存在。

然而，某人假如认为这种证据*可能*会出现，却依然做出断言，那将会是十分怪诞的。相对论允许这种现象十分频繁地出现。例如，假设在妊娠初期，某人说"可能是男孩儿，也可能是女孩儿"。他知道大约九个月后，他就会处于一个信息状态，相对于该信息状态他断言的命题成假，因而就不得不收回这个断言。在这种情形下，最初做出断言怎么会是合理的呢？

这里的异议似乎依赖于某种类似下述反思原则的东西。

反思 - 断言 I。*现在不能合理地断言 p，如果预期之后会获得充分的理由收回这一断言。*

然而，这一原则看来并不十分合理。譬如，这一原则隐含假如预料到最终会真相大白，那么撒谎就永远不可能是符合理性的。像其他行为的合理性一样，言语行为的合理性取决于场景中的许多偶发因素。在具体情形下，谎言被识破前所具有的效益可能超出未来收回前言的代价。

诚然，评价敏感性的断言不同于谎言，因为这些断言无需包含任何掩饰。因此，我们或许可以尝试反思原则的以下变体。

反思 - 断言 II。*现在不能合理地断言 p，如果一般预期后来将获得充分的理由收回这一断言。*

但是，肯定存在这样的情形，断言某种一般预料会证明成假的东西可能是合理的。例如，人们这么做可能是为了吸起注意，或者保住自己的工作，或者正确地做出一个惊人的预言，假如这一预言结果证明是真实的，所得到的报酬远远超过做出错误的预言对于其名声造成的损害。

看来在断言的合理性与预期未来收回前言之间，我们不大可能找到一种成真的普遍联系。但是，我们或许可以诉诸一种类似的支配信念的反思原则，质疑*相信*评价敏感性命题的合理性。

反思 - 信念 I。*现在不能合理地相信 p，如果预期以后将获得充分的理由而放弃 p 这一信念。*
这一原则比类似的支配断言的原则看起来更加合理。假设你预料安排在明天的医学化验的结果将呈阳性（正如 70% 具有你的症状和病史的病人），而且结果为阳性则意味着你 60% 可能患病。可以确信，若你今天相信自己没有患病，那将是不合理性的。"当然，化验后我大概会获得迫使我放弃这一信念的根据，但是眼下我仍将坚持相信我没有患病。"这一想法将是不合理性的。

对于相对论来说，这看似很糟糕。这看起来对相对论很不利。相对论阐释通常允许存在下列情形，在这些情形中人们应该相信 *p*，即使知道以后将不得不放弃信念 *p*。我们已经举过一个涉及认识模态词的例子。根据相对论者的观点，某人在妊娠初期应该相信孩子可能是男孩儿也可能是女孩儿。但是，当女婴接生后，他就应该认为：*即使在那时也不可能是男孩儿*（毕竟，我们知道即使在那时胚胎也是女婴的）。就涉及道义模态词的例子，考虑一下第 11.5.1 节描述的矿工案例。当洪水逼近时，人们应该相信不应当堵上两口矿井中的任何一口。但是在洪水到来之后，发现矿工在矿井 *A*，人们会想道：*我本应当堵上矿井 A*。举一个包含知识归赋的例子。假设某人处于一个低风险语境，但是预期后来会处于高风险语境；而在这个高风险语境中，各种涉及政府篡改录像的荒诞可能性是相关的。人们或许可能恰当地相信约翰知道尼尔·阿姆斯特朗是第一个登陆月球的人，即使预料后来由于约翰不能排除篡改录像的可能性而会不相信这一点。相对论阐释如果正确，所有这些情形都涉及违背*反思 - 信念* I。

关于这个论证，首先需要注意的是，它如果令人信服，就不仅排除了相对论，而且也排除了所有形式的非指示语境论。考虑一下时间论这一典型的非指示语境论观点。假设中午时分约翰相信带有时态的命题*萨莉正坐着*。午夜他可能知道，他将具有充足的理由不相信这一命题（由于那时萨莉将在睡觉）。因此，反思 - 信念 I 说他现在不能合理地相信该命题。那将是时间论者无法容忍的结果。因此，要么我们对时间论（以及认为信念内容是集中命题的同类观点）做出有力的反驳，要么我们的反思 - 信念原则存在某种错误。

我提议，*反思 - 信念 I* 从另外一个原则获得其直觉上的可能性。

反思 - 信念 II。*在语境 c 中不能合理地相信 p，如果预期后来将获得充分的理由认为在语境 c 中 p 不能成真。*

反思 - 信念 I 与 *II* 在许多情形中产生同样的结论。但是，在有些情形中两者则得出不同的结论。在这些情形中，判断一个命题不能成真与将以这个命题作为其内容的过去的信念在持有这些信念的语境中看作成真是相容的。在这样的情形中，只有反思 - 信念 *II* 仍有说服力。约翰知道午夜他将不相信*萨莉正坐着*这个命题，这并不削弱中午相信这同一命题的合理性；其原因在于，当他午夜拒绝这个命题时，他并不会认为那表明他之前的信念是不正确的。由此，我们可以推断，*反思 - 信念 I* 所具有的一切直觉上的可能性均源自*反思 - 信念 II*。

尽管*反思 - 信念 II* 并未为反对时间论以及其他形式的非指示语境论提供依据，但对于相对论观点而言它看来可能也是存在问题的。究其原因，相对论者与非指示语境论者不同，他们认为过去信念的准确性可能依赖于当前语境的特征。不过，如其所是，*反思 - 信念 II* 并不直接适用于相对论观点，因为这一原则使用了一个真值谓词，这个谓词仅仅相对于一个语境，即一个使用语境。将这一原则推广至相对论案例有两种方式：

反思 - 信念 II(a)。*在语境 c 中不能合理地相信 p，如果预期后来将获得充分的理由认为在语境 c 中使用与评价时 p 不能成真。*

反思 - 信念 II(b)。*在语境 c 中不能合理地相信 p，如果预期后来 (在语境 c') 将获得充分的理由认为在语境 c 中使用、在语境 c' 评价时 p 不能成真。*

沿着上一段提出的思路，*反思 - 信念 II(b)* 为反驳相对论观点提供了基础，而*反思 - 信念 II(a)* 则不然。因此，我们需要询问这两个原则中哪一条是*反思 - 信念 II* 的自然扩展 —— 哪一条揭示并扩展了反思 - 信念 *II* 这一原则的真谛。

为什么反思 - 信念 *II* 直觉上看似合理呢？假如预期后来有充分的理由认为一个信念在其语境中成假，我们为什么会认为形成这样一个信念是不合理性的？这大概是因为"信念旨在成真"——这一思想也许可以通过说信念是构成性地受制于"真值规范"予以体现，这一规范禁止形成假的信念。因此，我们可以将*反思 - 信念 II* 看作从更加普遍的反思原则获得其合理性，

反思 - 信念 III。*在语境 c 中不能合理地相信 p，如果预期后来将获得充分的理由认为这么做违反禁止形成成假信念的规范。*

结合关于信念的真值规范，正如非相对论者会表征的那样：

信念 NR 的真值规范。*在语境 c 中不应当相信 p，除非在语境 c 中 p 成真。*

假如将*反思 - 信念 III* 与信念的真值规范相结合，正如*相对论者会表征的那样*（第 5.7 节），

　　信念 R 的真值规范。*在语境 c 中不应当相信 p，除非在语境 c 中使用与评价时 p 成真*，

我们就获得*反思 - 信念 II(a)*。给定*信念 R 的真值规范*，相对论者能够融贯地接受*反思 - 信念 III*，而拒绝*反思 - 信念 II(b)*——那个对相对论做出总体批判可能需要的原则。

　　我在第 5.7 节曾经指出，对于那些*只拥有信念而不做出断言*的人而言，相对论与非指示语境论之间就不会存在实践上的差异。其原因在于，这种差异体现在*收回前言*的规范中，收回前言是在一个语境中出现、针对另一个语境中出现的另一个言语行为的行为。一旦认识到这一点，下面这个事实也就不足为奇了，即人们无法一般性地反驳*相信*评价敏感性命题的合理性，而同时又使这种反驳不能推广至非指示语境论的若干形式。为了将相对论与非指示语境论区别开来，批判的矛头必须对准断言评价敏感性命题的合理性。但是，正如我们在一开始就看到的那样，可能需要的反思原则就断言来说根本就是不合理的。

　　这样看来，不能按这些路子对评价敏感性用法的合理性做出一般性反驳。在将某种用法定义为评价敏感的那种规范形式中并不存在任何结构上不融贯性。但是，有人可能依然会问，诸如此类的用法是否明智。或许存在一组融贯的信念与欲望，使某人将一片草叶看得高于自己的生命与健康成为合理的行为；但是，我们仍然会就这样一种世界观如何对一个人有意义感到困惑不解。同理，即使存在融贯的语言实践活动，体现作为评价敏感性特征的断言与收回前言之规范形式，我们可能认为这样的实践活动是荒诞的，很不适应我们的语言需求。为评价敏感性进行恰当的辩护，就应当做出某种论说以消除这种疑虑。

　　在此，采取一种工程学方法研究第 7 至 11 章中考虑的语言素材是有用的。研制一种设备的工程师首先需要描述该设备将派什么用场。因此，我们将从探究这些假定评价敏感性的语言素材有何用途这个问题入手。这些素材在我们的生活中发挥什么作用？它们用于什么目的？有了这种工作描述，我们就可以考虑相对论语义学是否可以比语境论语义学或恒定论语义学更好地服务于这些目的。得出肯定的回答就将看作证实了评价敏感性实践的合理性。具体而言，我们将聚焦于一个例子——知识归赋的例子——但是所做出的考虑很容易推而广之。

12.2 评价敏感性：工程师视角

我们为什么谈论人们知道什么，而非仅仅谈论什么成真以及人们相信什么？或许，对于知识的谈论满足我们弄清谁在哪一方面具有权威性这一需求：就某一特定话题，可以恰当地依赖谁提供信息（Craig 1990; Chrisman 2007）。假若我们在考虑购买一辆摩托车，想获得一些建议，我们会向某个很懂摩托车的人打听。我们倘若说某人的信念不能构成知识，说的是在这件事情上不要信赖他。当我们指责那些仅凭信念（而非知识）行事的人时，这是因为他们行动鲁莽，信赖并不权威的消息来源。

假如这一关于知识归赋的目的之假设是正确的话，那么，人们就会*预期*发现，某人要算作"知道"，所需要处于的认识程度的高低，在不同语境中会有所不同。毕竟，权威性有程度之分，而需要多少权威性则取决于我们的目的。倘若我们在修筑一座价值数百万美元的大坝，我们只会依赖于土木工程专家，听取他们关于各种材料与设计之优点的看法。我们如果在砌一小堵花园护墙，就会满足于一个有经验的普通承揽人的意见。假如"知道"一成不变地基于很高的单一认识标准，这对我们赋予"知道"的用途而言也就没有什么用处了。

那么，从语言工程的观点看，我们可能想使"知道"以某种方式成为语境敏感的。但是，"知道"应该对于使用语境特征敏感还是对于评价语境敏感？如果只考虑我们当下可以做出的知识归赋，这两种选择看来并没有什么区别，因为在这些情形中使用语境与评价语境重合。为了理解上述两种选择在实践上的差异，我们需要考虑每一种观点就我们过去的知识归赋，尤其是那些在具有不同支配标准的语境中做出的知识归赋，提出了什么主张。两者在这方面的差异十分显见。语境论观点主张，我们可以使过去的知识归赋成立，如果其主体满足做出知识归赋时的认识标准；而相对论的观点则认为，除非主体满足*当前*适用的认识标准，否则必须将知识归赋收回。于是，语境论的观点主张相对于做出知识归赋时的各种相关的认识标准评价过去的知识归赋，而相对论的观点则说要根据当前相关的标准评价现在和过去的所有知识归赋。

是否存在工程学上的因素，以更加青睐语境变异性这两种体现方式中的任何一种呢？语境论策略具有一个潜在的优势：这一策略并不抛弃信息。语境论策略允许在不同实践环境中做出的知识归赋成立；而相对论策略要求收回这些知识归赋。但是，这一优势同时带来一个劣势：增加了认知负担。语境论要求我们弄清过去做出每一个知识归赋时所依据的认识标准。这就需要求更多的记忆以及一种明确的方法表征认识标准。

为了使这一点更加具体，考虑一下如何可能在电脑上实施每一种策略。设想某台电脑做出知识归赋，并且处理其他电脑的知识归赋。这台电脑需要一种方法，实时掌握已经做出的知识归赋。根据语境论观点配置的电脑必须储存主体、据说主体掌握知识的时间、据说主体知道的命题以及支配知识归赋的认识标准。电脑还将记录支配当前语境的标准，这一标准将用于决定是否做出进一步的知识归赋：

> 当前 _ 标准 = 低
>
> 在时间 { 2011-03-22 03:33:20 UTC } 根据标准 { 高 }
>
> 人 { 约翰 } 知道命题 { 雪是白的 }
>
> 在时间 { 2011-03-22 04:35:00 UTC } 根据标准 { 低 }
>
> 人 { 斯坦 } 知道命题 { 斯坦有 10 美元 }

由于收回前言的情形相对罕见，这些记录将不断积累在内存卡中。一条记录将被删除，仅当在某人在某个**时间**未能满足关于某个**命题**的某个**标准**。

根据相对论观点配置的电脑将能够使用更加简单的表征。不再需要为每一个知识归赋储存一条标准，因为所有的知识归赋都将相对于当前的标准做出评价：[1]

> 当前 _ 标准 = 低
>
> 在时间 { 2011-03-22 03:33:20 UTC }
>
> 人 { 约翰 } 知道命题 { 雪是白的 }
>
> 在时间 { 2011-03-22 04:35:00 UTC }
>
> 人 { 斯坦 } 知道命题 { 斯坦有 10 美元 }

当在**时间**某人未能满足相关于**命题**的**当前 _ 标准**时，电脑将直接删除记录。由于**当前 _ 标准**会发生变化，这样的删除将比在语境论中的实施过程中频繁得多。电脑将只储存那些它根据支配当前语境的标准认为是正确的知识归赋，而剩余的知识归赋则予以删除。

用于弄清就各种主题谁具有权威性，以便指导行动，哪一种策略最佳？

---

[1] 比较第 5.7 节中两个情人的故事。

对于这一目的，真正重要的是根据当前的标准，谁掌握知识。尽管语境论策略与相对论策略都记录这一点，但相对论策略*仅仅*记录这一点，而这在效率上就占有优势。当标准高时，我们并不关心根据低标准谁知道什么，但是语境论策略却储存大量此类信息。根据有效工程原则，我们不应该储存超出我们目的所需的信息，而这就将我们导向了相对论。[2]

为了对我在此做出的论证有所体会，请考虑一个较为简单的问题。假设我们在编写玩纸牌游戏的计算机程序。每一局纸牌游戏之后，每个玩家赢得一定的分数。先获得 100 分总分的玩家为赢家。那么，要决定何时赢得比赛，程序必须能够记录每一个玩家的总分。程序可能使用两种不同的策略做到这一点：

每局得分：保存记录每个玩家每局得分的清单。每局之后，计算每个玩家得分清单上的总分，以查看是否有人赢了。

比尔：0, 4, 17, 2, 0

萨拉：15, 13, 3, 10, 12

累计总分：为每一个玩家记录一个得分，即累计总分。每局之后，检查累计总分，看看是否有人赢了。

比尔：23

萨拉：53

显然，*累计总分*这一办法效率更高。这种办法需要较少的内存——只为每个玩家保存一个数字而非 n 个，n 在此代表游戏局数。累计总分需要的运算较少——每局为每人做一次加法运算，而不需要做 n-1 次运算，n 在此代表截至目前的游戏局数。既然每局得分除了计算总分之外对分数清单不做任何处理，储存这些信息没有意义。

或许有人会拒斥上述类比。即使我们的目的是确定现在谁是权威，存储"旧"知识归赋及其支配标准也许是有意义的。这是因为，我们经常可以从某人相对于 - 标准 S_1- 知道 p 这一事实推断他们相对于 - 标准 S_2- 知道 p。因此，

---

2 在《血字的研究》中夏洛克·福尔摩斯说道："我认为人的大脑最初像个小的空阁楼，你需要将你选择的家具存放在此。傻瓜将遇到的各种材料都装进去，以至于可能对他有用的知识被排挤出来，或者至多与其他许多信息混在一起，使其难以找到有用的信息。而娴熟的工匠对于将什么存入大脑 - 阁楼则确实非常仔细。除了那些可能帮助他完成工作的工具之外，他什么也不要。不过，这些有用的工具他却拥有多种多样，而且都摆放得井然有序。若认为这间小屋的墙壁是弹性的，小屋的空间可以任意扩大，这种认识则是错误的。据此，就会出现了一个时刻，这时，每增加一些知识，你就会忘掉一些以前知道的东西。因此，避免让无用的信息将有用的知识排挤在外是最为重要的。"（Doyle 1986: 11-12）

关于谁能够满足其他语境中的支配标准的信息可以作为关于谁能够满足我们当前支配标准这一结论的推理基础。譬如，假设仅存在三个认识标准：低、中、高。我们倘若记得约翰根据 - 中标准 - 不知道他的车在自己的车道上，那么，就可以推断根据 - 高标准 - 他不知道。相反，如果我们记得 - 根据 - 高标准他出生在德克萨斯，则我们可以推断根据 - 中标准 - 他知道。那么，无论我们当前处于什么语境，都可以利用已储存的在其他语境中做出的知识归赋。

然而，尚不清楚实际形式的语境论可以做出这样的回应。实际地看，不会只有三种认识标准，像上述那样按等级排列，从而主体如果满足一个标准，就满足了所有更低的标准。例如，假设认识标准是组必须排除的相关选择。于是，相当罕见的是，两个标准 S_1、S_2 会这样地相关，从而满足 S_1 必然满足 S_2（正是当与 S_1 相应的那组选择是与 S_2 相应的那组选择之超集时，情况就会这样）。同样相当罕见的是，两个语境由完全相同的标准支配。因此，过去的知识归赋的庞大数据库不可能在推理上特别富有成效，而且维护这个数据库（以及从中提取信息）的代价可能大于可以提取的信息之价值。

有人或许认为，储存先前知识归赋数据库的另外一个原因是随时记录主体的可靠性：相隔多久、相对于支配其所在语境的标准，主体知道是否 p。但是，通过记录累计"平均成功率"记录可靠性，效率要高得多；而这样做既不需要存储归赋本身也不需要存储支配标准。

除了需要更大的存储容量之外，语境论策略还需要更大的表征容量，这亦是一种认知成本。在做出知识归赋及评价知识归赋时，语境论计算机与相对论计算机都将需要对当前认识标准敏感。我们在上文假定，相对论计算机将*明确表征*当前的标准——如，将其储存在全程变量中。基于相对论电脑是一台数字计算机的假设，那是一个自然的假定，因为数字计算机的所有灵敏性都是由可操纵的显性表征为中介的。但是，我们的计算机尽管需要能够判断主体什么时候达到标准，却不需要对标准做出那样的表征，从而使之能与其他标准进行比较，而且能够用于推理。考虑一下范·格尔德（van Gelder 1995）关于离心调速器的巧妙例子（图 12.1）。调速器的用处在于使发动机保持匀速运转；发动机运转太快时减少能量，运转太慢时增加能量。发动机的速度由两个重球的高度"表征"。这种低级"表征"足以调节蒸汽输入，因为重球通过机械杠杆直接连接到输入端。但这不是可以直接应用于推理的那种表征。有时，这样明确的表征并非必要。

尽管语境论和相对论策略都需要以某种方式表征认识标准，但语境论策略对这些表征提出的推理要求，相对论策略却没有。根据相对论策略，知识归赋者需要以某种方式隐含地掌握支配其当前语境的认识标准，但是从不需要对两种认识标准进行比较，也不需要考虑某人根据当前发挥作用的标准之外的某个标准，是否可以算作知道。因此，归赋者不需要将标准明确加以表征；对标准隐含地敏感就可能足矣。结果，语境论策略不仅在内存需求上，而且在表征要求上，代价都更高。

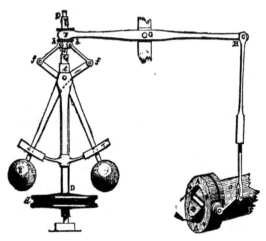

图 12.1 瓦特离心式调速器（Routledge 1881: 6）。当蒸汽机的转速加快时，两个重球在离心力的作用下上升，致使杠杆臂限制蒸汽进入蒸汽机。当蒸汽机转速变慢时钢球下降，导致杠杆臂增加流入蒸汽机的蒸汽。

当我们从知识归赋转向口味断言时，这一点尤为令人信服。对某种味道具有隐含的敏感性很容易：人们只需在品尝时喜欢某些味道，而不喜欢其他味道。对某种味道做出明确表征——从存储的关于过去的口味断言的信息中获得有用的推理知识需要做的那种事情——要困难得多。事实上，直接描述味道的手段十分匮乏，所以我们往往通过罗列人们所喜欢的东西和不喜欢的东西，描述人们的口味。

从工程学的观点看，鉴于我们的目的，任何认知负担的增加需要通过为我们增加的价值证明其合理性。上述思考表明，假如我们对知识归赋的兴趣在于决定谁具有权威性，而这一决定在某方面对我们的决策至关重要，那么，语境论策略带来的额外负担是不值得的。如果这样说是正确的，那么，除了看到知识归赋词汇是评价敏感的（第 8 章结论），我们还能够理解为什么知识归赋词汇为评价敏感性的自有*其道理*。

12.3 评价敏感性的演进

我们已经论证了鉴于知识归赋所发挥的作用，知识归赋为评价敏感性的是*好事*。这是否意味着我们对知识归赋为何具有评价敏感性做出了目的论解释呢？并不一定。好事可能藉由与其成为好事毫不相关的原因偶然发生。倘若我们有理由认为有关的语言实践通过类似于自然选择的过程演进，变异的规约相互竞争，某种变体的有用性助其在人们之间传播，那么，我们可能就接近于获得一种解释了。这种机制可能在语言发展中发挥作用（Croft 2000）。但是，就眼下这个特定情形而言，没有一定的历史知识不可能做出这样的论证。假定知识归赋是评价敏感性的，它们一直都是评价敏感的吗？如若不是，在变为评价敏感的之前，它们是什么样的，是什么触发了这种变化？我们根本不知道，我猜想我们永远不会知道，因为有关的变化很有可能发生在有历史记录之前。

于是，在此我们所能做的只是推测。诚然如此，鉴于评价敏感性表达所派用场的效用，针对评价敏感的用法如何得以出现与延续做出"只是 - 如此的论述"看来是有用的。那至少或许可以回答"何以可能"的问题。

因此，为了有助于想象，让我们以一个故事结尾吧。更确切地说，是两个故事——因为我可以想出两种不同路径，评价敏感性可能循着这两条路径得到演进：

上行路径。目标表达式开始时具有使用 - 敏感性，后来变得评价 - 敏感。

下行路径。目标表达式开始时是恒定不变的，后来变得评价 - 敏感。

12.3.1 上行路径

从前，"知道"如语境论者所述的那样发挥作用。讲话者将知识断言的成真性看作取决于在做出断言的语境中哪些选择是相关的。讲话者记录做出各种过去的知识断言时有关的标准或者选择，而且在决定是否收回断言时参照这些标准或选择。

例如，在周一约翰断言苏"不知道"她将于当晚到家，因为约翰处在一个涉及保险计算的高标准语境中，保险计算考虑到了苏在回家的路上可能被剑齿虎吞食。但是，在周二，在一个低标准支配的语境中，约翰断言苏周一"知道"她将于当晚到家。当需要为其先前的断言即苏"不知道"这一点做出辩护时，约翰通过指出以下这点进行辩护：断言的真值取决于苏是否可以满足支配先前语境的较高标准，而非支配他后来的语境的较低标准。

不过，到了周三，约翰感觉累了。他再次发现自己处于一个低标准语境，而且他之前的断言苏"不知道"她将于周一晚上到家再次受到质疑。"我可以为我的断言辩护",他自己想道。"但是,何必费那个事呢? 我累了,记录这些事情有什么用呢? 毕竟,周一的标准对我当前参与的项目毫不重要,这些项目要求我确定就我现在感兴趣的问题哪些人具有权威性"。因此,约翰尽管本来可以为自己做出辩护,可是相反他径直选择收回先前的断言——并非承认错误,只是拒绝进一步加以辩护。我们也许可以将之称为*懒惰的收回前言*。

随着时间的流逝,人们越来越忙,愈来愈多的人发现自己与约翰有同样的想法。当然,他们*可以*为过去的知识归赋辩护。但是为什么要花费宝贵的时间与精力保留一些无用的东西呢? 假如进来一个小偷,偷走了你无暇扔掉的草坪上的旧家具,你会报警呢还是默默感谢呢?

随着懒惰的收回前言变得愈加普遍,规范开始变化。讲话者开始*期待*其他人收回先前的知识归赋,如果根据支配当*前*语境的标准这些知识归赋成假。最初,拒绝收回前言被认为是怪诞的,随后被认为是不礼貌的,最后被认为是错误的。

这样,"知道"就变得具有评价敏感性了。

12.3.2 下行路径

从前,"知道"具有恒定语义特征。知识断言的真值并非取决于由语境决定的标准。相反,存在单个确定的标准,主体必须满足这个标准,才能算作"知道"。这曾经足够有效,因为生活简单。知识探究大多关涉基本生活必需品,而且风险与收益的矩阵保持相对恒定。

随着时间的推移,社会变得愈加复杂。人们不再盖小屋,而开始建造可以容纳很多人的高大公寓套房。人们在峡谷之上修建雄伟的大桥。这些庞大的建筑若出现失误就会是灾难性的。涉及这些重大项目,关于诸如"每个单位重量需要多粗的支柱"这样的问题,只有极少数人被看作具有权威性。

人们过去习惯于通过询问关于某个主题谁*知道*来解决就这一主题谁是权威的问题。事实上,这曾被看作是讨论知识的主要目的之一。为了维持知识归赋与鉴别谁是某一主题的权威这一努力之间的联系,人们开始要求那些据称"知道"的人在有很大风险的语境中满足比在普通语境中更高的标准。

这是朝着按照语境论路径重塑"知道"迈出的一步。决定是否断言某人"知道"某事,这样就需要决定这个人是否满足由当前语境(使用语境)决定的标准。但是这种变化是渐进的,没有立即带来*收回*先前断言之规范上的相应变化。人们曾经习惯于根据那些也会适用于当前断言的相同标准来评价过去的断言；即使这些标准由确定的演变为可变的之后，这种做法依然如故。于是，过去的一个断言"S 知道 p"被认为需要收回，如果就命题 p 而言主体 S 没有满足相关于*当前*语境的认识标准——即使 S *的确*满足了相关于做出断言之语境的标准。

一些更加深思熟虑的人论辩道，这种做法出现了某种不融贯现象：这是个弗兰肯斯坦怪物，是语境论与恒定论做法中一些成分令人无法容忍的结合。他们力主或者回到老路（恒定论），或者彻底转向语境论的做法。但是，他们的呼吁在很大程度上被置若罔闻了，因为那种做法奏效了。愈加复杂的生活使得回到恒定论不切实际，而且任何补偿性优势都无法证明完全语境论做法中不断增加的表征需求之合理性。这种做法在某种程度上固化下来，正像两栖动物作为海洋生物与陆地生物的中间形态稳定下来。

这样，"知道"就变得评价敏感了。

参考文献

Ayer, A. J. (1959). *Language, Truth, and Logic*. NewYork: Dover.

Bach, Kent & Robert M. Harnish (1979). *Linguistic Communication and Speech Acts*. Cambridge, MA: MIT Press.

Baghramian, Maria (2004). *Relativism*. NewYork: Routledge.

Bar-Hillel, Y. (1973). Primary truth bearers. *Dialectica*, 27: 303-312.

Barrett, Jeffrey A. (2001). *The Quantum Mechanics of Minds and Worlds*. Oxford: Oxford University Press.

Belnap, Nuel (1992). *Branching space-time*. Synthese, 92: 385-434.

Belnap, Nuel (2001). Double time references: Speech-act reports as modalities in an indeterministic setting. In *Advances in Modal Logic*, iii, ed. F. Wolter, H. Wansing, M. D. Rijke, and M. Zakharyaschev. Stanford: CSLI, 1-22.

Belnap, Nueland Mitchell Green (1994). Indeterminism and the thin red line. *Philosophical Perspectives*, 8: 365-388.

Belnap, Nuel, Michael Perloff, and Ming Xu (2001). *Facing the Future: Agents and Choices in Our Indeterministic World*. Oxford: Oxford University Press.

Bennigson,Thomas (1999). Is relativism really self-refuting? *Philosophical Studies*, 94: 211-236.

Blackburn, Simon (1984). *Spreading the Word*. Oxford: Oxford UniversityPress.

Blackburn, Simon (1988). Attitudes and contents. *Ethics*, 98: 501-517.

Blome-Tillmann, Michael (2009). Contextualism, subject-sensitive invariantism, and the interaction of "knowledge"-ascriptions with modal and temporal operators. *Philosophy and Phenomenological Research*, 79:315-331.

Boghossian, Paul (2006). *Fear of Knowledge: Against Relativism and Constructivism*. Oxford: Oxford University Press.

Borges, Jorge Luis (1964). *Labyrinths: Selected Stories and Other Writings*. New York: New Directions.

Boyd, Julian & J. P. Thorne (1969). The semantics of modal verbs. *Journal of Linguistics*, 5: 57-74.

Brandom, Robert (1994). *Making It Explicit*. Cambridge, MA: Harvard UniversityPress.

Brandt, R. B. (1959). *Ethical Theory*. Englewood Cliffs, NJ: Prentice Hall.

Brogaard, Berit (2008). In defence of a perspectival semantics for "know". *Australasian Journal of Philosophy*, 86: 439-459.

Broome, John (1991). *Weighing Goods*. Oxford: Blackwell.

Burke, T. E. (1979). The limits of relativism. *Philosophical Quarterly*, 29: 193-207.

Burnyeat, M. F. (1976a). Protagoras and self-refutation in later Greek philosophy. *Philosophical Review*, 85: 44-69.

Burnyeat, M. F. (1976b). Protagoras and self-refutation in Plato's Theaetetus. *Philosophical Review*, 85: 172-195.

Burnyeat, M. F. (1990). *The Theaetetus of Plato*. Indianapolis: Hackett.

Campbell, John (1997). The realism of memory. In *Language, Thought, and Logic*. Oxford: Oxford University Press, 157-181.

Cappelen, Herman (2008a). Content relativism and semantic blindness. In *Relative Truth*, ed. M. García-Carpintero and M. Kölbel. Oxford: Oxford University Press, 265-286.

Cappelen, Herman (2008b). The creative interpreter: Content relativism andassertion. *Philosophical Perspectives*, 22: 23-46.

Cappelen, Herman & John Hawthorne (2009). *Relativism and Monadic Truth*. Oxford: Oxford University Press.

Cappelen, Herman & Ernie Lepore (2005). *Insensitive Semantics*: *A Defenseof Semantic Minimalism and Speech Act Pluralism*. Oxford: Blackwell.

Cartwright, Richard (1962). Propositions. In *Analytic Philosophy*, i, ed. R. Butler. Oxford: Blackwell.

Chrisman, Matthew (2007). From epistemic contextualism to epistemic expressivism. *Philosophical Studies*, 135: 225-254.

Churchland, Paul (1979). *Scientific Realism and the Plasticity of Mind*. Cambridge: Cambridge University Press.

Craig, Edward (1990). *Knowledge and the State of Nature*. Oxford: Clarendon Press.

Croft, William (2000). *Explaining Language Change: An Evolutionary Approach*. Harlow, England: Longman.

Davidson, Donald (1963). Actions, reasons, and causes. *The Journal of Philosophy*, 60: 685-700.

Davidson, Donald (1990). The structure and content of truth. *Journal of Philosophy,* 87: 279-328.

Davidson, Donald (1997). The folly of trying to define truth. *Journal of Philosophy*, 94: 263-278.

Davis, Wayne A. (2007). Knowledge claims and context: Loose use. *Philosophical Studies,* 132: 395-438.

de Sa, Dan López (2008). Presuppositions of commonality: An indexical relativist account of disagreement. In *Relative Truth*, ed. M. García-Carpintero and M. Kölbel. Oxford: Oxford University Press, 297-310.

de Sa, Dan López (2009). Relativizing utterance-truth? *Synthese*, 170: 1-5.

DeRose, Keith (1991). Epistemic possibilities. *Philosophical Review*, 100 (4): 581-605.

DeRose, Keith (1999). Can it be that it would have been even though it might not have been? *Philosophical Perspectives*, 13: 385-412.

DeRose, Keith (2004). Single scoreboard semantics. *Philosophical Studies*, 119: 1-21.

DeRose, Keith (2005). The ordinary language basis for contextualism and the new invariantism. *Philosophical Quarterly*, 55: 172-198.

DeRose, Keith (2006). 'Bamboozed by our own words': Semantic blindness and some arguments against contextualism. *Philosophy and Phenomenological Research,* 73: 316-338.

Dietz, Richard (2008). Epistemic modals and correct disagreement. In *Relative Truth*, ed. M. García-Carpintero and M. Kölbel. Oxford: Oxford UniversityPress, 239-262.

Doyle, Sir Arthur Conan (1986). *Sherlock Holmes: The Complete Novels and Stories*, i. New York: Bantam.

Dreier, James (1999). Transforming expressivism. Noûs , 33: 558-572.

Dummett, Michael (1959). Truth. *Proceedings of the Aristotelian Society*, n.s. 59:141-162.

Dummett, Michael (1978). *Truth and Other Enigmas*. Cambridge, MA: Harvard University Press.

Dummett, Michael (1981). *Frege: Philosophy of Language* (2nd edn). Cambridge, MA: Harvard University Press.

Egan, Andy (2007). Epistemic modals, relativism, and assertion. *Philosophical Studies*, 133: 1-22.

Egan, Andy (2009). Billboards, bombs, and shotgun weddings. *Synthese,* 166: 251-279.

Egan, Andy (2010). Disputing about taste. In *Disagreement*, ed. R. Feldmanand T. A. Warfield. Oxford: Oxford University Press, 247-292.

Egan, Andy, John Hawthorne, and Brian Weatherson (2005). Epistemic modals in context. In *Contextualism in Philosophy*, ed. G. Preyer and G. Peter. Oxford: Oxford University

Press, 131-168.

Evans, Gareth (1982). *Varieties of Reference*. Oxford: Clarendon Press.

Evans, Gareth (1985). Does tense logic rest upon a mistake? In *Collected Papers*. Oxford: Oxford University Press, 343-363.

Ewing, A. C. (1947). *The Definition of Good*. New York: MacMillan.

Fantl, Jeremy and Matthew McGrath (2002). Evidence, pragmatics, and justification. *Philosophical Review*, 111: 67-95.

Feldman, Richard (2001). Skeptical problems, contextualist solutions. *Philosophical Studies*, 103: 61-85.

Fellman, Anita Clair (2008). *Little House, Long Shadow: Laura Ingalls Wilder'sImpact on American Culture*. Columbia: University of Missouri Press.

Field, Hartry (1994). Deflationist views of meaning and content. *Mind*, 103: 249-285.

Field, Hartry (2000). Indeterminacy, degree of belief, and excluded middle. *Nous*, 34: 1-30.

Fine, Gail (1983). Plato's refutation of Protagoras in the *Theaetetus*. *Apeiron*, 31: 201-234.

Fitelson, Branden (2005). Inductive logic. In *Philosophy of Science: An Encyclopedia*, ed. J. Pfeifer and S. Sarkar. New York: Routledge.

Fox, John F. (1994). How must relativism be construed to be coherent? *Philosophy of the Social Sciences*, 24: 55-75.

Frege, Gottlob (1879). *Begriffsschrift, eine der Arithmetischen Nachgebildete Formelsprache des reinen Denkens*. Halle: Stefan Bauer-Meneglberg.

Frege, Gottlob (1953). *The Foundations of Arithmetic: A logico-mathematical Enquiry into the Concept of Number*. Oxford: Blackwell.

Frege, Gottlob (1979). *Posthumous Writings*. Chicago: University of Chicago Press.

Geach, Peter (1960). Ascriptivism. *Philosophical Review*, 69: 221-225.

Geach, Peter (1965). Assertion. *Philosophical Review*, 74: 449-465.

Geurts, Bart (2005). Entertaining alternatives: Disjunctions as modals. *Natural Language Semantics*, 13: 383-410.

Gibbard, Allan (1990). *Wise Choices, Apt Feelings: A Theory of Normative Judgment*. Cambridge, MA: Harvard University Press.

Gibbard, Allan (2003). *Thinking How to Live*. Cambridge, MA: Harvard University Press.

Gibbard, Allan (2005). Truth and correct belief. *Philosophical Issues*, 15: 338-350.

Gillies, Anthony S. (2010). Iffiness. *Semantics and Pragmatics*, 3: 1-42.

Glanzberg, Michael (2007). Context, content, and relativism. *Philosophical Studies*, 136:

1-29.

Glanzberg, Michael (2009). Semantics and truth relative to a world. *Synthese,*166: 281-307.

Goodman, Nelson (1979). *Fact, Fiction, and Forecast.* Cambridge, MA: Harvard University Press.

Grice, Paul (1989). *Studies in the Way of Words.* Cambridge, MA: Harvard University Press.

Groenendijk, Jeroen & Martin Stokhof (1997). Questions. In *Handbook of Logic and Language*, ed. J. van Benthem and A. T. Meulen. Cambridge, MA: MIT Press, 1055-1124.

Grover, Dorothy L. (1979). Prosentences and propositional quantification: Aresponse to Zimmerman. *Philosophical Studies,* 35(3): 289-297.

Grover, Dorothy L., Joseph Camp, and Nuel Belnap (1975). *Philosophical Studies,* 27: 73-125.

Hacking, Ian (1967). Possibility. *Philosophical Review,* 76: 143-168.

Hales, Steven D. (1997a). A consistent relativism.*Mind,* 106: 33-52.

Hales, Steven D. (1997b). A reply to Shogenji on relativism. *Mind,* 106: 749-750.

Hamblin, C. L. (1973). Questions in Montague English. *Foundations of Language,* 10: 41-53.

Hare, R. M. (1967). Some alleged differences between imperatives and indicatives. *Mind,* 76: 309-326.

Hare, R. M. (1970). Meaning and speech acts. *Philosophical Review,* 79: 3-24.

Harman, Gilbert (1975). Moral relativism defended. *Philosophical Review,* 84: 3-22.

Hawthorne, John (2004). *Knowledge and Lotteries.* Oxford: Oxford University Press.

Hazen, Allen (1976). Expressive completeness in modal language. *Journal of Philosophical Logic,* 5: 25-46.

Heck, Jr. Richard G. (2006). MacFarlane on relative truth. *PhilosophicalIssues,* 16: 88-100.

Hintikka, Jaakko (1962). *Knowledge and Belief: An Introduction to the Logic of the Two Notions.* Ithaca: Cornell University Press.

Horn, Laurence R. (1989). *A Natural History of Negation.* Chicago: University of Chicago Press.

Horty, John F. (2011). Perspectival act utilitarianism. In *Dynamic Formal Epistemology,* cccli, ed. P. Girard, O. Roy, and M. Marion. Synthese Library, 197-221.

Horwich, Paul (1998). *Meaning.* Oxford: Basil Blackwell.

Horwich, Paul (2005). The Frege-Geach point. *Philosophical Issues,* 15: 78-93.

Husserl, Edmund (2001). *Logical Investigations,* i. New York: Routledge. Translated by J. N. Findlay.

Huvenes, Torfinn (2012). Varieties of disagreement and predicates of taste. *Australasian Journal of Philosophy,* 90: 167-181.

Jackson, Dennis E. (1917). An experimental investigation of the pharmacological action of nitrous oxid. *American Journal of Surgery,* 31: 70.

Jackson, Frank (1991). Decision-theoretic consequentialism and the nearest and dearest objection. *Ethics,* 101: 461-482.

Jackson, Frank & Philip Pettit (1998). A problem for expressivism. *Analysis,* 58: 239-251.

James, William (1909). *The Meaning of Truth.* Longmans, Green, and Co.

James, William (1978). *Pragmatism and The Meaning of Truth.* Cambridge, MA: Harvard University Press.

Kamp, Hans (1971). Formal properties of "now". *Theoria,* 37: 227-273.

Kaplan, David (1989). Demonstratives: An essay on the semantics, logic,metaphysics, and epistemology of demonstratives and other indexicals. In *Themes from Kaplan,* ed. J. Almog, J. Perry, and H. Wettstein. Oxford: Oxford University Press, 481-566.

Karttunen, Lauri (1977). Syntax and semantics of questions. *Linguistics and Philosophy,* 1: 3-44.

Kelly, Thomas (2010). Peer disagreement and higher-order evidence. In *Disagreement,* ed. R. Feldman and T. A. Warfield. Oxford: Oxford University Press.

Kennedy, Christopher (2007). Vagueness and grammar: The semantics of relative and absolute gradable adjectives. *Linguistics and Philosophy,* 30: 1-45.

King, Jeffrey C. (2003). Tense, modality, and semantic values. *Philosophical Perspectives,* 17: 195-245.

Kölbel, Max (2002). *Truth Without Objectivity.* London: Routledge.

Kölbel, Max (2004a). Faultless disagreement. *Proceedings of the Aristotelian Society,* 104: 53-73.

Kölbel, Max (2004b). Indexical relativism versus genuine relativism. *International Journal of Philosophical Studies,* 12: 297-313.

Kölbel, Max (2008a). Introduction: Motivations for relativism. In *Relative Truth,* ed. M. García-Carpintero and M. Kölbel. Oxford: Oxford University Press, 1-38.

Kölbel, Max (2008b). "True" as ambiguous. *Philosophy and Phenomenological Research,* 77: 359-384.

Kolodny, Niko & John MacFarlane (2010). Ifs and oughts. *Journal of Philosophy,* 107: 115-143.

Kompa, Nikola (2002). The context sensitivity of knowledge ascriptions. *Grazer*

Philosophische Studien, 64: 79-96.

Kratzer, Angelika (1981a). Blurred conditionals. In *Crossing the Boundaries in Linguistics,* ed. W. Klein and W. Levelt. Dordrecht: Reidel, 201-209.

Kratzer, Angelika (1981b). The notional category of modality. In *Words, Worlds, and Contexts: New Approaches to Word Semantics,* ed. H. J. Eikmeyerand H. Rieser. Berlin: de Gruyter, 38-74.

Kratzer, Angelika (1986). Conditionals. *Proceedings of CLS 22.*

Kripke, Saul (1972). Naming and necessity. In *Semantics of Natural Languages,* ed. D. Davidson and G. Harman. Dordrecht: Reidel, 254-355.

Kruger, Justin & David Dunning (1999). Unskilled and unaware of it: How difficulties in recognizing one's own incompetence lead to inflated self-assessments. *Journal of Personality and Social Psychology,* 77: 1121-1135.

Künne, Wolfgang (2003). *Conceptions of Truth.* Oxford: Oxford University Press.

Lasersohn, Peter (2005). Context dependence, disagreement, and predicates of personal taste. *Linguistics and Philosophy,* 28: 643-686.

Lasersohn, Peter (2009). Relative truth, speaker commitment, and control ofimplicit arguments. *Synthese,* 166: 359-374.

Leslie, Sarah-Jane (2012). Generics. In *The Routledge Companion to Philosophy of Language.* New York: Routledge, 355-366.

Lewis, David (1970a). Anselm and actuality. *Noûs,* 4: 175-188.

Lewis, David (1970b). General semantics. *Synthese,* 22: 18-67.

Lewis, David (1979a). Attitudes de dicto and de se. *Philosophical Review,* 87: 513-545.

Lewis, David (1979b). Scorekeeping in a language game. *Journal of PhilosophicalLogic,* 8: 339-359.

Lewis, David (1980). Index, context, and content. In *Philosophy and Grammar,* ed. S. Kanger and S. Öhman. Dordrecht: Reidel, 79-100.

Lewis, David (1983). Languages and language. In *Philosophical Papers,* i, 163-188. Oxford: Oxford University Press.

Lewis, David (1986). *On the Plurality of Worlds.* Oxford: Blackwell.

Lewis, David (1988). Relevant implication. *Theoria,* 54: 161-174.

Lewis, David (1991). *Parts of Classes.* Oxford: Oxford University Press.

Lewis, David (1996). Elusive knowledge. *Australasian Journal of Philosophy,* 74: 549-567.

Lewis, David (1998). *Papers in Philosophical Logic.* Cambridge: Cambridge University Press.

Lockie, Robert (2003). Relativism and reflexivity. *International Journal of Philosophical Studies*, 11: 319-339.

Ludlow, Peter (2005). Contextualism and the new linguistic turn in epistemology. In *Contextualism in Philosophy: Knowledge, Meaning, and Truth*, ed.G. Preyer and G. Peter. Oxford: Oxford University Press, 11-50.

Łukasiewicz, Jan (1920). O logicetrójwarto´sciowej. *Ruchfilozoficzny*, 5: 170-171.

Łukasiewicz, Jan (1967). On three-valued logic. In *Polish Logic*, ed. S. McCall. Oxford: Oxford University Press, 16-18.

Lycan,William (2001). *Real Conditionals*. Oxford: Oxford University Press.

MacFarlane, John (2003). Future contingents and relative truth. *Philosophical Quarterly*, 53(212): 321-336.

MacFarlane, John (2005a). The assessment sensitivity of knowledge attributions. *Oxford Studies in Epistemology*, 1: 197-233.

MacFarlane, John (2005b). Knowledge laundering: Testimony and sensitiveinvariantism. *Analysis,* 65: 132-138.

MacFarlane, John (2005c). Making sense of relative truth. *Proceedings of the Aristotelian Society,* 105: 321-339.

MacFarlane, John (2007a). Relativism and disagreement. *Philosophical Studies,*132: 17-31.

MacFarlane, John (2007b). Semantic minimalism and nonindexical contextualism. In *Context-Sensitivity and Semantic Minimalism*, ed. G. Preyer and G. Peter. Oxford: Oxford University Press, 240-250.

MacFarlane, John (2008). Truth in the garden of forking paths. In *Relative Truth*, ed. M. García-Carpintero and M. Kölbel. Oxford: Oxford University Press.

MacFarlane, John (2009). Nonindexical contextualism. *Synthese*, 166: 231-250.

MacFarlane, John (2011a). Epistemic modals are assessment sensitive. In *Epistemic Modals*, ed. A. Egan and B. Weatherson. Oxford: Oxford University Press.

MacFarlane, John (2011b). What is assertion? In *Assertion*, ed. J. Brown and H. Cappelen. Oxford: Oxford University Press, 79-96.

MacFarlane, John (2012). Richard on truth and commitment. *Philosophical Studies,* 160: 445-453.

Maclay, Kathleen (2001). UC Berkeley's Davitt Moroney shares abiding love of music through teaching and performing. UC Berkeley press release.

Margolis, Joseph (1991). *The Truth About Relativism*. Oxford: Blackwell.

McArthur, Robert P. (1974). Factuality and modality in the future tense. *Nous*, 8: 283-284.

McGee, Vann and Brian P. McLaughlin (2004). Logical commitment and semantic indeterminacy: A reply to Williamson. *Linguistics and Philosophy*, 27: 221-235.

Meiland, Jack (1977). Concepts of relative truth. *The Monist*, 60: 568-582.

Meiland, Jack & Michael Krausz (ed.) (1982). *Relativism: Cognitive and Moral*. Notre Dame: University of Notre Dame Press.

Mellor, D. H. (1981). *Real Time*. Cambridge: Cambridge University Press.

Moltmann, Friederike (2010). Relative truth and the first person. *Philosophical Studies*, 150: 187-220.

Montague, Richard (1974). Deterministic theories. In *Formal Philosophy*, ed.R. H. Thomason, 303-359. New Haven: Yale University Press.

Montminy, Martin (2009). Contextualism, relativism, and ordinary speakers' judgments. *Philosophical Studies*, 143: 341-356.

Moore, G. E. (1912). *Ethics*. Oxford: Oxford University Press.

Moore, G. E. (1962). *Commonplace Book*, 1919-1953. London: Allen and Unwin.

Nagel, Jennifer (2011). The psychological basis of the Harman-Vogel paradox. *Philosopher's Imprint*, 11(5): 1-53.

Neale, Stephen (2001). *Facing Facts*. Oxford: Oxford University Press.

Newton-Smith, W. (1981). *The Rationality of Science*. New York: Routledge.

Newton-Smith, W. (1982). Relativism and the possibility of interpretation. In *Rationality and Relativism*, ed. M. Hollis and S. Lukes. Cambridge, MA: MIT Press.

Nozick, Robert (1981). *Philosophical Explanations*. Oxford: Clarendon Press.

Nozick, Robert (2001). *Invariances: The Structure of the Objective World*. Cambridge, MA: Harvard University Press.

Parfit, Derek (1984). *Reasons and Persons*. Oxford: Oxford University Press.

Parfit, Derek (1988). *What We Together Do*. Unpublished manuscript, Oxford.

Parfit, Derek (2011). *On What Matters*. Oxford: Oxford University Press.

Passmore, John (1961). *Philosophical Reasoning*. London: Duckworth.

Patterson, Douglas (2005). Deflationism and the truth conditional theory of meaning. *Philosophical Studies*, 124: 271-294.

Percival, Philip (1989). Indices of truth and temporal propositions. *Philosophical Quarterly*, 39: 190-199.

Percival, Philip (1994). Absolute truth. *Proceedings of the Aristotelian Society*, 94: 189-213.

Perry, John (1986). Thought without representation. *Proceedings of the Aristotelian Society*,

60: 137-166.

Perry, John (2001). *Reference and Reflexivity.* Stanford: CSLI.

Portner, Paul (2009). *Modality.* Oxford: Oxford University Press.

Predelli, Stefano (1998). I am not here now. *Analysis*, 58: 107-115.

Predelli, Stefano (2005). *Contexts: Meaning, Truth, and the Use of Language.* Oxford: Oxford University Press.

Preyer, Gerhard & Georg Peter (ed.) (2007). *Context-Sensitivity and Semantic Minimalism: New Essays on Semantics and Pragmatics.* Oxford: Oxford University Press.

Price, Huw (1983). Does "probably" modify sense? *Australasian Journal of Philosophy*, 61: 396-408.

Price, Huw (1994). Semantic minimalism and the Frege point. In *Foundationsof Speech Act Theory: Philosophical and Linguistic Perspectives*, ed. S. L. Tsohatzidis. Routledge, 132-155.

Prichard, H. A. (1949). Duty and ignorance of fact. In *Moral Obligation,* ed.W. D. Ross. Oxford: Clarendon Press, 18-39.

Prior, Arthur (1953). Three-valued logic and future contingents. *Philosophy Quarterly*, 3: 317-326.

Prior, Arthur (1957). *Time and Modality.* Westport, Connecticut: GreenwoodPress.

Prior, Arthur (1967). *Past, Present and Future.* Oxford: Oxford University Press.

Prior, Arthur (2003). *Papers on Time and Tense* (New Edn). Oxford: Oxford University Press.

Putnam, Hilary (1981). *Reason, Truth and History.* Cambridge: Cambridge University Press.

Ramsey, F. P. (2001). The nature of truth. In *The Nature of Truth*, ed. M. P. Lynch. Cambridge, MA: MIT Press, 433-446.

Recanati, François (2007). *Perspectival Thought: A Plea for (Moderate) Relativism.* Oxford: Oxford University Press.

Recanati, François (2008). Moderate relativism. In *Relative Truth*, ed. M. García-Carpintero and M. Kölbel. Oxford: Oxford University Press, 41-62.

Regan, Donald (1980). *Utilitarianism and Cooperation.* Oxford: Oxford University Press.

Richard, Mark (1980). Temporalism and eternalism. *Philosophical Studies*, 39: 1-13.

Richard, Mark (1982). Tense, propositions, and meanings. *Philosophical Studies*, 41: 337-351.

Richard, Mark (2003). Introduction to Part I. In *Time, Tense, and Reference,* ed. A. Joki´c and Q. Smith. Cambridge, MA: MIT Press, 27-45.

Richard, Mark (2004). Contextualism and relativism. *Philosophical Studies,* 119: 215-242.

Richard, Mark (2008). *When Truth Gives Out*. Oxford: Oxford University Press.

Rorty, Richard (1998). *Truth and Progress: Philosophical Papers*, Vol. 3. Cambridge: Cambridge University Press.

Rosenberg, Jay F. (2002). *Thinking About Knowing*. Oxford: Oxford University Press.

Ross, W. D. (1939). *Foundations of Ethics*. Oxford: Oxford University Press.

Routledge, Robert (1881). *Discoveries and Inventions of the Nineteenth Century*. London: G. Routledge.

Rysiew, Patrick (2001). The context-sensitivity of knowledge attributions. *Noûs*, 35(4): 477-514.

Salmon, Nathan (1986). *Frege's Puzzle*. Cambridge, MA: MIT Press.

Salmon, Nathan (2003). Tense and intension. In *Time, Tense, and Reference*, ed. A. Joki'c and Q. Smith. Cambridge, MA: MIT Press, 109-154.

Scanlon, T. M. (2006). Reasons and decisions. *Philosophy and Phenomenological Research*, 72: 722-728.

Schaffer, Jonathan (2004). Skepticism, contextualism, and discrimination. *Philosophy and Phenomenological Research*, 69: 138-155.

Schaffer, Jonathan (2006). The irrelevance of the subject. *Philosophical Studies*, 127: 87-107.

Schaffer, Jonathan (2012). Necessitarian propositions. *Synthese*, 189: 119-162.

Schiffer, Stephen (1996). Contextualist solutions to scepticism. *Proceedings of the Aristotelian Society*, 96: 317-333.

Schlenker, Philippe (2003). A plea for monsters. *Linguistics and Philosophy*, 26: 29-120.

Schlenker, Philippe (2004). Context of thought and context of utterance (A note on free indirect discourse and the historical present). *Mind and Language*, 19: 279-304.

Schroeder, Mark (2008). *Being For: Evaluating the Semantic Program of Expressivism*. Oxford: Oxford University Press.

Schroeder, Mark (2011). Ought, agents, and actions. *Philosophical Review*, 120: 1-41.

Searle, John R. (1962). Meaning and speech acts. *Philosophical Review*, 71: 423-432.

Searle, John R. (1969). *Speech Acts*. Cambridge: Cambridge University Press.

Searle, John R. (1979). *Expression and Meaning*. Cambridge: Cambridge University Press.

Sellars, Wilfrid (1948). Concepts as involving laws, and inconceivable without them. *Philosophy of Science*, 15: 287-315.

Shissler, A. Holly (2003). *Between Two Empires: Ahmet Agaoglu and the New Turkey*. New York: I. B. Tauris.

Shogenji, Tomoji (1997). The consistency of global relativism. *Mind*, 106: 745-747.

Soames, Scott (2002). Replies. *Philosophy and Phenomenological Research*, 65: 429-452.

Sokal, Alan D. (1996a). A physicist experiments with cultural studies. *Lingua Franca*: 62-64.

Sokal, Alan D. (1996b). Transgressing the boundaries: Towards a transformational hermeneutics of quantum gravity. *Social Text*, 46/47: 217-252.

Stalnaker, Robert (1975). Indicative conditionals. *Philosophia,* 5: 269-286.

Stalnaker, Robert (1978). Assertion. In *Syntax and Semantics*, Vol. 9: Pragmatics, ed. P. Cole. New York: Academic Press.

Stalnaker, Robert (1987). *Inquiry.* Cambridge, MA: MIT Press.

Stalnaker, Robert (1999). *Context and Content: Essays on Intentionality in Speech and Thought.* Oxford: Oxford University Press.

Stanley, Jason (2000). Context and logical form. *Linguistics and Philosophy,* 23: 391-434.

Stanley, Jason (2005a). Fallibilism and concessive knowledge attributions. *Analysis,* 65: 126-131.

Stanley, Jason (2005b). *Knowledge and Practical Interests.* Oxford: Oxford University Press.

Stanley, Jason (2007). *Language in Context: Selected Essays.* Oxford: Oxford University Press.

Stephenson, Tamina (2007). Judge dependence, epistemic modals, and predicates of personal taste. *Linguistics and Philosophy,* 30: 487-525.

Stevenson, Charles L. (1963). *Facts and Values.* New Haven: Yale University Press.

Stevenson, Leslie (1988). Can truth be relativized to kinds of mind? *Mind,* 97: 281-284.

Strawson, P. F. (1950). Truth. *Proceedings of the Aristotelian Society,* s.v. 24: 129-156.

Sundell, Timothy (2011). Disagreements about taste. *Philosophical Studies,* 155: 267-288.

Swoyer, Chris (1982). True for. In *Relativism: Cognitive and Moral*, ed. J. Meilandand M. Krausz. Notre Dame: University of Notre Dame Press, 84-108.

Tarski, Alfred (1935). Der Wahrheitsbegriff in den formalisierten Sprachen. *Studia Philosophica,* 1: 261-405.

Tarski, Alfred (1983). The concept of truth in formalized languages. In *Logic, Semantics, Metamathematics,* ed. J. Corcoran. Indianapolis: Hackett, 152-278.

Teller, Paul (1972). Epistemic possibility. *Philosophia,* 2: 303-320.

Thomason, Richmond H. (1970). Indeterminist time and truth-value gaps. *Theoria,* 36: 264-281.

Thomson, Judith Jarvis (1986). Imposing risks. In *Rights, Restitution, and Risk*, ed. W. Parent.

Cambridge, MA: Harvard University Press, 173-191.

Unger, Peter (1975). *Ignorance: A Case for Scepticism*. Oxford: Oxford University Press.

Unwin, Nicholas (1987). Beyond truth: Towards a new conception of knowledgeand communication. *Mind*, 96: 299-317.

Vallicella, William F. (1984). Relativism, truth and the symmetry thesis. *The Monist*, 67: 452-456.

van Fraassen, Bas C. (1966). Singular terms, truth-value gaps, and free logic. *Journal of Philosophy*, 63: 481-495.

van Gelder, Tim (1995). What might cognition be, if not computation? *Journal of Philosophy*, 92: 345-381.

van Heijenoort, Jean (1967). *From Frege to Gödel: A Source Book in Mathematical Logic, 1879-1931*. Cambridge, MA: Harvard University Press.

Velleman, J. David (2000). *The Possibility of Practical Reason*. Oxford: Oxford University Press.

vonFintel, Kai & Anthony S. Gillies (2008). CIA leaks. *Philosophical Review*, 117: 77-98.

von Fintel, Kai & Sabine Iatridou (2003). Epistemic containment. *Linguistic Inquiry*, 34: 173-198.

Weatherson, Brian (2009). Conditionals and indexical relativism. *Synthese*, 166: 333-357.

Wedgwood, Ralph (2002). The aim of belief. *Philosophical Perspectives*, 16: 267-297.

Wedgwood, Ralph (2003). Choosing rationally and choosing correctly. In *Weakness of Will and Practical Irrationality*, ed. S. Stroud and C. Toppolet. Oxford: Oxford University Press, 201-230.

Weiner, Matthew (2009). The (mostly harmless) inconsistency of knowledge attributions. *Philosopher's Imprint*, 9: 1-25.

White, F. C. (1986). On a proposed refutation of relativism. *Australasian Journal of Philosophy*, 64: 331-334.

Whyte, Jamie T. (1993). Relativism is absolutely false. *Cogito*, 7: 112-118.

Wiggins, David (1980). What would be a substantial theory of truth? In *Philosophical Subjects: Essays Presented to P. F. Strawson*, ed. Z. van Straaten. Oxford: Clarendon Press, 189-221.

Williams, J. R. G. (2010). *Aristotelian Indeterminacy and the Open Future*. Unpublished manuscript.

Williams, Michael (1999). Meaning and deflationary truth. *Journal of Philosophy*, 96: 545-564.

Williamson, Timothy (1994). *Vagueness*. London: Routledge.

Williamson, Timothy (1996). Knowing and asserting. *Philosophical Review,*105: 489-523.

Williamson, Timothy (2000). *Knowledge and Its Limits*. Oxford: Oxford University Press.

Wollheim, Richard (1980). *Art and Its Objects* (2nd Edn). Cambridge: Cambridge University Press.

Wright, Crispin (2008). Fear of relativism? *Philosophical Studies,* 141: 379-390.

Yalcin, Seth (2007). Epistemic modals. *Mind,* 116: 983-1026.

Yalcin, Seth (2011). Nonfactualism about epistemic modality. In *Epistemic Modals*, ed. A. Egan and B. Weatherson. Oxford: Oxford University Press, 265-332.

Zimmerman, Aaron (2007). Against relativism. *Philosophical Studies*, 133: 313-348.

Zimmermann, Thomas Ede (2000). Free choice disjunction and epistemic possibility. *Natural Language Semantics*, 8: 255-290.

索 引